Das Geheimnis von Medjugorje

Dr. E. M. Jones; 166 S., 19,80 DM

Zahlreich sind die Publikationen über Medjugorie aber nahezu alle sind einseitig pro Medjugorje geschrieben und das aus den verschiedensten Gründen auf die wir hier nicht näher eingehen wollen.

Ein Verlag, dessen Programm „Pro Fide Catholica" heißt, ist verpflichtet, für die Wahrheit Zeugnis zu geben. Jesus Christus, der gesagt hat, daß Er die Wahrheit ist und daß Er gekommen ist, um uns durch die Wahrheit frei zu machen, ist schließlich auch gekommen, um die Werke des Teufels, des „Vaters der Lüge", zu zerstören. Wenn nun der „Vater der Lüge" oft als „Engel des Lichtes" erscheint und sogar die „ganze Welt" verführt, so ist doch seine Herrschaft der Lüge nicht von ewiger Dauer. Das gilt auch im Hinblick auf das Phänomen Medjugorje, dessen Lügen von unserem Autor J. Rothkranz bereits überzeugend aufgedeckt worden sind. In den USA hat Dr. E. M. Jones in der Schrift „Medjugorje: The Untold Story" ebenfalls unzweifelhaft dargelegt, daß die „Offenbarungen" und „Botschaften" von Medjugorje nicht vom Himmel kommen können. Wir legen hiermit sein Werk ungekürzt und auf den aktuellsten Stand gebracht in deutscher Übersetzung vor in der Hoffnung, daß der Tag bald kommen möge, an dem alle Freunde der Wahrheit den Jahrhundertschwindel von Medjugorje als das Werk des „Vaters der Lüge" erkennen und verabscheuen werden.

Die Lügen von Medjugorje

Mag. theol. Johannes Rothkranz, 89 S., 9,80 DM

Das klingt zugegebenerweise äußerst befremdlich: „Die Lügen von Medjugorje". Man kann es natürlich auch anders herum formulieren: „Die Wahrheit über Medjugorje". Letzteres hat der Bischof von Mostar, Msgr. Pavao Zanic, kürzlich getan, in dessen Diözese bekanntlich der längst weltberühmt gewordene „Erscheinungsort" liegt. Aber die von dem naturgemäß bestinformierten Oberhirten in einer Erklärung vom Frühjahr 1990 enthüllte Wahrheit über Medjugorje ist eben, daß dort die gutgläubigen Pilger nach Strich und Faden belogen und betrogen werden. Die vorliegende Schrift will nichts anderes als unter Verwendung der genannten Erklärung des zuständigen Ortsbischofs und anderer glaubwürdiger Quellen dazu beitragen, durch Aufdeckung der Lügen von Medjugorje der Wahrheit über Medjugorje zum Sieg zu verhelfen. Daß diese Wahrheit längst nicht allen gefallen wird, ist nur zu begreiflich, ändert aber nichts daran, daß sie gesagt werden muß.

Don Stefano Gobbi – ein Werkzeug des Himmels?

Werner Nicolai, 64 S., 6,80 DM

Tausende von katholischen Priestern lassen sich in ihrer Beurteilung der fürchterlichen Glaubens- und Führungskrise der katholischen Kirche seit mittlerweile 18 Jahren von angeblichen Botschaften der Muttergottes leiten. Auch unter den gläubigen Laien ist das sogenannte „Blaue Büchlein" des italienischen Priesters Don Stefano Gobbi weit verbreitet. Obwohl die vermeintlichen Botschaften des Himmels für den aufmerksamen Leser zahlreiche schwerwiegende Ungereimtheiten enthalten, werden sie meist kritiklos akzeptiert und sorgen für eine gefährliche Apathie bei Priestern und Gläubigen gegenüber den schlimmsten, weil getarnten, Feinden der Kirche. Werner Nicolai gebührt das Verdienst, durch sorgsame Anwendung der überlieferten theologischen Maßstäbe der Kirche zur Unterscheidung der Geister überzeugend, ja frappierend nachgewiesen zu haben, daß Don Gobbis „Botschaften" diesen unverrückbaren Maßstäben in keiner Weise standhalten: in ihnen spricht nicht Maria, sondern der Widersacher von Anbeginn. Niemand wird sich künftig mehr an dieser Erkenntnis vorbeimogeln können.

ASSISI und Die NEUE RELIGION Joh.Paul's II.

Manfred Jacobs, 109 Seiten, 9,80 DM

Hat Papst Johannes Paul II. beim Gebetstag der „Weltreligionen" in Assisi am 27. Oktober 1986 tatsächlich eine neue Religion präsentiert, die mit der alten, von Christus auf dem Fundament der Apostel gegründeten Religion nicht mehr identisch ist?

Der Verfasser dieser Schrift behauptet das und begründet seine Auffassung mit Argumenten, die für Christen aller Konfessionen bedenkenswert und diskussionswürdig sind. Seine Diktion ist klar, zuweilen hart, aber stets sachlich. Jacobs geht von Tatsachen aus, analysiert diese mit Hilfe kompetenter, sachkundiger Theologen und bemüht sich redlich, komplizierte Zusammenhänge durch zahlreiche Anmerkungen einem breiten Leserkreis soweit wie möglich verständlich zu machen.

Der Antichrist

Prof. Franz Spirago, 110 S., 12,80 DM

Dieses Buch von Prof. Franz Spirago liest sich wie ein schauriger Krimi. Es schildert das Kommen und Wirken des Antichrist bis zum Weltenende. Er ist von Gott zugelassen für die gottlos gewordene Menschheit. Sein Name besagt, daß er der größte Gegner und Feind Jesu Christi sein wird.
Geblendet von seiner schönen Gestalt, dem einnehmenden Antlitz, der Geistesschärfe und Rednergabe werden ihm die Massen zu Füßen fallen. Er wird als Wunderkind die Erde betreten und noch ehe er 10 Lebensjahre zählt, ist er mächtiger und gelehrter als je einer vor ihm. Mit 30 Jahren wird erst die Fülle seiner ganzen Macht offenbar und die Menschen werden ihn ob seiner Heldentaten rühmen. Die Juden werden ihn als den gesandten Messias feiern und er wird sagen „Der Erlöser der Welt bin ich". Da Luzifer schon im Mutterleib sein ganzes Wesen in Besitz genommen hat, wird er der katholischen Religion den Kampf ansagen. Er wird seinen Mund öffnen zur Lehre des Widerspruchs.
Er versucht das Leben Jesu in allen Details nachzuäffen. Er wird einen Vorläufer haben gleichwie Christus Johannes den Täufer. Er wird Apostel in die Welt aussenden. Der Antichrist wird zunächst König der Juden. Jerusalem wird zum Mittelpunkt seines Weltreiches. Allen seinen Untertanen wird er das Kennzeichen 666 einprägen lassen. Er wird 3 1/2 Jahre als Weltkaiser herrschen. In dieser Zeit werden die Katholiken in siedenden Pfannen schmoren u.v.a.m.; es wird die grausamste Christenverfolgung aller Zeiten sein. Lesen Sie bitte selber...!

Johannes Rothkranz

Die kommende «Diktatur der Humanität»
oder
Die Herrschaft des Antichristen

3. Band

Ein herzliches Vergelt's Gott den Vielen,
die durch Rat und Tat
am Zustandekommen dieses Buchs
Anteil genommen haben

Johannes Rothkranz

Die kommende «Diktatur der Humanität» oder Die Herrschaft des Antichristen

3. Band:
Die Vereinten Religionen der Welt im antichristlichen Weltstaat

Pro Fide Catholica

© Verlag Anton A. Schmid
Verlags-Programm: Pro Fide Catholica
Postfach 22, D-8968 Durach

2. unveränderte Auflage
Printed in Germany 1992

Alle Rechte bei Autor und Verlag.
Auszugsweise Veröffentlichung in Presse, Funk
und Fernsehen nur nach Genehmigung.

Titelgraphik: Das Zeichen des Antichristen.
Näheres siehe Seite 135 ff

ISBN 3-929170-08-6 (Gesamtausgabe)
ISBN 3-929170-11-6 (Band 3)

Inhalt

	Seite
VORWORT	7
I. TEIL: DIE WEGBEREITER DES ANTICHRISTEN	9
Die Frontstellung	9
«Écrasez l'Infame!»	19
Wehe den Katholiken	20
Und nochmals Wehe!	24
Der «sanfte» Weg	26
Der Modernismus als Wegbereiter	28
Die modernistische Einheitsreligion	31
Der Neomodernismus	33
Ein «Wissender»: Teilhard de Chardin	35
Teilhards «Gott»: der Mensch	38
Im Geiste Luzifers	41
Teilhards Eine Welt	44
Der Prophet der «Stadt des Menschen»	48
Rahners «Anonymes Christentum»	51
Die «Religionsfreiheit»	53
«Freude und Hoffnung»: ein evolutionsgläubiges Konzil	59
Der «Beitrag» der Kirche	64
Konzils-Humanismus	69
Ein Konzil der «Wissenden»	71
Das Konzil fordert den Weltstaat!	76
Ein Papst für die Weltregierung	79
Und noch ein Papst für die Weltregierung	84
TEIL II: DIE VORHUT DES ANTICHRISTEN	88
Die Malteser-Ritter	89
Mit gespaltener Zunge	93
Eine unheilige Allianz	95
Freimaurer und Kardinal zugleich	102
Die Bischöfe und die Revolution	114
«Der Geist des Neuen Zeitalters»	117
Rockefellers langer Arm	120
Die «Neue Stadt» der Chiara Lubich	123
Im Geiste des Synkretismus	126
Dialog statt Mission	129
Das Zeichen des Antichristen	135
Ein neues Kirchengebot	137
Der «Konziliare Prozeß» des Br. Weizsäcker	139
Die Umarmung des Islam	144
Der «niemals gekündigte» Bund	149
Der Beginn der Verfolgung	158
Die Bischöfe und die Bibel	165

«Katholische» Kampagne für Zions One World 170
Die «katholischen» Laien 176
Die Liturgie der Loge 178
Ein Papst für das «Neue Zeitalter» 187
Ökumene über alles 192
Das «Ereignis von Assisi» 198
Ein voller (Logen)Erfolg 202
Die Umgarnung der Söhne Mohammeds 211
Der Ton macht die Musik 217
Die Wissenschaften vom Menschen 223
Die Welt vor neuen Aufgaben 227
Der Papst und die Satanshierarchie 230
Der Papst und die «Söhne des Bundes» 236
Der Papst und die Geheimen Oberen 239
Papsttreue um jeden Preis? 244
Erhebt eure Häupter! 249
NACHWORT 251
LITERATUR-VERZEICHNIS 252
PERSONEN-VERZEICHNIS 255

Vorwort

Der vorliegende letzte und umfangreichste Band dieser Reihe schließt sich nahtlos an seine beiden Vorgänger an und setzt naturgemäß deren Kenntnis voraus. «Die Weltherrscher der Finsternis» beschränken ihre «Aktionen» keineswegs bloß auf die Schaffung einer *Weltdiktatur der Humanität*; ihnen schwebt darüber hinaus die Schaffung einer *Weltreligion der Humanität* als Ziel ihrer rastlosen Wühlarbeit vor. Ja, im Grunde genommen ist diese antichristliche, auf die Verehrung des Rein-Menschlichen und von da aus auf die Anbetung des Satans und seiner Daemonen abgestellte Pseudo-Religion das allerletzte und allereigentlichste Ziel der Synagoge Satans. Denn die eigentliche treibende Kraft hinter der *Weltrevolution* sind weder die Freimaurer noch die zionistischen Juden! Diese Kraft sind vielmehr die bösen Geister unter ihrem Anführer Luzifer. Daß die Synagoge Satans durchaus darum weiß, wer ihr oberster Herr und Meister ist, wurde im ersten und zweiten Band bereits verschiedentlich aufgezeigt; an der satanischen Inspiration und Lenkung der gesamten Dollarpyramide kann überhaupt kein Zweifel bestehen.

Wer sich desungeachtet beharrlich weigert, diese Schlüssel-Tatsache zur Kenntnis zu nehmen, wird sich vergebens darum bemühen, die freimaurerisch-zionistische Weltverschwörung unserer Tage in ihrer wahren Bedeutung zu würdigen. Eine vollkommen sachgerechte Beurteilung der Aktivitäten der Satanssynagoge ist nun einmal nur vom katholischen Standpunkt aus möglich (wenngleich auch strenggläubige Protestanten oder Orthodoxe mitunter sehr tief zu blicken vermögen). Das liegt einfach daran, daß Satans größter und letztlich einziger Feind der *dreifaltige Gott* und seine *wahren Verehrer* sind. Den unabdingbaren Anspruch, die allein wahre Religion zu sein, die auch allein den dreifaltigen Gott auf die von ihm selbst gewollte Weise verehrt, kann aber nur die katholische Kirche erheben. Gegen sie richtet sich denn auch bemerkenswerter Weise (und als sicherlich ungewollte *Bestätigung* ihres einzigartigen Anspruchs!) - selbst für Außenstehende leicht feststellbar - die geballteste und erbittertste Wut der Satanssynagoge. Daneben gilt Satans Zorn aber auch allen übrigen Christen, ja sogar - wenngleich in weit geringerem Maß - allen Religionen, die nicht ihn, sondern irgendeinen Gott oder irgendwelche Götter anbeten. - Unter der Herrschaft des Antichristen wird es offiziell nur noch eine einzige Religion geben, die des Menschen bzw. des Satans. Damit wird Satan für kurze Zeit seine haßerfüllten Pläne verwirklicht sehen: er wird anstelle des wahren Gottes von aller Welt angebetet werden, und nahezu alle dann lebenden Menschen auf der Erde werden infolge ihres Abfalls vom wahren Gott und/oder seiner allein seligmachenden Kirche auf ewig der beseligenden Anschauung Gottes beraubt werden und statt dessen den nie endenden Qualen der Hölle verfallen. So viel mal die Ewigkeit die Zeit an Dauer übertrifft, so viel mal schrecklicher in ihren Auswirkungen wird also die antichristliche Welteinheitsreligion gegenüber dem antichristlichen Weltstaat sein, der im übrigen hauptsächlich dazu dienen soll, diese Religion mit brutalster Gewalt allen Erdenbewohnern aufzuzwingen.

Der vorliegende Band zeigt anhand zahlreicher aussagekräftiger Belege, mit welch beängstigendem Tempo die Satanssynagoge daran arbeitet, unter tatkräftiger Mithilfe der offiziellen «katholischen» Kirche wie auch der übrigen Religionen ihrer satanischen Menschheitsreligion zum Durchbruch zu verhelfen. Er dokumentiert auch, auf wie vielfältige Weise die höchsten Würdenträger der katholischen Kirche sich seit Jahrzehnten für die wichtigste Voraussetzung dieser Religion, den *Einen Weltstaat*, engagieren und teilweise in den vordersten Reihen der Satanssynagoge für seine Realisierung kämpfen. Für fromme Illusionen bleibt angesichts der beinharten Tatsachen kein Raum mehr; wer jetzt immer noch nicht aufwachen will, wird seinen trägen Schlummer schon sehr bald unendlich teuer bezahlen. Wenn dieses Buch auch nur einen einzigen Schläfer noch beizeiten wachzurütteln vermag, wurde es nicht umsonst geschrieben.

I. Teil: Die Wegbereiter des Antichristen

Die Frontstellung

Die Feinde des gesamten Menschengeschlechts und insbesondere der katholischen Kirche, durch die allein die Menschen ihre gottgewollte Endbestimmung, die ewige Seligkeit, erlangen können, sind letztlich weder die Freimaurer noch die Zionisten, sondern die Daemonen. So sagt es uns jedenfalls der hl. Paulus, der doch von seiten der Juden so viel zu leiden hatte: «Wir haben ja nicht zu kämpfen gegen Fleisch und Blut, sondern gegen die Mächte, gegen die Gewalten, gegen die Weltherrscher dieser Finsternis, gegen die bösen Geister in den Lüften.» (Eph 6, 12) Allerdings haben es sich Satan und seine Daemonen zu keiner Zeit der Kirchengeschichte nehmen lassen, ungläubige Menschen gegen die Katholiken aufzuhetzen und durch sie das auszuführen, was ihnen selbst von Gott nicht gestattet wird: die Kirche Christi blutig zu verfolgen. Besonders leicht fiel ihnen das bei den Juden, die bekanntlich die allerersten Christenverfolger waren. Durch Gottes Zulassung sind es auch die Juden, die am Ende der Zeiten erneut die weitaus ärgsten Feinde Christi und seiner Kirche sein werden.

Bemerkenswerterweise hat schon John Henry Newman in seiner 1838 (!) erstmals veröffentlichten Schrift «Der Antichrist nach der Lehre der Väter» (Deutsch von Theodor Haecker. Mit einem Nachwort hrsg. v. Werner Becker, München 1951) darauf hingewiesen, wie sowohl die Hl. Schrift als auch die frühen Kirchenväter kräftige Anhaltspunkte dafür liefern, daß der Antichrist dem Judentum entstammen wird. «Unser Herr sagte voraus, daß manche in seinem Namen kommen würden, sagend: "Ich bin Christus." Es war die richterliche Bestrafung der Juden, wie übrigens aller Ungläubigen in dem einen oder andern Sinne, daß sie nach der Verwerfung des wahren Christus einen falschen aufnehmen sollten; und der Antichrist wird der vollkommene und vollendete Verführer sein, gegenüber dem alle vorausgehenden nur Annäherungen sind, entsprechend den soeben zitierten Worten: "Wenn ein anderer in seinem eigenen Namen kommen wird, ihn werdet ihr aufnehmen." ... Daher war es, in Anbetracht dessen, daß der Antichrist den Anspruch erheben würde, der Messias zu sein, von alters her die Meinung, daß er aus jüdischer Rasse sein und die jüdischen Riten beobachten werde. Weiter sagt der heilige Paulus, daß der Antichrist "im Tempel Gottes sitzen" sollte, also entsprechend den früheren Vätern im jüdischen Tempel. ... Weiterhin beschreibt der heilige Johannes, wie die Verfolgung, die der Antichrist über die Zeugen Christi bringen wird, in Jerusalem stattfinden wird. "Ihre toten Leiber werden in den Straßen der großen Stadt liegen (welche geistlich Sodom oder Ägypten genannt wird), wo auch unser Herr gekreuzigt wurde."»

«Es ist deshalb eine besonders bemerkenswerte Tatsache», fährt Newman fort, «daß der Apostat, der Kaiser Julian, der ein Typus und eine Anwartschaft des großen Feindes war, in der Tat die Partei der Juden ergriffen und sich daran gemacht hat, ihren Tempel wieder aufzubauen. Hier ist die Geschichte eine Art Kommentar zu der Prophezeiung und eine starke Stütze jener frühen Interpretationen ihrer, die ich gegenwärtig vor Augen habe. Es ist ein bemerkenswerter Umstand, und natürlich muß meine Meinung so verstanden werden, daß dieser Glaube der Kirche, daß der Antichrist mit den Juden verknüpft sein würde, lange schon vor der Zeit Julians ausgedrückt wurde, und daß wir noch die Werke besitzen, in denen er enthalten ist. Wir haben in der Tat die Schriften zweier Väter, beide Bischöfe und Märtyrer der Kirche, die mindestens hundertfünfzig Jahre vor Julians Zeit gelebt haben und weniger als hundert Jahre nach dem heiligen Johannes. Sie beide erklären ausdrücklich die Verknüpfung des Antichrist (sic!) mit den Juden. Der erste von ihnen, Irenäus, sagt folgendes: "In dem Tempel, welcher in Jerusalem ist, wird der Gegner sitzen, sich bemühend zu zeigen, daß er der Christus ist." Und der zweite, Hippolytus: "Der Antichrist wird derjenige sein, der das Reich der Juden wieder aufrichten wird." (Irenaeus, Adversus haereses V, 25; Hippolytus, De Antichristo, § 25. Auch der heilige Cyrill von Jerusalem sagt vom Antichrist, daß er den jüdischen Tempel wieder aufbaue; und auch er schrieb vor dem Versuch Julians ...)» (S. 36ff)

Wie die blind gesetzeseifrigen Juden Christus verfolgt hatten, so bekämpften sie auch seine Jünger. Die erste blutige Christenverfolgung begann damit, daß der junge gesetzeseifrige Jude Saulus von Tarsus der Steinigung des christlichen Diakons Stephanus zustimmte und anschließend zahlreiche Christen ins Gefängnis warf (Apg 8); nicht genug damit ging er, «entbrannt von Wut und Mordgier gegen die Jünger des Herrn, zum Hohenpriester und erbat sich von ihm Briefe nach Damaskus an die Synagogen, damit er, falls er Anhänger dieses Weges, ob Männer oder Frauen, fände, sie als Gefangene nach Jerusalem brächte» (Apg 9, 1f). Auf dem Weg nach Damaskus jedoch bekehrte sich Saulus durch ein göttliches Gnadenwunder und wurde zum eifrigsten und unermüdlichsten Verkünder des Christentums. Von nun an war er selbst vor den Juden nicht mehr sicher. Nachdem er noch in Damaskus in den Synagogen Christus als den Messias gepredigt hatte, «faßten die Juden den Plan, ihn zu töten; Saulus aber erfuhr ihren Anschlag. Tag und Nacht bewachte man auch die Tore, um ihn vernichten zu können. Da nahmen ihn die Jünger und brachten ihn nachts über die Mauer hinab, indem sie ihn in einem Korb hinabließen.» (Apg 9, 23ff) Auch in Jerusalem versuchten die griechischen Juden, ihn umzubringen (Apg 9, 29). In Antiochien «hetzten die Juden die vornehmen gottesfürchtigen Frauen und die Vorsteher der Stadt auf, erregten eine Verfolgung gegen Paulus und Barnabas und vertrieben sie aus ihrem Gebiet» (Apg 13, 50). Das gleiche ereignete sich, als Paulus und Barnabas in der Synagoge von Ikonium predigten: «die unbekehrbaren Juden reizten und verhetzten die Gemüter der Heiden gegen die Brüder», so daß sich schließlich Heiden und Juden gemeinsam daran machten, die beiden zu steinigen, worauf sie schleunigst flüchten mußten (Apg 14, 2. 5f). Als Paulus daraufhin in Lystra erfolgreich den Heiden predigte, «kamen jedoch von Antiochien und Ikonium Juden herbei, brachten das Volk auf ihre Seite, steinigten den Paulus und schleiften ihn zur Stadt hinaus, in der Meinung, er sei tot» (Apg 14, 19), was sich aber glücklicherweise als ein Irrtum erweisen sollte. Ähnlich erging es Paulus später in Thessalonich und Beröa; allerdings sagt der hl. Lukas als Verfasser der Apostelgeschichte ausdrücklich, daß die Juden von Beröa «von edlerer Gesinnung als jene zu Thessalonich» waren: «sie nahmen das Wort mit aller Bereitwilligkeit auf und forschten täglich in den Schriften, ob es sich so verhalte. Viele von ihnen wurden denn auch gläubig ... Als aber die Juden von Thessalonich erfuhren, daß auch in Beröa von Paulus das Wort Gottes verkündet werde, kamen sie auch dorthin und brachten das Volk in Unruhe und Verwirrung» (Apg 17, 11-13), so daß Paulus wieder einmal die Stadt schleunigst verlassen mußte. In Korinth bekehrten sich einige wenige Juden, darunter sogar ein Synagogenvorsteher. Aber die übrigen erhoben sich bei passender Gelegenheit «geschlossen gegen Paulus, führten ihn vor den Richterstuhl» des römischen Statthalters Gallio und verklagten ihn, allerdings ohne Erfolg (Apg 18, 12f). Später planten die syrischen Juden einen Anschlag auf ihn, weshalb er nach Mazedonien ausweichen mußte (Apg 20, 3). Schließlich nahmen die Juden Paulus in Jerusalem gefangen, konnten ihn aber nicht töten, weil ihn der römische Oberst in Schutzhaft nehmen ließ. Die Apostelgeschichte teilt weiter mit, daß der Oberst ihn unter starker militärischer Bedeckung nach Cäsarea bringen lassen mußte, weil sich vierzig Juden durch Eid verpflichtet hatten, solange zu fasten, bis sie ihn ermordet hätten (Apg 21-23). Gegen die jüdische Anklage, die daraufhin gegen ihn erhoben wurde, appellierte Paulus an den römischen Kaiser und mußte deshalb als Gefangener nach Rom reisen, wo er immerhin noch einige Juden bekehren konnte (Apg 24-28).

Im ersten Thessalonicherbrief (2, 14ff) schreibt der hl. Paulus selbst: «Ihr habt ja, liebe Brüder, die Gemeinden Gottes nachgeahmt, die in Judäa sich zu Jesus Christus bekennen; denn auch ihr erlittet gleiches von euren Landsleuten wie jene von den Juden, die den Herrn Jesus und die Propheten getötet und uns verfolgt haben, die Gott mißfallen und allen Menschen feind sind. Sie wollen uns hindern, den Heiden zu predigen, daß sie gerettet würden, und machen so das Maß ihrer Sünden voll zu allen Zeiten.» Aber derselbe Apostel Paulus hat auch die endzeitliche Bekehrung des auserwählten Volkes prophezeit. «Verstockung kam über einen Teil von Israel, bis die Vollzahl der Heiden eingetreten ist, und so wird ganz Israel gerettet werden, wie geschrieben steht ... Im Hinblick auf das Evangelium sind sie zwar Feinde um euretwillen; doch im Hinblick auf die Erwählung sind sie geliebt um der Väter willen; denn unwiderruflich sind die Gnadengaben und die Berufung Gottes. Wie nämlich ihr einst Gott nicht gehorchtet, jetzt aber Erbarmen fandet infolge des Ungehorsams jener, so sind auch sie jetzt in Ungehorsam infolge des Erbarmens an euch, damit auch sie nun Erbarmen finden.» (Röm 11, 25-31) Damit ist selbstverständlich nicht behauptet, daß buchstäblich *alle* Juden sich zu Jesus Christus und seiner wahren Kirche bekehren werden, wenn die Frohbotschaft alle

Heidenvölker erreicht haben wird (was heute zweifellos erfüllt ist!). Aber alle Israeliten *guten Willens* werden schließlich zur Erkenntnis der Wahrheit gelangen. Wir dürfen annehmen, daß das demnächst geschehen wird, wenn die frommen Anhänger des mosaischen Gesetzes einsehen werden, daß der von ihren verblendeten «Glaubensbrüdern» auf den Thron erhobene «Messias» ein Werkzeug des Satans ist, und daß sich damit die Vorhersagen des wahren Messias im Neuen Testament erfüllt haben.

Über den Tod des hl. Paulus berichtet das Neue Testament nichts. Sein Martertod in Rom ist jedoch durch die nachapostolische Tradition bestens bezeugt. Man muß deshalb davon ausgehen, daß er, nachdem er nochmals freigekommen war, zum Schluß ebenso wie Petrus der Christenverfolgung des Kaisers Nero zum Opfer fiel. Ob auch daran die Juden Anteil hatten, ist unbekannt. Allerdings schrieb beispielsweise der jüdische Talmudübersetzer Heinrich Georg F. Löwe im Vorwort zum 1. Abschnitt des Traktats Berachoth, S. XVII im Buch Schulchan Aruch, Wien 1896: «Man scheint zu übersehen, daß in der Eigentümlichkeit dieser Nation, in ihrem unbezwinglich starren Hochmute die Scheidewand gegenüber anderen Völkern von selbst gegeben war, so wie die Verfolgung der Christen zuerst von ihnen ausging und die römische Staatsgewalt gegen die Christen durch sie irritiert wurde.» (Zit. n. Ulrich Fleischhauer, Die echten Protokolle der Weisen von Zion, Sachverständigengutachten, erstattet im Auftrage des Richteramtes V in Bern, Erfurt 1935, S. 84) Ulrich Fleischhauer zitiert dazu auch den Kirchenschriftsteller Tertullian mit den folgenden, um 198 nach Christus niedergeschriebenen Sätzen: «Die Synagogen der Juden sind die Ausgangspunkte der Christenverfolgungen.» (Scorpiace 10) «Das Judenvolk ist die Brutstätte der Verleumdungen gegen die Christen.» (Ad nationes 14) Er weist außerdem darauf hin, «daß die Juden in der Schrift Seder Hadoroth selbst berichten, daß die Rabbiner *den Tod vieler Christen in Rom verursachten.* Unter *Kaiser Antoninus Pius,* der sonst den Christen freundlich gesinnt war, verstand es der bei ihm in Gunst stehende *Rabbiner Jehuda,* dem Monarchen die Schlechtigkeit der Christen als Ursache einer pestartigen Krankheit zu bezeichnen, worauf im Jahre 155 alle Christen in Rom ermordet wurden. In der gleichen jüdischen Schrift wird gemeldet, daß *Marc Aurel auf Betreiben der Juden alle Christen ermorden ließ,* ferner daß im Jahre 214 *die Juden in Rom über 200000 Christen und in Cypern alle Christen töteten.* Ebenso wurden unter Kaiser Diocletian auf Betreiben der Juden viele Christen, darunter die Päpste Cajus und Marcellinus, hingeschlachtet.» (Ebd.)

Die historischen Christenverfolgungen gingen von orthodoxen, also strenggläubigen Juden aus, denen ein Messias, der sich allen Ernstes als Gottes wesensgleichen Sohn bezeichnete, als Gotteslästerer galt, ungeachtet seiner zahllosen Wundertaten, die die Wahrheit seiner Worte höchst eindrucksvoll unterstrichen. Wahrscheinlich mitgespielt bei ihrer feindseligen Ablehnung Christi hat aber auch die selbst seinen Aposteln bis zu seiner Himmelfahrt schwer begreifliche Tatsache, daß er den Juden kein irdisches Reich, sondern ein solches bringen wollte, das «nicht von dieser Welt» (Joh 18, 36) und überhaupt nicht mit sinnenhaften Kategorien faßbar war: «Als er von den Pharisäern gefragt wurde, wann das Reich Gottes komme, antwortete er ihnen: "Es kommt das Reich Gottes nicht so, daß es zu beobachten wäre; man wird auch nicht sagen: Seht, hier ist es, oder dort! Denn seht, das Reich Gottes ist in eurer Mitte."» (Lk 17, 20f) *So* hatten sich die Juden das von den Propheten verheißene Reich Israel natürlich nicht vorgestellt. Jesu Predigt vom *Reich Gottes* und vom *Himmelreich* stieß bei ihnen, die so sehr in irdischen Großmachtsträumen befangen waren, auf große Verständnisschwierigkeiten, und später hatte der hl. Paulus seine liebe Mühe und Not damit, den judenchristlichen Galatern begreiflich zu machen, daß *allen*, die zum Glauben an Christus als den Messias kommen, die Verheißung Abrahams gilt, Juden wie Heiden, und daß mithin das wahre *auserwählte Volk* nicht die fleischlichen Nachkommen Abrahams, sondern die *geistlichen* Nachkommen, nämlich die wie Abraham *Glaubenden* sind.

«Wie bei Abraham ist es: "Er glaubte Gott, und es wurde ihm angerechnet zur Gerechtigkeit" (Gen 15, 6). Erkennet somit: Die aus dem Glauben, die sind Kinder Abrahams! Und da die Schrift vorhersah, daß Gott auf Grund des Glaubens die Heiden gerecht machen werde, verkündete sie im voraus dem Abraham: "In dir werden gesegnet sein alle Heidenvölker" (Gen 12, 3; 18, 18). So werden also die aus dem Glauben gesegnet zusammen mit dem gläubigen Abraham. ... Denn ihr alle seid Söhne Gottes durch den Glauben in Christus Jesus; ihr alle nämlich, die ihr auf Christus getauft wurdet, habt Christus angezogen. Da gilt nicht mehr Jude und Hellene, nicht Sklave und Freier, nicht Mann und Frau; denn alle seid ihr eins in Christus Jesus. Seid ihr aber Christi, so seid ihr Abrahams Nachkommenschaft und der Verheißung gemäß Erben» des Reiches! (Gal 3, 6-9. 26-29)

Die Judenchristen haben, da sie gutwillig waren, diese geoffenbarte Wahrheit schließlich auch begriffen und angenommen. Anders jene Juden, die nicht zum Glauben kamen und ihre Hoffnung auf einen irdischen Messias von Generation zu Generation weitergaben, ohne jemals deren Erfüllung zu erleben. Was Wunder, daß ein Teil der - durch eigene Schuld - einer endlosen Geduldsprobe ausgesetzten Juden schließlich die Theorie entwickelte, der Messias werde keine bestimmte, von Gott speziell gesandte Persönlichkeit sein, sondern das Volk Israel selbst müsse sein eigener Messias werden und das von den Propheten verheißene messianische Weltreich in eigener Regie aufbauen. «Es besteht kein Zweifel», stellte 1939 Andreas Amsee (Die Judenfrage, Luzern 1939, S. 76ff) fest, «daß der Jude in seiner überwiegenden Mehrheit sich auch heute noch einer göttlichen Sendung bewußt ist. Einer Sendung, die ihn durch die Jahrtausende zusammenhält. ... Nicht aus Rassenprinzip hält er sich rassenrein, sondern aus religiösem Sendungsbewußtsein, und nicht nur rassenrein hält er sich, sondern er empfindet es als religiöse Pflicht, möglichst viele Kinder zu erzeugen. Daß dies verbunden mit der langen Erziehung durch Gottes Wege in strengstem Monotheismus dem Juden eine ungeheure Stoßkraft verleihen mußte, liegt auf der Hand. Es erzeugte im Juden das Bewußtsein, etwas Einzigartiges, Einmaliges zu sein, das er selbst dann nicht verlor, wenn er den Jahveglauben schon längst nicht mehr in der alten Reinheit besaß. ... All diese führenden Juden, Buber, Baeck, Rosenzweig, Brod, haben längst die Hoffnung auf einen Messias in Menschengestalt begraben, haben längst vielleicht sogar Gott entthront, denn er ist ihnen "die Idee der menschlichen Aufgabe". Sie wollen keine Erlösung des Menschen durch Gott, sondern eine Erlösung Gottes durch den Menschen. Das jüdische Volk selber ist der Messias geworden in ihren Augen. Schon zur Zeit Christi hatte diese merkwürdige Verwechslung von Schale und Kern ihren Anfang genommen. Ja, sogar die Juden der sog. "Assimilationsrichtung", die also der *Auflösung* in die Gastvölker das Wort reden, werden den Sendungsinstinkt nicht ganz los, da sie angeben, sich nur deshalb in andere Völker auflösen zu wollen, weil es die *Mission* des Juden sei, ein alle Gegensätze überbrückendes allgemeines Menschentum herbeizuführen; den Menschen, von dem die französische Revolution träumte ...»

Diese säkularisierte, nicht mehr eigentlich religiöse Auffassung von der Sendung des jüdischen Volks charakterisierte einer ihrer Vertreter, der Zionist Dr. Alfred Nossig, im ersten Vortrag einer Vortragsreihe, die er im Dezember 1919 in Wien hielt, folgendermaßen: «Die jüdische Gemeinschaft ist mehr als ein Volk im modernen, politischen Sinne dieses Wortes. Sie ist die Trägerin einer welthistorischen, ja kosmischen Aufgabe, die ihr von ihren Gründern, von Noah und Abraham, von Jakob und Moses auferlegt wurde. Uns ist diese Überlieferung so fremd geworden, daß wir sie belächeln. Und doch bildet sie den unbewußten Kern unseres Wesens, unseren gemeinsamen Seelenstoff, der sich stets und überall mit naturgesetzlichem Zwang ausleben muß, gleichviel, ob wir an den Tischen der Könige sitzen, oder an der Spitze von Proletarierheeren marschieren (Anm.:!!), ob wir mit unserem Golde in das Getriebe der Weltmaschinerie eingreifen (Anm.:!!), oder ob wir als Fackeln des Geistes auf Feuerstößen sterben. Sie ist uns fremd geworden, diese Überlieferung ..., weil wir den Schlüssel zu ihr verloren haben. Wie alle alten Orientalen pflegten auch die hebräischen Weisen ihre Lehren in einer verhüllenden Bildersprache auszudrücken, um sie dem Begriffsvermögen der unfreien Masse anzupassen, vor dem Vernichtungswillen fanatischer Ignoranz zu schützen und in ein aufgeklärtes Zeitalter hinüberzuretten. Die goldenen Äpfel der Erkenntnis umspannen sie, nach ihrem eigenen Gleichnis, mit silbernen Netzen (Anm.: !!). Der Kern unserer Stammeslehre war esoterisch. Mündliche Überlieferung vertraute ihn einer Auslese des Volkes an von Geschlecht zu Geschlecht. Wer aber den Schlüssel wiederzufinden sich bemüht, ... der erkennt, daß diese Lehre von Urbeginn tiefste Weltweisheit und gleichzeitig bewunderungswürdige, politische Kunst (Anm.: !!) in sich barg, gehüllt in das harmlose Kleid eines frommen Glaubens (Anm.: !!!). Wem der Glaube an die religiöse Offenbarung zerflattert ist, der entdeckt in dieser Lehre eine staunenswerte wissenschaftliche Offenbarung.» (Zit. n. Gerhard Müller, Überstaatliche Machtpolitik im XX. Jahrhundert. Hinter den Kulissen des Weltgeschehens, 3. erw. Aufl. Pähl 1982, S. 186f)

Weil die Juden über die ganze Welt zerstreut und außerdem zahlenmäßig viel zu schwach waren, um durch offene Eroberung jemals ein eigenes Reich auch nur in Palästina, geschweige denn ein die ganze Erde umfassendes Weltreich zu errichten, mußten die Anhänger dieser neuen, noch mehr verweltlichten, «liberalen» Auffassung von der jüdischen Sendung zwangsläufig ihre Zuflucht zu Heuchelei, Lüge, Betrug, Verleumdung etc. nehmen, um die anderen, an sich weitaus mächtigeren Völker für ihre eigenen Pläne einspannen zu können und sich so ihrem in weiter, ja fast unerreichbarer Ferne liegenden Ziel zu nähern. Wer aber einmal die Methoden des Teufels, den die Schrift den «Vater der Lüge» und den «Lügner von Anbeginn» nennt, zu seinen eigenen macht, liefert sich ihm dadurch automatisch aus. Das ist der tiefste Grund dafür, daß das zionistische Weltreich zwangsläufig dasjenige des Satans und seines Antichristen sein wird, selbst wenn viele Weltmacht-Zionisten das gar nicht beabsichtigt haben. «Wird der Antichrist überhaupt irgendeine Art von Religion haben?», fragte seinerzeit J.H. Newman. Und seine Antwort auf die selbstgestellte Frage lautet: «Weder den wahren Gott noch falsche Götter wird er verehren: soviel ist klar, und doch noch etwas mehr, etwas Dunkles wird uns erzählt. In der Tat, die prophetischen Berichte scheinen, soweit sie reichen, miteinander unvereinbar zu sein. Der Antichrist soll "sich erheben über alles, was Gott genannt und verehrt wird". Er wird sich mit Gewalt gegen Götzen und Götzendienst stellen, wie die frühen Schriftsteller einmütig erklären. Jedoch im Buche Daniel lesen wir: "An des Statt *wird er den Gott der Gewalt ehren, denn er wird einen Gott, davon seine Väter nichts gewußt haben, ehren* mit Gold, Silber, Edelsteinen und Kleinodien. So wird er tun in all seinen Festungen *mit einem seltsamen Gott, den er erwählt hat und dem er große Ehre erweist*" (Dan. 11, 38f.). Was wird unter den übersetzten Worten "Gott der Gewalt" und nachher unter "ein seltsamer Gott" verstanden? Das ist uns völlig verborgen, und wahrscheinlich wird es so bleiben bis zum Ausgang ... » (Newman 1951, S. 38f) Würde Newman heute noch leben, wüßte er zweifellos, wer unter dem seltsamen «Gott der Gewalt» zu verstehen ist, der mit Gold und Silber geehrt wird: Satan als der Götze Mammon persönlich! Tatsächlich erhebt der Satanismus, der durch die Jahrhunderte hindurch immer nur ein Schattendasein führte, seit ungefähr zwei Jahrzehnten immer dreister sein Haupt; besorgte Berichte über den stetig wachsenden Zulauf, dessen sich der Satanskult in den USA und in allen Ländern Europas derzeit erfreut, häufen sich.

Satan *ist* der Gott der Gewalt. «Von verschiedenen Autoren wird als "Stammvater" des modernen französischen Satanismus der Marquis de Sade betrachtet», stellt Karl R.H. Fricke (Satan und die Satanisten, Teil 2, Graz 1985, S. 131) fest. Und weiter: «De Sade ist mit seiner monistischen Weltanschauung des Bösen der erste Philosoph, der konsequent die Macht des Bösen, welche er nicht personal auffaßt - denn sonst müßte er vom Satan als dem einzigen für ihn existierenden Gott sprechen -, als die einzige tatsächlich existierende irdische wie auch kosmische Macht anerkennt. Im Gegensatz zu bestimmten mittelalterlichen Gnostikern ... betrachtet Sade die Befreiung - allerdings nur die des Mannes - durch das Verbrechen und die Grausamkeit verwirklicht. Alle guten Eigenschaften des Menschen, zu denen nach unseren Moralbegriffen die Tugend, Harmonie, Liebe u.a. gehören, müssen unterdrückt, ja ausgemerzt werden, um die ursprüngliche Natur der Welt, das grundsätzlich Böse, wiederherzustellen. Wenn auch Sade den Begriff des Satanismus in seinen Schriften nicht benützt, ist doch seine absolute Macht des Bösen, personal begriffen, der Ausbund des Satans schlechthin.» (Ebd. S. 134)

Mag Sade noch nicht so weit gegangen sein, den Teufel formell als seinen «Gott der Gewalt» zu bezeichnen, die heutigen Satanisten tun es. «In der amerikanischen

Stadt Preve/Utah», berichtete der Schwarze Brief (Nr. 4/1990), «haben Mitglieder eines Satanskults der 25jährigen Brenda Lafferty und ihrer erst 15 Monate alten Tochter die Kehle durchgeschnitten. Zwei Wochen nach dem Mord wurden zwei Männer verhaftet, die acht Kirchen angezündet hatten. Sie gestanden auch die Morde, an denen zwei Brüder der jungen Mutter beteiligt waren. Sie gehören zu einer Satanssekte und erklärten: "Wir beten den Teufel an. Er hat uns befohlen, die Kirchen niederzubrennen und schöne Menschen zu töten." Da Schönheit von Gott komme, müßten diese Menschen vernichtet werden. Medizinische Gutachter schlossen Geisteskrankheit aus, die dämonische Besessenheit wurde nicht untersucht.» Letzteres verwundert nicht: die logenbeeinflußte Gerichtsbarkeit hat keinerlei Interesse daran, öffentlich die Existenz und Macht des «Gottes der Gewalt» zuzugeben, dessen Anbetung die jüdisch kontrollierte Freimaurerei heimlich - vor allem unter der Jugend - mit großem Aufwand fördert und verbreitet. «Was ist die heutige Kommandozentrale des New Age und der Satanskulte?», fragt Dirk Namskey (CODE Nr. 3/1990, S. 15). «Es ist der Lucis Trust, der 1942 von Alice und Foster Bailey als Luzifers Trust gegründet wurde. Foster gehörte dem 33. Grad der Schottischen Freimaurerei an. Zu den bekanntesten Unterstützern des ehemaligen Luzifers Trust gehören Robert McNamara (ehemaliger Präsident der Weltbank [Anm.: und Trilateraler + CFR-Mitglied!]) und John D. Rockefeller, Henry (Anm.: richtig: A.W.!) Clausen (ebenfalls ehemaliger Präsident der Weltbank und Freimaurer [Anm.: und Trilateraler + Bilderberger]), Thomas Watson (IBM-Manager und ehemaliger Botschafter der USA in Moskau), Eleanor Roosevelt von der Theosophischen Loge in New York, der anglikanische Bischof Cannon West und der UN-Sekretär Robert Muller.» Wie man sieht, macht die Satanshierarchie ihrem Namen alle Ehre! Doch kehren wir nun zurück zur allgemeinen zionistischen Ideologie.

«Die Worte Gottes an *Abraham*: "In deiner Nachkommenschaft sollen alle Völker der Erde gesegnet werden"», schrieb 1938 der katholische Priester Gaston Ritter, «nehmen wir Christen als die Verheißung des Erlösers, der uns das geistige Gottesreich gebracht hat. Die Juden aber haben diese Offenbarung immer weltlich aufgefaßt und fassen sie noch heute weltlich auf als die Verheißung der materiellen Weltherrschaft der Juden. Aus dieser Verheißung heraus betrachten sie sich berufen, einmal die *Weltherrschaft* anzutreten über alle Völker der Erde. Dieses Ziel vorzubereiten und zu verwirklichen, ist ihr religiöser Glaube, ist ihre religiöse Aufgabe.» (Gaston Ritter, Das Judentum und der Schatten des Antichrist, 3. Aufl. 1938, S. 34f) Das gilt zweifellos von allen Juden ohne Ausnahme, die auch Juden sein wollen: Religion und Volkszugehörigkeit sind im Judentum (infolge des oben skizzierten Mißverständnisses der alttestamentlichen Verheißungen!) in einmaliger Weise miteinander verknüpft, so daß z.B. ein Jude, der sich aufrichtig und rückhaltlos zum Christentum bekehrt, von seinen Volksgenossen nicht mehr als Jude betrachtet wird. Gleichwohl gibt es bis heute eine zahlenmäßig beträchtliche Gruppe im Judentum, die weiterhin wie bisher allein auf eine *göttliche* Erfüllung der vermeintlich noch unerfüllten messianischen Weissagungen vertraut und den politischen Zionismus beider Erscheinungsformen als mit dem religiösen Zionismus unvereinbar schärfstens ablehnt. Diese Gruppe von Juden, die keinen Anteil an der One-World-Strategie hat, ist uns naturgemäß am weitaus sympathischsten. Aber sogar für den One-World-Zionismus kann man noch irgendwie Verständnis haben. Als Katholiken können wir freilich den doppelt verhängnisvollen Irrtum der Weltmachtszionisten nur zutiefst beklagen; am bedauernswertesten sind dabei die «wissenden» Zionisten selber, die sich dem Satan bereits so unwiderruflich verschrieben haben, daß an ihre Bekehrung und Rettung menschlich gesprochen nicht mehr zu denken ist. Gleichwohl müssen wir selbst den gottlosesten Zionisten zeit seines Lebens als jemanden betrachten, der sich immer noch bekehren könnte, wenn er es nur mit aller Kraft wollte; wir dürfen und sollten sogar für diese Unglücklichen beten. «Antijudaismus» im Sinne von Haß auf irgendeinen Menschen jüdischer Abstammung und jüdischen (bzw. zionistischen) Glaubens verbietet sich uns aufgrund unseres katholischen Glaubens von selbst. Aber Antijudaismus im Sinne von energischer Bekämpfung der *zionistischen* Ideologie und Praxis ist sogar unsere Pflicht, weil der antichristliche Zionismus die katholische Kirche als solche tödlich bedroht. Auch das ist vollauf verständlich und nicht mehr als logisch: der Weltherrschaftsanspruch des Lichts und der Finsternis, Gottes und Satans, Christi und des Antichristen schließen einander restlos aus!

Aus Raffinesse läßt sich der Zionismus noch weit seltener als die unmittelbar in seinen Diensten stehende Freimaurerei bei offen antichristlichen bzw. antikatholischen Äußerungen ertappen. Aber immerhin konnte man in der jüdischen Zeitschrift «Jewish Sentinel» vom 26. 11. 1920 lesen: «Unser einziger großer historischer Feind, unser gefährlichster Gegner ist Rom in jeglicher Gestalt und in allen seinen Abzweigungen. Jedes Mal, wenn sich die Sonne Roms zu verbergen beginnt, geht der Stern Jerusalems auf.» (Zit. n. Müller 1982, S. 19) Ähnlich hatten es schon vorher die «Weisen von Zion» (siehe dazu Band 2!) formuliert: «Sobald die Zeit gekommen sein wird, die Macht des Papstes endgültig zu zerstören, wird der Finger einer unsichtbaren Hand die Völker auf den päpstlichen Hof hinweisen. Wenn sie dahin stürzen werden, um Rache zu nehmen für Jahrhunderte lange Unterdrückung, dann wollen wir als angebliche Beschützer des Papstes auftreten und ein größeres Blutvergießen verhindern. Durch diesen Kunstgriff werden wir in die innersten Gemächer des päpstlichen Hofes gelangen und dieselben nicht eher verlassen, bis wir hinter alle Geheimnisse gekommen sind, und bis die ganze Macht des Papsttumes völlig gebrochen ist.» (Prot. 17, 4; zit. n. Gottfried zur Beek [Hrsg.], Die Geheimnisse der Weisen von Zion, 3. Aufl. Charlottenburg 1919, S. 56)

Kein Wunder also, daß die Logen als zionistische Hilfstruppen ihren Feind genau kennen. In den wahrscheinlich durch einen bekehrten Illuminaten unter dem Siegel des Beichtgeheimnisses dem Vatikan überstellten Geheimakten der italienischen Illuminaten von der «Hohen Venta», die Giuseppe Mazzini unterstand, heißt es: «Unser Ziel ist das Voltaires und der französischen Revolution: Völlige Vernichtung des Katholizismus und der ganzen christlichen Weltanschauung, die, auf den Ruinen Roms fußend, Ewigkeitswert haben würden. ... Die Aufgabe, die wir uns stellen, ist nicht an einem Tag, nicht in einem Monat oder in einem Jahr erfüllt; es kann viele Jahre dauern, vielleicht ein Jahrhundert, bis unser Werk getan ist. Aber in unseren Reihen fällt der einzelne Soldat, und der Kampf geht weiter.» (Zit. n. Léon de Poncins, Hinter den Kulissen der Revolution, Berlin 1929 [teilweise neu hrsg. v. Ekkehard Franke-Gricksch in ders., Der namenlose Krieg, Leonberg 1989, 237-288, hier: 269f]) Ähnlich rigoros tönten zu Beginn unseres Jahrhunderts die französischen Logen. «Ein bekannter Freimaurer des 33. Grades erklärte im Jahre 1912: "Wir fühlen die Notwendigkeit, ein für alle Mal der Kirche, ja allen Kirchen ein Ende zu bereiten." "Solange wir dieses nicht ereichen, werden wir nicht produktiv arbeiten, nichts Dauerhaftes aufbauen können" (Offizieller Rechenschaftsbericht des Konvents des Groß-Orients von Frankreich, 1912, Seite 270). Im Jahre 1913 sagte der Freimaurer Sicard de Plossolle: "Es gibt einen Frieden, den wir nicht schließen können, eine Entwaffnung, mit der wir uns nicht einverstanden erklären können, es gibt einen Krieg, den wir ohne Unterlaß weiterführen müssen bis zum Siege oder zum Tode, das ist der Krieg gegen die Erbfeinde der Freimaurerei und der Republik, gegen die Feinde der Gewissensfreiheit, des Verstandes, der Wissenschaft und der menschlichen Gerechtigkeit, und diese Feinde sind alle Dogmata und alle Kirchen" (Ebendort, 1913, Seite 393).» (Fleischhauer 1935, S. 387) Im Rechenschaftsbericht des französischen Grand Orient von 1946 hieß es: «Man braucht keine Angst davor zu haben, zu sagen, daß man gegen die Kirche ist, weil das einfach notwendig ist. Und wenn man euch sagt, daß ihr Sektierer seid, dann nehmt diesen Anwurf in aller Seelenruhe hin.» G. Virebeau, der dieses Zitat anführt, kommentiert: «Die öffentlichen Erklärungen sind natürlich gemäßigter und können die *Profanen* (Anm.: die Nicht-Freimaurer) in die Irre führen.» (Georges Virebeau, Prélats et Francs-Maçons, Paris 1978, S. 46, Anm. 2)

Wer aber glaubt, der gnadenlose Kirchenkampf sei nur die Linie der besonders «militanten» romanischen und namentlich französischen Maurerei, wird durch ganz ähnliche Äußerungen eines besseren belehrt, die auf *internationalen Freimaurerkongressen* fielen. «"Es genügt nicht, den Einfluß der Geistlichkeit zu besiegen und die Kirche ihrer Autorität zu entkleiden ... Es ist notwendig, die Religion selbst zu vernichten", - so bestimmt der Freimaurer-Kongreß vom Jahre 1900 (Congrès Maçonnique international in Paris, 1900, Seite 102). "Der Kampf zwischen der Kirche und der Freimaurerei ist ein Kampf nicht auf Leben, sondern auf Tod", erklärte auf demselben Kongreß der belgische Großmeister *Cocq*.» (Ebd.) Nach Friedrich Wichtl (Weltfreimaurerei - Weltrevolution - Weltrepublik. Eine Untersuchung über Ursprung und Endziele des Weltkrieges, 11. - 15. Tsd. München 1919, S. 41) «kann auch in Deutschland über den klaffenden Gegensatz zwischen Freimaurerei und Ultramontanismus (Anm.: um die Jahrhundertwende sehr gebräuchliches Schimpfwort für die [papsttreue] katholische Kirche in Deutschland) nicht der geringste Zweifel bestehen. Sagt doch der freimaurerische "Herold" (5. Dezember 1909, Nr. 45) wörtlich: "Der Feind ist der Ultramontanismus, und seine Macht zu brechen, das ist ein Ziel, das des Schweißes aller Edlen wert ist."» Das französische Freimaurerorgan «Acacia» vom Juni 1908 stellte fest, «auch in Ungarn sei die Maurerei die Gegenkirche und die wirklich fortgeschrittene Fraktion der öffentlichen Meinung» (Wichtl 1919, S. 69). Und ganz allgemein gilt: «Daß sich die Freimaurerei dem Christentum, namentlich dem Katholizismus feindlich gegenüberstellt, ist das Selbstverständlichste von der Welt. Es ist ein

Kampf um Sein oder Nichtsein für *beide* Teile, der Haß ist gegenseitig und nur die Form des Kampfes wechselt je nach Zeit, Ort und Stärke des Gegners.» (Ebd. S. 41)

«Écrasez l'Infame!»

«Écrasez l'Infame!» - «Rottet sie aus, die Niederträchtige!», mit diesem von Voltaire erstmals erhobenen Wutschrei stürzte sich der von den Logenbrüdern des Jakobinerclubs aufgehetzte Pöbel während der französischen Revolution auf alles Katholische - Kirchengebäude, Kirchengüter, Klöster, Gläubige und Priester -, um der Kirche und ihren Mitgliedern den Garaus zu machen. Nichts anderes beabsichtigen auch die zionistischen Illuminaten, die den Eine-Welt-Staat vorbereiten. In ihrer 1940 veröffentlichten, später aber schleunigst wieder einkassierten Programmschrift «The City of Man» - «Die Stadt des Menschen» (Herbert Agar, Frank Aydelotte u.a., The City of Man. A Declaration on World Democracy, 3. Aufl. New York 1941, nachfolgend abgekürzt als *CoM*; vgl. dazu Band 1!) haben sie sich zwar vorsichtig, aber dennoch klar und eindeutig ausgedrückt. In dem Augenblick, in dem es ihnen gelingen wird, ihr Programm in die Tat umzusetzen, wird die katholische Kirche weltweit unmittelbar und existentiell bedroht sein wie niemals zuvor; ihr droht die erbarmungslose physische Vernichtung. Bisher wurde die Kirche Christi immer nur zeitweilig und in einigen Staaten verfolgt; sie konnte aber in diesen Ländern - etwa im kommunistischen Ostblock - nicht hemmungslos bekämpft werden, weil sie gleichzeitig in vielen anderen Ländern der Erde in Blüte stand und weil sie automatisch ein mächtiger politischer Faktor in solchen Staaten wurde, wo die Bevölkerungsmehrheit katholisch war.

Selbst gegenwärtig, da die Kirche (keineswegs zufällig, wie wir noch sehen werden) gewaltig an politischem Einfluß verloren hat und nirgendwo auf der Erde mehr Staatsreligion ist, sorgt der zum Schein aufrechterhaltene ideologische Unterschied zwischen den Machtblöcken in Ost und West dafür, daß der zionistische Bolschewismus (siehe dazu Band 1 und 2!) jede Verschärfung seines brutalen Kirchenkampfes sofort mit unerwünschten Prestigeverlusten im westlichen und sonstigen Ausland bezahlen muß, weil es dort ungeachtet der zionistisch-freimaurerischen Medienherrschaft noch nicht gelingt, Informationen über marxistische Christenverfolgungen hinlänglich zu unterdrücken. Zur Zeit des zweiten Weltkriegs war der von der (katholischen) öffentlichen Meinung des Auslands ausgehende politische Druck auf Mussolini und Hitler sogar so stark, daß der Papst, obgleich militärisch machtlos, inmitten des faschistischen und mit Hitler-Deutschland verbündeten Italien, ja sogar mitten in Italiens Hauptstadt Rom, unbehelligt seine Enzyklika «Mit brennender Sorge» schreiben und veröffentlichen konnte, in der er Hitlers vor allem auch kirchenpolitische Machenschaften (u.a. die beständigen Konkordatsverletzungen) scharf angriff und verurteilte.

Existiert aber erst einmal ein einziger Weltstaat, das Reich des Antichristen, auf der ganzen Erde, dann gibt es kein politisches Asyl mehr; dann ist niemand mehr da, auf den die Synagoge Satans noch heuchlerisch Rücksicht nehmen müßte; dann ist es unmöglich, noch ferner den Rat Jesu zu befolgen: «Wenn sie euch aber in dieser Stadt verfolgen, so flieht in eine andere, und wenn sie euch von dort vertreiben, so flieht in eine dritte» (Mt 10, 23); dann ist die Kirche - rein menschlich betrachtet - rettungslos verloren. Dann wird genau das für die Kirche eintreffen, was die 17 Autoren von CoM scheinheilig für den Fall einer Welteroberung durch die Nazis als Schreckgespenst für alle Humanisten an die Wand malten: «Keine Zufluchtsstätte würde mehr bleiben. Der Arm des Totalitarismus ist lang genug, um bis in die Wüste der Einsiedler zu reichen.» (CoM S. 12) Sehr wahr!

Das ganze Büchlein der 17 Eingeweihten wimmelt im wahrsten Sinn des Wortes von offenen und versteckten Drohungen an die Adresse aller Religionen (einschließlich des *orthodoxen* Judentums!), vorrangig jedoch an die der katholischen Kirche. Über viele dieser Drohungen liest man allerdings beim ersten Mal leicht hinweg. Deshalb werden hier die betreffenden Stellen in ihrer originalen Reihenfolge unter die Lupe genommen, und zwar zuerst die ausdrücklichen und unmißverständlichen Drohungen, die uns helfen werden, auch die übrigen «Winke mit dem Zaunpfahl» als solche zu erkennen; alle Hervorhebungen in den zitierten Texten stammen natürlich von mir.

Wehe den Katholiken!

«Die demokratische Kultfreiheit», statuieren die CoM-Verfasser (S. 38f), «besaß niemals Gültigkeit jenseits der Grenzen des gemeinsamen Glaubens. Sie erstreckte sich kaum jemals über die jüdischen und christlichen Konfessionen oder jene ungewöhnlichen Kulte exotischen Ursprungs hinaus, deren Wesen dem der jüdischen und christlichen Glaubensbekenntnisse verwandt war. Keines dieser einzelnen Glaubensbekenntnisse erreichte die Universalität der Religion des Geistes, von der alle Menschen Zeugen sind. Aber keines von ihnen *geriet willentlich und bewußt in Konflikt* mit den *Grunddogmen*, auf die die *Weltreligion des Geistes* sich gründet.» Aha! Sobald ein solches Glaubensbekenntnis «willentlich und bewußt» mit der ihm angeblich übergeordneten «Religion des Geistes» in Konflikt kommt, genießt es keine «Kultfreiheit» mehr; die katholische Kirche muß aber notwendig mit der freimaurerischen Humanitätsreligion in denkbar schärfsten Konflikt geraten! Folglich wird man ihren Kult, den wahren *Gottes*dienst, in der antichristlichen «Stadt des Menschen» gewaltsam abschaffen.

«Freiheits- und gerechtigkeitsliebende Katholiken», heißt es an anderer Stelle (S. 43), «... werden eines Tages dafür sorgen, daß Demut in Glaubensangelegenheiten nicht mehr länger der Köder für Unterwürfigkeit in politischen Fragen ist, und daß Treue zur Stadt Gottes und Knechtschaft unter der Vatikan-Stadt als einem auswärtigen Herrscher, der in Fehde oder Handelsverkehr mit anderen Herrschern steht, auseinandergehalten werden.» Man plante also damals, die Katholiken nach vielfach bewährtem Rezept im Namen des Fortschritts gegen die Hierarchie und das Lehramt aufzuhetzen und sie dazu zu bringen, auf die politische Linie der Welt-Demokratie einzuschwenken. Ein solches Einschwenken aber ist gleichbedeutend mit dem Abfall vom überlieferten katholischen Glauben, denn für die Verfasser von CoM steht fest, «daß eine Verfassungsreform der Demokratie nur auf den Geist einer *neuen* (!) Religion gegründet werden kann» (CoM S. 80). Inzwischen hat die tatsächliche Entwicklung den ursprünglichen Plan längst überholt (s.u.!): die katholische Hierarchie hat sich unter Logeneinfluß höchstselbst an die Spitze der Bewegung für eine «neue» Universalreligion und für den Einen Weltstaat gesetzt. Es sind nur noch kleine Teile der katholischen Kirche, die hier entschiedenen Widerstand leisten.

Genau diesen übriggebliebenen katholischen Kreisen gilt das folgende: «In der Katholizität ihrer Sprache interpretiert und rechtfertigt die Demokratie die einzelnen Glaubensbekenntnisse als ihre eigenen Dialekte. Daraus folgt dann, daß keiner dieser Dialekte, obwohl verehrungs- und liebenswürdig und unbeschadet seines Bürgerrechts, die Stellung der universalen Sprache einnehmen kann, die den gemeinsamen Glauben des Menschen ausdrückt.» (CoM S. 45) Das ist deutlich! Der absolute Wahrheitsanspruch der göttlichen Offenbarung des katholischen Christentums muß im Reich des Antichristen dem allumfassenden Anspruch des zur alleinigen Weltreligion erklärten Hominismus und Satanismus weichen, freiwillig oder gezwungen. Denn, so wird ausdrücklich hinzugefügt, «keine Kirche, wie mächtig oder verbreitet sie auch sein mag (!), kann offiziell als eine Staatsreligion anerkannt werden und keiner Kirche können der Vorrang oder Privilegien vor anderen Kirchen gewährt werden. Ja, der Wunsch nach einer solchen privilegierten oder herausragenden Stellung auf Seiten einer Kirche (!) wäre ein Maßstab für ihre Unvereinbarkeit mit dem fundamentalen Prinzip der Demokratie.» (S. 46) Das ist ein verdeckter Frontalangriff auf die eine, heilige, katholische und apostolische Kirche, die nun einmal die bei weitem mächtigste und verbreitetste ist und auch als einzige von allen sogenannten «Kirchen» niemals von ihrem in der *alleinigen Wahrheit* ihrer Lehre begründeten Absolutheitsanspruch abrücken kann, ohne sich selbst aufzugeben. Daß nur die katholische Kirche gemeint ist, erhellt schon daraus, daß die übrigen Religionen hier gar nicht erwähnt werden! Da die CoM-Freimaurer sich um keinen Preis «von einer höheren und umfassenderen Religion ab- und einer niedrigeren zuwenden» werden (ebd.), als die ihnen jedoch der katholische Glaube gilt, wird man die auf ihrer exklusiven Heilsnotwendigkeit für alle Menschen beharrende katholische Kirche als «unvereinbar mit dem fundamentalen Prinzip der Demokratie» (s.o.) aus der zionistischen «Stadt des Menschen» eliminieren müssen!

«Das Joch dieses Glaubensbekenntnisses», dekretieren die illuminierten Stadtplaner im Hinblick auf ihre künftige «Religion der Demokratie» (S. 47), «ist ebenso leicht wie *unvermeidlich*; seine Lehren sind ebenso klar wie *indiskutabel*.» Ganz entgegen der nach außen hin stets zur Schau getragenen «Toleranz» der Freimaurerei erhebt die Humanitätsideologie hier einen Absolutheitsanspruch, der mit dem unbedingten Wahrheitsanspruch des katholischen Glaubens schlechthin unverträglich ist. Da über die «Dogmen» der «Religion des Geistes» nicht einmal *diskutiert* werden darf (!), ist klar, welches Schicksal die Kirche mit ihren dem Hominismus strikt entgegengesetzten Glaubenswahrheiten zu erwarten hat ... «Denn jede Religion oder Lehre, die Ungerechtigkeit und Elend auf Erden mit der Verheißung einer jenseitigen, künftigen Seligkeit bemäntelt (!), verdient den Spott von Marx, der sie "das Opium des Volkes" nannte. Diese unsere Erde ist das Laboratorium, wo innerhalb der Grenzen von Raum und Zeit die Gültigkeit ewiger Ideen auf die Probe gestellt wird. Hier und jetzt ist der Schauplatz, wo der göttliche Wille, der das Universum regiert, auf dem Feld der Tat durchgeführt werden muß, so wie er im Himmel des Glaubensbekenntnisses an oberster Stelle steht.» (CoM S. 49) Kein Zweifel, die katholische Kirche, die ja ganz ausdrücklich «die Auferstehung der Toten und das Leben der kommenden (d.h. *jenseitigen*) Welt» (Großes Glaubensbekenntnis) erwartet, hat im «Gottesreich auf Erden» (CoM S. 58) nichts mehr zu suchen; sie ist überflüssig geworden. Man wird es in der «Stadt des Menschen» - wie schon jetzt im real existierenden Marxismus - nicht beim bloßen Spott bewenden lassen ...

Für die zionistischen Wegbereiter des Antichristen hat denn auch bereits «die Stunde geschlagen, in der wir wissen müssen, welche *Grenzen der Kultfreiheit* von seiten der *Religion der Freiheit*, die die Demokratie ist, gesetzt sind, und von welchem Gott wir reden, wenn wir - aus der Gettysburger Rede - wiederholen, daß "diese Nation", und mit dieser Nation die Welt, "eine neue Geburt der Freiheit *unter Gott* (diese Hervorhebung von CoM selber!) erleben muß"» (S. 81). Gemeint ist auf keinen Fall der dreieinige Gott der christlichen Offenbarung (für den es deshalb auch keine Kultfreiheit geben wird!), sondern bestenfalls der konturenlose freimaurerische A.B.a.W., für die in der Logenideologie weiter Fortgeschrittenen jedoch «der Mensch», für die eingeweihten Zionisten dagegen das Volk Israel bzw. der es repräsentierende jüdische Weltherrscher und - für die obersten «Wissenden» der Satanssynagoge - ihr höllischer Herr und Gebieter persönlich, der, als der «Affe Gottes», für sich göttliche Verehrung beansprucht. Die (wahrscheinlich unterschiedlichen Einweihungsgraden angehörenden; vgl. Band 1!) CoM-Illuminaten fahren fort: «Allgemein gesprochen ist es hier die Aufgabe, zu bestimmen, welche religiösen und ethischen Traditionen von größerem oder geringerem Wert für die Bewahrung und Entwicklung des demokratischen Prinzips sind. ... Eine Untersuchung des religiösen Erbes der westlichen Welt sollte versuchen ausfindig zu machen, welche seiner Elemente besser dazu geeignet sind, mit der demokratischen Gemeinschaft zusammenzuarbeiten, und folglich eher ihren Schutz und ihre Hilfe verdienen, und ob umgekehrt andere Elemente so sehr der Unterstützung der faschistischen und anderer autokratischer Philosophien verpflichtet und innerlich der Demokratie so feindlich, oder zumindest so zwiespältig gesonnen sind, daß sie zu einer Quelle zusätzlicher Bedrohung in der Stunde der Gefahr werden.» (S. 81f; vgl. auch den unmittelbar folgenden Text S. 82!)

Was wird so eine inquisitorische «Untersuchung» wohl ergeben? Das Urteil der Logen und der Zionisten ist tatsächlich schon längst gesprochen: Die von ihrem Wesen her *hierarchisch* statt demokratisch strukturierte katholische Kirche kann der «Bewahrung und Entwicklung des demokratischen Prinzips» nur hinderlich sein, sie würde zuallererst «eine Quelle zusätzlicher Bedrohung in der Stunde der Gefahr» und muß darum gleich zu Anfang ausgemerzt werden. Auch stellt der katholische Glaube (vgl. dazu CoM S. 82!) «Freiheit und Rechte des Einzelnen» anders als die One-World-Zionisten insofern *über* die Gemeinschaft, als nicht «der» Mensch als abstraktes Ideal, sondern jeder einzelne Mensch als Individuum von Gott zur ewigen Seligkeit berufen ist. Schließlich ist die Kirche auch mit ihrer klaren und unverrückbaren Lehre vom guten Zweck, der *niemals* die schlechten Mittel heiligt, ein unerwünschter Störenfried bei der «Wahl zwischen größeren und kleineren Übeln» im Verständnis von CoM! Die katholische Kirche wird also schon deshalb am allerwenigsten «den Schutz und die Hilfe (der Welt-Demokratie) verdienen»! Im übrigen hat sie als Todfeindin des satanistischen Zionismus (s.o.!) von vornherein keine Gnade zu erwarten, wie denn auch das penetrante Geschwafel von der «Demokratie» nicht im geringsten ernst zu nehmen ist, sondern nur einen in den Augen der Massen plausiblen Grund für die Liquidierung der angeblich demokratiefeindlichen Kirche abgeben soll; die zionistische «Welt-Demokratie» wird sich (siehe Band 2!) allenfalls negativ von den gegenwärtigen totalitär regierten zionistisch-bolschewistischen «Volksdemokratien» abheben und hundertmal demokratiefeindlicher sein als die katholische Kirche es jemals gewesen ist (wenn sie es überhaupt jemals war)!

Schließlich kommt auch noch folgendes von den antichristlichen Logen seit eh und je strapazierte «Argument» an die Reihe: «Wenn ... die übernationalen Werte in politischen Fragen an den Tag gelegt oder praktiziert werden, können sich die Mitglieder einer übernationalen Kirche leicht ... als ... geneigt dazu erweisen, Werkzeuge politischer Pläne zu werden, die der Demokratie feindlich sind und allgemeine Gültigkeit beanspruchen, während sie in Wirklichkeit ganz speziellen Interessen dienen. Das ist die Gefahr des Römischen Katholizismus.» (CoM S. 83) Eine erneute unverhohlene Warnung für den Fall der Konstituierung einer zionistischen Weltregierung. Die katholische Kirche wird wegen ihrer internationalen, weltumspannenden Universalität als gefährlichste Konkurrenz der ebenfalls internationalen Synagoge Satans betrachtet; die behaupteten «politischen Pläne, die der Demokratie feindlich sind und allgemeine Gültigkeit beanspruchen», deren «Werkzeug» die Kirche angeblich ist, meinen wohl das antikommunistische (und dann von der Logenpropaganda stereotyp als «faschistisch» verhetzte) Engagement der Kirche. Im Verhältnis zwischen Kirche(n) und Staat, behaupten die CoM-Freimaurer (S. 84), «wie im generellen Bereich der bürgerlichen Freiheiten in der Verfassungsordnung muß die Souveränität der demokratischen Gemeinschaft über der Freiheit jeder einzelnen Gruppe stehen, und der negative Umriß der Grenzen, die durch Selbstbeschränkung und liberale Toleranz vorgeschrieben sind, muß durch positives Wissen und Kritik gefüllt werden - oder sogar *ein Eingreifen zulassen, wenn letzteres zum kleineren Übel wird.*» Gegenüber einer Kirche, von der Satan und seine Werkzeuge nur zu gut wissen, daß ihr Glaube in allen Punkten der nihilistischen «Religion des Geistes» formell widerspricht, ist es in *jedem* Fall das «kleinere Übel», «einzugreifen» und solchermaßen «die Souveränität der demokratischen Gemeinschaft über der Freiheit jeder einzelnen Gruppe» zu bekräftigen. Daß ein solches «Eingreifen» von der Kirche nichts mehr übrigließe, liegt auf der Hand.

Zum Höhepunkt der antikirchlichen Agitation in «The City of Man» kommen wir aber erst jetzt, wenn nämlich mit großer Dreistigkeit behauptet wird: «(Der göttliche Geist im Menschen und über dem Menschen), das ist - in einer dem modernen Denken angepaßten Interpretation - der Geist, den Christus den Heiligen Geist nannte. In seiner höchsten Heiligkeit *setzte Er eine Grenze* für jede *Toleranz und Liebe.* "Denn ich sage euch, alle Arten von Sünde und Gotteslästerung werden dem Menschen vergeben werden, aber die Lästerung gegen den Heiligen Geist wird dem Menschen nicht vergeben werden." ... Die Universalität des Neuen Testaments, die wahre Katholizität seiner religiösen Schau, wurde zuerst von Christus selber verkündet, indem er hinzufügte: "Und wer immer ein Wort gegen den Menschensohn" - gegen Christus selber - "spricht, dem wird es vergeben werden: wer aber gegen den Heiligen Geist redet, dem wird es nicht vergeben werden."» (S. 35f) Diesen Text haben mindestens vier zionistische Juden unterzeichnet, deren Haß auf das Neue Testament und auf Christus mindestens so groß ist wie derjenige der orthodoxen Juden! Zweifellos ein rhetorisches und demagogisches Meisterstück - und zugleich eine gewaltige Unverschämtheit! Christus selber wird als Autorität für die Unbedingtheit der *Humanitätsreligion* zitiert, Christus selber rechtfertigt die gegen jeden wahren Gottesglauben gerichtete Intoleranz der «Religion des Heiligen Geistes» gegenüber allen anderen Religionen, ja sogar gegenüber seiner eigenen, der allein wahren Kirche! Wer also, wie die katholische Kirche vor allen anderen, «gegen den Heiligen Geist lästert» (d.h. sich der zionistischen Freimaurer-Religion zu widersetzen wagt!), «dem wird nicht vergeben werden»; was sich hinter dieser harmlos klingenden Formulierung verbirgt, braucht nicht näher ausgemalt zu werden ...

Und nochmals Wehe!

Auch an mehr oder weniger verhüllten düsteren Absichtserklärungen herrscht kein Mangel, wie wir sogleich sehen werden. «Alle Staaten müssen sich, vom hohen Roß heruntergeholt und diszipliniert, dem Gesetz des Weltstaates unterwerfen, wenn es in der Welt von morgen Frieden geben soll.» (CoM S. 25) Wenn man sogar Staaten «vom hohen Roß herunterholen und disziplinieren» will, wird man mit der katholischen Kirche, die so hochnäsig ist, allein die Wahrheit besitzen zu wollen, wenig Federlesen machen! «Und eine mächtige Führung wird in den ersten Phasen der Wiederherstellung notwendig sein, solange diejenigen, die in Barbarei oder Trägheit zurückgeblieben sind, nicht zur vollen Verantwortlichkeit für ihre künftige Freiheit erzogen worden sind.» (CoM S. 26) Auch die glaubenstreuen

Katholiken wird man - günstigstenfalls - als «Barbaren» oder «träge» Nichtsnutze einer Gehirnwäsche unterziehen und derart im Hinblick auf «ihre künftige Freiheit» umpolen. In Rotchina, Vietnam, Kambodscha und der Sowjetunion, wo Gläubige grundsätzlich als Fälle für die Psychiatrie eingestuft werden, hat man in den vergangenen Jahrzehnten schon fleißig mit entsprechenden Methoden experimentiert. Wie die «künftige Freiheit» unter der Knute des Antichristen aussehen wird, haben die siebzehn Eingeweihten auch bereits durchblicken lassen (S. 31f): «Es gibt in der Tat keine Freiheit außer einer einzigen: dem Recht, das *eine Pflicht ist*, sich selber und andere *durch absolute Treue zum letzten Ziel des Menschen frei zu machen.*» Wehe dem, der seiner «Pflicht», sich «*und andere*» (!) durch hominische Selbstvergötzung «freizumachen», nicht nachkommt - versklavt er doch auch andere, wenn er nicht dem Hominismus huldigt! Verbrechen gegen die Menschlichkeit werden gewöhnlich mit dem Tod bestraft ...

Als Dogma wird in der «Stadt des Menschen» gelten, «daß kein individuelles gutes Leben außerhalb einer guten Gesellschaft geführt werden kann und daß der einzelne Bürger ein Allgemeinwohl erstreben muß, *das über ihm steht*, wie es auch über jeder einzelnen Gemeinschaft und jeder vergehenden Generation steht.» (CoM S. 33) Wehe der Kirche, die das (ewige) Wohl der Einzelperson über das (zeitliche) Wohl der Allgemeinheit zu setzen wagt! Aber noch mehr: «Demokratie lehrt, daß alles in der Humanität, nichts gegen die Humanität und nichts außerhalb der Humanität sein darf. Die Diktatur der Menschlichkeit auf der Grundlage eines Gesetzes zum Schutz der menschlichen Würde ist der einzige Grundsatz, von dem wir Leben für uns selber und Auferstehung für die Nationen erhoffen dürfen, die gefallen sind.» (S. 34) Wehe dann der Kirche, die nicht nur außerhalb der (freimaurerischen) «Humanität» steht, sondern sie sogar direkt bekämpfen muß, und wehe der Kirche, die «Leben für uns selber und Auferstehung für die Nationen» statt vom innerweltlichen Prinzip des Hominismus vom einzigen Grundsatz der Anbetung des dreifaltigen Gottes und des Gottmenschen und Erlösers Jesus Christus erhofft!

Die (noch) Geheimen Oberen sind keineswegs zimperlich: «Es gibt in der Familie der Nationen Kinder, die wachsen, Kranke, die geheilt, Wahnsinnige, die eingesperrt, Kriminelle, die festgenommen werden müssen, bevor Reife und Befreiung Allgemeingut werden. Die Heilung der Welt braucht eine starke Hand.» (CoM S. 65) Wer zweifelt ernsthaft daran, daß man auch die unbeugsamen Katholiken entweder als geisteskrank oder als kriminell (wie schon heute im zionistischen Bolschewismus!) einstufen und dementsprechend behandeln wird? Die «Pax Americana» wird dann keineswegs «eine Präambel der Pax Humana» (S. 66!), sondern vielmehr die Perfektion der berüchtigten «Pax Sovietica» sein - Kirchhoffrieden!

Im antichristlichen Weltstaat, «und fast nirgendwo sonst», wie die illuminierten Autoren eigens hervorheben (S. 71), «wird dem Menschen das Recht *und die Pflicht* eingeräumt, *christlich und menschlich* zu sein.» In der Tat sind «christlich» und «menschlich» hier zu Synonymen geworden. Seine «Pflicht» würde auf das schwerste verletzen, wer neben bzw. über «dem» Menschen noch einen transzendenten Gott als «letztes Ziel» des Menschen verehren wollte. «Lincoln sagte in seiner Abtrittsrede, daß "wichtige Prinzipien unveränderlich sein dürfen und müssen", aber die Stunde hat geschlagen, in der solche "unveränderlichen Prinzipien" präzise in einem erneuerten Gesetz festgelegt werden müssen, *jenseits dessen Freiheit ein Kapitalverbrechen ist.*» (CoM S. 77) Spätestens hier fallen die Weltmachtszionisten für einen Moment aus ihrer Rolle: *Freiheit*, die doch das A und O, ja sogar die *Religion* in der «Stadt des Menschen» sein soll, erklären sie nun plötzlich zum *Kapitalverbrechen*. Klarerweise wäre alles, was (s.o.!) «außerhalb» oder gar «gegen» die *Humanität* ist - so in allererster Linie der katholische *Gottesglaube* -, ein Schwerverbrechen gegen die «demokratische Freiheit», und für solche Fälle wird es «eine föderale Streitmacht geben, die bereitsteht, um Anarchie und Kapitalverbrechen (!) niederzuschlagen» (S. 27)! Also keine Geheimpolizei, keine «Staatssicherheit», keinen KGB mehr, sondern eine offizielle Streitmacht - vor wem gäbe es denn auch noch etwas zu verbergen?!

«Colleges und Universitäten», konnten schon damals, vor fünfzig Jahren, die CoM-Illuminaten frohlocken, «haben sogar, fast (!) spontan, in ihren Gottesdiensten und Andachtsübungen ein provisorisches Modell für eine unsektiererische Liturgie entwickelt - eigentlich passend für eine *neue* Religion *außerhalb der Buchstabenzäune* jedes einzelnen Bekenntnisses, die die spirituelle Substanz von allen umfaßt.» (S. 85) Wer wird nicht Verständnis dafür aufbringen, daß gemeinschaftsstörende und obendrein ganz überflüssige «Buchstabenzäune» im zionistischen Weltstaat kurzerhand niedergerissen werden, selbstverständlich zuerst und mit der weitaus größten Wonne die «starren» Dogmen des Katholizismus? Gehören doch auch und gerade solche angeblich willkürlich errichteten Zäune zum «absurden Aufbau dieser Welt», der eines Tages «endlich niedergerissen» werden soll (CoM S. 27)!

Der «sanfte» Weg

Zweifellos wird der geplante antichristliche Weltstaat alle Machtmittel besitzen, um einen äußerst brutalen und nie dagewesenen Vernichtungsfeldzug gegen die wahre Kirche Christi zu führen. Dennoch versuchen es die «Wissenden» schon jahrhundertelang mit der «sanften» Methode: sie wollen den verhaßten Todfeind dazu bringen, sich gleichsam von innen heraus selbst aufzulösen und damit selbst zu vernichten. Denn die schleichende Selbstzerstörung des Gegners ist in jedem Fall das bequemere und zugleich wirkungsvollere Verfahren gegenüber einer unschönen, von außen kommenden und gar zu viele Märtyrer produzierenden Gewaltaktion, wie gut man sie auch immer kaschieren oder rechtfertigen mag. Eine Ausrottungskampagne wird dann allenfalls noch erforderlich sein, um das letzte unbeugsame Häuflein von verstockten Katholiken zu liquidieren.

Der «wissende» Weltmachtszionist Lenin sprach von «nützlichen Idioten», die der Weltrevolution in die Hände arbeiteten, ohne es zu wissen und zu wollen. Tatsächlich war der Zionismus schon immer ganz groß darin, andere ungewollt und unbewußt für sich arbeiten zu lassen - das Paradebeispiel sind die Millionen argloser Logenbrüder, die sich von wenigen zehntausend Illuminaten (nochmals unterschiedlicher Einweihungsgrade, siehe Band 1!) am Gängelband führen lassen. Das Einspannen nützlicher Idioten für die Arbeit am eigenen Untergang verlangt natürlich eine gute Portion «Nachhilfe» durch gezielte ideologische Unterwanderung und Einschleusung einiger Verräter und Saboteure in Schlüsselpositionen. Genau diese Strategie verfolgt die zionistisch gesteuerte Weltfreimaurerei vermehrt in diesem Jahrhundert gegenüber der katholischen Kirche.

Mit Hilfe eingeschleuster «Geheimagenten» sowie durch das Trommelfeuer fein dosierter ideologischer Massenmanipulation über sämtliche (auch kirchlichen!) Medienkanäle ist es ihr zuletzt innerhalb weniger Jahrzehnte in erschreckendem Ausmaß gelungen, einen Großteil der Katholiken, namentlich der Hierarchie, der Theologen, Ordensleute und des Seelsorgeklerus zu mehr oder weniger *nützlichen Idioten* für ihre satanischen Pläne zu machen, und zwar im Hinblick auf die geplante «Diktatur der Humanität» ebenso wie rücksichtlich der «Vereinten Religionen» der Welt. Das ist jedenfalls das Bild, das sich dem bestürzten Beobachter zu Beginn der neunziger Jahre und rund fünfundzwanzig Jahre nach dem zweiten Vatikanischen Konzil, dem innerkirchlichen Schlüsselereignis unseres Jahrhunderts, bietet. Den ausführlichen Beweis für diese pauschalen Thesen werde ich in diesem Band anhand zahlloser konkreter Belege führen. Dabei kommt es prinzipiell gar nicht darauf an, historisch exakt aufzuzeigen, wie die heute in der Kirche grassierende ökumenistische Ideologie von der Freimaurerei und dem zionistischen Judentum aus Eingang in die Theologie, in lehramtliche Dokumente und in das Bewußtsein der Gläubigen gefunden hat. Obwohl eingehende historische Einzeluntersuchungen der Vorkonzilsjahrzehnte höchstwahrscheinlich sehr wichtige direkte Zusammenhänge ans Licht bringen würden, genügt es im Prinzip bereits, die ideengeschichtliche und inhaltliche Verwandtschaft oder gar Identität zentraler theologischer Ideen von heute mit der Logenideologie aufzuzeigen. Inwieweit die betreffenden Irrtümer einfach durch die (von der Satanssynagoge systematisch geförderte) allgemeine geistesgeschichtliche Entwicklung oder aber mit direkter und gezielter freimaurerischer Unterstützung in die Theologie und das Glaubensbewußtsein eindrangen, ist für den Zionismus und die von ihm angestrebte Verwirklichung des Reichs des Antichristen letztlich belanglos. Als bewußte oder unbewußte Vorkämpfer für diesen gottlosen Weltstaat sind darum alle «katholischen» Vertreter jener irrigen theologischen Theorien und Hypothesen anzusehen, die die freimaurerische Humanitätsreligion unmittelbar zum Gegenstand haben oder, konsequent zu Ende geführt, unweigerlich in sie einmünden. Das sind vor allem der Modernismus, der Teilhardismus, die Idee der Religionsfreiheit, die Theorie vom «anonymen Christentum» und die auf ihr fußende «Theologie der Religionen».

Der Modernismus als Wegbereiter

Es hat sich eingebürgert, jedesmal, wenn das Stichwort «Modernismus» fällt, sofort einzuwerfen, «den» Modernismus habe es nie gegeben. Es habe sich vielmehr um eine Anzahl voneinander unabhängiger theologischer Neuerungen oder Irrtümer gehandelt, die man seinerzeit nach dem Vorbild der Enzyklika «Pascendi» von Papst Pius X. ohne Umschweife in einen Topf geworfen habe. Überdies macht man Pius X. zum Vorwurf, die Meinungen der verschiedenen als modernistisch eingestuften Autoren in unzulässiger Weise miteinander verknüpft, teilweise übertrieben oder gar verzeichnet und obendrein böswillige Schlußfolgerungen aus Prämissen ganz unterschiedlicher Herkunft gezogen zu haben. Solche Thesen sind aber keineswegs neue historische Entdeckungen - als die man sie gerne ausgibt -, sondern wenig originelle Wiederholungen uralter Schutzbehauptungen verschiedener Modernisten selber unmittelbar nach Erscheinen der Enzyklika und des Dekrets «Lamentabili» im Jahr 1907. Nichtsdestoweniger brachten es die Modernisten fertig, noch im selben Jahr 1907 als Reaktion auf die soeben genannten lehramtlichen Dokumente in Italien ein «Programma dei modernisti» zu drucken, das 1908 als «Le programme des modernistes» auch in Paris erschien. Sie selbst betrachteten sich also sehr wohl als einheitliche Gruppierung und akzeptierten sogar bereitwillig den Namen «Modernisten»!

Die schon damals erhobenen Beschuldigungen, «die Enzyklika habe die Lehren der Modernisten falsch dargestellt», und «sie habe die Lehren der Modernisten zu einem System zusammengezimmert, das in der Tat nicht existiere» (J. Beßmer SJ, Philosophie und Theologie des Modernismus, Freiburg im Breisgau 1912, S. 21), konnte neben anderen der Jesuit Julius Beßmer in dem soeben zitierten umfangreichen Werk als haltlose Ausreden erweisen, indem er klare schriftliche Belege der verschiedenen Autoren anführte und den unlösbaren logischen Zusammenhang der verschiedenen irrigen Ansichten deutlich machte. Das Modernistenhaupt *Alfred Loisy* hatte in den «Simples réflexions», seiner Erwiderung auf «Pascendi» und «Lamentabili», geschrieben: «Die Redaktoren der Enzyklika mußten, um aus heterogenen und disparaten Elementen ein wenigstens dem Anschein nach ziemlich zusammenhängendes System zu konstruieren, sich ihrer Lieblingsbeschäftigung, der syllogistischen Deduktion, überlassen, indem sie dabei von Meinungen ausgingen, die ihnen nicht vertraut waren und die sie schon durch die bloße Tatsache gefälscht haben, daß sie dieselben zu absoluten Prinzipien umformten und zur Grundlage eines Raisonnements machten.» (Zit. n. ebd.)

Dazu meint Beßmer mit Recht: «Also hinc illae lacrymae! (Anm.: Also daher jene Tränen!) Bis Rom sprach, war es Loisy gelungen, die halbe Welt und vielleicht sich selbst durch Beteuerungen seines Glaubens und katholisch klingende Redensarten zu täuschen. Da kam die unerbittliche Logik. Sie nahm die Sätze Loisys, wie sie lauteten, zog mit eiserner Konsequenz daraus die Schlüsse, und Loisys System stand vor der Welt als das, was es war: der waschechte Rationalismus protestantischer Theologen, die auf der äußersten liberalen Linken stehen. Das war freilich höchst unangenehm, und deshalb versucht es Loisy und sein Gefolge, Rom einer falschen Darstellung des Modernismus zu beschuldigen.» (Ebd. S. 21f) Selbst den Modernisten begreiflicherweise sehr gewogene liberale Protestanten kamen indes nicht umhin, den Modernismus als einheitliches System zu begreifen: «Johannes Kübel, protestantischer Pfarrer in München, der in seiner "Geschichte des katholischen Modernismus" jeden Modernisten zum großen Theologen, Papst und Kardinäle zu Ignoranten zu stempeln versucht, sieht sich (S. 170) gezwungen, zuzugestehen, daß der Modernismus in der Enzyklika gut gekennzeichnet ist: "Dringt man durch die scholastische Zusammenfassung und Umschmelzung auf den Kern, durch die Voraussetzungen und Folgerungen, die nach der Enzyklika mit dem Modernismus von selbst gegeben sein sollen, auf dessen eigentlichen Sinn, so hat die Enzyklika die *Hauptgedanken* der mancherlei modernistischen Bestrebungen richtig dargestellt. Es hieße das Verdienst der Modernisten abschwächen, wollte man sie für harmloser ausgeben, als sie Pius X. gezeichnet hat, und sie dadurch vor den Schlingen der Enzyklika retten. Die modernistische Bibelwissenschaft wendet in der Tat die Grundsätze der historischen Kritik rückhaltlos auf die Bibel an. Die modernistische Apologetik beweist in der Tat die Wahrheit des Christentums nicht logisch, scholastisch, von außen her, sondern aus den Bedürfnissen des Gemütes und Willens, aus den Forderungen der praktischen Vernunft. Die Modernisten betonen in der Tat den religiös grundlegenden Wert der *inneren* Offenbarung, scheiden zwischen Religion und religiöser Lehre, zwischen Theologie und Dogma, erkennen dem nichtkatholischen Christentum ein relatives Recht zu und lassen die Entstehung und Entwicklung der katholischen Kirche mit ihrem Dogma, ihrem Kultus und ihrer Verfassung in dem Lichte, das die allgemeingeschichtliche Forschung unserer Zeit darüber ergossen hat. Das alles ist rundweg zuzugeben; es macht die Größe, die Neuzeitlichkeit, das besondere Wesen des Modernismus aus."» (Beßmer 1912, S. 24)

Man wird also wohl oder übel Beßmer recht geben müssen, wenn er resümiert: «Von der Behauptung Loisys (Simples Réflexions S. 19), die Redakteure der Enzyklika haben aus heterogenen und disparaten Elementen vermittelst syllogistischer Deduktion ein wenigstens dem Anschein nach ziemlich zusammenhängendes System konstruiert, ist jedenfalls nur ein Teil wahr. Die Elemente sind durchaus nicht so heterogen und disparat, wie Loisy dieselben hinstellen möchte. Mögen Teile des Systems sich bei ihm, andere bei Tyrell, andere endlich bei Le Roy finden, sie sind alle aus dem einen Geiste des Agnostizismus und Immanentismus geboren, werden von ihm getragen, finden in ihm das einigende Band.» (Ebd. S. 26) Heute wird allgemein zugegeben, daß der Modernismus durch die harte Reaktion des Lehramts seinerzeit zwar momentan zurückgedrängt und unterdrückt, nicht aber beseitigt werden konnte, so daß er unterschwellig und hintergründig weiterbestand und nur wenig verändert unmittelbar nach dem zweiten Weltkrieg als «Neomodernismus» wieder auftauchte. Es bereitet keinerlei Schwierigkeiten, alle irrigen Meinungen der verschiedenen Modernisten in der theologischen Gegenwartsliteratur gehäuft wiederzufinden, weshalb ich darauf verzichte, Eulen nach Athen zu tragen. Statt dessen möchte ich lediglich die philosophischen Grundirrtümer des Modernismus/Neomodernismus charakterisieren und ihre innige Verwandtschaft mit den Grundsätzen der freimaurerischen Humanitätsreligion herausstellen.

Der Protestant Paulsen bescheinigte seinerzeit den Modernisten, den Agnostizismus (die Lehre von der Nicht-Erkennbarkeit Gottes) und Rationalismus (die Lehre von der menschlichen Vernunft als alleiniger Erkenntnisquelle), den Subjektivismus (die Lehre von der subjektgebundenen Relativität aller Erkenntnis) und Symbolismus (die These, daß alle formulierten Dogmen aller Religionen nur verschiedene Symbole des allen Menschen eigenen religiösen Gefühls seien), den Historizismus (die Zurückführung der Wahrheit auf die Geschichte) und Evolutionismus (die Lehre von der Entwicklungsbedingtheit der Wahrheit) auf die Theologie angewendet zu haben (vgl. Beßmer 1912, S. 23). In der Tat ist der Modernismus wie der protestantische Rationalismus ein etwas verspätetes Kind der Aufklärung; schon allein von daher sind enge verwandtschaftliche, sozusagen geschwisterliche Beziehungen zur Freimaurerei zu erwarten, die bekanntlich den größten Teil ihres weltanschaulichen Gedankenguts ebenfalls der Aufklärung verdankt.

Der Historizismus und Evolutionismus der Modernisten ist zunächst noch nicht jener des Teilhard de Chardin, sondern beschränkt sich im wesentlichen darauf, die Entstehung der Kirche bzw. des katholischen Glaubens als geschichtlich bedingte, wesenhaft veränderliche und ständig fortschreitende Entwicklung hinzustellen (vgl. Beßmer 1912, S. 87-103). Von größter Bedeutung ist jedoch der auf Kants Erkenntnistheorie und Diltheys Historismus fußende Skeptizismus (Zweifel an jeder Möglichkeit einer objektiven Wahrheitserkenntnis), aus dem der Agnostizismus unmittelbar folgt. Um den Agnostizismus zu kaschieren oder in dem vergeblichen Bemühen, ihm zu entrinnen, nimmt der Modernismus dann seine Zuflucht zum Subjektivismus und Symbolismus. Insgesamt folgt aus diesen philosophischen Irrtümern die Unmöglichkeit einer objektiven Begründung des katholischen, aber auch jedes anderen Glaubens. Weil aber die Religiösität des Menschen ein überall und zu allen Zeiten auftretendes Phänomen ist, bleibt dem Modernisten bloß die Schlußfolgerung übrig, daß es im Grunde genommen nur ein allen Menschen gemeinsames religiöses Bedürfnis und Gefühl gibt, von dem man nicht weiß, ob ihm etwas Reales, etwas jenseitig Göttliches, ein vom Menschen und der Welt real verschiedener, persönlicher Gott entspricht. Von da aus ist es nur noch ein kleiner Schritt zur «allen Menschen gemeinsamen» *Humanitätsreligion*: Gott ist dem Menschen immanent, und zwar in der Weise, daß «der» Mensch (als Ideal) selbst Gott ist, jeder einzelne Mensch infolgedessen Anteil am göttlichen Wesen hat! Gottesverehrung fällt dann folgerichtig mit Förderung der Entwicklung der Menschheit, also «des» Menschen zusammen. Insofern enthält der Modernismus in letzter Konsequenz als logische Folgerung bereits den Teilhardschen *Evolutionismus* und damit (abgesehen nur vom zionistischen Auserwähltheitsbewußtsein) die gesamte Ideologie der Synagoge Satans. Einige Belege aus Schriften der Modernisten werden die unmittelbare Nähe ihrer Gedanken zu denen der Freimaurerei, und das heißt hier auch: *zu den CoM-Illuminaten*, konkret hervortreten lassen.

Die *Verzweiflung* der Modernisten *an der Wahrheit*, so schreibt Beßmer, «hat ihren Ausdruck gefunden in jenem Satze Alfred Loisys: "Die Wahrheit, sofern sie ein Gut des Menschen ist, ist nicht unwandelbarer als der Mensch selbst; sie entwikkelt sich mit ihm, in ihm und durch ihn"; in dem Ausspruch Le Roys: "Wir glauben, daß die Wahrheit *Leben* ist, also *Bewegung*, *Wachstum* eher denn Ziel; ein *Charakterzug* gewisser *Fortschritte* vielmehr als gewisser *Resultate*"; und in dem Trostspruch des Programms: "Subjektivismus und Symbolismus können heute nicht mehr als Anklage dienen. Die neuere Kritik der verschiedenen Erkenntnistheorien führt uns zu dem Schlusse, daß alles auf dem Felde der Erkenntnis subjektiv und symbolisch ist, die wissenschaftlichen Gesetze wie die metaphysischen Theorien."» (Ebd. S. 56)

Dieser metaphysische *Skeptizismus* ist bei den Modernisten regelmäßig mit der Theorie von der *Immanenz Gottes* in der Welt und näherhin im Menschen gepaart. Das beginnt mit der Behauptung von der Abwesenheit Gottes in der äußeren Welt und im Ablauf der Geschichte; so bezeichnet etwa Loisy es als «das Resultat der Erfahrung: weder in der Welt noch in der Geschichte ist Gott dazwischengetreten wie ein Individuum, das von Zeit zu Zeit in kapriziöser Weise die Verkettung der natürlichen und menschlichen Phänomene unterbricht. Die Idee einer ähnlichen Dazwischenkunft scheint philosophisch unbegreiflich.» (Zit. n. ebd. S. 54) - Allerdings bleibt Loisy nicht beim Deismus, der «Religion» vieler (noch) theistisch orientierter Freimaurer der unteren Grade, stehen. «Die Entwicklung der modernen Philosophie führt mehr und mehr zum Begriff eines immanenten Gottes, der keines Mittlers bedarf, um auf die Welt und den Menschen einzuwirken.» (Zit. n. ebd. S. 507) Dieser immanente Gott Loisys ist kein welt*transzendenter* aber wirkohnmächtiger Schöpfergott (wie im Deismus), sondern ein welt*immanenter* aber gleichfalls ohnmächtiger Gott, denn unter der «direkten» Einwirkung dieses «Gottes» auf die Welt und den Menschen ist schließlich und endlich (s.u.!) nichts anderes zu verstehen als das Wirken des Menschen selbst.

Die modernistische Einheitsreligion

Bleiben wir zunächst bei den Aussagen der Modernisten über die «Immanenz» Gottes. «Wenn Gott erkannt werden kann», behauptet Le Roy, «so wird das nie anders geschehen können als durch *die Erfahrung*, und da hier der Versuch (l'expérimentation) unmöglich ist, wird diese Erfahrung eine immanente Erfahrung sein müssen, die im Leben selbst (dans l'exercise même de la vie) einbeschlossen ist.» (Zit. n. Beßmer 1912, S. 47) Und weiter: «Unsere Begriffe können auf Gott in einer klar faßbaren Weise nur in dem Maße angewandt werden, als sie nicht bezeichnen, was die Realität in sich ist, sondern was wir sind oder sein müssen in Beziehung auf sie.» (Ebd. S. 48) Mit anderen Worten: Gott ist begrifflich nur *als Befindlichkeit des Menschen* faßbar.

Das «Programm der Modernisten» redet vom «Bewußtsein des Menschen, welches in sich auf eine Weise, die der Analyse entgeht, die Einflüsse des Göttlichen erfährt, das immanent ist durch die Jahrhunderte religiöser Erfahrung, und das Verlangen nach einem transzendental Göttlichen, welches die religiösen Generationen der Zukunft realisieren werden» (ebd. S. 60). Nach derselben Schrift «offenbart sich (die Religion) als ein spontanes Ergebnis unauslöschlicher Anforderungen des menschlichen Geistes, die ihre Befriedigung finden in der inneren und gemütsvollen Erfahrung der Gegenwart des Göttlichen in uns» (ebd. S. 70). Wenn aber die Religion ihren Ursprung im Menschen selber hat, sind alle Unterschiede zwischen den verschiedenen Religionen rein äußerlicher Natur. Das folgert ganz richtig auch George Tyrell: «Es darf angenommen werden, daß das Göttliche, das dem Menschengeiste immanent ist, ganz natürlich und unvermeidlich in einem gewissen Stadium seines geistigen und sittlichen Fortschreitens sich ihm, wenn auch dunkel, offenbart als eine vita nuova, eine neue Art von Leben, das Leben der Religion, mit seinen Bedürfnissen und seinem Sehnen nach Selbstanpassung an Realitäten, die jenseits der Grenzen von Raum und Zeit liegen, daß der Mensch, indem er über dieses Bedürfnis nachdenkt, es sich zu erklären sucht durch verschiedene religiöse Auffassungen und Glaubensformeln (beliefs) ... Religiöser Glauben (belief) ist eine direkte Erklärung und Rechtfertigung des religiösen Lebens und Gefühls.» (Ebd. S. 79f)

Die «verschiedenen religiösen Auffassungen und Glaubensformeln» stellen also nur unterschiedliche Erklärungsversuche eines einheitlichen allgemeinmenschlichen Phänomens dar, des religiösen Urbedürfnisses. Andernorts spricht Tyrell von einem «mystischen Bedürfnis, (dem) Bedürfnis, das *jede Religion* in irgend einem Grade befriedigt. ... Das mystische Bedürfnis ist wie das moralische Bedürfnis auf der ganzen Linie *dieselbe* Triebkraft. Bloß in ihrer Leitung und in der Richtung greift Entwicklung ein.» (Ebd. S. 94) Evidentermaßen mündet dieser totale religiöse *Indifferentismus* direkt in die eine Menschheitsreligion der Autoren von CoM ein, in die «universale Sprache, die den gemeinsamen Glauben des Menschen ausdrückt ... Dieses allgemeine Glaubensbekenntnis existiert bereits; auf sein lichtvolles Zentrum weisen alle höheren Überzeugungen bereits hin, von einem was auch immer für entfernten Horizont sie ihren Ausgang nehmen mögen.» (CoM S. 45-47)

Auf der gleichen Linie liegt übrigens Loisy: «Gott tut sein Werk in der Menschheit. Er offenbart sich ihr nach der Befähigung der menschlichen Natur, und die Entwicklung des Glaubens kann nicht verfehlen, der intellektuellen und sittlichen Entwicklung des Menschen koordiniert zu sein. Wie wenig man auch darüber nachdenken mag und an welche äußeren Einflüsse auch immer das Erwachen und die Fortschritte der religiösen Erkenntnis im Menschen sich anknüpfen mochten, das, was man Offenbarung nennt, konnte nur das Bewußtsein sein, das der Mensch von seiner Beziehung zu Gott erwarb.» (Zit. n. Beßmer 1912, S. 546) Das kann doch nichts anderes heißen, als daß alle Religionen lediglich unterschiedlichen Entwicklungsstadien des einen religiösen Gefühls entsprechen.

Führen wir noch einen Passus aus dem Programm der Modernisten an, der zwar im Zusammenhang eine andere Funktion hat, nichtsdestoweniger jedoch, wie die hier hinzugefügten Hervorhebungen zeigen, das Christentum allen anderen Religionen gleichstellt: «Das Christentum ist für die Kritik eine Tatsache *wie alle andern* (!), den *gleichen Gesetzen* der Entwicklung (!) unterworfen, beeinflußt durch die *gleichen* politischen, juridischen und ökonomischen Ursachen, der *gleichen* Veränderungen fähig. Seine Natur als religiöses Faktum nimmt ihm nicht seine andern Eigenschaften, die ihm mit jedem geschichtlichen Ereignis (Anm.: also auch mit jedem anderen "religiösen Faktum"!) gemein sind, in dem sich die geistige Aktivität der Menschen ausdrückt.» (Zit. n. ebd. S. 586)

Zumindest bei George Tyrell führt die Lehre von der Immanenz Gottes tatsächlich zum Pantheismus, der Gott und Mensch miteinander formell identifiziert: «Es ist nicht länger schwer für uns, zu glauben, "daß kein Mensch Gott jemals gesehen hat"; ihn gesehen hat, d.h. als etwas von der Welt und der Menschheit Verschiedenes; oder daß niemand Gott je gehört hat rufen aus den Wolken, aus dem brennenden Busch oder vom Gipfel des Sinai. Wir haben uns seitdem nicht allein mit einem schweigenden und verborgenen Gott zufriedengegeben, sondern sind dahin gelangt, unsern scheinbaren Verlust als einen unbezahlbaren Gewinn anzusehen. Denn wir haben jetzt gelernt, ihn da zu suchen, wo er allein gefunden, gesehen und gehört werden kann; nahe und nicht fern, innen und nicht außen, im eigentlichen Herzen seiner Schöpfung, im Menschengeist, im Leben eines jeden einzelnen, noch mehr im Leben aller.» (Zit. n. ebd. S. 85) An der Identität dieses Gottes «im Menschengeist» mit dem «Heiligen Geist», dem «göttlichen Geist im Menschen und über dem Menschen» der CoM-Freimaurer kann kein Zweifel bestehen.

Der Neomodernismus

Wie verbreitet die soeben skizzierten Irrtümer in der heutigen Theologie sind, die zum Großteil dem Neomodernismus verpflichtet ist, kann jeder Interessierte mit Leichtigkeit selbst nachprüfen. Als noch viel schwerwiegender muß man die Tatsache bewerten, daß bereits sehr viele einfache Gläubige und die meisten Jugendlichen, namentlich die Absolventen der Gymnasien und Universitäten, auf weltanschaulichem Gebiet einem oft unreflektierten, aber tiefsitzenden Skeptizismus verfallen sind, dessen unmittelbare Konsequenz die religiöse Gleichgültigkeit ist. Gerade von Jugendlichen kann man regelmäßig hören: «Wer hat denn schon die absolute Wahrheit? Wenn ich in Indien geboren wäre, wäre ich jetzt ein Hinduist; nur weil ich hier auf die Welt gekommen bin, bin ich katholisch.» Es wäre in diesem Zusammenhang gewiß aufschlußreich, der Frage nachzugehen, inwieweit von interessierter, d.h. freimaurerischer Seite der Agnostizismus und Indifferentismus aktiv gefördert werden. Zumindest in der Bundesrepublik Deutschland dürfte es - bemerkenswerterweise trotz der voneinander weitestgehend unabhängigen Kultushoheit der elf Bundesländer - keinen einzigen Rahmenplan für den Deutschunterricht in der Mittel- oder Oberstufe der Gymnasien geben, in dem nicht die Lektüre von Lessings «Nathan der Weise» mit der berühmt-berüchtigten, sehr suggestiven «Ring-Parabel» verpflichtend vorgeschrieben wäre!

Es wäre freilich irrig, zu glauben, der Skeptizismus werde im Volk hauptsächlich durch neomodernistische theologische Literatur verbreitet oder beruhe gar auf der Kenntnis der Kantischen und anderer Philosophien. In der Regel ist es der moderne weltanschauliche Pluralismus der (vgl. Band 2!) von den Logen emsig geförderten «multikulturellen Gesellschaft» als solcher, der nicht bloß die Jugendlichen, sondern auch viele Ältere in Verwirrung setzt: viele Menschen sind nicht in der Lage, dieses Phänomen zu bewältigen und zwischen der *Existenz* und der *Berechtigung* vieler miteinander konkurrierender Systeme zu unterscheiden. Zur Meinung, die Wahrheit sei für niemanden endgültig erkennbar, sind aber die meisten erst dadurch gelangt, daß ihnen Religionslehrer und Seelsorger, von denen sie mit Recht Unterstützung und klare Orientierung erwarteten, diese Hilfe vielfach nicht (mehr) geben konnten, weil sie (inzwischen) selbst - und nun allerdings vorwiegend durch entsprechende neomodernistische Lektüre und Ausbildung - bereits dem Skeptizismus und Indifferentismus verfallen waren.

Stellvertretend für ungezählte weitere können wir uns hier mit einem einzigen Beispiel für den innerhalb der «katholischen» Theologie um sich greifenden Indifferentismus und Symbolismus (neo)modernistischer Natur begnügen. Der im deutschsprachigen Raum bekannte und einflußreiche Religionspädagoge Professor Georg Baudler von der Religionspädagogischen Hochschule in Aachen schrieb vor ein paar Jahren: «Es gilt also in der weltanschaulich pluralen Gesellschaft bei der Gestaltung religiöser Lernprozesse nach Ausgangslage, Struktur und Ziel zwei Arten dieser Prozesse zu unterscheiden: die eine Art (Religionsunterricht, allgemeine theologische Erwachsenenbildung) hat als Ausgangslage und als sich durchhaltende soziologische Struktur einen Kreis von weltanschaulich pluralen, verschiedengradig sinnentfremdeten Menschen und zielt auf die "Sensibilisierung für das, was hinter dem vordergründig Feststellbaren und Handhabbaren liegt" und auf einen gemäßen Ausdruck für die *(jeweils in ihrer Art verschiedene) Beziehung des Menschen zu diesem seinem Daseinsgrund*; die andere Art (Gemeindekatechese) geht dagegen von einem Kreis glaubenswilliger, für religiöse Fragen aufgeschlossener Menschen aus und versucht, die eigene, immer wieder als unbefriedigend empfundene Beziehung zum Daseinsgrund an der in den biblischen Überlieferungen erzählten Art und Weise dieser Beziehung auszurichten und sie dadurch tiefer und erfüllender zu gestalten: sie zielt darauf ab, den *im eigenen Leben erfahrenen Daseinsgrund immer neu in dieser Überlieferung zu identifizieren und ihn dadurch zu aktivieren.*» (Peter Biehl/Georg Baudler, Erfahrung - Symbol - Glaube. Grundfragen des Religionsunterrichts, Frankfurt am Main 1980, S. 25; Hervorhebungen von mir)

An anderer Stelle meint Baudler: Der «religionsunterrichtliche Lernprozeß» will «den Menschen aus dem bloßen und blinden Dahinleben befreien und ihn (auf der Basis christlicher Tradition) zur Verantwortung gegenüber dem Ganzen seines Lebens führen und erziehen ... Festgefahrene und blind gewordene Sinnantworten (seien sie christlicher oder nicht-christlicher Natur) (!) werden in diesem Lernprozeß abgebaut, das Kind, der Jugendliche oder auch der Erwachsene werden darin eingeübt, den Daseinssinn immer wieder neu in lebendigen, situationsbezogenen Symbolen zu suchen. Die christlichen Symbole wirken hier in der Regel als Kontrast-Symbole, die aufrütteln, wachrufen und zur Suche nach wirklich tragfähigen und lebendigen Lebenssymbolen herausfordern. - Anders ist es in der Katechesegruppe: In ihr ist es das erklärte Ziel, auszuprobieren, ob das Leben im Lichte des christlichen Glaubens, repräsentiert in einem Symbol der Glaubensüberlieferung (z.B. in den Schöpfungserzählungen oder im Talentengleichnis) besser lebbar, besser und tiefer mit Sinn zu erfüllen und menschlicher zu gestalten ist, als ohne die Zuhilfenahme eines solchen Symbols. ... Hier wirken die christlichen Symbole deshalb in dem Maße, als der Lernprozeß an sein Ziel gelangt und gelingt, nicht als Kontrastsymbole, sondern als Integrationssymbole, die eine Gruppe zur Gemeinschaft, zur Gemeinde im theologischen Sinne formt und die liturgische Feier des gemeinschaftlich angeeigneten Symbols ermöglicht und provoziert.» (Ebd. S. 133f)

Es ist mit Händen zu greifen, daß Baudler allenfalls einen graduellen Unterschied zwischen christlichen und außerchristlichen religiösen «Symbolen» zugesteht; folglich steht hinter seinen Äußerungen die Theorie von der einen, allen Menschen gemeinsamen Religiösität, die sich freilich unterschiedlich auszudrücken, zu «symbolisieren» vermag. Das wird noch durch den Umstand bestätigt, daß Baudler den Symbolen keinen objektiven Erkenntnis- oder Wahrheitswert beimißt. Die «Vergewisserung» eines «subjektiv angeeigneten Symbols» liegt nach ihm nämlich einzig und allein «darin, daß Menschen, die ich kenne und schätze ..., gemeinsam mit mir ihr ganzes Leben unter diesem Symbol sehen, empfinden und leben können: Es gibt keine objektiv-argumentative Bestätigung und Absicherung des Schöpfungsglaubens ..., wohl aber eine im Austausch mit anderen Personen zu gewinnende intersubjektive Vergewisserung, die stärker und tragfähiger ist, als jede noch so schlüssige logisch-argumentative Beweiskette.» (Ebd. S. 132) - Objektiv vorhanden ist demnach nur ein allgemein-menschliches religiöses Urgefühl, die Universalreligion «des Geistes» (CoM!). Auch Baudler als waschechter Neomodernist gehört mit solchen Thesen zu den direkten Wegbereitern der Humanitätsreligion des kommenden Welteinheitsstaats.

Ein «Wissender»: Teilhard de Chardin

Wie scheinbar erst vor wenigen Jahren in der (deutschen) Öffentlichkeit bekannt wurde, war der Jesuitenpater Pierre Teilhard de Chardin *Hochgradfreimaurer*. Es spielt zwar im Prinzip keine Rolle, ob die Loge ihr Zerstörungswerk in der Kirche mit Hilfe von eingeweihten oder unwissenden Werkzeugen vorantreibt. Dennoch wirft die Tatsache der Logenmitgliedschaft Teilhards zusätzliches Licht auf den im tiefsten Grund antichristlichen Charakter des Teilhardismus und auf seine Funktion als «Trojanisches Pferd in der Stadt Gottes» (Dietrich von Hildebrand)!

Im «Schwarzen Brief» vom 21. März 1985 konnte man lesen: «Unmittelbar nach der Wahl von Johannes XXIII. besuchten drei Spitzenfreimaurer Don Pablo de la Porcion, der später über das Gespräch berichtete (in "Que Pasa?", Madrid, April 1968 und in "La Tradicion", Argentinien, Juni 1968). Die Besucher waren Martinez Barrio, Verkehrsminister, Großorient von Spanien, 33. Grad, die beiden anderen seine Freunde aus der Loge "Symbolismus" und der "Valentianischen Gnosis". Diese erklärten: "Durch die literarischen Werke eines der unsern werden wir nun daran gehen, die große Revolution auszubreiten und in die Priesterseminare der katholischen Kirche einzudringen." Aufgedeckt wurde die Mitgliedschaft Teilhards jedoch durch den Justizminister der Vichy-Regierung unter Marschall Pétain Anfang der 40er Jahre. Ministerpräsident Pierre Laval fiel das Verzeichnis der Hochgradbrüder "Goldenes Buch der Synarchie" in die Hände und er gab es seinem Justizminister zur Prüfung. Der Minister untersuchte das Dokument und schrieb einen Kommentar dazu, in dem es u.a. heißt: "... und Pierre Teilhard ist der Vertreter der Synarchie bei der katholischen Kirche".»

Fast noch interessanter ist die folgende Information des «Schwarzen Briefs» (ebd.): «Als das Heilige Offizium, später in Glaubenskongregation umbenannt, 1962 sein Monitum gegen Teilhard vorlegte, ahnte in Rom niemand, daß der weltweit angesehene Evolutionstheologe nicht nur Mitglied des "Martinistenordens" war, sondern von den Hochgradlogen ausgewählt worden war, als Instrument zu dienen für eine innerkirchliche Revolution gegen die Kirche. Großmeister Mitterand (Anm.: Jacques Mitterand vom "Großorient von Frankreich"; vgl. dazu auch Band 1!) sah nach der Verurteilung des Theologen die Zeit gekommen, drei Monate später den "Eingeweihten" in seiner Rede (Anm.: vor der Generalversammlung des Großorients) vom 3. September 1962 die Wahrheit zu sagen: "Ganz im Gegensatz zu uns Freimaurern bleiben die Katholiken im Namen des Ökumenismus ihrer Vergangenheit nicht treu, um daraus etwas zu lernen; vielmehr bieten sie alle ihre Kräfte auf, ihre Religion durch Neuerungen, die ihre ganze Tradition verleugnen, auf Salonfähigkeit aufzupolieren. Warum dies wohl geschehen konnte? Nun, paßt gut auf und vernehmt die Geschichte, wie dies alles seinen Anfang nahm: Eines schönen Tages hat sich aus ihren Reihen ein Gelehrter erhoben - ein Wissender und Weiser (Freimaurertitel für Hochgrade. Die Red.) im Vollsinn des Wortes, Pierre Teilhard de Chardin. Er hat, ohne es vielleicht auch nur zu ahnen, das Verbrechen Luzifers begangen, welches die Kirche Roms den Freimaurern so oft und so nachhaltig vorgeworfen hat: Im Phänomen der Hominisation, der Menschwerdung, oder - um auf eine von Teilhard geprägte Formel zurückzugreifen -, in der Noosphäre (d.h. in dieser Summe und Gesamtmasse von Bewußtseinsinhalten, welche den ganzen Erdball wie eine unterste Schicht der Atmosphäre umgeben) ist es der Mensch, und nicht Gott, der im Vordergrund dieses Prozesses steht und dessen Hauptwirkender ist. Wenn nun dieses "Gesamtbewußtsein" seinen Höhepunkt erreicht haben wird, eben den berühmten Punkt Omega - so lehrt Teilhard de Chardin - dann werden wir auch sicher den neuen

Menschen, so wie wir ihn uns erträumen und wünschen - frei in seinem Fleische, unbeschränkt und ungebunden in seinem Geiste haben. So hat Teilhard den Menschen auf den Altar des Heiligtums erhoben, und indem er *ihn* anbetet, kann er nicht mehr länger dem christlichen Gott opfern! ..."»

Die nun folgende Analyse der Teilhardschen Ideologie ist an sich vollkommen unabhängig vom Wissen um Teilhards Logenmitgliedschaft, bestätigt jedoch haargenau die triumphierenden Worte Jacques Mitterands: Teilhard hat den freimaurerischen Hominismus in die Kirche eingeschleust (was vor dem Hintergrund des unterschwellig vorhandenen Modernismus nicht schwierig war!), und dieser wurde prompt vom zweiten Vatikanum aufgegriffen und in bedenklichem Umfang in zahlreiche Konzilsdokumente «integriert».

Teilhard de Chardin hat ein eigenes philosophisch-theologisches System und eine eigene, in *seinem* (!) Sinne «phänomenologische» Methode. Im vorliegenden Zusammenhang sind weder die Methode noch das System als solches von Interesse, sondern nur jene Tendenzen, die dem Großen Plan der Weltfreimaurerei entsprechen. Nun stellt es freilich ein ausgesprochen schwieriges Unterfangen dar, Teilhard irgendeinen philosophischen oder gar theologischen Irrtum nachweisen zu wollen; seine zahlreichen Apologeten pflegen regelmäßig in lautes Klagen darüber auszubrechen, daß man den Meister völlig mißverstanden habe, seinen Ansatz und seine Methode nicht kenne oder nicht berücksichtige, Texte aus ihrem Zusammenhang reiße etc. So wehrt etwa *Emile Rideau* jeden Vorwurf an Teilhards Adresse mit dem schlichten Hinweis darauf ab, «daß es ungerecht und müßig wäre, diesen oder jenen aus dem Zusammenhang gerissenen Text Teilhards anzugreifen; worauf es ankommt, ist das gesamte Denkbild. Es ist außerdem jederzeit möglich, die angegriffenen Textstellen zu rechtfertigen.» (Emile Rideau, Teilhard de Chardin - ja oder nein?, München 1968, S. 242f)

In gewissem Sinn hat Rideau durchaus recht: man kann wirklich *jede* Textstelle bei Teilhard durch irgendeine andere aus irgendeiner anderen Schrift neutralisieren, die genau das Gegenteil besagt. Denn ein logisch kohärentes «Denkbild» von Teilhard existiert einfach nicht (wohl aber ein solches, das seine Anhänger aus seinen Schriften - wahrscheinlich sogar ohne ihm Unrecht zu tun - kompiliert haben). Ohne über die möglichen Gründe (intellektuelles Unvermögen? freimaurerische Tarnung?) für dieses seltsame Phänomen zu spekulieren sollte es doch erlaubt sein, die radikale Widersprüchlichkeit und Unvereinbarkeit von Teilhards verschiedenen Thesen einfach zu konstatieren. Was Albert Drexel im Blick auf die Behandlung des Problems des Verhältnisses zwischen Natur und Übernatur in Teilhards Schriften feststellt, gilt für nahezu alle Wahrheiten des katholischen Glaubens und der Philosophia perennis bei Teilhard: «In seinem Buch "La pensée réligieuse du Père Teilhard de Chardin" will de Lubac (S. 169ff.) mit großem Zitatenaufwand nachweisen, daß Teilhard die Unterscheidung von Natur und Übernatur gekannt und beabsichtigt habe. Dies bestreiten wir nicht, wohl aber, daß sie mit seinem evolutionistischen System und naturalistischen Prozeß *vereinbar* ist.» (Albert Drexel, Ein neuer Prophet? Teilhard de Chardin. Analyse einer Ideologie, 2. erw.

Aufl. Stein am Rhein 1971, S. 31) Teilhard hat, entweder tatsächlich oder wenigstens nach außen hin, stets am katholischen Glauben festhalten wollen; nur ist ihm das absolut nicht gelungen. Wenn man die Glaubens- und Vernunftwahrheiten mit ihnen zuwiderlaufenden Thesen vermischt, kann das Ergebnis nun einmal nur totale Verwirrung sein.

Ganz gleich, was immer die *Intention* von Teilhard bei der Abfassung seiner Schriften gewesen sein mag, das, was ihn so weltbekannt und -berühmt gemacht hat, waren zweifellos nicht die bereits genugsam bekannten katholischen Glaubenswahrheiten, nicht die - hier und dort *auch* vorhandenen aber beziehungslosen - Elemente der klassischen katholischen Weltanschauung, sondern seine neuen, ungewohnten, im Katholizismus bis dahin unbekannten Ideen. Objektiv gesehen handelt es sich dabei um Gedankengut, das dem freimaurerischen Hominismus zwar nicht unbedingt im philosophichen Ansatz, wohl aber in seiner Ausfaltung und, wie noch zu zeigen sein wird, auch in seinem innersten Ursprung gleicht wie ein Ei dem anderen. Zumindest im Hinblick auf die *Wirkung*, die Teilhards Schriften auf ihre Leser normalerweise ausüben *müssen*, ist es also voll und ganz berechtigt, die freimaurerisch-hoministischen Texte auch in einer kritischen Analyse so zu nehmen und zu verstehen, wie jeder unbefangene Leser sie auffaßt. Aus dem - angeblich katholisch zu verstehenden - Zusammenhang *kann* man diese Passagen gar nicht reißen, weil ihr Inhalt prinzipiell mit der gesunden Philosophie und dem katholischen Glauben allenfalls in Widerspruch, niemals jedoch in einem positiven logischen Zusammenhang stehen kann: eindeutige Irrtümer werden durch eine eventuelle Umrahmung mit eindeutigen Wahrheiten weder wahr noch auch nur neutralisiert; sie bleiben, was sie sind.

Um aber gleichwohl jedem Vorwurf des Mißverständnisses die Spitze abzubrechen, wollen wir im folgenden nach einer Reihe von Teilhard-Texten Darstellungen seiner Weltanschauung seitens seiner Bewunderer anführen, die sich - welche Überraschung! - jedoch im wesentlichen mit dem decken, was auch wir selber den Texten entnehmen konnten und mußten. Es liegt also gar nicht am fehlenden Textzusammenhang, wenn eine wirklich katholische Teilhardkritik zu höchst unerfreulichen Resultaten kommt. Vielmehr hat sich die Auffassung der Teilhard-Sympathisanten von dem, was «katholisch» ist, offenbar schon so stark verschoben, daß ihre Beurteilung von Teilhards Standpunkt dadurch nicht wenig verfälscht wird.

Teilhards «Gott»: der Mensch

Wenden wir uns zunächst Teilhard selber zu. Einer Anzahl von Texten, die anscheinend den weltjenseitigen, dreipersönlichen Gott zum Gegenstand haben (obwohl so gut wie nie in der geläufigen theologischen Sprache der Kirche), stehen viele andere Aussagen gegenüber, die sich leider nur *pantheistisch* verstehen lassen. Die Identität von Gott und Welt (Erde) insinuieren etwa die folgenden Texte:

«Die Erde kann mich ruhig nunmehr in ihren Riesenarmen umfassen. Sie mag mich mit ihrem Leben schwellen, oder mich in den Staub zurückholen ... Sie mag mich auf die Knie zwingen in der Erwartung dessen, was in ihrem Schoße reift. Ihre Zauber können mir nicht mehr schaden. Seit sie für mich jenseits ihrer selbst der Leib dessen geworden ist, der ist und der kommt!» (Zit. n. Rupert Lay, Die Ketzer. Von Roger Bacon bis Teilhard, München - Wien 1981, S. 261f) - «Wer aus ganzer Seele den in den Kräften (der Erde) verborgenen Jesus liebt, in den Kräften, welche die Erde sterben lassen: den wird auch in seinem Tod die Erde mütterlich in ihre Riesenarme schließen, und er wird mit ihr im Schoße Gottes erwachen.» (Zit. n. Rideau 1968, S. 56)

Besonders berüchtigt ist der folgende Text: «Wenn ich infolge irgendeines inneren Umbruches nacheinander meinen ... Glauben an einen persönlichen Gott, meinen Glauben an einen Geist verlöre, so möchte es mir scheinen, daß ich meinen unerschütterlichen Glauben an die Welt behalten würde. Die Welt (der Wert, die Unfehlbarkeit und die Güte der Welt) ist letztlich die erste, die letzte und die einzige Sache, an die ich glaube. Aus diesem Glauben lebe ich. Und ich fühle, daß ich mich im Augenblick des Todes über allen Zweifeln diesem Glauben hingeben werde.» (Zit. n. ebd. S. 283 Anm. 18) Wohl noch deutlicher kommt dasselbe in dem folgenden Satz aus einem Brief an Léontine Zanta zum Ausdruck: «Wie Sie schon wissen, sind mein Interesse und meine innere Beschäftigung vom Bemühen beherrscht, in mir selbst eine neue Religion (Sie können sie ein besseres Christentum nennen) aufzubauen und sie auszubreiten, in der der persönliche Gott aufhört, der große monolithische Herr früherer Zeiten zu sein und zur Weltseele wird; unser religiöser und kultureller Stand verlangt danach.» (Zit. n. Drexel 1971, S. 26)

Lay kennzeichnet Teilhards Pantheismus folgendermaßen: «Gott steht, wenn man einmal versuchen möchte, mit scholastischen Kategorien die Teilhardsche Konzeption zu begreifen, nicht mit Welt primär in einem Wirkursachenzusammenhang, sondern sehr viel mehr in einem Informationszusammenhang, einem Zusammenhang, dem wir etwa zwischen Psyche und Soma (besser: zwischen psychischer und somatischer Komponente im psychosomatischen Gesamt "Mensch") begegnen. So nennt Teilhard Christus nicht selten "Weltseele" - ein, wie mir scheinen möchte, durchaus treffendes Bild, wenn man nur daran festhält, daß Christus welttranszendent und als Du ... verstanden wird.» (Lay 1981, S. 296) Letzteres ist natürlich eine in Teilhards Ideologie unerfüllbare Bedingung, so daß nichts als Pantheismus übrigbleibt.

Wie jeder Pantheismus konzentriert sich auch der dem Theismus unverbunden zur Seite gestellte *Pantheismus* des Teilhard de Chardin naturgemäß auf den *Menschen*. «Ich glaube», bekennt Teilhard, «daß das Universum Entwicklung ist. Ich glaube, daß die Entwicklung hinstrebt auf Geist. Ich glaube, daß der Gott sich im Menschen, im Personalen vollendet. Ich glaube, daß das höchste Personale der Universelle Christus ist.» (Zit. n. Lay 1981, S. 255) Sieht man einmal von der höchst schwammigen Vorstellung von einem «Universellen Christus» ab, die wohl nur als Chiffre für «den» Menschen firmiert, so ergeben sich verblüffende Übereinstimmungen zwischen diesem «Glaubensbekenntnis» (es handelt sich um das Motto, das Teilhard seiner Schrift «Wie ich glaube» von 1934 voranstellte!) mit dem sechs Jahre später verfaßten «allgemeinen Glaubensbekenntnis» der Verfasser von CoM: Deren Credo lehrt nämlich, «daß ein göttlicher Wille die Welt regiert - sei er nun Gott oder Gottheit oder der Heilige Geist oder das Absolute oder Logos oder sogar Evolution genannt. Die Zielrichtung dieses Willens geht von der Materie zum Leben und vom Leben zum Geist, vom Chaos zur Ordnung, vom blinden Kampf und zufälligen Antrieb zum Gewissen und zum moralischen Gesetz, von der Dunkelheit zum Licht. Es lehrt, daß im uns bekannten Universum die menschliche Art die Spitze des göttlichen Willens, der Mensch der notwendige Verbündete dieser "Macht" ist ...» (CoM S. 46f)

«Die Kirche», schreibt Teilhard 1926 in einem Brief, «wird so lange verkümmern, wie sie sich an die sophistische Worttheologie klammert, an den nach Maß und Zahl gewerteten Sakramentalismus, an die subtilen und noch subtileren Andachtsformen, in die sie sich hüllt, statt sich mit den realen menschlichen Hoffnungen und Erwartungen zu verbinden.» (Zit. n. Rideau 1968, S. 47) Was sind das für reale menschliche Hoffnungen und Erwartungen? «Wir, die Unterzeichner dieser Erklärung», heißt es in CoM, «haben hier den Glauben, der uns eint, und die Hoffnung, die wir teilen, dargelegt.» (CoM S. 66) In der Tat handelt es sich letztlich um die gleichen *innerweltlichen* Hoffnungen auch bei Teilhard: «Denn muß man schließlich darauf verzichten, Mensch zu sein im weiten und tiefen Sinne des Wortes, heftig und leidenschaftlich Mensch zu sein, wenn man Christ sein will? Muß man auf die Hoffnung verzichten, daß wir jedesmal ein Stückchen Absolutes tasten und vorbereiten, wenn unter den Hieben unserer mühevollen Arbeit etwas mehr Determinismus gemeistert, etwas mehr Wahrheit erobert, etwas mehr Fortschritt verwirklicht wird, wenn wir Jesus folgen und an seinem himmlischen Leib teilhaben wollen?» (Zit. n. Claude Tresmontant, Einführung in das Denken Teilhard de Chardins, Freiburg - München 1963, S. 113) Und Teilhards Antwort auf die selbstgestellte Frage: «Ohne in irgendeinen Naturalismus oder Pelagianismus zu geraten, entdeckt der Gläubige, daß er ebenso und mehr als der Ungläubige sich für einen Fortschritt der Erde begeistern darf und soll, der für die Vollendung des Reiches Gottes erforderlich ist. Homo sum. Plus et ego. Und dennoch bleibt die aufwärtstreibende Kraft der Lossagung unversehrt.» (Zit. n. ebd. S. 121f)

Aber diese angebliche «Lossagung», so kommentiert ganz richtig Claude Tresmontant, besteht nur noch darin, «die Materie immer mehr zu vergeistigen, das Vielfache zur Einheit zu führen, an der Weihe der Welt teilzuhaben, das Wirkliche, das uns gegeben ist, zu heiligen und ins Übernatürliche zu erheben» (ebd.), mit einem Wort, Lossagung, Aszese wird zum unbeschwerten Aufgehen im Irdischen umfunktioniert. «Wenn sich jemand», sagt Teilhard ein anderes Mal, «in voller innerer Aufrichtigkeit eines Tages entschlossen hat (wozu *jeder* auf der Suche nach Heiligkeit befindliche Mensch mehr und mehr gezwungen sein wird), in seinem tiefsten Innern den aufwärtstreibenden Glauben an Gott und den vorwärtstreibenden Glauben an den Ultra-Menschen frei aufeinander reagieren zu lassen - so wird er manchmal erschrecken (ohne jedoch einhalten zu können ...) vor der Neuheit, der Kühnheit und gleichzeitig der paradoxen Möglichkeit der Haltungen, die er intellektuell und gefühlsmäßig einnehmen muß, wenn er seiner Grundausrichtung treu bleiben will: den Himmel über die Vollendung der Erde zu erreichen. Die Materie christifizieren.» (Zit. n. Tresmontant 1963, S. 126) Es ist nur ein kleiner Schritt vom Bemühen, «den Himmel über die Vollendung der Erde zu erreichen», zur «Spiritualität» der CoM-Freimaurer: «Diese unsere Erde», sagen sie nämlich, «ist das Laboratorium, wo innerhalb der Grenzen von Raum und Zeit die Gültigkeit ewiger Ideen auf die Probe gestellt wird. Hier und jetzt ist der Schauplatz, wo der göttliche Wille, der das Universum regiert, auf dem Feld der Tat durchgeführt werden muß, so wie er im Himmel des Glaubensbekenntnisses an oberster Stelle steht.» (CoM S. 49) «Denn die Erde kann ... reif für ein goldenes Zeitalter, fruchtbar für Billionen werden.» (Ebd. S. 56) «Jawohl, jenseits des schwarzen Zeitalters hissen wir die Flagge des Gottesreiches auf Erden.» (Ebd. S. 58)

Im Geiste Luzifers ...

Wie schon angedeutet scheint der tiefste Beweggrund für Teilhards pantheistisches und immanent-humanistisches Denken kein anderer zu sein als jener, der hinter allen atheistischen Humanismen steht: der menschliche *Stolz,* die Auflehnung des Geschöpfs gegen seinen Schöpfer. Tresmontant scheint das gar nicht zu bemerken, wenn er schreibt: «Was Teilhard der "klassischen" (das heißt der schulmäßigen) Vorstellung vorwirft, die man sich im allgemeinen von der Schöpfung macht, ist die übermäßige Betonung der Freiwilligkeit, der Willkür der Schöpfung. Das Selbstgenügen Gottes hat die radikale Kontingenz der Welt zur Folge. Und diese radikale "Nutzlosigkeit" der Welt erweist sich, sagt Teilhard, von dem Augenblick an als virulent und gefährlich, wo der Mensch erkennt, daß er dazu berufen ist, am Werk der Schöpfung teilzuhaben (!). Das Handeln des Menschen ist von Anfang an von der Idee untergraben, daß die Welt, ontologisch gesehen, überflüssig ist ...» (Tresmontant 1963, S. 134) In «Das Herz der Materie» entwirft darum Teilhard *seinen* Schöpfungsbegriff, der der angeblichen «Berufung» des Menschen, «am Werk der Schöpfung teilzuhaben», besser, freilich auf Kosten der Absolutheit Gottes, Rechnung trägt. «Klassische Metaphysik hatte uns daran gewöhnt, in der Welt als dem Objekt der "Schöpfung" eine Art von äußerlichem Produkt zu sehen, das durch überströmendes Wohlwollen aus der höchsten *Wirkkraft* Gottes hervorgegangen ist. Unwiderstehlich - und gerade um gleichzeitig voll handeln und voll lieben zu können - bin ich dazu gelangt, nun darin (in Übereinstimmung mit dem Geist des heiligen Paulus) ein geheimnisvolles Produkt der Ergänzung und Vollendung für das absolute Sein selbst (!) zu sehen. Nicht mehr das partizipierte Sein einer Außen-Setzung und Divergenz, sondern das partizipierte Sein einer Pleromawerdung (Anm.: "Pleroma" = griech. "Fülle") und Konvergenz. Nicht mehr Wirkung einer Kausalität, sondern einer schöpferischen Einigung.» (Zit. n. Tresmontant 1963, S. 134f)

Teilhard schreckt nicht einmal davor zurück, offen zu bekennen, daß er in Umkehrung der in der Genesis ausgesprochenen Glaubenswahrheit von der Gottesebenbildlichkeit des Menschen dazu neigt, sich Gott - wenn auch nicht direkt nach menschlichem Bild und Gleichnis - so doch nach menschlichen Vorstellungen und Wünschen zu «erschaffen»: «Ein Gott, der unsere Erde weniger geheimnisvoll oder kleiner oder weniger interessant macht als unser Herz und unser Verstand sie entdecken (!), ein solcher Gott wäre weniger anziehend als der von uns erwartete; vor ihm wird der Erdkreis niemals (!) knien.» (Zit. n. Rideau 1968, S. 142f) Rideau seinerseits kritisiert mit Teilhard das «philosophische Konzept» der «landläufigen Theologie», «nach dem Gott ein reiner Akt, eine unwandelbare Vollkommenheit, ein Seinswesen aus sich ist. ... Für den heutigen (!) Menschen ergibt sich aus einer solchen Auffassung der unannehmbare (!) Schluß, daß die Welt als solche keinerlei Wert, das menschliche Tun keinerlei Ernst oder Interesse hat. Wenn dieses Tun für Gott nichts Wesentliches bedeutet, sagt Teilhard, wenn die Welt nur ein Werkzeug seiner Glorie ist, "so fühlen wir uns in unserer Ehre getroffen" (!); es ist dann demütigend (!), überhaupt zu existieren.» (Rideau 1968, S. 148)

Wer könnte leugnen, daß hier in seltener Klarheit das luziferische «Non serviam - ich will nicht dienen!» des Geschöpfs zum Vorschein kommt, das gegen alle Vernunft selbst der absolute Schöpfer sein will? Auch Luzifer fühlte sich in seiner Ehre getroffen, da er «nur» *Werkzeug* der Glorie des Allmächtigen sein sollte. Aber nur *als* solche «Werkzeuge» der Ehre des Allerhöchsten können die Vernunftgeschöpfe überhaupt ihre *eigene* Vollendung und Glückseligkeit erlangen. Der *diabolische Hochmut*, der unverkennbar aus solchen Texten Teilhards spricht, wirft auch ein ganz seltsames Licht auf seinen - ohnedies schockierenden - «Hymnus an die Materie», den er bereits 1919 verfaßte:

«Gesegnet seist du, herbe Materie, unfruchtbarer Boden, harter Fels,
Du, die du nur der Gewalt weichst und uns zwingst zu arbeiten, wenn wir essen
    wollen.
Gesegnet seist du, gefahrvolle Materie, gewaltiges Meer, unzähmbare Leiden-
    schaft,
Du, die uns verschlingt, wenn wir dich nicht anketten.
Gesegnet seist du, machtvolle Materie, unwiderstehliche Evolution, immer neu
    geborene Wirklichkeit,
Du, die du in jedem Augenblick unsere Rahmen sprengst, uns zwingst, die Wahr-
    heit weiter zu verfolgen.
Gesegnet seist du, tödliche Materie,
Du, die du uns, eines Tages in uns zerfallen, mit Gewalt in das Herz dessen einfüh-
    ren wirst, was ist.
Ich grüße dich, unerschöpfliche Fähigkeit des Seins und der Transformation, in der
    alle Substanz keimt und wächst.
Ich grüße dich, mit schöpferischer Kraft geladenes, göttliches Milieu, vom Geist
    bewegter Ozean, von dem inkarnierten Wort gekneteter und beseelter
    Ton.

Du herrschst, Materie, in den erhabenen Höhen, wo die Heiligen glauben, dir auszuweichen - so durchsichtig und so beweglich bist du, daß wir dich nicht mehr von Geist unterscheiden.
Trage mich empor dorthin, Materie, durch das Bemühen, die Trennung und den Tod - trage mich dorthin, wo es endlich möglich sein wird, das Universum in Unschuld zu umarmen.» (Zit. n. Lay 1981, S. 245)

Während Rideau ganz naiv behauptet, dieser Hymnus enthalte «nicht einen Deut von heidnischem Pantheismus», sondern sei vielmehr «Teil eines vom Glauben eingegebenen Textes» (a.a.O. S. 237), kommentiert Lay zutreffender: «*Das Heilige schlechthin ist die Materie.* Sie ist zwar nicht Gott, aber das "göttliche Milieu", der Ort, in dem Gott geschieht und wirksam wird, sie wird für ihn später der "Leib Gottes", seine Sichtbarkeit werden.» (Lay 1981, S. 245) «Gott und Materie werden für Teilhard eines - alles wird göttlich.» (Ebd. S. 246) Aber es ist noch weniger der pantheistische Charakter des Hymnus als vielmehr seine Nähe zu satanistischer Vergötzung der Materie, die aufhorchen läßt. In der von Giosue Carducci (1835-1907) verfaßten Hymne «A Satana», das heißt: «An Satan», wird die Materie als Herrschaftsbereich Satans gepriesen:

«Zu dir, des Seins
unermeßlicher Anfang,
Materie und Geist,
Vernunft und Sinn ...

Zu dir entlädt sich
Der kühne Vers,
Dich rufe ich an, o Satan,
König des Mahles. ...

In der Materie,
Die nie schläft,
Als König der Erscheinungen,
Als König der Formen

Allein lebt Satan. ...

... Wirf fort deine Fesseln,
Menschlicher Gedanke,

Und glänze und blitze
Von Flammen umgürtet;
Materie, erhebe dich;
Satan hat gesiegt.»

Wenn es auch am Schluß der Hymne heißt:

«Sei gegrüßt, o Satan,
O Rebellion,
O rächende Macht
Der Vernunft!»,

so bemerkt doch hierzu Gerhard Zacharias (Satanskult und Schwarze Messe, München - Berlin 1979), aus dessen Werk (S. 133-138) der Hymnus in seiner deutschen Übertragung entnommen ist und der den Satanismus rein «religionswissenschaftlich» untersucht: «Aber das ist nicht alles, denn Satan ist nicht nur "ragione - Vernunft", sondern auch "senso - Sinn, Gefühl", und entsprechend sind die Verse getragen *von dionysischem Pathos*. Schließlich - auch darin wird eine Dominante des neunzehnten Jahrhunderts sichtbar - verkörpert Satan *die Macht der "materia"*, die Carducci jedoch immer in Beziehung setzt zum "spirito - Geist".» (Ebd. S. 138)

Wohlgemerkt ist es nicht der Sinn dieser Ausführungen, in einer Art von manichäischem oder gnostischem Dualismus die Materie buchstäblich zu «verteufeln»; das wäre metaphysisch und theologisch unsinnig. Gezeigt werden soll nur die merkwürdige Verwandtschaft zumindest im Tonfall zwischen der satanistischen und der pantheistischen Vergötzung der Materie bei Carducci und Teilhard. Ganz zufällig ist diese Verwandtschaft jedenfalls nicht; es spricht aus beiden Hymnen im letzten der gleiche menschliche Hochmut gegenüber dem von seiner Schöpfung restlos unabhängigen, transzendenten, absoluten Gott. Ebenso wie Teilhard war Carducci (vgl. auch Band 2!) Freimaurer. Nach Zacharias (1979, S. 133) spielte er «in der italienischen Freimaurerei eine wesentliche Rolle» und sein Hymnus «fand als freimaurerisches Festlied Verwendung»!

Teilhards Eine Welt

Kommen wir nun zur *Eine-Menschheits-Ideologie* Teilhards. Sie ist zunächst vor allem in seinem metaphysischen (seinsphilosophischen) Ansatz begründet, demzufolge das Nichts als unendliche Vielheit, das absolute Sein jedoch als vollkommene Einheit definiert wird. Unter solchen Voraussetzungen gilt konsequenterweise: «Erschaffen heißt, wie es uns erscheint, verdichten, konzentrieren, organisieren, zu einem Ganzen machen.» (Zit. n. Tresmontant 1963, S. 130f) Wenn Sein Einheit und Erschaffen soviel wie «ins Sein setzen» besagt, ist Erschaffen gleichbedeutend mit Vereinigen. So bringt nach Teilhard der Evolutions(= Schöpfungs!)prozeß die Menschheit dazu, «sich in sich selber zu verschlingen (rassisch, wirtschaftlich und geistig), mit beständig wachsender Geschwindigkeit und unter ständig ansteigendem Druck ... Unwiderstehlich ... wird die menschliche Welt dazu fortgerissen, einen Block zu bilden. Sie *konvergiert* auf sich selbst.» (Zit. n. ebd. S. 75)

«Als Teilhard 1952 den Zyklotron von Berkeley in Kalifornien besuchte», berichtet Rideau, «fiel er in eine Art Entrückung. Inmitten der Wunderwerke, die ihm der Führer beschreibt und die das Ergebnis unzähliger Forschungsarbeiten darstellen, vergegenwärtigt er sich im Geiste alle Laboratorien der Erde, alle Gelehrten und Forscher, und vergleicht sie mit den Himmelskörpern eines Spiralnebels im Zustand des Entstehens, der sich einrollt, bis er nur noch "ein Gedankenkörnchen" im Gewebe der Sternbilder ist. Tatsächlich tragen die Forscher mehr als andere zur Einigkeit unter den Menschen bei; sie wirken erweiternd auf den Geist: "Nichts verbindet die Seelen enger, als gemeinsam auf die Suche nach der gleichen Wahrheit zu gehen: die Erkenntnis schweißt nicht nur die Hirne, sondern auch die Herzen zusammen!"» (Rideau 1968, S. 119f)

«Nein», ruft Teilhard bei anderer Gelegenheit aus, «wir Jünger Christi dürfen nicht zögern, jene Kraft einzufangen, die unser bedarf und die wir selbst nötig haben. Wir müssen, wenn wir sie nicht sich selbst überlassen und dabei selber verschmachten wollen, an allen echten religiösen Bestrebungen teilnehmen, die dem heutigen Menschen die immense Größe der Welt und des Geistes, den heiligen Wert jeder neuen Wahrheit nahebringen. Je größer der Mensch wird, desto einiger wird auch die Menschheit sein, desto mehr ihrer Kräfte bewußt und sicherer; und desto vollkommener wird auch die Anbetung sein, desto mehr wird Christus für mystisches Wachstum einen Leib, würdig seiner Auferstehung, finden.» (Zit. n. ebd. S. 176f) Aber auch recht konkret klingende Prophetien von Teilhard besitzen wir: «Nach dem Atomzeitalter bereitet sich (also) das Zeitalter der Liebe vor, das Zeitalter der menschlichen Erfülltheit: Die Zeiten, in denen wir leben, sind das Ende und der Beginn einer Welt ... Morgen wird die menschliche Familie in einer einzigen Einheit leben.» - «Warten wir noch ein wenig, und wir werden nur noch einen einzigen Block bilden. Dann ist's erreicht.» (Zit. n. ebd. S. 90) Ja, Teilhard wagt sogar zu behaupten, daß «das Zeitalter der Nationen vorüber ist» (zit. n. ebd. S. 234) und trifft sich darin mit dem selbsternannten «Komitee für Europa»: «Die Ära der Nationen war vorüber. Schon war eine übernationale Welt aus den Ruinen des ersten Weltkriegs am entstehen.» (CoM S. 60)

Die Übereinstimmung mit den CoM-Illuminaten reicht aber noch weiter. Die nämlich stellen fest, «daß kein Plan für eine universale Ordnung von dem relativen Grad der Zivilisation losgelöst werden kann, den jene erreicht haben, die dabei mitwirken sollen» (CoM S. 94), anschaulicher ausgedrückt: «Es gibt in der Familie der Nationen Kinder, die wachsen, Kranke, die geheilt, Wahnsinnige, die eingesperrt, Kriminelle, die festgenommen werden müssen, bevor Reife und Befreiung Allgemeingut werden. Die Heilung der Welt braucht eine starke Hand.» (CoM S. 65) - Vier Jahre zuvor, 1936, schreibt Teilhard in einem Brief an Léontine Zanta, daß er «im Grunde auf seiten Mussolinis gegen die Linksliberalen und die Missiologen kämpft - weil sich die ethnisch niederen Gruppen den Forderungen des Aufbaus der Welt zu beugen haben. Es ist unmöglich, zu einer internationalen Moral zu kommen, wenn man sich nicht zuvor darüber einig wird, daß es über den Staaten eine Welt zu bauen gilt; sobald dieser Bau einmal beschlossen ist, muß sich alles vor ihm beugen; da nicht alle ethnischen Gruppen von gleichem Wert sind, müssen sie beherrscht werden (was nicht heißen soll, daß man sie deshalb verachten darf - ganz im Gegenteil!).» (Zit. n. Rideau 1968, S. 232 und 284 Anm. 21, von dem auch die abschwächende Bemerkung in Klammern stammt!)

Im Zusammenhang mit Teilhards «Vision» von der Einen Welt ist auch seine realistische Einschätzung der Bedeutung der orientalischen Religionen für den seiner Ansicht nach natürlich anzustrebenden Synkretismus (die Religionsvermischung) bemerkenswert: «Die orientalischen Religionen besitzen eine große Anziehungskraft, weil sie universalistisch und kosmisch sind. Der Sinn für Totalität, welcher der Saft aller Mystik ist, hat sich wahrscheinlich nirgends üppiger entwickelt als in den Ebenen Indiens. Wenn man eines Tages die synthetische Geschichte der Religionen schreibt, wird man die Entstehung des Pantheismus nach Indien verlegen - und zwar einige Jahrhunderte vor Christus. Dorthin wenden sich von neuem die Blicke des modernen Europa, seitdem die Erwartung einer neuen Offenbarung so stark geworden ist.» (Zit. n. Drexel 1971, S. 47f) Das schrieb Teilhard wohlgemerkt bereits 1934; gut fünfzig Jahre später zeigt sich, wie recht er damit hatte.

Wenden wir uns nun der Interpretation Teilhards durch seine Anhänger zu. Sowohl Claude Tresmontant als auch Emile Rideau und der Frankfurter Jesuit Rupert Lay sind von Teilhards System höchst angetan und verteidigen ihn als gläubigen Katholiken (in *ihrem*, jeweils reichlich subjektiv gefärbten Verständnis von «katholisch»). Wenngleich Rideau und mehr noch Tresmontant auch einige zaghafte Kritik an manchen philosophischen Thesen Teilhards anbringen, alle drei Autoren geben ganz selbstverständlich zu, daß Teilhard die künftige Vereinigung der ganzen Menschheit ausdrücklich verlangt, prophezeit und gefördert hat, und zwar die soziale, politische und geistige Einheit, was ja nicht anders verstanden werden kann denn als die Einheit in einem einzigen Weltstaat mit einer einzigen Weltreligion! Tresmontant meint dazu: «Teilhard beschreibt auf der Ebene der Erscheinungen und mit den Mitteln, über die die moderne Wissenschaft verfügt, *die natürlichen* - die kosmischen, biologischen und anthropologischen *Voraussetzungen*, die eine *übernatürliche Vollendung* vorbereiten. Diese Voraussetzungen - muß das noch eigens gesagt werden? - *sind nicht* die übernatürliche Vollendung, die sie vorbereiten. Die physische, soziologische, politische, geistige Konvergenz der Menschheit bereitet diese Einheit des mystischen Leibes vor, die auf eine übernatürliche Weise, nämlich durch den Heiligen Geist und die Einwohnung des Wortes in der Kirche, seiner Braut, verwirklicht wird, und sie ermöglicht sie erst.» (Tresmontant 1963, S. 148)

Im Rahmen seines zweifelhaften Versuchs, in Teilhards zwiespältigem «System» die Unterscheidung von Natur und Übernatur aufrechtzuerhalten, konzediert Tresmontant jedenfalls soviel, daß nämlich nach Teilhard die Menschheit zunächst einer *natürlichen* Vollendung in ihrer angeblichen «soziologischen, politischen und geistigen Konvergenz» zustrebt, ohne die (wiederum angeblich) ihre *übernatürliche* Vollendung nicht möglich ist. Was hat Teilhard dann aber anderes angekündigt als die «Stadt des Menschen»? Teilhards Welthumanismus läßt sich nach Lay bezeichnenderweise ohne weiteres mit der marxistischen Utopie vergleichen: «Eine weitere These, die Teilhard mit Marx verbindet, ist die Überzeugung, daß die Menschen auf Grund objektiver Zwänge (fast naturwissenschaftlicher Art) zusammenwachsen würden zur neuen Übereinheit "Menschheit". ... In dieser neuen Einheit "Menschheit" kommt in der Schöpfungsvollendung Gott zu sich - er eint den Kosmos mit sich strukturell (unvermischt, aber untrennbar) ... Während Marx von einem profanen Gesetz, dem der Geschichte, spricht, das all dieses notwendig bewirken wird, ist für Teilhard der Motor der gesamten Evolution hin auf das Gottesreich, das alle Menschen zur Menschheit eint, ein transevolutionärer Grund, den Teilhard Alpha-Gott nennt.» (Lay 1981, S. 246f)

Rideau erwähnt, daß Teilhard sich selber einmal «von Natur aus pantheistisch» nannte (a.a.O. S. 44), und daß er 1930 «einen geistigen Wendepunkt» erlebte: «Von 1930 an steht der *Mensch* im Mittelpunkt all seiner Betrachtungen; der *Mensch* ist die "Pfeilspitze" und das (vorläufige) Ziel der biologischen Entwicklung; nur die Konvergenz zum Menschen hin ist auf Erden von Belang.» (Ebd. S. 36) Bemerkenswert ist aber vor allem Rideaus hervorragende Analyse der *Ursachen* für die außerordentliche Resonanz, auf die Teilhards Ideen innerhalb wie außerhalb der Kirche stießen. «Der moderne Mensch fühlt sich als Träger einer *Sendung*, er weiß sich dem Universum und der Geschichte gegenüber verantwortlich: er wendet sich in einer ständigen Vorausplanung der Zukunft zu; er konzipiert Pläne und hegt die Hoffnung, sie zu verwirklichen, er hofft, in ihrer Realisierung sich selbst zu realisieren, mit ihnen nach allen Richtungen hin der Vollkommenheit näherzukommen. Er strebt dem Ideal einer kollektiven Sendung zu, die er *in der Zeit* erfüllen soll, ja er glaubt an den kommenden Triumph des Menschen! ... Nun aber entspricht die wichtigste Botschaft Teilhards *ebendieser Hoffnung*: Als "Pilger der Zukunft", wie er sich selbst einmal definiert hat, ruft er dem Menschen zu, daß seine Hoffnung berechtigt ist; er zeigt ihm, wie die Geschichte unter dem unwiderstehlichen Drang des Geistes zum Gemeinschaftspunkt konvergiert, der den Übergang des Menschen zur übermenschlichen Stufe darstellt, die der gemeinsamen Vergöttlichung vorausgeht. Der Mensch muß zwangsläufig sein irdisches Ziel erreichen: alles wird im Triumph enden. ... Wenn auch nur wenige die Werke Teilhards in ihrer ganzen Weite und Tiefe gelesen haben, so blieb ein wichtiger Punkt der Botschaft in aller Gedächtnis haften: sein Glaube an den zeitlichen Fortschritt der Menschheit und an die Zukunft. Wie bei so vielen großen philosophischen Systemen, so erfaßt man auch bei Teilhard intuitiv den Grundgedanken, den die Untersuchung der Texte sodann in seinen Einzelheiten bestätigt. Gerade die hoffnungsvolle Zukunftsbotschaft ist es, die alle Leser Teilhards als erstes aufgenommen haben; ihr dichterischer Schwung hat ihr zu allgemeiner Berühmtheit verholfen.» (Rideau 1968, S. 14-18) Mit anderen Worten, mit den Worten des hl. Paulus, die heute mehr denn je Gültigkeit besitzen: «Denn es wird eine Zeit kommen, in der die Menschen die gesunde Lehre nicht ertragen mögen, sondern sich *nach eigenen Wünschen* immer neue Lehrer suchen, *die den Ohren schmeicheln*; und man wird der Wahrheit nicht mehr Gehör schenken, sondern sich Fabeleien zuwenden» (2 Tim 4,3f).

Lassen wir nun eine Reihe von Texten folgen, in denen Rideau sehr prägnant Teilhards Vision von der «geeinten Menschheit» in eigene Worte faßt. «In der menschlichen und sozialen Sphäre ist er (sc. Teilhard) sich der menschlichen Bestrebungen bewußt, sich zu organisieren und zusammenzuschließen; er erkennt aber auch die Notwendigkeit, über das bisher Erreichte hinauszuwachsen, die Konflikte unter den Menschen zu lösen und ein wahrhaft menschliches Gemeinwesen auf Erden, dem Ort des menschlichen Schicksals, zu schaffen. Teilhard steht mitten in dieser Welt der Arbeit und des Werdens. Er stimmt ihr innerlich zu, macht sie sich zu eigen, nimmt sie mit offenen Armen auf, identifiziert sich mit ihrem Ideal. Der Enderfolg des Menschen und der Welt sind in seinen Augen eins.» (Rideau 1968, S. 60) «Die großen *Ideologien* wirken auf die Menschheit, erwecken in ihr den einstimmigen Wunsch nach Befreiung von aller Knechtschaft und Uneinigkeit. Atheisten und Gläubige, alle zeitgenössischen Humanismen, streben *einem umfassenden Ökumenismus* zu.» (Ebd. S. 89; letzte Hervorhebung von mir) «Alle Strömungen der Geschichte laufen in Christus zusammen: alle Humanismen, alle Kulturen, *alle Religionen*.» (Ebd. S. 152, Hervorh. v. mir)

«Ein weiterer Herzenswunsch Teilhards beginnt sich in der Welt zu verbreiten, wenn auch noch nicht zu verwirklichen: die Vereinigung aller Menschen ohne Unterschied der Konfession für den Fortschritt und die Lösung der allerdringlichsten Probleme. Hier liegt der positive Beitrag Teilhards zur Wiederentdeckung eines neuen (!), unserer Zeit angepaßten Humanismus ...» (Ebd. S. 259) «Wenn zwischen Person und Gruppe kein Gegensatz besteht, wenn die Gemeinschaft die menschliche Freiheit fördert, so müssen alle Strukturen, die die menschliche Mitwirkung ermuntern, unsere Zustimmung finden. ... Der Grundsatz findet auch auf anderen Gebieten Anwendung: in der Erziehung, dem Städtebau, vor allem aber in der Gemeinschaftspflege unter den Völkern, in der Zusammenarbeit der Kulturen und Staaten in einer konstruktiven Zwiesprache: die Zukunft gehört ohne Zweifel den Staatenbünden, wenn nicht einer Weltregierung (!). Wenngleich auch (!) die Rechte der Wahrheit in dem Verlangen nach Einheit respektiert werden müssen, so scheint doch die Zukunft des Christentums jenseits (!) der augenblicklichen Trennung der Kirchen in einem *Ökumenismus* zu liegen, der die Eigentraditionen und die Denkformen (?) andersgläubiger Gruppen respektiert (!).» (Ebd. S. 206)

Der Prophet der «Stadt des Menschen»

Man sieht: die (zumindest von Rideau) aus Teilhards Prämissen gezogenen Konklusionen decken sich vollständig mit den Plänen der illuminierten Erbauer der «Stadt des Menschen»! Was aber Rideau - trotz allem merkwürdig hellsichtig - für «manche Ungläubige» feststellt, trifft auch auf viele Gläubige und nicht zuletzt auf ihn selber zu: «Es ist höchst eigenartig festzustellen, daß sich manche Ungläubige gerade für die fragwürdigsten Aspekte der Teilhard'schen Botschaft interessieren: für den geschichtlichen Fortschrittsglauben, für den zeitlichen Triumph der Menschheit, für den Aufstieg des Menschen zum Übermenschlichen. Wenn hier auch ein Mißverständnis vorliegt, so ist diese Hoffnung vielleicht doch die Formulierung der christlichen Hoffnung, die die atheistische Gruppe der Menschheit am meisten anspricht; denn es ist klar, daß der Endsieg Christi auch der Endsieg des Menschen sein wird: es wäre ein Irrtum, ihm keine Beachtung zu schenken.» (Rideau 1968, S. 263) Das Mißverständnis liegt auf ganz anderer Ebene: die christliche Offenbarung *verneint* ausdrücklich, daß der Endsieg Christi auch der Endsieg «des» Menschen sein wird. Im Gegenteil: «Wenn der Menschensohn kommt, wird er wohl Glauben finden auf Erden?» (Lk 18,8) «Ohne Glauben aber ist es unmöglich, Gott wohlzugefallen.» (Hebr 11,6)

Und wie steht es um die Wirkung der Schriften Teilhards innerhalb der Kirche? «Unter den zeitgenössischen Denkern», schreibt Rideau 1967 (Erscheinungsjahr der franz. Originalausgabe), «kann Teilhard de Chardin nicht umgangen werden: sein Riesenformat drängt sich dem Auge auf. Zehn Jahre nach seinem Tod erfreut sich Teilhard, der sich der Neuheit und des Wertes seiner Botschaft bewußt war, dessen Bescheidenheit und Demut ihn aber fern von allen menschlichen Ehrungen hielten, der sein ganzes Leben lang zurückgezogen, um nicht zu sagen heimlich und versteckt wirkte (Anm.: was auch zu einem Logenbruder paßt!), einer weltweiten Berühmtheit. Seine Bücher sind in Hunderttausenden von Exemplaren verbreitet, seine Gedanken und Theorien Gegenstand unzähliger Arbeiten und Schriften; Rundfunk und Fernsehen widmen ihm (Anm.: wir wissen auch, warum!) Sendungen, Übersetzungen seiner Werke sind in allen Ländern der Erde, sogar in der UdSSR (Anm.: das war zu erwarten!) erschienen.» (Rideau 1968, S. 12)

Rund fünfzehn Jahre später, im Jahr 1981, schreibt Rupert Lay: «Tatsächlich ist alles das, was Teilhard an Verkrustungen aufbrach, was er an neuem Denken einbrachte, was er an Hinführung zur Kirche vermittelte, längst Geschichte. Nicht wenige, die unter dem Eindruck des Zweiten Vatikanischen Konzils, das sich in dem Dekret *Über die Kirche in der Welt von heute* zahlreiche Gedanken Teilhards zu eigen machte, sie fruchtbar weiterführte und so eine Tür nach draußen zu öffnen suchte, zur Kirche kamen, haben sie heute wieder verlassen. Denn die Kirche ist anders geworden. Mit allen ihr zur Verfügung stehenden Mitteln sucht sie Teilhard totzuschweigen - auch mit denen der bösartigen Abwertung durch theologische Schriftsteller.» (A.a.O. S. 273; der Autor hat nicht einmal bemerkt, daß es sich bei «Gaudium et spes» um kein *Dekret*, sondern um eine *Konstitution* handelt!) Das mag jemandem, der, wie sein ganzes Buch beweist, den Glauben der Kirche längst nicht mehr teilt, sondern dem (in seinem illuminierten Hintersinn unverstandenen) marxistischen Immanentismus zuneigt, vielleicht so erscheinen. Aber von einem «Totschweigen» der Ideen Teilhards von seiten der Kirche kann - wie wir auch noch konkret sehen werden - überhaupt keine Rede sein. Wenn man von ihm in letzter Zeit nicht mehr so viel hört wie in den sechziger Jahren, so hat das seinen Grund einzig und allein darin, daß seine Thesen von der nachkonziliaren Pseudotheologie längst rezipiert und sogar in lehramtliche Dokumente aufgenommen wurden, wodurch sie nachgerade *alltäglich* geworden sind! Ihnen haftet nur deshalb nichts Aufsehenerregendes mehr an, weil sie zu theologischem *Allgemeingut* geworden sind. Man kann durchaus sagen, daß Teilhard (nicht ohne energisches Zutun seiner Kollegen von der Königlichen Kunst) posthum zum «Propheten» der antichristlichen «Stadt des Menschen» avanciert ist.

Niemand bestreitet beispielsweise ernsthaft, daß Teilhards Einfluß auf das zweite Vatikanum, das er ja nicht mehr erlebte, enorm war. Wolfgang Klein hat in seiner gründlichen Dissertation (Teilhard de Chardin und das Zweite Vatikanische Konzil, München - Paderborn - Wien 1975) detailliert nachgewiesen, daß die Pastoralkonstitution «Gaudium et spes», das *Schlüsseldokument* dieses «*Pastoral*konzils», von Theologen verfaßt wurde, die Teilhards Ideen kannten und teilten, und daß tatsächlich eine ganze Reihe von zentralen Elementen der Teilhardschen «Weltschau» in den Text der Konstitution eingingen. Er steht mit diesen gutbelegten Thesen nicht allein da. «Wenn das Heilige Offizium 1962 auch eine Warnung bezüglich des Werkes von Teilhard ausgesprochen hat, so ist es immerhin bemerkenswert, daß das Konzil sein Werk durchaus nicht verurteilt, sondern eingeschlossenermaßen wenigstens einen Teil seiner geistigen Grundlage, wenn auch nicht seine Thesen aufnimmt, indem es die Christen zu einer positiven Einstellung gegenüber den menschlichen Werten einlädt.» Soweit Emile Rideau (a.a.O. S. 40), der andernorts anmerkt: «Die Spiritualität Teilhards ist praktisch durch das jüngste Konzil angenommen und sanktioniert worden; sie spricht besonders aus den Texten über die Kirche und der Konstitution "Gaudium et spes" (Schema XIII). Es ist überaus bemerkenswert, daß sich in diesem Dokument gewisse Formulierungen Teilhards beinahe wörtlich wiederfinden ("Man kann rechtens der Meinung sein, daß die Zukunft in den Händen derer liegt, die den Generationen von morgen Gründe zu leben und zu hoffen liefern" [G.S. Nr. 31 § 3]. - Teilhard: "Die Welt wird denen gehören, die der Erde, sogar schon dieser Erde, eine größere Hoffnung schenken" ["La crise présente", 1937].).» (Ebd. S. 250 u. 287 Anm. 38)

Die Pastoralkonstitution ist zweifellos jener Konzilstext, der am meisten gelesen wurde und wird, und der maßgeblich Inhalt und Stil der nachkonziliaren päpstlichen Rundschreiben geprägt hat und immer noch prägt. Darüber hinaus darf man nicht vergessen, daß die Teilhardisten spätestens seit dem zweiten Vatikanum freie Bahn hatten. 1970 schrieb der über die (für ihn) unerwarteten Auswirkungen dieses Konzils enttäuschte und erboste Louis Bouyer nicht ohne Sarkasmus, aber doch zutreffend: «... Das Konzil hat ja einen breiten Buckel: wenn man sich auf das Konzil beruft, so in drei von vier Fällen nicht etwa auf seine Beschlüsse und Anweisungen, sondern auf eine höchst private bischöfliche Erklärung, die von der Versammlung überhaupt nicht bestätigt wurde, wenn nicht gar auf einen Vorschlag, den irgendein Theologe oder Schreiberling ohne Mandat gern vom Konzil kanonisiert gesehen hätte, oder auch auf irgendwelche angebliche "Strömung" innerhalb des Konzils, selbst wenn sie dessen Tendenz genau zuwiderlief.» (Der Verfall des Katholizismus, München 1970, S. 41) Aber genau das war von den freimaurerischen Drahtziehern im Hintergrund durchaus beabsichtigt. Unverblümt erklärte Kardinal Suenens, einer der vier einflußreichen «Moderatoren» der Konzilsdebatten, den wir noch als Logenbruder kennenlernen werden, in seinem im Januar 1971 erschienenen Aufsatz «Die Kirche fünf Jahre nach dem Konzil»: «Es gibt eine dem Zweiten Vatikanischen Konzil eigene innere Logik, welche bereits zu Überschreitungen des Buchstabens des Konzils geführt hat, um seinem Geist und Impuls besser gehorchen zu können ...» (Zit. n. Una Voce-Korrespondenz 1 [1971] 189) Das gilt sicherlich auch und gerade für den erwiesenermaßen teilhardistischen «Geist und Impuls» des Konzils.

Der Teilhardismus trifft sich in seinen Hauptideen mit dem (Neo)modernismus; beide Strömungen wurden durch das zweite Vatikanum und erst recht durch seinen fortwirkenden «Geist» beträchtlich verstärkt und haben sich weltweit (neben anderen schweren Verirrungen wie der marxistischen «Theologie der Befreiung» oder der «feministischen Theologie») förmlich in die Kirche *ergossen*. Der Agnostizismus, humanistische Pantheismus, religiöse Indifferentismus und Synkretismus (ganz abgesehen von dem allgegenwärtigen, an der Wahrheit nicht mehr interessierten Ökumenismus) füllt zum großen Teil die Seiten theologischer Publikationen, die Spalten der Kirchenzeitungen und die Sendezeiten des Kirchenfunks aus und wird von zahllosen Kanzeln herab gepredigt. Im «gläubigen Volk», namentlich in der mittleren und jungen Generation, sind diese Irrtümer (die einen faktischen Abfall vom Glauben einschließen) erschreckend weit verbreitet, da sie selbstredend auch der menschlichen Bequemlichkeit (siehe oben!) in jeder Hinsicht entgegenkommen. Aber das ist noch längst nicht alles. Vom innerchristlichen *Ökumenismus* will ich hier und im folgenden weitgehend absehen, weil er inzwischen längst vom sogenannten «Ökumenismus der Religionen» überholt worden ist. Dessen pseudotheologische «Grundlagen» hat - für die katholische Kirche - der berühmt-berüchtigte Jesuitentheologe Karl Rahner geliefert.

Rahners «Anonymes Christentum»

Der Begriff der «anonymen Christen» und die dahinterstehende Theorie von der *objektiven* Heilsbedeutung *aller* Religionen geht auf den Startheologen Karl Rahner zurück. Wenn man auch anerkennen muß, daß sie vielleicht aus dem Bedürfnis geboren wurde, eine mit dem allgemeinen Heilswillen Gottes besser zu vereinbarende Erklärung für den traurigen Umstand zu finden, daß auch zweitausend Jahre nach Christi Geburt noch mehr als Dreiviertel der Menschheit heidnisch sind, so handelt es sich doch um einen überaus folgenschweren theologischen Irrtum, der den Geheimen Oberen in die Hände spielt wie kaum etwas sonst.

Der bekannte Rahner-Schüler Heinz Robert Schlette, der sich ausdrücklich auf seinen Lehrmeister bezieht, referiert, «nach der Argumentation Rahners» müsse man «zugeben, daß eine auf der Ebene der allgemeinen Heilsgeschichte liegende religiöse Verwirklichung nie ein bloß innerlich-subjektives und individualistisches

Tun ist, und bis zum sicheren Erweis des Gegenteils annehmen, daß sich die Gotteserfahrung und Gottesbegegnung und damit die reale Heilschance im Status der allgemeinen Heilsgeschichte in einer sozialen Verfaßtheit kundgibt und vollzieht, d.h. aber in der Form von "Religionen". ... Insofern die allgemeine Heilsgeschichte als von dem einen Gott positiv gewollt gelten kann und gelten muß, haben dann auch die Religionen als von Gott gewollt und legitimiert zu gelten ... (und es) ist mit Rahner den Religionen als solchen, d.h. als sozialen Gebilden, eine Legitimation zuzubilligen, dergemäß sie die geschichtlich sichtbare Geste des allgemeinen Heilswillens Gottes darstellen ... Insofern als die Religionen - wenigstens grundsätzlich - als von Gott auf der Ebene der allgemeinen Heilsgeschichte positiv ermöglichte und gewollte soziale Objektivationen menschlicher Heilssuche und göttlichen Sich-Gewährens betrachtet werden können und sie also als Manifestationen eines Vertrauen verdienenden göttlichen Heilsangebots gewürdigt werden müssen, darf man sie - und diese Einsicht kann ebenfalls nur aus der Sicht der speziellen Heilsgeschichte herkommen - in einem echten Sinne als "Heilswege" bezeichnen. Daß die Religionen Heilswege sind, ist von Gott gewollt - unabhängig von dem speziellen Heilsweg Israels und der Kirche, unabhängig auch davon, daß vom Selbstverständnis der Kirche her gesagt werden muß, daß das auf dem Weg über die Religionen zu erlangende Heil im Grunde das Heil Christi als das durch die Kirche vermittelte Heil ist.» (Heinz Robert Schlette, Die Religionen als Thema der Theologie. Überlegungen zu einer «Theologie der Religionen», Freiburg - Basel - Wien 1964 [Quaestiones disputatae 22], S. 81-85)

In Konsequenz dessen kommt Schlette dann zu einer bewußten Umkehrung der kirchlichen Lehre: «Wenn die Religionen die Heilswege der allgemeinen Heilsgeschichte sind, dann sind sie die allgemeinen Heilswege, und wenn gegenüber der allgemeinen Heilsgeschichte die Kirche - wie wir sahen - als specialis dispositio auf der Seite der speziellen Heilsgeschichte steht, dann darf man den Weg der Religionen als den *ordentlichen* und den Weg der Kirche als den *außerordentlichen Heilsweg* bezeichnen.» (Ebd. S. 85) Aus diesen Prämissen folgt schlußendlich: «Wenn die Religionen ihren Anhängern Heil vermitteln können, so geschieht dies auf die Weise der in ihnen angeforderten praktisch-konkreten Akte, die zum Wesen der jeweiligen Religion gehören. Das bedeutet, daß z.B. das Gebet eines Häuptlings, der Kult buddhistischer Mönche, die Meditation des Hindu, der Gehorsam des Moslems gegenüber den rituellen und ethischen Geboten seiner Religion keineswegs von der christlichen Theologie aus als belanglos erklärt werden dürfen (Anm.: warum nicht auch die *Menschenopfer* der Azteken und vieler anderer Völker??!) ... Jeder religiöse Akt eines nichtchristlichen Menschen hat also einen heilshaften Sinn ... Folglich bedarf es auch nicht nur deswegen der Ehrfurcht vor den Religionen und den religiösen Handlungen und Überzeugungen des anderen, weil vor jeder subjektiv ehrlichen - wenn auch irrenden - Person und ihren Äußerungen Ehrfurcht geboten ist ..., sondern vielmehr deshalb, weil in den aufrichtigen religiösen Akten des Nichtchristen (in einer von uns freilich nicht näher zu analysierenden Weise) sich eine für das Heil konstitutive Beziehung zwischen eben jenem Menschen und dem lebendigen Gott ereignet.» (Ebd. S. 108f)

Wenn also die Überzeugungen und Kultformen aller Religionen als solche objektive Heilswege sind und in sich selbst Heilsbedeutung haben, sind sie dem christlichen bzw. katholischen Glauben gleichgestellt; die Wahrheitsfrage ist beiseitegeschoben, die übernatürliche Offenbarung des dreifaltigen Gottes relativiert, jede Mission wird überflüssig. Dann läßt sich auch die Frage nicht mehr umgehen, warum nicht endlich *alle* Religionen, Christentum und katholische Kirche eingeschlossen, sich unverzüglich vereinigen. Was steht dem noch im Weg, wenn allen die gleiche «Heilsbedeutung» eignet? Vor genau dieser Frage stehen nicht nur die meisten seit mehr als zwei Jahrzehnten ausgebildeten jungen Missionare (ebenso wie viele verunsicherte ältere!), sondern obendrein die Masse der Katholiken, denen solche Thesen mittlerweile von einem ganzen Theologenheer wie auch von zahllosen dadurch manipulierten Seelsorgern ständig in leicht eingängiger Form serviert werden. Auch hier reift die Saat für die freimaurerisch-zionistischen Erbauer der Einen Welt erschreckend rasch heran. Die wahre Kirche Christi als der Acker des göttlichen Wortes hingegen wird gleichsam von einer Insektenplage verwüstet, wie sie der Prophet Joel schildert: «Was der Grashüpfer übrig ließ, hat die Wanderheuschrecke gefressen; was die Wanderheuschrecke übrig ließ, hat die Larve gefressen; was die Larve übrig ließ, hat der Nager gefressen» (Joel 1,4). - Die der Modernismus übrigließ, wurden vom Teilhardismus gepackt, und die der Teilhardismus übrigließ, verfielen den Irrtümern Rahners und seiner zahllosen Anhänger. Wen aber all das noch nicht zu erschüttern vermochte, der sieht sich durch das kirchliche Lehramt selber in höchste Verwirrung gesetzt. Denn der Geist des Modernismus, des Teilhardismus und - konsequent - der One-World-Ideologie hat seinen Niederschlag nicht bloß in Dokumenten des zweiten Vatikanums, sondern auch in solchen der beiden Konzilspäpste und ihrer Nachfolger gefunden. Und hier ist zunächst die heftig umstrittene berühmt-berüchtigte «Erklärung über die Religionsfreiheit» («Dignitatis humanae») zu nennen.

Die «Religionsfreiheit»

Der fromme anglikanische Bischof Horsley war ein echter Prophet. Wie sonst hätte er bereits vor rund zweihundert Jahren folgendes schreiben können? «Die Kirche Gottes auf Erden wird der Zahl ihrer Anhänger nach stark reduziert werden in den Zeiten des Antichrist (sic!), wie wir uns wohl vorstellen können, durch die offene Desertion der Mächte der Welt. Diese Desertion wird beginnen mit einer erklärten Gleichgültigkeit gegenüber irgendeiner besonderen Form des Christentums unter dem Vorgeben allgemeiner Toleranz; diese Toleranz wird nicht der Ausfluß eines wahren Geistes der Liebe und der Geduld sein, sondern einer Absicht, das Christentum zu unterminieren durch Vervielfältigung und Ermutigung der Sektierer. Die vorgegebene Toleranz wird weit hinausgehen über eine gerechte Toleranz, selbst was die verschiedenen christlichen Sekten anlangt. Denn die Regierungen werden gegenüber allen Gleichgültigkeit vorgeben und keinen im Vorzug beschützen. Aller staatliche Schutz wird beiseitegetan werden. Von der Toleranz der verruchtesten Häresien werden sie weiterschreiten zur Toleranz des Mohammedanismus, des Atheismus, und schließlich zu einer positiven Verfolgung der Wahrheit des Christentums. In jenen Zeiten wird der Tempel Gottes reduziert werden fast auf die Heilige Stätte, das heißt, auf die kleine Zahl wirklicher Christen, welche den Vater anbeten im Geist und in der Wahrheit und ihre Lehre und ihre Verehrung und ihr ganzes Verhalten strikt nach dem Worte Gottes regeln. Die bloßen Namenschristen werden alle das Bekenntnis der Wahrheit im Stiche lassen, wenn die Mächte der Welt es im Stiche lassen.» (Zit. n. Newman 1951, S. 92f)

J.H. Newman verwies seinerzeit auf den tatsächlich sehr beachtenswerten Umstand, daß zwei «besondere Schatten des Antichristen», nämlich Julian der Apostat und Mohammed, jeweils im Gefolge einer die katholische Kirche weithin verwüstenden Irrlehre zum Zuge kamen: ersterer im Zusammenhang mit dem Arianismus, letzterer vor dem Hintergrund des Nestorianismus. Daraus folgerte schon 1838 der spätere Konvertit und Kardinal außerordentlich hellsichtig: «Diese Fälle geben uns die folgende Warnung: Soll nicht der Feind Christi und Seiner Kirche sich aus einem bestimmten speziellen Abfall von Gott erheben? Und gibt es keinen Grund zu der Befürchtung, daß irgendeine solche Apostasie stufenweise sich vorbereitet, sich verdichtend, sich beeilend gerade in diesen Tagen? Denn wird nicht gerade in diesen Tagen eine besondere Anstrengung gemacht, fast über die ganze Welt, überall hier und dort, mehr oder weniger sichtbar oder unsichtbar an diesem oder jenem Platz, aber höchst sichtbar oder furchtbar in ihren zivilisiertesten und mächtigsten Teilen, eine Anstrengung, alles zu machen ohne die Religion? Gibt es nicht eine zugestandene und wachsende Meinung, daß eine Nation mit Religion nichts zu tun hat und diese nur eine Sache des Gewissens jedes einzelnen Menschen ist? - was alles darauf hinausläuft, daß wir zusehen, wie die Wahrheit von der Erde weicht, ohne daß man versuchte, sie fortzusetzen jetzt und nach unseren Tagen. Gibt es nicht eine kräftige und geeinte Bewegung in allen Ländern, die Kirche Christi jeglicher Macht zu berauben? Gibt es nicht ein fieberhaftes, vielgeschäftiges Bestreben, in allen öffentlichen Dingen die Notwendigkeit der Religion loszuwerden?» (Newman 1951, S. 27)

Mit der am 7. Dezember 1965 von Papst Paul VI. durch seine Unterschrift in Kraft gesetzten «Erklärung über die Religionsfreiheit» ging die von Newman angedeutete Vorbedingung für das Erscheinen des Antichristen und zugleich einer der sehnlichsten Wünsche der Freimaurerei (zweifellos keineswegs ohne ihr eigenes Eingreifen) in Erfüllung. Endlich, endlich war der Zeitpunkt gekommen, in dem die katholische Kirche ihrer bis dahin immer noch geübten «Intoleranz» abschwor und «das Recht der Person und der Gemeinschaften auf gesellschaftliche und bürgerliche Freiheit in religiösen Dingen» (so der Untertitel der Erklärung) proklamierte, ein «Recht», auf dem bisher immer nur die Logen beharrt hatten. So warf beispielsweise 1912 der Freimaurer Karl Weiß (zit. n. Franz Alfred Six, Studien zur Geistesgeschichte der Freimaurerei, 2. Aufl. Hamburg 1942, S. 21f) der katholischen Kirche unter anderem folgende Punkte vor: «4. Die katholische Kirche verlangt in Glaubens- und Sittensachen unbedingten Gehorsam gegen ihre Autorität; die Freimaurerei anerkennt die sittlich freie Selbstbestimmung der Menschen und die Autorität des Gewissens. ... 6. Die katholische Kirche *verwirft die Glaubens- und Gewissensfreiheit wie die Toleranz*; die Freimaurerei erkennt in denselben höchste Güter der Kultur.» Der Freimaurer Dr. Rudolph Penzig läßt in seinen 1923 in Leipzig erschienenen «Logengesprächen über Politik und Religion» unter anderem den Meister vom Stuhl mit einem Bruder Y das Thema «Der Freimaurer und die Kirche» diskutieren. Gleich zu Anfang (S. 201f) kommt die Rede auf die (damals von der Kirche noch ausdrücklich und wiederholt verurteilte!) Religions- bzw. Gewissensfreiheit:

«Br. Y.: "Ja, wo bleibt aber dabei unsere alte Freimaurertugend, die Toleranz?"
M. v. St.: "Das wäre eine Freimaurertugend? Daß ich nicht wüßte! Meine Kirchenfeindschaft geht freilich so weit, daß ich auch die Toleranz nicht leiden mag, eben weil sie eine - kirchliche Eigenschaft ist!"
Br. Y.: "Ihr gefallt Euch in Paradoxen!"
M. v. St.: "Keineswegs! Guckt Euch denn nicht auch hinter der griesgrämigen, vielleicht erzwungenen 'Duldung' eines eigentlich Nichtseinsollenden das Zelotengesicht des mühsam gebändigten Fanatikers hervor? Wer ist der Erhabene, der gnädigst Duldung gewähren oder - versagen dürfte? Das Freimaurerwort dafür heißt: Glaubensfreiheit, Gewissensfreiheit, Denkfreiheit! Die hat die Kirche ihrem Wesen nach niemals dulden können. ... Nein! Wort und Begriff der 'Duldung' sind unvereinbar mit der nicht von der Kirche, sondern gegen ihren erbitterten Widerstand errungenen Glaubensfreiheit, die ein Kind des englischen und amerikanischen Independentismus sowie der französischen und deutschen Aufklärung ist."
Br. Y.: "Praktisch macht es doch aber keinen Unterschied, ob mir eine Religionsfreiheit aus dem Prinzip der Toleranz oder dem allgemeinen der Gewissensfreiheit zugestanden wird."
M. v. St. (trocken): "Hundert Mark bleiben freilich hundert Mark, gleichviel, ob ich sie dem Mann mit zugeknöpften Taschen mit List oder Gewalt abluchse, oder ob sie mir ein hochherziger Menschenfreund freiwillig schenkt."»

Im Zuge der bereits während des zweiten Vatikanums angelaufenen Kampagne für eine gegenseitigen Annäherung von Freimaurerei und katholischer Kirche in Frankreich erklärte der Großmeister des Grand Orient, Jean-Pierre Prouteau «am 17. April 1975 vor den versammelten Kirchenjournalisten der französischen Presse, die "liberale" Freimaurerei, die er damals repräsentierte - er ist seit mehreren Jahren nicht mehr Großmeister -, könne als "kirchenfeindlich" nur in dem Maß betrachtet werden, in dem die Kirche die Gewissensfreiheit und den laizistischen Staat verdamme». Wörtlich sagte der Großmeister: «Wir sind Anhänger der Gewissensfreiheit auf der Ebene des Individuums: niemand hat das Recht, einen Glauben gewaltsam aufzuerlegen. Wir sind auch Anhänger der Trennung von Staat und Kirche in der lateinischen Welt. Wenn diese Standpunkte ein "Komplott gegen die Kirche" darstellen, dann sind wir Verschwörer gegen die Kirche.» (Zit. n. Virebeau 1978, S. 96f)

Rein formal gesehen ist die Erklärung des zweiten Vatikanischen Konzils noch nicht so weit gegangen, wie es die freimaurerische Ideologie eigentlich verlangt: der Anspruch der katholischen Kirche, die einzig wahre Religion zu sein, wird in dem Dokument nirgends direkt aufgegeben, vielmehr in Nr. 1 sogar bekräftigt. Dennoch können die Logenbrüder mit diesem Text vollauf zufrieden sein, denn die in der Erklärung selbst und in der auf ihr beruhenden späteren kirchlichen Praxis aus dem «Menschenrecht auf Religionsfreiheit» abgeleiteten konkreten Prinzipien erweisen sich als mit denjenigen der Maurerei identisch. In Nr. 3 der Erklärung (alle Zitate nach: Jerôme Hamer/Yves Congar [Hrsg.], Die Konzilserklärung Über die Religionsfreiheit, Paderborn 1967) wird behauptet: «Es geschieht also ein Unrecht gegen die menschliche Person und gegen die Ordnung selbst, in die die Menschen von Gott hineingestellt sind, wenn jemandem die freie Verwirklichung der Religion in der Gesellschaft verweigert wird, vorausgesetzt, daß die gerechte öffentliche Ordnung gewahrt bleibt.» Nr. 4 fügt als weitere Forderung hinzu: «Es gehört außerdem zur religiösen Freiheit, daß die religiösen Gemeinschaften nicht daran gehindert werden, die besondere Fähigkeit ihrer Lehre zur Ordnung der Gesellschaft und zur Beseelung des ganzen menschlichen Tuns zu zeigen.» Und in Nr. 6 wird verlangt: «Endlich muß die Staatsgewalt dafür sorgen, daß die Gleichheit der Bürger vor dem Gesetz, die als solche zum Gemeinwohl der Gesellschaft gehört, niemals entweder offen oder auf verborgene Weise um der Religion willen verletzt wird und daß unter ihnen keine Diskriminierung geschieht.»

Fügt man diesen Sätzen noch die zwei folgenden aus Nr. 3 an: «Hinzu kommt, daß die religiösen Akte, womit sich der Mensch privat und öffentlich aufgrund einer geistigen Entscheidung auf Gott hinordnet, ihrem Wesen nach die irdische und zeitliche Ordnung übersteigen. Demnach muß die staatliche Gewalt, deren Wesenszweck in der Sorge für das zeitliche Gemeinwohl besteht, das religiöse Leben der Bürger nur anerkennen und begünstigen, sie würde aber, wie hier betont werden muß, ihre Grenzen überschreiten, wenn sie so weit ginge, religiöse Akte zu bestimmen oder zu verhindern», dann kann die praktische Folgerung aus alledem nur die Trennung von Staat und Religionsgemeinschaften im allgemeinen und die Trennung von Staat und Kirche im besonderen sein. Denn ein mit der katholischen Kirche irgendwie besonders verbundener Staat würde notwendigerweise andere Religionsgemeinschaften irgendwie diskriminieren, benachteiligen und in ihrer Freiheit einschränken. Deshalb sagt die Erklärung in Nr. 6 auch ausdrücklich: «Wenn in Anbetracht besonderer Umstände in einem Volk einer einzigen religiösen Gemeinschaft in der Rechtsordnung des Staates eine spezielle bürgerliche Anerkennung gezollt wird, so ist es notwendig, daß zugleich das Recht auf Freiheit in religiösen Dingen für alle Bürger und religiösen Gemeinschaften anerkannt und gewahrt wird.»

Tatsächlich hat man das freimaurerische Prinzip der Trennung von Staat und Kirche in der Nachkonzilsära mit großem Eifer überall dort verwirklicht, wo es noch nicht infolge atheistischer staatlicher Pressionen (!) bereits in Kraft war. Nach Daniel Le Roux (Pierre m'aimes-tu? Jean-Paul II: Pape de Tradition ou Pape de la Révolution?, Escurolles 1988, S. 21f) wurde 1973 *auf Verlangen des Vatikans* das

Konkordat mit Kolumbien dahingehend geändert, daß von nun an die katholische Kirche *keine* Staatsreligion mehr sein sollte; dafür berief man sich von seiten Roms auf «die vom II. Vatikanischen Konzil ausgesprochenen Prinzipien». 1974 wurde - wiederum nach Le Roux - im Schweizer Kanton Wallis auf römisches Drängen hin die Verfassung geändert, die bis dahin den Katholizismus als Staatsreligion festgeschrieben hatte. Der Bischof von Sion/Sitten, Nestor Adam, schrieb kurz darauf an seine Diözesanen: «Durch ihr Votum vom 17. März haben die Walliser die Trennung von Staat und Kirche akzeptiert.» 1975 wurde das portugiesische Konkordat revidiert: von nun an konnten katholische Ehepartner staatlich geschieden werden. Ein Jahr später wurde das spanische Konkordat - unter ausdrücklicher Berufung auf die Erklärung über die Religionsfreiheit des zweiten Vatikanums - abgeändert: auch hier ging es darum, den katholischen Glauben als Staatsreligion abzuschaffen. 1980 geschah dasselbe in Peru, natürlich nur auf Wunsch des Vatikans, der wie stets die Konzilserklärung als Begründung anführte. 1984 schließlich erneuerte der Vatikan das Konkordat mit Italien; in der neuen Vereinbarung ist der Katholizismus nicht mehr als Staatsreligion verankert, Rom keine heilige Stadt mehr. Statt dessen heißt es in Artikel 1 (immer noch nach Le Roux a.a.O.): «Die italienische Republik und der Heilige Stuhl bestätigen, daß der Staat und die Kirche in ihrer jeweiligen eigenen Ordnung unabhängig und souverän sind ...»

Wenn wir in unserem Zusammenhang einmal von dem schwerwiegenden theologischen Irrtum absehen, der hinter der Erklärung über die Religionsfreiheit steht (ganz knapp gefaßt besteht er in der These, daß ein Katholik in seiner Eigenschaft *als Staatsbürger* weltanschaulich neutral sein und handeln müsse - genau so wie der Logenbruder beim Eintritt in die Loge seine persönliche Weltanschauung hinter sich zurückzulassen hat!), und uns nur auf diese hauptsächliche theoretische *und* praktische Konsequenz der Erklärung, *die Trennung von Staat und Kirche,* konzentrieren, lohnt es sich, einen Blick in die eigens gegen die Freimaurer gerichtete Enzyklika «Humanum Genus» Papst Leos XIII. aus dem Jahr 1884 zu werfen. Dort klagt der Papst (übersetzt nach einer neueren französischen Ausgabe in der Librairie Pierre Tèqui, o.J. ISBN 2-85244-817-3, S. 11) über die Freimaurerei: «Deshalb beabsichtigt sie, mag es sie auch eine langwierige und beharrliche Arbeit kosten, das Lehramt und die Autorität der Kirche im Schoß der bürgerlichen Gesellschaft auf Null zu reduzieren; daher diese Folgerung, die die Freimaurer zu popularisieren sich anschicken und für die sie nicht aufhören zu kämpfen, nämlich daß man die Kirche vom Staat absolut trennen muß. Demzufolge schließen sie den sehr heilsamen Einfluß der katholischen Religion von den Gesetzen ebenso wie von der Regierung des Staates aus und enden logischerweise bei dem Anspruch, den Staat völlig außerhalb der Einrichtungen und Vorschriften der Kirche anzusiedeln.» Im Jahr 1919 fragte Friedrich Wichtl (S. 59f): «Will man leugnen, daß der Jude *Cremieux*, eines der Häupter der schottischen Lehrart, in Frankreich je eine führende Rolle spielte? Gehörte er nicht nach der Februarrevolution (1848) nebst anderen Freimaurern der provisorischen Regierung an? Oder der einäugige Jude Gambetta? Will man in Abrede stellen, daß der Hochgradmaurer Gambetta es war, der 1869 die Trennung von Kirche und Staat in das bedeutsame Programm von

Belleville hineingenommen hat? Kann man überhaupt leugnen, daß es eines der politischen Ziele der Weltmaurerei ist, überall die Trennung von Kirche und Staat durchzuführen? Und daß dies, wo es bereits geschehen ist, der Hauptsache nach ein Werk der Freimaurerei ist? Und innerhalb der Freimaurerei namentlich ein Werk der Juden?» Und im Hinblick auf die gewaltsame, widerrechtliche, von keinem der *Vorkonzilspäpste* jemals akzeptierte Aufhebung des *Kirchenstaats* sagt Wichtl (ebd. S. 92): «Die Freimaurerei war es, die von der italischen Regierung verlangte, daß Rom besetzt und die weltliche Macht des Papstes beseitigt werde (1870). (Es handelt sich hier nur um eine geschichtliche Feststellung, mag man sich sonst zu diesem Ereignis stellen, wie man will.)»

Dazu passen vorzüglich die folgenden Auslassungen der CoM-Freimaurer (S. 40), in deren Reihen (vgl. Band 1!) vier, davon mindestens drei «wissende», Juden saßen. «Es ist nicht nötig», schmeicheln sie ihrem geschworenen Todfeind heuchlerisch, «die Größe der Römischen Kirche oder den Ruhm ihrer Leistung, den westlichen Menschen durch die dunklen Epochen (!) zu führen, zu verteidigen. Aber ihre Katholizität wurde ernstlich durch ihre ständige Versuchung beeinträchtigt, den grundlegenden Irrtum der Identifikation der Kirche als eines zeitlichen Königreichs mit dem "Königreich Gottes", (dem Reich) der christlichen und prophetischen (Anm.: = jüdisch-zionistischen?) Erwartung, zu begehen. ... Die Konsequenz ist vor allem in unserer Zeit eines verzweifelten Kampfes zwischen Demokratie und Tyrannei alarmierend, denn die Kirche ist geneigt, mit der Tyrannei Frieden zu schließen und mit den Faschisten Abkommen zu treffen, wenn der Faschismus verspricht, die Kirche als eine geschichtliche Institution nicht zu verletzen ...» «Gewiß», heißt es später (CoM S. 84), «Trennung von Staat und Kirche muß die Voraussetzung des demokratischen Gesetzes über die Religionen sein.»

Was also noch vor 1800 Bischof Horsley prophezeite und 1838 J.H. Newman ahnungsvoll kommen sah, was 1884 die kirchenfeindlichen Logen konkret anvisierten und 1940 die CoM-Illuminaten offen forderten, hat schließlich 1965 das zweite Vatikanum *selber proklamiert* und seitdem fast überall auf der Welt verwirklicht! Wo noch Reste einer die übrigen Religionsgemeinschaften benachteiligenden «besonderen Bindung» zwischen Staat und katholischer Kirche existieren wie z.B. in der Bundesrepublik Deutschland, wo die Kirche freilich nie Staatsreligion war, da stand bislang leider nur der Götze Mammon - die staatlich eingezogene Kirchensteuer! - einer vollständigen Trennung im Weg ... Von solchen bezeichnenden Kuriositäten abgesehen jedoch hat die Konzilskirche ganz ohne äußeren Zwang schon die wichtigste Bedingung für ihr künftiges Fortbestehen in der «Stadt des Menschen» erfüllt, die da lautet: «Aber keine Kirche, wie mächtig oder verbreitet sie auch sein mag, kann offiziell als eine Staatsreligion (!) anerkannt werden und keiner Kirche können der Vorrang oder Privilegien vor anderen Kirchen (!) gewährt werden. Ja, der Wunsch nach einer solchen privilegierten oder herausragenden Stellung auf Seiten einer Kirche wäre ein Maßstab für ihre Unvereinbarkeit mit dem fundamentalen Prinzip der Demokratie.» (CoM S. 46) Die Erklärung über die Religionsfreiheit ist der Persilschein, den die Konzilskirche selbstbewußt den Machthabern der geplanten «Stadt des Menschen» vorzeigen kann, wenn demnächst ihre «Vereinbarkeit mit dem fundamentalen Prinzip der Demokratie» auf den Prüfstand gestellt wird. Die Konzilskirche ist also bestens gerüstet für die Dinge, die da kommen werden. Ob sie allerdings noch mit der Kirche aller Zeiten, der allein wahren Kirche Jesu Christi identisch ist, ist eine ganz andere Frage ...

«Freude und Hoffnung»: ein evolutionsgläubiges Konzil

«Gaudium et spes - Freude und Hoffnung» - mit diesen optimistischen Worten beginnt der bei weitem umfangreichste aller Texte des zweiten Vatikanischen Konzils und aller bisherigen Konzilien (!), der das zentrale und fundamentale Anliegen dieses Konzils, nämlich «aggiornamento» («Verheutigung») und «apertura» («Öffnung») (man beachte die seltsame Parallelität zu den beiden Schlagwörtern «Perestrojka» und «Glasnost» für die sowjetrussische Reformpolitik!) aufgreift und programmatisch durchführt. Von ihm aus müssen entsprechend dem konziliaren Selbstverständnis alle übrigen Texte des zweiten Vatikanums interpretiert werden. Die «Pastoralkonstitution» *Gaudium et spes* (GS) enthält, wie ein detaillierter Textvergleich mit CoM beweist, neben zweifelsfrei katholischen Abschnitten auch eine große Anzahl solcher, die man nur als *freimaurerisch inspiriert* werten kann. Sollte es ein bloßer Zufall sein, was Ralph M. Wiltgen SVD über die Vorgeschichte der Konstitution, d.h. über ihren Text*entwurf*, das sogenannte «Schema», berichtet? «Aufgrund seiner Stelle auf der offiziellen Liste (!) bekam es den Namen "das dreizehnte (!) Schema".» (Der Rhein fließt in den Tiber. Eine Geschichte des Zweiten Vatikanischen Konzils, Feldkirch 1988, S. 215) Und sollte es Zufall sein, was die offizielle lateinische Ausgabe der Konzilstexte (Sacrosanctum Oecumenicum Concilium Vaticanum II, Constitutiones - Decreta - Declarationes, cura et studio Secretariae Generalis Concilii Oecumenici Vaticani II, Vatikan 1974, S. V) festhält: «Sitzungen (sessiones), die in den vier Konzilsperioden abgehalten wurden, zählt man zehn: die erste wurde unter Papst Johannes XXIII. am 11. Oktober 1962 gefeiert; die zweite am 29. September 1963; die dritte am 4. Dezember 1963; die vierte am 14. September 1964; die fünfte am 21. November 1964; die sechste am 14. September 1965; die siebte am 28. Oktober 1965; die achte am 18. November 1965; die neunte am 7. Dezember 1965; die zehnte am 8. Dezember 1965: alle diese neun (Sitzungen) wurden unter Papst Paul VI. gefeiert.» Während in der deutschsprachigen Konzilsliteratur «Session» vielfach mit «Sitzungsperiode» gleichgesetzt wird, ist hier mit «Sessio - Sitzung» die päpstliche Anwesenheit in der Konzislaula gemeint. Für seinen ersten (und einzigen) Auftritt im Konzilsplenum hatte Johannes XXIII. ein bemerkenswertes Datum gewählt: den *11.* Oktober 1962 (Quersumme = 2 x 9 oder 3 x 6!). Die Pastoralkonstitution *Gaudium et spes* wurde (vgl. ebd. S. XV u. XVII sowie 835) genauso wie die *Erklärung über die Religionsfreiheit* ausgerechnet auf der *9. Sitzung* vom Papst unterzeichnet und damit in Kraft gesetzt! Die wichtigsten diesen *maurerischen Symbolzahlen* offenkundig verpflichteten Textabschnitte von GS wollen wir im folgenden etwas eingehender untersuchen.

Schon in Nr. 5 von GS (alle Texte des Konzils im folgenden zit. n. Karl Rahner/ Herbert Vorgrimler, Kleines Konzilskompendium, 4. Aufl. Freiburg - Basel - Wien 1968) konstatieren die Konzilsväter eine angeblich nicht mehr aufzuhaltende «Entwicklung»: «Das Schicksal der menschlichen Gemeinschaft wird eines und ist schon nicht mehr aufgespalten in verschiedene geschichtliche Abläufe. So vollzieht die Menschheit einen Übergang von einem mehr statischen Verständnis der Ordnung der Gesamtwirklichkeit zu einem mehr dynamischen und evolutiven Verständnis.» Die Menschheit «konvergiert» (d.h. rückt zusammen) also angeblich im Sinne Teilhards (s.o.); es gibt bereits nur noch *einen einzigen* (wer kann das aber so genau wissen??) Ablauf der Geschichte. Selbst wenn man dieser These zustimmen wollte, was hätte sie mit dem Übergang zu einem «mehr evolutiven *Verständnis*» der Wirklichkeit zu tun? Der Satz macht nur dann einen Sinn, wenn die bewußte «Konvergenz» (das «Zusammenwachsen») der Menschheit als evolutiver Schritt im Teilhardschen Sinn gemeint ist. Tatsächlich heißt es später in GS 45: «Der Herr ist das Ziel der menschlichen Geschichte, der Punkt, auf den hin alle Bestrebungen der Geschichte und der Kultur konvergieren, der Mittelpunkt der Menschheit, die Freude aller Herzen und die Erfüllung ihrer Sehnsüchte.» Aber mit welchem Recht behauptet das Konzil, *alle* Bestrebungen der Geschichte und Kultur «konvergierten» (man beachte den hier übernommenen spezifisch teilhardistischen Ausdruck!) *auf den Herrn hin?* Hat es niemals zur Kenntnis genommen, daß die ganze Menschheitsgeschichte von einer mächtigen *gegen Gott und Christus* gerichteten Bewegung durchzogen wird, und daß diese Bewegung in den beiden letzten Jahrhunderten zur weithin dominierenden geworden ist? Welch merkwürdige Blindheit. Hier haben Teilhards Wunschträume Pate gestanden, die nicht bloß der uns umgebenden Realität, sondern auch der biblischen Lehre von den Letzten Dingen der Welt bereits im Ansatz widersprechen. Der Herr «ist gesetzt zum Fall und zur Auferstehung vieler in Israel und zu einem Zeichen, dem *widersprochen* wird» (Lk 2, 34), und er ist «nicht gekommen, Frieden zu bringen, sondern das Schwert» (Mt 10, 34). «Zeichen seiner Wiederkunft und des Weltendes» (Mt 24, 3) wird nicht etwa die «Konvergenz» im wahren Glauben sein, sondern «viele falsche Propheten werden auftreten und viele in die Irre führen. Und weil die Gottlosigkeit überhandnimmt, wird bei den meisten die Liebe erkalten» (ebd. 11f), «und wenn jene Tage nicht verkürzt würden, würde überhaupt kein Mensch gerettet» (ebd. 22)! Haben sich die Konzilsväter mit ihrer extrem schönfärberischen Darstellung des Geschichtsablaufs nicht selber für die Sache der «falschen Propheten» hergegeben?

Schon vorher war in Nr. 38 behauptet worden: «Alle aber befreit er (sc. der Geist), damit sie durch Absage an ihren Egoismus und unter Dienstbarmachung aller Naturkräfte für das menschliche Leben nach jener Zukunft streben, in der die Menschheit selbst eine Gott angenehme Opfergabe wird (vgl. Röm 15, 16).» Die Dienstbarmachung aller Naturkräfte wird - entgegen dem Konzilstext - als solche nicht im geringsten jene «Zukunft» herbeiführen helfen. Außerdem ist uns nirgendwo verheißen, daß jemals die *ganze Menschheit* zu einer Gott *wohlgefälligen* Opfergabe werden wird, im Gegenteil: «Und die ganze Welt staunte hinter dem Tier her» (Offb 13, 3). «Und es (das zweite Tier, das im Dienst des ersten steht) bringt es fertig, daß alle, die Kleinen und die Großen, die Reichen und die Armen, die Freien und die Sklaven, sich ein Malzeichen auf ihrer rechten Hand oder auf ihrer Stirn anbringen ... Und der Qualm ihrer Qual steigt auf von Ewigkeit zu Ewigkeit; und keine Ruhe haben sie Tag und Nacht, die das Tier anbeten und sein Bild, ebenso jeder, der das Malzeichen seines Namens annimmt» (Offb 13, 17; 14, 11)! Das ist die «Gott wohlgefällige» Menschheit am Ende der Tage!

Davon völlig ungerührt fahren jedoch die Konzilsväter (GS 57) fort: «Wenn nämlich der Mensch mit seiner Handarbeit oder mit Hilfe der Technik die Erde bebaut, damit sie Frucht bringe und eine würdige Wohnstätte für die ganze menschliche Familie werde, und bewußt seinen Anteil nimmt an der Gestaltung des Lebens der gesellschaftlichen Gruppen, dann führt er den schon am Anfang der Zeiten kundgemachten Auftrag Gottes aus, sich die Erde untertan zu machen (vgl. Gen 1,28) und die Schöpfung zu vollenden, und entfaltet er sich selbst; ...» Ein Auftrag Gottes an den Menschen, «die Schöpfung zu vollenden», existiert jedoch in der Heiligen Schrift überhaupt nicht; daher fehlt auch bezeichnenderweise im vorstehenden Text der biblische Beleg dafür! Sich die Schöpfung untertan machen heißt noch lange nicht, sie vollenden. Müßten die *Menschen* die materielle Welt vollenden, so käme das einem Armutszeugnis Gottes gleich, der doch tatsächlich mit einem einzigen Wort eine unvergleichlich größere und herrlichere Welt als die gegenwärtige schaffen könnte. Was für einen Sinn sollte es darum haben, die Menschen am Aufbau der *materiellen Schöpfung* teilhaben zu lassen? Gott wird durch die unmittelbaren geistigen Liebesakte der Anbetung und Verherrlichung, die ihm die Vernunftgeschöpfe erweisen, unermeßlich mehr verherrlicht als durch alle Tätigkeiten der unvernünftigen, bloß materiellen Geschöpfe. Und, was noch mehr ins Gewicht fällt, ihre, der Menschen und Engel, *freiwillige* und insofern *aus Eigenem* geleistete Verherrlichung des Schöpfers und Erlösers ist auch das *Einzige*, was Gott nicht selbst vollbringen kann; das können nur sie selber - wenn auch nicht ohne die Verdienste des Gottmenschen - tun. Folglich besteht *darin* die einzige *in sich sinnvolle* Aufgabe unseres irdischen Lebens: in unserer wesentlich in den *inneren Akten* liegenden Gottes(und Nächsten)liebe!

Dieselben Konzilsväter, die in der Offenbarungskonstitution «Dei Verbum» (Nr. 21) feierlich erklären: «Die Kirche hat die Heiligen Schriften immer verehrt wie den Herrenleib selbst ... In ihnen zusammen mit der Heiligen Überlieferung sah sie immer und sieht sie die höchste Richtschnur ihres Glaubens ... Wie die christliche Religion selbst, so muß auch jede kirchliche Verkündigung sich von der Heiligen Schrift nähren und sich an ihr orientieren», haben es in GS in sträflicher Weise unterlassen, sich an der Heiligen Schrift zu orientieren. Wohl heißt es in GS 39: «Den Zeitpunkt der Vollendung der Erde und der Menschheit kennen wir nicht (vgl. Apg 1,7), und auch die Weise wissen wir nicht, wie das Universum umgestaltet werden soll. Es vergeht zwar die Gestalt dieser Welt, die durch die Sünde mißgestaltet ist (vgl. 1 Kor 7, 31; Irenäus, Adv. Haer. V, 36: PG 7, 1222), aber wir werden belehrt, daß Gott eine neue Wohnstätte und eine neue Erde bereitet, auf der die Gerechtigkeit wohnt (vgl. 2 Kor 5, 2; 2 Petr 3, 13), deren Seligkeit jede Sehnsucht nach Frieden in den Herzen der Menschen erfüllt und übertrifft (vgl. 1 Kor 2, 9; Offb 21, 4-5). Der Tod wird besiegt sein, die Kinder Gottes werden in Christus auferweckt werden, und was in Schwachheit und Verweslichkeit gesät wurde, wird sich mit Unverweslichkeit bekleiden (vgl. 1 Kor 15, 42 u. 53). Die Liebe wird bleiben wie das, was sie einst getan hat (vgl. 1 Kor 13, 8; 3, 14), und die ganze Schöpfung, die Gott um des Menschen willen schuf, wird von der Knechtschaft der Vergänglichkeit befreit sein (vgl. Röm 8, 19-21). - Zwar werden wir gemahnt, daß es dem Menschen nichts nützt, wenn er die ganze Welt gewinnt, sich selbst jedoch ins Verderben bringt (vgl. Lk 9, 25); dennoch darf die Erwartung der neuen Erde die Sorge für die Gestaltung dieser Erde nicht abschwächen, auf der uns der wachsende Leib der neuen Menschheitsfamilie eine umrißhafte Vorstellung von der künftigen Welt geben kann, sondern muß sie im Gegenteil ermutigen.» Aber dieser Text kann sowohl rechtgläubig als auch teilhardistisch verstanden werden, weil man sehr geschickt durch eine tendenziöse Auswahl der Schriftbelege eine ganze Reihe anderer, eindeutigerer Schrifttexte umgangen hat. Der einzige Text des ganzen Neuen Testament, der den Teilhardismus mit seiner These von der Notwendigkeit der Mitarbeit am Aufbau *dieser* Welt zum Zweck ihrer ewigen Vollendung zu begünstigen scheint, ist in der Tat die angeführte Stelle aus dem Römerbrief (8, 19-22); aber nicht einmal sie spricht von der *Mitarbeit der Menschen* an dieser Weltvollendung, sondern immer nur von *Gott*, der der Schöpfung «Hoffnung gab: Auch die Schöpfung soll von der Sklaverei und der Vergänglichkeit befreit werden zur Freiheit und Herrlichkeit der Kinder Gottes.» Schon der Ausdruck «Freiheit und Herrlichkeit der Kinder Gottes» läßt keinen Zweifel daran aufkommen, daß diese dunkle Stelle der Heiligen Schrift nicht im streng wörtlichen Sinn interpretiert werden kann: die anorganische, pflanzliche und tierische, also rein materielle Schöpfung ist ja der beseligenden Anschauung, die den «Kindern Gottes» zuteil werden soll, wesenhaft und absolut unfähig.

Wenn es im zuletzt zitierten Konzilstext gleich eingangs heißt, wir wüßten nicht, «wie das Universum *umgestaltet* werden soll», so ist zu korrigieren: Das Universum soll überhaupt nicht «umgestaltet» werden, es wird vergehen. «Himmel und Erde werden vergehen, aber meine Worte werden nicht vergehen» (Mt 24, 35), hat der Herr selbst mit klaren Worten verheißen, und das ist weder in sich noch vom Zusammenhang her eine bloß symbolische Aussage, weil sie gerade als bloß symbolische keinen Sinn ergäbe, keine zweifelsfreie Gewißheit für die ewige Dauer der Worte Christi böte! Vielmehr gilt: *So sicher, wie Himmel und Erde vergehen werden, wird Christi Wort in Ewigkeit bestehen bleiben!* Und auf welche Weise namentlich die *Erde* vernichtet werden wird, erhellt zu Genüge aus dem zweiten Petrusbrief (3, 7.10-13), von dem im zitierten Text GS 39 bezeichnenderweise nur Vers 13, die Verheißung eines *neuen* Himmels und einer *neuen* Erde angeführt (und diese dann unverständlicherweise doch wieder mit dem *alten* Himmel und der *alten* Erde identifiziert) werden! Dieser wichtige Schrifttext stellt eine schlagende Widerlegung aller Teilhardschen Illusionen dar: «Der jetzige Himmel aber und die jetzige Erde sind durch das dasselbe Wort für das Feuer aufgespart worden: Sie werden bewahrt bis zum Tag des Gerichts, an dem die Gottlosen zugrunde gehen.» Damit wird auch schon alles Gerede vom «Zeitpunkt der Vollendung der Erde *und der Menschheit* ad absurdum geführt; es gibt nicht «die» Menschheit, die vollendet werden wird, sondern nur jeweils für sich selbst verantwortliche einzelne Menschen, die aufgrund göttlicher Auserwählung und eigener Verdienste gerettet werden. Hören wir den hl. Petrus nur weiter an: «Der Tag des Herrn wird aber kommen wie ein Dieb. Dann wird der Himmel prasselnd vergehen, die Elemente werden verbrannt und aufgelöst, *die Erde und alles, was auf ihr ist, werden nicht mehr gefunden*. Wenn sich alles in dieser Weise auflöst: wie heilig und fromm müßt ihr dann leben, den Tag Gottes erwarten und seine Ankunft beschleunigen! An jenem Tag wird sich der Himmel im Feuer auflösen, und die Elemente werden im Brand zerschmelzen.» (Verse 10-12)

Insgesamt *dreimal* bekräftigt der inspirierte heilige Text also, daß Himmel und Erde verbrennen bzw. vergehen werden, und zwar so, daß sie «nicht mehr gefunden» werden. Wer darf dann behaupten, wir *wüßten nicht* (!), was geschehen werde, und obendrein noch das direkte Gegenteil dieser eindeutigen Schriftworte insinuieren? Verfänglich ist auch der Satz im zitierten Text GS 39, die Liebe bleibe «wie das, was sie getan hat». Sind damit die auf Erden gesetzten Liebesakte als solche gemeint, so stimmt die Aussage; soll damit hingegen ein Bleiben der äußeren Kundgebungen solcher Liebesakte im materiellen Bereich behauptet werden, so lassen die vom Konzil als Bestätigung angeführten Stellen beim hl. Paulus diese Deutung jedenfalls nicht zu, da seine Redeweise vom Werk, das im Feuer geprüft wird und es überdauert, allzu offensichtlich eine bloß bildhafte ist. - Was man aber vor allem vermißt, ist die klare inhaltliche Bestimmung des eigentlichen Wesens des uns verheißenen Lebens in der künftigen Welt. Selbstverständlich werden wir auferstehen, unverweslich und unsterblich sein, wird die Liebe bleiben etc. Was aber ist konkret der neue Himmel und die neue Erde? Wohl kaum die im Teilhardschen Sinn «vollendete» jetzige Schöpfung (s.o.). Warum zitiert das Konzil nicht den hl. Johannes bzw. sein Evangelium?

«Vater, verherrliche du mich jetzt bei dir *mit der Herrlichkeit*, die ich bei dir hatte, bevor die Welt war. ... Vater, ich will, daß alle, die du mir gegeben hast, dort bei mir sind, wo ich bin. Sie sollen *meine Herrlichkeit sehen*, die du mir gegeben hast, weil du mich schon geliebt hast vor der Erschaffung der Welt.» (Joh 17, 5.24) «Das ist das ewige Leben: *dich, den einzigen wahren Gott, zu erkennen* und Jesus Christus, den du gesandt hast.» (Joh 17, 3) *Liebt nicht die Welt und was in der Welt ist!* Wer die Welt liebt, hat die Liebe zum Vater nicht. Denn alles, was in der Welt ist, die Begierde des Fleisches, die Begierde der Augen und das Prahlen mit dem Besitz, ist nicht vom Vater, sondern von der Welt. *Die Welt und ihre Begierde vergeht*; wer aber den Willen Gottes tut, bleibt in Ewigkeit. ... denn wir werden *ihn sehen, wie er ist*.» (1 Joh 2, 15-17; 3, 2) «Sie werden *sein Angesicht schauen*, und sein Name ist auf ihre Stirn geschrieben. Es wird keine Nacht mehr geben, und sie brauchen weder das Licht einer Lampe noch das Licht der Sonne. Denn der Herr, ihr *Gott, wird über ihnen leuchten*, und sie werden herrschen in alle Ewigkeit.» (Offb 22, 4f)

Das ewige Leben ist wesentlich beseligende Anschauung des dreifaltigen Gottes, verglichen mit dem jede noch so großartige Schöpfung immer nur ein *Nichts* ist. Ist es dann richtig, zu sagen, «der wachsende Leib der neuen Menschheitsfamilie» gebe uns «eine umrißhafte Vorstellung von der künftigen Welt», und *darum* dürfe «die Erwartung der neuen Erde die Sorge für die Gestaltung dieser Erde nicht abschwächen», sondern müsse sie «im Gegenteil ermutigen»? Ist das die Glaubenshaltung und die glühende Gottesliebe des hl. Paulus, der bekennt: «Für mich ist Christus das Leben, und Sterben Gewinn ... Ich sehne mich danach, aufzubrechen und bei Christus zu sein - um wieviel besser wäre das» (Phil 1, 21.23), oder des heiligen Apostels Philippus, der bat: «Herr, zeige uns den Vater; *das genügt uns»* (Joh 14, 8)? Im Himmel wird nicht «der Leib der neuen Menschheitsfamilie» (ich deute diesen seltsamen theologischen «Neusprech» hier einmal wohlwollend als anderen Ausdruck für die Gemeinschaft der Heiligen!) das Wesentliche sein, nicht die Einheit der Seligen untereinander, sondern die persönliche Liebesvereinigung eines jeden einzelnen mit Gott nach dem Maß seiner jeweiligen Heiligkeit; die Liebe der Seligen untereinander wird nur eine außerwesentliche Seligkeit sein, die aus der wesentlichen hervorgeht. Das bestätigt uns der hl. Johannes: «Danach sah ich: eine große Schar aus allen Nationen und Stämmen, Völkern und Sprachen; niemand konnte sie zählen. Sie standen in weißen Gewändern *vor dem Thron und vor dem Lamm* und trugen Palmzweige in den Händen. Sie riefen mit lauter Stimme: die Rettung kommt *von unserem Gott*, der auf dem Thron sitzt, *und von dem Lamm*... Denn *das Lamm* in der Mitte vor dem Thron *wird sie weiden* und zu den Quellen führen, aus denen das Wasser des Lebens strömt, und *Gott* wird alle Tränen von ihren Augen *abwischen*.» (Offb 7, 9f.17)

Der «Beitrag» der Kirche

Aber das zweite Vatikanische Konzil spekuliert lieber über eine irdisch-zeitliche «Vollendung» und trifft sich in diesem Bemühen mit den CoM-Illuminaten, die - wie wir schon sahen - «die Flagge des Gottesreiches *auf Erden»* hissen wollen. Zur Errichtung dieses Reiches des «Fürsten dieser Welt» (daß es *sein* Reich ist, scheint aber keinem der Konzilsväter bewußt gewesen zu sein) leistet die katholische Kirche angeblich auch ihren «Beitrag». Dementsprechend kann man in GS 11 lesen: «Was denkt die Kirche vom Menschen? Welche Empfehlungen erscheinen zum Aufbau der heutigen Gesellschaft angebracht? Was ist die letzte Bedeutung der menschlichen Tätigkeit in der gesamten Welt? Auf diese Fragen erwartet man Antwort. Von da wird klarer in Erscheinung treten, daß das Volk Gottes und die Menschheit, der es eingefügt ist, in gegenseitigem Dienst stehen, so daß die Sendung der Kirche sich als eine religiöse und gerade dadurch höchst humane erweist.» Die Herleitung der Schlußfolgerung, die an sich richtig ist, bleibt rätselhaft. Von einem *gegenseitigen* «Dienst» von Volk Gottes und Menschheit kann ehrlicherweise leider keine Rede sein. Die Kirche (Volk Gottes) dient den übrigen Menschen, sofern sie sie zur Bekehrung aufruft und zum wahren Glauben und zur wahren Gottesverehrung führt; sie dient Gott als Werkzeug des Heils für alle jene Menschen, die in sie eintreten; sie dient Gott durch Glaube, Hoffnung und anbetende Liebe. Von einem entsprechenden (Heils)dienst der «Menschheit» an der Kirche oder für bzw. vor Gott kann klarerweise nicht gesprochen werden. Niemand erweist *der Kirche* als dem exklusiven und universalen Heilssakrament einen Dienst, wenn er sich ihr anschließt. Vielmehr beginnt er nun, innerhalb der Kirche, als Glied am mystischen Leib Christi selber, *Gott* zu dienen und empfängt gleichzeitig durch den Dienst der Kirche die notwendige Heilsgnade.

Die Pastoralkonstitution jedoch konkretisiert in Nr. 21 den wechselseitigen «Dienst» von Kirche und (ungläubiger!) Welt wie folgt: «Wenn die Kirche auch den Atheismus eindeutig verwirft, so bekennt sie doch aufrichtig, daß alle Menschen, Glaubende und Nichtglaubende, zum richtigen Aufbau dieser Welt, in der sie gemeinsam leben, zusammenarbeiten müssen. Das kann gewiß nicht geschehen ohne einen aufrichtigen und klugen Dialog. Deshalb beklagt sie die Diskriminierung zwischen Glaubenden und Nichtglaubenden ... Für die Glaubenden verlangt die Kirche Handlungsfreiheit, damit sie in dieser Welt auch den Tempel Gottes errichten können. Die Atheisten aber lädt sie schlicht ein, das Evangelium Christi unbefangen zu würdigen.» Versteht man unter dem «richtigen Aufbau dieser Welt» rein technische Dinge, so müssen Katholiken bzw. Christen allerdings notgedrungen mit «Nichtglaubenden» zusammenarbeiten, wenngleich sie andere Prioritäten setzen müssen als jene - und als Teilhard! Da der Text aber offenbar auch den sozialen, politischen, kulturellen etc. Aufbau der Welt im Auge hat, ist es verfehlt, so pauschal von einer «Zusammenarbeit» zu sprechen. Es stimmt ganz und gar nicht, daß Angehörige anderer Konfessionen und erst recht anderer Religionen, oder gar Atheisten, geradesogut wie die Katholiken am Aufbau einer menschenwürdigen Gesellschaftsordnung mitarbeiten könnten. Ohne Nächstenliebe, die aus der Gottesliebe stammt, gibt es keine gerechte Gesellschaftsordnung, und die Angehörigen anderer Religionen und auch Konfessionen, ganz zu schweigen von erklärten Atheisten, entbehren entweder ganz oder wenigstens teilweise jener Gnaden und *Gnadenmittel* (!), ohne die niemand im erbsündig-gefallenen Zustand die wahre Gottes- und Nächstenliebe dauerhaft und großmütig zu üben vermag; eventuelle Ausnahmen bestätigen lediglich die Regel - andernfalls hätte Christus uns nicht erlösen und keine Kirche gründen müssen!

Darum ist die katholische Kirche nicht etwa zur bloßen «Mitarbeit» am «richtigen» Aufbau der Welt berufen, sondern *sie allein* kann dort, wo sie genügend Einfluß besitzt, diesen Aufbau verwirklichen, der dennoch nicht ihr letztes Ziel darstellt und darum nicht nur etwas allzeit Unvollkommenes, sondern auch etwas immer nur Vorläufiges bleiben muß. Von beträchtlichem *Defaitismus* der Konzilsväter zeugt die Aussage, die Kirche wolle «in dieser Welt *auch* den Tempel Gottes» errichten. Ganz unabhängig von der faktischen Lage der Kirche, die niemals die ganze Menschheit umfassen, sondern am Ende der Zeiten nach Jesu eigenen Worten (s.o.) sehr klein sein wird, hat die Kirche nicht neben anderen «auch» noch etwas anzubieten oder zu tun. Vielmehr hat sie in der Welt das einzige anzubieten und zu tun, das einen bleibenden Sinn hat, ja das den gottgewollten Sinn des menschlichen Lebens ausmacht: Gottesverherrlichung durch Teilnahme an der Verherrlichung des dreifaltigen Gottes durch seinen und in seinem menschgewordenen Sohn Jesus Christus. Das ist keine Aufgabe neben anderen (womöglich noch gleichberechtigten!) Aufgaben, sondern die allen Menschen ohne Ausnahme gestellte Lebensaufgabe; wer sie nicht (ausdrücklich oder einschlußweise) erfüllt, verfehlt auf ewig das Ziel seines Lebens, mag er noch so eifrig am Aufbau «dieser» Welt arbeiten.

Indessen behauptet GS 40: «So glaubt die Kirche, durch ihre einzelnen Glieder und als ganze viel zu einer humaneren Gestaltung der Menschheitsfamilie und ihrer Geschichte beitragen zu können. ... Zugleich ist sie der festen Überzeugung, daß sie selbst von der Welt, sei es von einzelnen Menschen, sei es von der menschlichen Gesellschaft, durch deren Möglichkeiten und Bemühungen viele und mannigfache Hilfe zur Wegbereitung für das Evangelium erfahren kann.» Wenn es außerhalb der Kirche kein Heil gibt - und so ist es ja in der Tat -, *muß* sie sogar glauben, daß eine wirklich humane Gestaltung «der Menschheitsfamilie» nur ihr allein gelingen kann. Leistet sie aber lediglich einen «Beitrag» wie alle anderen Religionen und Ideologien auch, so wird sie, zumindest prinzipiell, überflüssig. Und welche «Hilfe» soll denn die Kirche von jenen erfahren können, die außerhalb von ihr stehen und in der Erb- bzw. Todsünde leben (die Begierdetaufe wird nicht so leicht erlangt!)? Jene Mitglieder der Kirche, die ihr nur unsichtbar (durch die Begierdetaufe) angehören, können jedenfalls nicht gemeint sein, und wer sich unter dem Einfluß helfender Gnaden auf den Empfang der Rechtfertigung (durch die Begierdetaufe) vorbereitet, der ja in jedem Fall durch die Kirche vermittelt ist, hilft damit doch nicht der Kirche, sondern vielmehr sich selbst, sofern er nun imstande ist, das ewige Heil zu erlangen. Es bleibt also die kritische Frage: Mit welchem Recht eigentlich «glaubt» das Konzil, sich von der «Welt» Hilfe erwarten zu können? Hat nicht der Herr den Aposteln das Gegenteil verheißen? «Ihr werdet um meines Namens willen von allen gehaßt werden» (Lk 21, 11) und: «Wenn die Welt euch haßt, dann wißt, daß sie mich schon vor euch gehaßt hat. Wenn ihr von der Welt stammen würdet, würde die Welt euch als ihr Eigentum lieben. Aber weil ihr nicht von der Welt stammt, sondern weil ich euch aus der Welt erwählt habe, darum haßt euch die Welt.» (Joh 15, 18f) Eine Kirche, die sich also von der *Welt* «viele und mannigfache Hilfe zur Wegbereitung für das Evangelium» erhofft, kann wohl kaum jenes Evangelium predigen, das Christus gepredigt hat. Denn «wenn sie mich verfolgt haben, werden sie auch euch verfolgen» (Joh 15, 20).

«Die Christen», heißt es in Nr. 57, «müssen auf der Pilgerschaft zur himmlischen Vaterstadt suchen und sinnen, was oben ist (vgl. Kol 3, 1-2); dadurch wird jedoch die Bedeutung ihrer Aufgabe, zusammen mit allen Menschen am Aufbau einer menschlichen Welt mitzuarbeiten, nicht vermindert, sondern gemehrt.» Jede biblische oder wenigstens sonstwie einleuchtende Begründung für diese schlicht paradoxe Behauptung fehlt. Sie hat offenbar nur dann Geltung, wenn man den Teilhardismus zugrundelegt und die Kirche als einzige gottgewollte Religionsgemeinschaft und als alleinigen Hort der Wahrheit preisgibt. Das tut das Konzil in der Tat, wenn es (Nr. 86) sagt: «Jeder Teil der Menschheitsfamilie trägt in sich und in seinen besten Traditionen einen Teil des geistigen Erbes, das Gott der Menschheit anvertraut hat, wenn auch viele seine Herkunft nicht kennen.» Sollte mit diesem «geistigen Erbe» die Uroffenbarung gemeint sein, so muß darauf hingewiesen werden, daß sie zum einen bei allen Völkern sehr stark verdunkelt, zum anderen aber durch die alttestamentliche und mehr noch durch die neutestamentliche Offenbarung unvergleichlich überboten worden ist. Darum könnte sie mitnichten der christlichen bzw. katholischen Religion auch nur das geringste hinzufügen, was der Konzilstext aber leider zu suggerieren scheint. Gott hat der Menschheit die *Fülle* seiner Offenbarung im *katholischen Glauben* anvertraut, nirgends sonst!

Man vergleiche übrigens mit dem oben angeführten Text folgende Passage aus CoM: «Diese universale Religion ... wurde von Weisen und Heiligen aller Zeiten vorausgesagt. Ihre Substanz reifte aus dem, was immer in den Ideen und Hoffnungen des Menschen die höchsten Höhen erklomm.» (CoM S. 36) Oder auch diese hier: «Dieses allgemeine Glaubensbekenntnis existiert bereits; auf sein lichtvolles Zentrum weisen alle höheren Überzeugungen bereits hin, von einem was auch immer für entfernten Horizont sie ihren Ausgang nehmen mögen.» (CoM S. 46f) Ganz in diesem Geist formuliert Nr. 89 von GS: «Kraft ihrer göttlichen Sendung verkündet die Kirche allen Menschen das Evangelium und spendet ihnen die Schätze der Gnade. Dadurch leistet sie überall einen wichtigen Beitrag zur Festigung des Friedens und zur Schaffung einer soliden Grundlage der brüderlichen Gemeinschaft unter den Menschen und Völkern, nämlich die Kenntnis des göttlichen und natürlichen Sittengesetzes. Darum muß die Kirche in der Völkergemeinschaft präsent sein, um die Zusammenarbeit unter den Menschen zu fördern und anzuregen.»

Wer den Menschen «die Kenntnis des göttlichen und natürlichen Sittengesetzes» vermittelt, leistet doch wohl nicht nur einen «wichtigen Beitrag» zur «Schaffung einer soliden Grundlage» des Friedens, sondern legt diese Grundlage selbst ganz und gar! Abgesehen davon ist es keineswegs in erster Linie Aufgabe der Kirche, «die Zusammenarbeit unter den Menschen zu fördern und anzuregen», sondern den wahren Glauben zu verbreiten, der Grundlage der übernatürlichen Liebe und damit auch des Friedens ist. Demgegenüber spinnt die Pastoralkonstitution in Nr. 91 das freimaurerische Ideal einer allgemeinen Menschheitsverbrüderung ohne Ansehen der Glaubensunterschiede weiter fort: «Was die Heilige Synode aus dem Schatz der kirchlichen Lehre vorlegt, will allen Menschen unserer Zeit helfen, ob sie an Gott glauben oder ihn nicht ausdrücklich anerkennen, klarer ihre Berufung unter jeder Hinsicht zu erkennen, die Welt mehr entsprechend der hohen Würde des Menschen zu gestalten, eine weltweite und tiefer begründete Brüderlichkeit zu erstreben und aus dem Antrieb der Liebe in hochherzigem gemeinsamem Bemühen den dringenden Erfordernissen unserer Zeit gerecht zu werden.» Wie sollen jene, die *Gott* nicht ausdrücklich anerkennen, die *Menschen*würde achten und den dringenden Zeiterfordernissen gerecht werden? Wie sollen sie «ihre Berufung unter *jeder* Hinsicht» erkennen, wenn nachfolgend nur *innerweltliche* Zwecke als Inhalt ihrer Berufung aufgeführt werden, die höchste und letztlich allein sinnvolle Berufung zur Gottesverherrlichung in der wahren Kirche Christi jedoch keine Erwähnung findet? Wird da das Konzil noch der eindringlichen Mahnung des hl. Paulus an Timotheus gerecht: «Ich beschwöre dich bei Gott und bei Jesus Christus, dem kommenden Richter der Lebenden und der Toten, bei seinem Erscheinen und bei seinem Reich: Verkünde das Wort, tritt dafür ein, ob man es hören will oder nicht ...» (2 Tim 4, 1)?

Was die Heilige Synode jedoch «allen Menschen unserer Zeit» empfiehlt, empfehlen genauso die CoM-Freimaurer! «Es gibt in der Tat keine Freiheit außer einer einzigen: dem Recht, das eine Pflicht ist, sich selber und andere durch absolute Treue zum letzten Ziel des Menschen frei zu machen.» (CoM S. 31f) - «Die Diktatur der Menschlichkeit auf der Grundlage eines Gesetzes zum Schutz der menschlichen Würde ist der einzige Grundsatz, von dem wir Leben für uns selber und Auferstehung für die Nationen erhoffen dürfen, die gefallen sind.» (CoM S. 34) - «Deshalb muß alles, was von der Menschheit überlebt, mit einem einzigen Atem atmen und in einem einzigen Kampf kämpfen, seit die ganze Welt ein einziger Lebens- oder Todesraum für alle Nationen der Menschen geworden ist.» (CoM S. 61) Dazu paßt wieder vorzüglich GS 92: «Wir wenden uns dann auch allen zu, die Gott anerkennen und in ihren Traditionen wertvolle Elemente der Religion und Humanität bewahren, und wünschen, daß ein offener Dialog uns alle dazu bringt, die Anregungen des Geistes treulich aufzunehmen und mit Eifer zu erfüllen. - Der Wunsch nach einem solchen Dialog, geführt einzig aus Liebe zur Wahrheit und unter Wahrung angemessener Diskretion, schließt unsererseits niemanden aus, weder jene, die hohe Güter der Humanität pflegen, deren Urheber aber noch nicht (Anm.: wieso nicht "nicht mehr", was doch wohl realistischer wäre!?) anerkennen, noch jene, die Gegner der Kirche sind und sie auf verschiedene Weise verfolgen. Da Gott der Vater Ursprung und Ziel aller ist, sind wir alle dazu berufen, Brüder zu sein. Und darum können und müssen wir aus derselben menschlichen und göttlichen Berufung ohne Gewalt und ohne Hintergedanken zum Aufbau einer wahrhaft friedlichen Welt zusammenarbeiten.»

Welche «Anregungen des Geistes» mögen das sein, zu deren getreuer Aufnahme und eifrigen Erfüllung uns ein «offener Dialog» mit den anderen Religionen erst noch bringen muß? Das klingt verdächtig nach einer Relativierung der katholischen Glaubenslehre und ihres absoluten Wahrheitsanspruchs. Es läßt sich gar nicht leugnen, alle Menschen sind dazu berufen, Brüder zu sein, aber eben als wahre Kinder jenes einen Vaters unseres Herrn Jesus Christus; zu solchen Kindern werden indessen nur jene, die sich (wenigstens der Begierde nach oder sakramental) taufen lassen und so dem mystischen Leib Christi angehören. Es gibt auch keine isolierte «menschliche (?) und göttliche» Berufung zum Aufbau einer «wahrhaft friedlichen Welt», ganz im Gegenteil, Friede mit den Gottesleugnern ist wesenhaft unmöglich. Darum ist Christus ja gekommen, nicht den Frieden zu bringen, sondern das Schwert. «Wer nicht für mich ist, der ist gegen mich; wer nicht mit mir sammelt, der zerstreut.» (Lk 11, 23) Und merkwürdigerweise gibt der hl. Paulus eine Weisung, die der des Konzils *eklatant widerspricht*: «Beugt euch nicht mit den Ungläubigen unter das gleiche Joch ... Was hat ein Gläubiger mit einem Ungläubigen gemeinsam? Wie verträgt sich der Tempel Gottes mit Götzenbildern? Wir sind doch der Tempel des lebendigen Gottes, denn Gott hat gesprochen: Ich will unter ihnen wohnen und mit ihnen gehen. Ich werde ihr Gott sein, und sie werden mein Volk sein. Zieht darum weg aus ihrer Mitte, und sondert euch ab, spricht der Herr, und faßt nichts Unreines an. Dann will ich euch aufnehmen *und euer Vater sein* ...» (2 Kor 6, 14-18) Gott wird demnach - anders als in *Gaudium et spes* - nur Vater *der Gläubigen* sein! Ein weiteres bestürzendes Beispiel also für die «Liebe» zur Heiligen Schrift, die die Konzilsväter in GS allenthalben an den Tag gelegt haben.

Konzils-Humanismus

«Es ist», behauptet GS 12, «fast einmütige Auffassung der Gläubigen und der Nichtgläubigen, daß alles auf Erden auf den Menschen als seinen Mittel- und Höhepunkt hinzuordnen ist.» Das ist allerdings einmütige Auffassung aller Freimaurer und Atheisten. Wie man es aber als Auffassung «der Gläubigen» hinstellen kann, ist einfach unbegreiflich. Alles auf Erden muß doch allein auf *Gott* als seinen Mittel- und Höhepunkt hingeordnet werden. «*Dein* Wille geschehe wie im Himmel so auf *Erden*» (Mt 6, 10)! Selbst Jesus, der Menschensohn, bekennt von sich selbst: «Ich bin nicht vom Himmel herabgekommen, um meinen Willen zu tun, sondern den Willen dessen, der mich gesandt hat.» (Joh 6, 38) Auf die Frage des Gesetzeslehrers: «Welches ist das erste Gebot von allen?» antwortet Jesus: «Das erste ist: Höre Israel, der Herr, unser Gott, ist der einzige Herr. Darum sollst du den Herrn, deinen Gott, lieben mit ganzem Herzen und aus ganzer Seele, mit all deinen Gedanken und all deiner Kraft. Als zweites kommt hinzu: Du sollst deinen Nächsten lieben wie dich selbst.» (Mk 12, 28-31) Auch der hl. Paulus läßt keinen Zweifel daran aufkommen, daß alles auf Erden auf die *Verherrlichung Gottes* hingeordnet werden muß. «Alles, was ihr in Worten oder Werken tut, geschehe im Namen Jesu, des Herrn. Durch ihn dankt Gott, dem Vater!» (Kol 3, 17) «Ob ihr also eßt oder trinkt oder etwas anderes tut: tut alles zur Verherrlichung Gottes.» (1 Kor 10, 31)

Es hilft wenig, daß weiter unten im gleichen Abschnitt gesagt wird, der Mensch sei von Gott «zum Herrn über alle irdischen Geschöpfe gesetzt, um sie *in Verherrlichung Gottes* zu beherrschen und zu nutzen», denn lehramtliche (auch «pastorale»!) Texte müssen eindeutig sein, zumal die Erfahrung lehrt, daß gerade in sich falsche Sätze mit Vorliebe aus dem sie eventuell korrigierenden Zusammenhang gelöst werden. In Nr. 15 von GS erklären die Konzilsväter: «Die zu erstrebende Vollendung der Vernunftnatur der menschlichen Person ist die Weisheit, die den Geist des Menschen zur Suche und Liebe des Wahren und Guten hinzieht und den durch sie geleiteten Menschen vom Sichtbaren zum Unsichtbaren führt. - Unsere Zeit braucht mehr als die vergangenen Jahrhunderte diese Weisheit, damit humaner wird, was Neues vom Menschen entdeckt wird. Es gerät nämlich das künftige Geschick der Welt in Gefahr, wenn nicht weisere Menschen entstehen. Zudem ist zu bemerken, daß viele Nationen an wirtschaftlichen Gütern verhältnismäßig arm, an Weisheit aber reicher sind und den übrigen hervorragende Hilfe leisten können.» Auch hier drängen sich kritische Fragen geradezu auf. Was hat denn «unsere Zeit» wirklich «Neues vom Menschen entdeckt», wenn man von der hier offenkundig nicht gemeinten Biologie und Medizin einmal absieht? Der Mensch bleibt in seinem Wesen allzeit derselbe (nur im Teilhardismus ist das anders!) und hat daher schon immer «Weisheit» nötig gehabt, und zwar früher nicht weniger als heute. Oder ist von den wissenschaftlichen Entdeckungen des Menschen die Rede? Diesbezüglich wäre anzumerken, daß es nicht Aufgabe der Kirche ist, sich um «das künftige Geschick *der Welt*» (was heißt hier «Welt»?) zu sorgen, sondern um die Ausbreitung der Verherrlichung Gottes.

Und von welcher «Weisheit» redet das Konzil? Wenn jene Länder, die wirtschaftlich arm sind, reicher an Weisheit sein sollen, so kann es sich bei dieser Weisheit kaum um die christliche Wahrheit handeln, sondern nur um fernöstliche und anderweitige mehr oder weniger heidnische und antichristliche «Weisheiten», denn bekanntlich waren es zu Beginn der sechziger Jahre (und sind es noch heute) im großen und ganzen nur die (ehemals) christlichen bzw. katholischen Länder, die reich an wirtschaftlichen Gütern waren und sind! Was aber der hl. Paulus von derartigen pseudophilosophischen und pseudoreligiösen «Weisheiten» hält, sollte den Konzilsvätern nicht unbekannt sein: «Wo ist ein Weiser? Wo ein Schriftgelehrter? Wo ein Wortführer in dieser Welt? Hat Gott nicht die Weisheit der Welt als Torheit entlarvt? Denn da die Welt angesichts der Weisheit Gottes *auf dem Weg ihrer Weisheit Gott nicht erkannte*, beschloß Gott, alle, die glauben, durch die Torheit der Verkündigung zu retten. Die Juden fordern Zeichen, die Griechen suchen Weisheit, wir dagegen verkündigen Christus als den Gekreuzigten: für Juden ein empörendes Ärgernis, für Heiden eine Torheit, für die Berufenen aber, Juden wie Griechen, Christus, Gottes Kraft und *Gottes Weisheit*.» (1 Kor 1, 20-24) Der Mensch kann nicht durch irgendwelche Weisheiten, sondern nur durch Annahme und Entfaltung des wahren Glaubens weiser und damit «humaner» werden: «Anfang der Weisheit ist die *Gottesfurcht* ... Fülle der Weisheit ... Krone der Weisheit ... Wurzel der Weisheit ist die *Gottesfurcht*.» (Sir 1, 14-20) Andernfalls ist das Resultat bestenfalls ein freimaurerischer Humanismus nach Art der Autoren von CoM.

Ein Konzil der «Wissenden»

Ohne die Annahme einer satanisch-raffinierten, hintergründigen Einflußnahme einiger «Wissender» («Illuminaten») unter den Konzilsvätern ist gar nicht zu erklären, wieso die Eine-Welt-Ideologie einen so breiten Raum in der Pastoralkonstitution einnimmt, in immer wiederkehrenden Anspielungen das ganze Dokument beherrscht und es mit einem dem Christentum zutiefst fremden selbstherrlichen Humanismus durchtränkt. Davon geben besonders die zwei zunächst folgenden Textbeispiele Zeugnis. «Aus der immer engeren und allmählich die ganze Welt erfassenden gegenseitigen Abhängigkeit», sagt GS 26, «ergibt sich als Folge, daß das Gemeinwohl ... heute mehr und mehr einen weltweiten Umfang annimmt und deshalb auch Rechte und Pflichten in sich begreift, die die ganze Menschheit betreffen. ... Die gesellschaftliche Ordnung muß sich ständig weiterentwickeln, muß in Wahrheit gegründet, in Gerechtigkeit aufgebaut und von Liebe beseelt werden und muß in Freiheit ein immer humaneres Gleichgewicht finden. ... Der Geist Gottes, dessen wunderbare Vorsehung den Lauf der Zeiten leitet und das Antlitz der Erde erneuert, steht dieser Entwicklung bei. Der Sauerteig des Evangeliums hat im Herzen des Menschen den unbezwingbaren Anspruch auf Würde erweckt und erweckt ihn auch weiter.»

Man vergleiche mit diesem Text der Reihe nach folgende Stellen aus CoM: «Die Ära der Nationen war vorüber. Schon war eine übernationale Welt aus den Ruinen des ersten Weltkriegs am entstehen. Die Maschine zog die Ozeane zusammen und schob die Entfernungen ineinander. ... Keine byzantinische oder chinesische Mauer kann die westliche Hemisphäre abschirmen.» (CoM S. 60) - «Und zuallererst versichern wir nochmals, daß Sinn und Ziel des menschlichen Lebens, des individuellen wie des kollektiven, Fortschritt und Wachstum in Verstand und Tat sind, und daß Friede, allgemeiner Friede, die Vorbedingung für Fortschritt und Wachstum ist.» (CoM S. 20) - «Der Präsident der Vereinigten Staaten sagte: "Die meisten von uns, ganz gleich welcher Kirche wir angehören, glauben an den Geist des Neuen Testaments." ... Die Universalität des Neuen Testament, die wahre Katholizität seiner religiösen Schau, wurde zuerst von Christus selber verkündet ... Die Religion des Heiligen Geistes, und nichts sonst, ist der "Geist des Neuen Testaments", von dem der Präsident der Vereinigten Staaten sprach.» (CoM S. 35f) - «Universale und totale Demokratie ist das Prinzip der Freiheit und des Lebens, das die Würde des Menschen dem von der totalitären Autokratie repräsentierten Prinzip der Sklaverei und des geistigen Todes entgegensetzt. Kein anderes Prinzip kann der Würde des Menschen (mit Recht) vorgeschlagen werden ...» (CoM S. 27f)

Eine seltsam innige Verwandtschaft der Aussagen kann niemand leugnen. Die Heilige Schrift verheißt indessen nirgendwo, daß der «Geist Gottes» der Entwicklung zur «Einen Welt» in einem «immer humaneren Gleichgewicht» *beistehen* wird. Auch soll der Sauerteig des Evangeliums keineswegs «den unbezwingbaren Anspruch auf Würde» «erwecken», sondern zum Glauben an den und zur Verherrlichung des unendlich großen und *aller Anbetung überaus würdigen Gottes* führen. Der Mensch, der sich nicht selbst verleugnet und sich weigert, sein Nichts-Sein gegenüber dem allmächtigen Schöpfer und Erlöser anzuerkennen, verliert genau in dem Maß seine Menschenwürde, in dem er sich gegen Gott stellt. Denn die gesamte menschliche Würde gründet einzig und allein in der Gottebenbildlichkeit und Gotteskindschaft, die aber durch die Sünde zerstört wird. Gerade hier gilt Christi Wort: «Denn wer sich selbst erhöht, wird erniedrigt, und wer sich selbst erniedrigt, wird erhöht» (Lk 14, 11) und auch jenes andere: «Wer *mein Jünger* sein will, der *verleugne sich selbst* ...» (Lk 9, 23). Einen Anspruch auf die Respektierung seiner Menschenwürde seitens der Mitmenschen hat jeder Mensch als Ebenbild Gottes; von seiten Gottes aber ist ihm diese Würde frei geschenkt - dort gibt es keinen Anspruch. Ziel der Schöpfung und der gesamten Heilsgeschichte, also auch des Evangeliums, kann somit entgegen dem Konzilstext nicht die Weckung des Anspruchs auf Menschenwürde sein, sondern zuerst einmal nur die Verherrlichung Gottes - freilich dadurch, daß die Menschen an Heiligkeit Christus und damit auch Gott immer ähnlicher werden.

Wer diese notwendige Unterordnung der menschlichen Würde unter die unendliche Würde Gottes verschweigt, wie der oben zitierte Konzilstext, macht das solchermaßen tendenziös verkürzte Evangelium potentiell zum Vehikel des gotteslästerlichen Freimaurer-Hominismus. «Immer mehr wächst», wissen die Konzilsväter (GS 55), «in der ganzen Welt der Sinn für Autonomie und zugleich für Verantwortlichkeit, was ohne Zweifel für die geistige und sittliche Reifung der Menschheit von größter Bedeutung ist. Diese tritt noch deutlicher in Erscheinung, wenn wir uns die Einswerdung der Welt und die uns auferlegte Aufgabe vor Augen stellen, eine bessere Welt in Wahrheit und Gerechtigkeit aufzubauen. So sind wir Zeugen der Geburt eines neuen Humanismus, in dem der Mensch sich vor allem von der Verantwortung für seine Brüder und die Geschichte her versteht.» Diese Ungeheuerlichkeit würde jeder Freimaurer mit größter Wonne unterschreiben! Das Konzil begrüßt hier ausdrücklich die «Geburt eines neuen Humanismus», der sich nicht vor Gott (!), sondern «vor allem» für seine «Brüder und die Geschichte» verantwortlich weiß. Was aber unterscheidet diese «bessere Welt» noch von der «Stadt des Menschen»? «Bevor aller Wohlstand und Überfluß, alles Vergnügen und alle Freude für die Kinder des Menschen (Anm.: = Verantwortung vor der Geschichte!) nur noch zu blassen Erinnerungen an eine legendenhafte Vergangenheit werden, wollen wir ihn erneut verteidigen, in der Fülle seines Glanzes und in der Totalität seiner Möglichkeit - den menschlichen Traum ... Alle Kinder der Erde müssen einsehen, daß sie alle die Erde geerbt haben. ... Der Mensch muß, von seiner schuldhaften Blindheit genesend, schließlich zur Kenntnis nehmen, daß das Problem der Produktion, das ein Problem der Macht war, im Grunde genommen vom Problem der gerechten Verteilung verdrängt wurde, das ein Problem der Gerechtigkeit (Anm.: = Verantwortung für die Brüder!) ist.» (CoM S. 55f)

Schon in Nr. 3 der Pastoralkonstitution hatte es geheißen: «Es geht um die Rettung der menschlichen Person, es geht um den rechten Aufbau der menschlichen Gesellschaft. Der Mensch also, der eine und ganze Mensch, mit Leib und Seele,

Herz und Gewissen, Vernunft und Willen steht im Mittelpunkt unserer Ausführungen. Die heilige Synode bekennt darum die hohe Berufung des Menschen, sie erklärt, daß etwas wie ein göttlicher Same in ihn eingesenkt ist, und bietet der Menschheit die aufrichtige Mitarbeit der Kirche an zur Errichtung jener brüderlichen Gemeinschaft aller, die dieser Berufung entspricht.» Auch das kommt schlußendlich einem Verrat am Evangelium gleich: Die Kirche bietet sich als williger Handlanger beim Bau des «Tempels» der Synagoge Satans an. Und was soll die unklare Rede vom «göttlichen Samen» im Menschen? Die Theologie kennt nichts anderes als die mit der Schöpfung gegebene *natürliche* Gottebenbildlichkeit bzw. Gotteskindschaft und die in der Erlösung begründete, aber erst durch die Taufe verliehene *übernatürliche* Gottähnlichkeit bzw. Gotteskindschaft des Menschen. Wenn eines von diesen beiden gemeint ist, warum nennt man es dann nicht bei seinem gewohnten und eigentlichen Namen? Die Formulierung «göttlicher Same» ist typisch gnostisch bzw. pantheisierend-freimaurerisch und kommt ganz ähnlich (als «das Göttliche» oder «der göttliche Geist» *im Menschen*; s.o.!) zweimal in CoM vor, wo «das Göttliche im Menschen» jeweils mit dem menschlichen Verstand bzw. mit der Idee vom Menschen identifiziert wird.

Es sei auch nochmals betont, daß der Mensch nicht zuerst zur brüderlichen Gemeinschaft, sondern zur Anbetung Gottes berufen ist, aus der erst die Ehrfurcht auch vor den Ebenbildern Gottes und infolge dessen die wahre brüderliche Gemeinschaft unter den Menschen erwachsen kann. Von dieser Gemeinschaft ist GS jedoch auch in Nr. 24 weit entfernt: «Daher ist die Liebe zu Gott und zum Nächsten das erste und größte Gebot. Von der Heiligen Schrift werden wir hier belehrt, daß die Liebe zu Gott nicht von der Liebe zum Nächsten getrennt werden kann: " ... und wenn es ein anderes Gebot gibt, so ist es in diesem Wort einbegriffen: Du sollst deinen Nächsten lieben wie dich selbst ... Demnach ist die Liebe die Fülle des Gesetzes" (Röm 13, 9-10; 1 Joh 4, 20). Das ist offenkundig von höchster Bedeutung für die immer mehr voneinander abhängig werdenden Menschen und für eine immer stärker eins werdende Welt.» Da wird mehr oder weniger offen die Identität von Gottes- und Nächstenliebe propagiert und daraus auch prompt die Bedeutung der Philanthropie («Menschenliebe»!) für die Eine Welt abgeleitet! Höchst raffiniert arbeitet der Text mit der Doppeldeutigkeit, zwischen Gottes- und Nächstenliebe dürfe nicht *getrennt* werden. Jawohl, wer Gott liebt, muß auch die Menschen als seine Ebenbilder und sogar seine Kinder lieben; *insofern* darf es keine Trennung geben. Aber dennoch muß man unbedingt zwischen zwei verschiedenen Arten von Liebe *unterscheiden*. Denn unsere Liebe muß sich zunächst *direkt auf Gott*, von da aus auch *auf die Menschen* richten, freilich so, daß wir den Nächsten gleichsam durch Gott hindurch lieben. Das ist die einzig richtige Auffassung von der Liebe, weshalb Jesus auch bei allen drei Synoptikern das Gebot der Gottesliebe zuerst nennt und als das «erste» bezeichnet. Der Konzilstext insinuiert das Gegenteil: Gott wird nur durch die Menschen hindurch geliebt, während man die Nächsten *direkt, als Menschen* (!), lieben soll. Diese Ordnung gilt aber nur für die *Entstehung* der Gottesliebe (etwa beim zur Vernunft gelangenden Kind, das zuerst seine Eltern liebt und erst später zur unmittelbaren Gottesliebe fortschreitet). nicht für die objektive und seinsmäßige Rangordnung, in der dem höchsten Gut die *unbedingte*, allen nach seinem Vorbild geschaffenen Ebenbildern aber nur eine auf das höchste Gut als Urbild bezogene und insofern *relative* Liebe gebührt.

Die Umkehrung dieser Ordnung führt über den Pantheismus zum puren Hominismus, der nun allerdings in der «Stadt des Menschen» (neben dem Satanismus) herrschen wird! - Das Pauluszitat im Konzilstext ist selbstverständlich vor dem Hintergrund der oben bereits zitierten Worte Christi im Evangelium und von Dtn 6, 4-9 (wo nur die Gottesliebe eingeschärft wird!) zu sehen und darf nicht, wie hier vom Konzil, isoliert angeführt werden! Das beeilt sich unterdessen, im salbungsvollen Logen-Ton fortzufahren (Nr. 30): «Je mehr nämlich die Welt zusammenwächst, desto offenkundiger greifen die Aufgaben der Menschen über die Sondergruppen hinaus und erhalten allmählich eine Bedeutung für die Welt als ganze. Das wird nur dann zur Auswirkung kommen, wenn die Einzelnen und ihre Gruppen die sittlichen und gesellschaftlichen Tugenden bei sich selbst pflegen und in der Gesellschaft zur Geltung bringen; dann werden sie mit der notwendigen Hilfe der göttlichen Gnade wahrhaft neue Menschen und Erbauer einer neuen Menschheit.»

Die «Gnade» ist in diesem Text geradeso überflüssig wie der «Heilige Geist» in CoM. Die Konzilsväter scheinen von der Erbsünde nichts zu wissen. Selbst in jenen Menschen, die die heiligmachende Gnade empfangen, wodurch die «sittlichen und gesellschaftlichen Tugenden» geadelt und in die Übernatur erhoben werden, bleiben die Folgen der Erbsünde, also auch die Willensschwäche und die böse Begierlichkeit, bestehen, gegen die alle Menschen ohne Ausnahme (von Christus und Maria abgesehen!) bis zum Ende ihres Lebens - nicht ohne Versagen und Niederlagen - zu kämpfen haben. Aus dem gefallenen Menschen, der auch als erlöster Mensch noch mit der erbsündlichen Schwäche behaftet bleibt, *kann* hier auf Erden *niemals* «eine neue Menschheit» «erbaut» werden. Das umso weniger, als jeder neue Mensch, der geboren wird, wieder am Punkt Null anfangen muß, während jene, die die größten Fortschritte in der Heiligkeit gemacht haben, sterben! Außerdem, es sei nochmals betont, ist vom Erbauen einer neuen Menschheit durch den Menschen selber - und sei es auch «mit der notwendigen Hilfe der göttlichen Gnade» - in den Prophezeiungen des Alten und Neuen Testaments (anders als in der Logen-Ideologie) keine Spur zu entdecken! «Und der auf dem Thron saß, sprach: Siehe, *ich* mache alles neu!» (Offb 21, 5) Die «neue» Menschheit werden die Gerechten bei der Auferstehung am Jüngsten Tag bilden, niemand sonst.

Die Konzilsväter wollen allerdings so lange nicht warten und behaupten deshalb (GS 33): «Vor allem dank der zwischen den Völkern zunehmenden Beziehungen der mannigfachsten Art erfährt und gestaltet sich die Menschheitsfamilie allmählich als *eine* die ganze Welt umfassende Gemeinschaft. Die Folge von alledem ist, daß sich der Mensch heute viele Güter, die er einst vor allem von höheren Mächten erwartete, durch seine eigene Tätigkeit beschafft.» (Hervorhebung original!) Auch an vielen weiteren Stellen dieser Konstitution (s.o.!) und in einigen weiteren Konzilstexten (s.u.) ist das zweite Vatikanum noch viel eifriger als die Autoren von CoM bemüht, die in Wahrheit gar nicht bestehende Einheit der Welt förmlich herbeizureden. Steckt nur der Teilhardismus, oder vielleicht noch etwas mehr dahinter? - Merkwürdig selbstherrlich wirkt auch die Rede von den Gütern, die der Mensch sich «heute» selbst beschafft; will ausgerechnet das Konzil dem freimaurerischen *Deismus* das Wort reden, der jedes Eingreifen Gottes in die Welt, jede Gebetserhörung, ja Gottes Vorsehung überhaupt leugnet? Auch heute verdanken wir alle Güter der Güte Gottes, wie jede Naturkatastrophe, die er (zur Zeit noch ausnahmsweise!) zuläßt, erneut beweist.

Einen gewissen Höhepunkt der One-World-Kampagne von GS stellt Nr. 42 dar, wo wirklich und wahrhaftig das beabsichtigte Endziel der zionistischen Freimaurerei mit der Sendung der Kirche *identifiziert* wird! Da heißt es nämlich: «Die Kirche anerkennt weiterhin, was an Gutem in der heutigen gesellschaftlichen Dynamik vorhanden ist, besonders die Entwicklung hin zur Einheit ... Förderung von Einheit hängt ja mit der letzten Sendung zusammen, da sie "in Christus gleichsam das Sakrament, das heißt Zeichen und Werkzeug für die innigste Vereinigung mit Gott wie für die Einheit der ganzen Menschheit" (II. Vat. Konzil, Dogmat. Konst. Über die Kirche Lumen Gentium Kap. I, Nr. 1) ist.» Das hier eingefügte Selbstzitat des Konzils kann wohl kaum als hinreichende Legitimation für die Behauptung gelten, die *letzte* Sendung der Kirche sei die Einheit der Menschheit schlechthin. In LG (Lumen Gentium) 1 fehlt interessanterweise jeder biblische Beleg für die These, die Kirche sei «Zeichen und Werkzeug für die Einheit der ganzen Menschheit». Diese Aussage ist deshalb noch nicht unbedingt in jedem möglichen Sinn falsch, wird aber - wie zweifelsohne beabsichtigt - nahezu immer im Sinne des anonymen Christentums und des Teilhardismus zitiert, demzufolge *alle* Menschen ohne Ausnahme *als Einheit* ihr ewiges Ziel erreichen. Das widerspricht aber eklatant unzähligen gegenteiligen Beteuerungen des Alten und Neuen Testament. Die Kirche kann, wenn sie Christus treu bleiben will, nur die Einheit aller Menschen *in der Wahrheit* des katholischen Glaubens *anstreben*; *bezeichnen* im strengen Sinn kann sie diese Einheit *nicht*, weil sie tatsächlich nie erreicht werden wird! Am Ende der Welt wird der Menschensohn «sich auf den Thron seiner Herrlichkeit setzen. Und alle Völker werden vor ihm zusammengerufen werden, und *er wird sie voneinander scheiden*, wie der Hirt *die Schafe von den Böcken scheidet*.» (Mt 25, 31f)

Die Pastoralkonstitution Nr. 42 beruft sich in den Anmerkungen u.a. auf *LG 28*, einen gleichfalls die Eine Welt begünstigenden Text: «Weil die Menschheit heute mehr und mehr zur Einheit im bürgerlichen, wirtschaftlichen und sozialen Bereich zusammenwächst, sollen die Priester um so mehr in vereinter Sorge und Arbeit unter Leitung der Bischöfe und des Papstes jede Art von Spaltung beseitigen, damit die ganze Menschheit der Einheit der Familie Gottes zugeführt werde.» Mit erstaunlicher Hartnäckigkeit verschließt das Konzil seine Augen vor der keineswegs optimistischen Eschatologie (Lehre von der Endzeit) der Hl. Schrift und insbesondere des Neuen Testaments. Wie sollen Priester, Bischöfe und Papst «jede Art von Spaltung» beseitigen, wenn der Herr selbst ausdrücklich sagt: «Meint ihr, ich sei gekommen, um Frieden auf die Erde zu bringen? Nein, sage ich euch, nicht Frieden, *sondern Spaltung*» (Lk 12, 51)?! Wie sollen sie «die *ganze* Menschheit» der «Einheit der Familie Gottes» zuführen, wenn selbst der Herr klagen mußte:

«Jerusalem, Jerusalem, du tötest die Propheten und steinigst die Boten, die zu dir gesandt sind. Wie oft wollte ich deine Kinder um mich sammeln, so wie eine Henne ihre Küken unter ihre Flügel nimmt; *aber ihr habt nicht gewollt*» (Mt 23, 37)?! Werden etwa heute *alle* Menschen wollen? Oder soll die Kirche - ganz im Sinn der geplanten Universalreligion - «allen alles werden» und so ihre Sendung verraten?

Das Konzil fordert den Weltstaat!

Ganz dick kommt es aber erst jetzt. «Wer nämlich», so steht es in GS 44, «die menschliche Gemeinschaft auf der Ebene der Familie, der Kultur, des wirtschaftlichen und sozialen Lebens, der nationalen und internationalen Politik voranbringt, leistet nach dem Plan Gottes auch der kirchlichen Gemeinschaft, soweit diese von äußeren Bedingungen abhängt, eine nicht unbedeutende Hilfe.» Und dem Antichristen eine noch viel größere! Welch hohes Lob für die CoM-Illuminaten und ihre zionistischen Hintermänner! Der Antichrist wird in der Tat «die menschliche Gemeinschaft» auf der Ebene «der internationalen Politik» so weit voranbringen, daß, wie der hl. Johannes sah, auf der ganzen Erde «nur kaufen oder verkaufen konnte, wer das Kennzeichen trug: den Namen des Tieres oder die Zahl seines Namens» (Offb 13, 17)! Aber diese Aussichten beeinträchtigen den One-World-Elan der Konzilsväter nicht im geringsten; in GS Nr. 56 fordern sie: «Inmitten all dieser Antinomien muß die menschliche Kultur heute so entwickelt werden, daß sie die volle menschliche Persönlichkeit harmonisch ausbildet und den Menschen bei den Aufgaben behilflich ist, zu deren Erfüllung alle, vor allem aber die Christen, in einer einzigen menschlichen Familie brüderlich vereint, berufen sind.» Abgesehen davon, daß keine Kultur, sondern nur die heiligmachende Gnade «die volle menschliche Persönlichkeit» zu entwickeln vermag, ist es einfach widersinnig, so zu tun, als ob es Aufgaben gäbe, zu denen Christen *als* Christen und Nichtchristen *als* Nichtchristen gleichermaßen berufen wären. Nein, *alle Menschen* sind zum *Christsein* berufen! Brüderliche Vereinigung mit denen, die Christus ablehnen, ist ein Unding. Das wird sich spätestens dann herausstellen, wenn die Weltmachtszionisten kurz vor der Vollendung ihrer «Stadt des Menschen» stehen werden, die in der Apokalypse «Babylon» genannt wird: «Und es wurde ihm (dem Tier) erlaubt, *mit den Heiligen zu kämpfen und sie zu besiegen* (!). Es wurde ihm auch Macht gegeben über alle Stämme, Völker, Sprachen und Nationen. Alle Bewohner der Erde fallen nieder vor ihm: alle, *deren Name nicht* seit der Erschaffung der Welt *eingetragen ist ins Lebensbuch* des Lammes, das geschlachtet wurde. Wenn einer Ohren hat, so höre er.» (Offb 13, 6-9)

Die Konzilsväter haben, wie es scheint, dafür keine Ohren. Sie ziehen es vor, in die von der wissenden Spitze der Hochgradmaurerei heuchlerisch ausgegebene Friedensparole einzustimmen (Nr. 77): «In unseren Jahren, in denen die Leiden und Ängste wütender oder drohender Kriege noch schwer auf den Menschen lasten, ist die gesamte Menschheitsfamilie in einer entscheidenden Stunde ihrer Entwicklung zur Reife angelangt. Allmählich ist sie sich untereinander nähergekommen, und überall ist sie sich schon klarer ihrer Einheit bewußt. Da kann sie ihre Aufgabe, die Welt für alle überall wirklich menschlicher zu gestalten, nur erfüllen, wenn alle sich in einer inneren Erneuerung dem wahren Frieden zuwenden.» Wieder wird rhetorisch eindrucksvoll die Einheit der «Menschheitsfamilie» (vgl. die verwandte Diktion in CoM S. 65: «family of nations»!) beschworen. - Ganz hart muß jedoch gefragt werden: Hat die Menschheit tatsächlich keine andere Aufgabe, als die, «die Welt für alle überall wirklich menschlich zu gestalten»? Christus hat doch allem Anschein nach etwas anderes gelehrt: «Macht euch also keine Sorgen und fragt nicht: Was sollen wir essen? Was sollen wir trinken? Was sollen wir anziehen? *Denn um all das geht es den Heiden.* Euer himmlischer Vater weiß, daß ihr das alles braucht. Euch aber muß es zuerst *um sein Reich* und *um seine Gerechtigkeit* gehen; dann wird euch alles andere dazugegeben.» (Mt 6, 31f) Nicht nur die Autoren von CoM, die so inbrünstig «beten»: «Dein Reich komme!» (CoM S. 48 und 49!), sondern auch die Konzilsväter - was viel schlimmer ist - scheinen total übersehen zu haben, daß Christus vor Pilatus feierlich erklärt hat: «Mein Reich ist *nicht von dieser* Welt» (Joh 18, 36). Übrigens drückt sich die deutsche ökumenische «Einheitsübersetzung» der Bibel um diese Wahrheit herum, indem sie an dieser Stelle «basiléia» - anders als bei den Synoptikern! - verunklärend mit «Königtum» übersetzt!

Aber nun nahen wir uns mit Nr. 82 dem unzweifelhaften Höhepunkt des erschütternden Dokuments *Gaudium et spes*: «Es ist also deutlich», heißt es dort, «daß wir mit all unseren Kräften jene Zeit vorbereiten müssen, in der auf der Basis einer Übereinkunft zwischen allen Nationen jeglicher Krieg absolut geächtet werden kann. Das erfordert freilich, daß eine von allen anerkannte öffentliche Weltautorität eingesetzt wird, die über wirksame Macht verfügt, um für alle Sicherheit, Wahrung der Gerechtigkeit und Achtung der Rechte zu gewährleisten. Bevor aber diese wünschenswerte Autorität konstituiert werden kann, müssen die jetzigen internationalen höchsten Gremien sich intensiv um Mittel bemühen, die allgemeine Sicherheit besser zu gewährleisten.» Nein, es ist kein Versehen, das steht nicht in CoM, sondern wirklich und wahrhaftig in der Pastoralkonstitution! Man vergleiche aber damit folgende Texte aus CoM: «Die "Ächtung des Krieges" ist und bleibt der nächste Schritt im Fortschritt des Menschen. Friede, allgemeiner Friede, ist die notwendige Bedingung, wenn der Fortschritt des Menschen über die gegenwärtige Gefahr und Zerstörung hinaus weitergehen soll.» (CoM S. 22) - «Allgemeiner Friede kann nur auf die Einheit des Menschen unter *einem* Gesetz und *einer* Regierung gegründet werden. ... Es kann keinen Frieden für die kleinen Staaten geben, deren kraftlose Freiheit nichts als ein willkommenes Geschenk für den Stärkeren ist; es kann keinen Frieden unter den riesigen Staaten geben, deren Größe selber zur Anarchie von Gewalt und Eroberung reizt. ... Alle Staaten müssen sich, vom hohen Roß heruntergeholt und diszipliniert, dem Gesetz des Weltstaates unterwerfen, wenn es in der Welt von morgen Frieden geben soll.» (CoM S. 23ff)

Daß solch ein dickes «Kuckucksei» unbemerkt in die Konstitution gelangen konnte, ist nur mit dem gezielten Vorgehen Eingeweihter bei der Erstellung des Textes in der Kommission einerseits und mit der fast grenzenlosen Naivität vieler Konzilsväter andererseits zu erklären. Das Studium der offiziellen Konzilsakten zeigt, daß praktisch niemand gegen diese Passage Einwände erhob. Die zündendste Rede *für* eine Weltregierung hielt aber ausgerechnet - der als so dogmatisch starr und konservativ verschrieene Kardinal *Alfredo Ottaviani* vom Heiligen Offizium! «Das Konzil sollte ...», schlug Ottaviani gegen Ende seiner diesbezüglichen Rede vor, «für die Errichtung einer einzigen Weltrepublik stimmen, die aus allen Nationen der Welt besteht. Darin würde es nicht mehr Streit zwischen Nationen geben, sondern es gäbe nur eine einzige Welt, die in Frieden lebt: Im Frieden Christi unter der Herrschaft Christi!» (Zit. n. Xavier Rynne, Die Erneuerung der Kirche. Die vierte Sitzungsperiode des Zweiten Vatikanischen Konzils, Köln - Berlin 1967, S. 136; der Vergleich mit dem lateinischen Originaltext in den «Acta Synodalia etc.» erweist die Korrektheit der Übersetzung bei Rynne) Rynne bemerkt dazu: «Soviel Beredsamkeit wurde natürlich mit gewaltigem Beifall aufgenommen - einer der längsten Applause während des Konzils, so sagte man -, und zwar auch von denen, die wahrscheinlich bei längerem Nachdenken Einwände gegen manche seiner Punkte vorbringen würden. ... Keiner der anderen Bischöfe war bereit, bei der Unterstützung der Einen Welt soweit zu gehen wie Ottaviani, doch unterstützten viele begeistert den maßvolleren Vorschlag des Schemas für die Errichtung einer "öffentlichen Autorität, die wirksame Macht auf Weltebene ausübt" ...» (ebd. S. 136f). Ottaviani war, nebenbei bemerkt, nicht der erste Kardinal der katholischen Kirche, der sich in naivem Optimismus (der sich allerdings nicht auf die göttliche Offenbarung stützen kann) für eine religiös und politisch geeinte Welt aussprach. «Im 15. Jahrhundert schreibt Nikolaus von Cues, katholischer Theologe und Philosoph (Anm.: und Kardinal!), die Schrift "De pace fidei" (Anm.: "Der Glaubensfriede"!). Es ist ein aus der synkretistischen Theorie entwickelter Dialog über den Frieden unter den Religionen und Nationen. Er ist getragen von der Vorstellung einer endlichen großen Zusammenkunft in Jerusalem (Anm.: !), um eine weltweite Einheit zu besiegeln.» (H. Bernick in: Lothar Gassmann [Hrsg.], Ein Konzil für den Frieden? Kritische Stellungnahmen zur «Weltversammlung für Gerechtigkeit, Frieden und die Bewahrung der Schöpfung», Asslar 1989, S. 45)

Die Konzilsväter hätten besser daran getan, die prophetischen Worte Robert Hugh Bensons ernstzunehmen, der in «Der Herr der Welt» (1907) dem vor der Verfolgung des Antichristen (unrealistischerweise!) ins Heilige Land geflüchteten letzten Papst die folgenden Gedanken durch den Kopf gehen läßt: «Nun hatte es soweit kommen müssen. Das Christentum war aus Europa verschwunden wie der letzte Schein der untergehenden Sonne hinter dunklen Gipfeln. Das Ewige Rom war ein Trümmerhaufen, im Osten wie im Westen hatte man einen Menschen auf den Thron Gottes gesetzt und ihm göttliche Ehren erwiesen. *Das also war der Fortschritt der Welt*, die Soziologie stand in höchstem Ansehen, *die Menschheit hatte ihre Einheit gefunden*, sie hatte sich die sozialen Lehren Jesu Christi zu eigen gemacht, *allerdings ohne diesen göttlichen Lehrer* oder vielmehr, wie sie sagte, *ihm zum Trotze.*» - Wenn es jemals die Eine Welt geben wird, dann nur unter negativen Vorzeichen. Denn niemals wird die Welt einem Acker gleichen, auf dem nur Weizen steht, aber kein Unkraut (vgl. Mt 13, 24-30)!

Wir stellen zusammenfassend fest: Was der Illuminatenplan «The City of Man» an zentraler Stelle im Geheimen (vgl. aber Band 1!) verlangt, fordert das zweite Vatikanische Konzil in seinem Schlüsseldokument «Gaudium et spes» klar und offen: den hoministischen (denn einen anderen kann es nicht geben!) Weltstaat. Spätestens im Jahr 1965 war also die fast zweihundertfünfzigjährige Unterwanderung der katholischen Kirche durch die Synagoge Satans im Prinzip am heißersehnten Ziel angelangt. Im Prinzip, wohlgemerkt, denn der Erklärung auf dem Papier mußte erst noch die praktische Umsetzung folgen. Das schwerfällige Schiff Petri läßt sich selbst auf klaren Befehl des Kapitäns hin nicht so rasch um 180 Grad drehen. Aber inzwischen, ein Vierteljahrhundert später, ist das damals eingeleitete Wendemanöver fast abgeschlossen. Bemerkt haben das die wenigsten Matrosen und Passagiere. Ob sie es aber wissen (wollen) oder nicht, sie steuern schon heute fast schnurstracks und mit kaum noch gedrosselter Fahrt dem Weltreich des Antichristen entgegen. Doch bevor wir das näher illustrieren, müssen wir noch einmal einen kleinen Schritt «hinter das Konzil» zurückgehen - nein, keine Sorge, nicht inhaltlich, sondern bloß zeitlich! Man darf nämlich die letzte Enzyklika Papst Johannes XXIII. mit dem schönen Titel «Pacem in terris - Friede auf Erden» nicht außer acht lassen, die zwar erst nach Konzilsbeginn, aber noch vor der Ratifizierung des ersten Konzilsdokuments erschien.

Ein Papst für die Weltregierung

Diese Enzyklika verfaßte Papst Johannes XXIII. in seinem Todesjahr 1963; sie war vom Konzilsplenum gebilligt worden und bildete eine der Grundlagen für «Gaudium et spes», namentlich für das V. Kapitel der Konstitution und hier wieder namentlich für dessen Passus über die zu schaffende Weltautorität. Bemerkenswerterweise setzt Johannes XXIII. in diesem Schreiben die «Theologie der Menschenrechte» bereits «voraus und beginnt bei den von Gott dem Menschen in die Natur hineingelegten Rechten. Er stellt sich damit auf einen Boden, auf dem sich jeder mit ihm einigen muß, der guten Willens ist. Mit Recht konnte er darum sein Schreiben nicht nur an alle jene richten, die mit dem Apostolischen Stuhl in Frieden und Gemeinschaft leben, sondern auch "an alle Menschen guten Willens".» (Einleitender Kommentar von Arthur Fridolin Utz OP in: Johannes XXIII., Pacem in terris. Über den Frieden unter allen Völkern in Wahrheit, Gerechtigkeit, Liebe und Freiheit, Freiburg - Basel - Wien 1963, S. 72f) Das war etwas Neues gegenüber allen bisherigen päpstlichen Rundschreiben (vgl. ebd. S. 85 Anm. 1). Im folgenden möchte ich nur auf den in dieser Enzyklika enthaltenen Abschnitt über die Notwendigkeit (!) einer Weltregierung eingehen.

Utz referiert in seiner Zusammenfassung des Dokuments: «Im vierten Teil, der von den Beziehungen zwischen den einzelnen Staaten und der Völkergemeinschaft spricht, entwirft der Papst das Bild eines Weltstaates. Bereits Pius XII. hatte von einer Einigung des Menschengeschlechtes gesprochen (U-G 3491). Johannes XXIII. sieht in diesem Gedanken keine Utopie, da die neueren Fortschritte in Wissenschaft und Technik gewissermaßen mit Notwendigkeit die Menschen einander näherbringen. Dieser Weltstaat ist kein zentralistischer Einheitsstaat, da er föderativ, d.h. nach dem Subsidiaritätsprinzip, aufgebaut ist. Als Vorboten eines solchen Weltstaates bezeichnet der Papst am Schluß dieses Teiles ("Zeichen der Zeit") die Organisation der Vereinten Nationen und vor allem die Allgemeine Erkärung der Menschenrechte vom 10. Dezember 1948» (ebd. S. 78), also zwei ausgesprochen freimaurerische Institutionen! Jeder weitere Kommentar erübrigt sich. Wer noch einen weiteren Beweis für die katastrophale Naivität dieses Papstes gesucht hat, findet ihn hier.

Allerdings halten sich auch hartnäckig gewisse Behauptungen über eine geheime Mitgliedschaft Angelo Roncallis, des späteren Johannes XXIII., im freimaurerischen Templerorden. So schreibt etwa Henri Mouraux in CODE (Nr. 2/1989, S. 49): «Während seiner Nuntiatur in der Türkei wurde zum Beispiel der spätere Johannes XXIII. im Jahr 1935 "in die Sekte des Tempels aufgenommen" und erhielt den Namen "Bruder Johannes", wie Pier Carpi dies in seinem Buch "Prophezeiungen Johannes XXIII." behauptet. Die Freimaurer des Tempels, gewöhnlich "Rosenkreuzer" genannt, sehen in Christus nur einen außergewöhnlichen Menschen. Die Göttlichkeit sprechen sie ihm jedoch ab, die ihm - wie sie behaupten - die Kirche beigelegt hatte, um seine Mission, die nur eine soziale war, zu verfälschen. Wie zur Bestätigung der Worte von Pier Carpi schrieb Carl Jacob Burckhardt, ein Hochgradfreimaurer, im "Journal de Genève": "Ich kenne den Kardinal Roncalli sehr gut. Er war ein Deist und Rationalist, dessen Stärke nicht die Fähigkeit, an Wunder zu glauben, und die Hochachtung vor dem Heiligen war." Bei einem Blick in das Buch "Resurgence du Temple", ein Werk, das von den Templern 1975 verfaßt wurde, ist zu lesen: "Die Richtung unserer Aktion: Fortsetzung des Werkes Johannes XXIII. und aller, die ihm auf dem Wege des templerischen Universalismus gefolgt sind." Fügen wir noch hinzu, daß während der Zeit seiner Nuntiatur in Paris Kardinal Roncalli zum größten Erstaunen der Polizei, die ihm zu seinem Schutze als Diplomat beigegeben worden war, in Zivil die Große Loge besuchte, wo er den Jesuiten Riquet wiederfand.»

Aber sei dem wie es sei, so oder so kommt Johannes' XXIII. Ruf nach einem Weltstaat *objektiv gesehen* der Bejahung und Förderung des jahrhundertealten Plans der Synagoge Satans gleich und arbeitet dem Antichristen in die Hände. Denn soviel steht fest: Wenn die Menschen aller Völker und Nationen der Erde sich nach Gottes Willen zur einen Menschheit vereinigen sollen, dann nur durch den Eintritt und das Verharren in der allein wahren Kirche des einzigen Erlösers aller Menschen, Jesus Christus, nicht aber durch den politischen Zusammenschluß zu einem Weltstaat, der den religiösen Synkretismus, den pseudoreligiösen Humanismus und schließlich die totale Perversion der Religion, den Satanismus, zur diktatorisch aufgezwungenen «Staatsreligion» erheben wird.

Jean Vaquié (Réflexions sur les ennemis et la manoeuvre [Lecture et Tradition Nr. 126], Vouillé 1987, S. 17f) hat dazu höchst treffende Überlegungen angestellt, die an den Turmbau zu Babel anknüpfen. Nach der Sintflut, sagt Vaquié, entwickelten sich aus Noes Nachkommen 72 verschiedene Stämme, die aber zunächst noch beieinander lebten und kulturell geeint waren: «"Die ganze Erde hatte eine einzige Sprache und dieselben Wörter." (Gen 11, 1). Es wurde immer klarer, daß die sich vermehrenden Stämme sich zerstreuen mußten. Es war gerade die Aussicht auf diese unvermeidliche Zerstreuung, die die Menschen jener Zeit auf den Gedanken brachte, ein Monument zur Erinnerung an ihre ursprüngliche Einheit zu errichten, "bevor wir über die ganze Erde zerstreut werden" (... Gen. 11, 4). Diese Idee eines Monuments zur Verewigung des Gedächtnisses der anfänglichen Einheit ist nicht verwerflich, sie ist sogar lobenswert; aber sie hat sich mit anderen Vorstellungen vermischt, die Gott nicht gebilligt hat. ... Die Heilige Schrift formuliert die Absichten, die im "großen Plan" der Menschen von damals eingeschlossen sind, mit ihrer üblichen Prägnanz. Man muß deshalb jedes Wort beachten: "Bauen wir uns eine Stadt und einen Turm, dessen Spitze den Himmel berührt, und verherrlichen wir unseren Namen". Etwas frappiert uns sofort: Gott wird in den Absichten des Projekts nicht erwähnt. Es heißt "bauen wir uns". Das Ziel des Unternehmens ist, "den menschlichen Namen zu verherrlichen". Die Menschen von Babel hatten unbestreitbar die Absicht, sich selbst eine Verehrung zu erweisen. Und wenn der Turm den Himmel berührte, dann einzig dank der menschlichen Kräfte. Sie wollten ihre Einheit feiern und bewahren, und das durch eine Hauptstadt und durch einen religiösen Turm, der die Fähigkeit des Menschen symbolisierte, sich aus eigener Kraft zu Gott zu erheben. ...

Die - sehr gedrängten - Verse der Genesis erklären nicht, was Gott denkt. Der Leser muß selbst herausfinden, inwiefern das Projekt der Menschen von Babel schlecht war. Gott sprach: "Sie sind ein einziges Volk und sie haben eine einzige Sprache; sie haben begonnen, das zu tun, und werden nicht von ihrem Plan ablassen, bis sie ihr Werk vollendet haben ... Verwirren wir hier ihre Sprache, damit sie einander nicht mehr verstehen." (Gen 11, 6f). Es ist evident, daß Gott die von "den Söhnen Adams" mit solchen Absichten gebaute Stadt und den Turm als unzulässig beurteilt. Es gibt offenbar eine gewisse *Einheit des Menschengeschlechts*, die Gott nicht will: das ist die Einheit, die sich ohne ihn konstituiert. - Da ist noch ein zweites Motiv für die Verwerfung: was Gott mißfällt, ist nicht allein der religiöse Turm, es ist auch *die Hauptstadt des Menschengeschlechts*. Tatsächlich betrachtet Gott nicht bloß den Turm, sondern die Stadt selber ... . Und man versteht sehr gut, weshalb: seit Adams Fall gebührt die alleinige Autorität auf der Welt entweder Gott, der darauf den ersten Besitztitel hat, oder dem Teufel, der Adam entthront und sich gewissermaßen in seine Rechte eingesetzt hat. Mit anderen Worten, die alleinige Autorität auf der Erde gebührt entweder Christus oder dem Antichristen. Wahrscheinlich aus diesem Grund macht der Text darauf aufmerksam, daß die

Menschen von Babel "Söhne Adams" waren. Um den Anspruch zu erheben, eine Welt-Hauptstadt zu erbauen, mußten sie den Begriff des ursprünglichen Sündenfalls und das Verlangen nach einem Erlöser verloren haben.

Das göttliche Dekret von Babel ist darum ein *Dekret der Verwirrung*, was uns auf den ersten Blick erstaunt. Aber man muß beachten, daß es sich um eine provisorische Verwirrung und Zerstreuung in Erwartung der künftigen Zeit der Einheit und "der einen Herde und des einen Hirten" handelt. Es ist auch eine barmherzige Zerstreuung: tatsächlich hätte der Bau einer *Welt-Hauptstadt* unweigerlich das Auftreten eines "Welt-Herrschers" nach sich gezogen, der nur ein Antichrist hätte sein können, unter dem die Menschen von da an gelebt hätten. Das "Dekret der Verwirrung" von Babel hat ihnen einen langandauernden Despotismus erspart. ... Es ist gewiß, daß Gott willentlich die Sprachen verwirrt und die Nationen zerstreut hat, um die Bildung einer Weltregierung zu verhindern. Er hat ausdrücklich eine zerteilte "Völkerschaft" gewollt. Die Weltherrschaft gehört nur zwei Persönlichkeiten, Christus oder dem Antichristen, wenn auch auf gegensätzliche Titel hin. Natürlich ist das sehr geheimnisvoll, aber die Erlösung ist ein Geheimnis. Die Kapitel 10 und 11 der Genesis zählen die 72 Stammesoberhäupter auf, die die 72 für die Völkerschaft konstitutiven Nationen gründen sollten. Nun hat aber unser Herr während seines Erdenlebens mehrere tausend Jahre später exakt 72 Jünger ausgewählt; sie waren dazu bestimmt, dem hl. Paulus in seiner übermenschlichen Arbeit der Evangelisierung der Heidenvölker zur Seite zu stehen. Die 12 Apostel waren für die 12 Stämme Israels reserviert. Die Eckpfeiler des Planes Gottes ändern sich nicht.»

Soweit also Jean Vaquié. Sogar manche protestantische Theologen teilen diese genuin katholische Sicht; auch sie interpretieren die Eine-Welt-Bestrebungen als Neuauflage des Turmbaus zu Babel, die schlußendlich heute genauso scheitern wird wie das Unternehmen damals: «In der versammelten Anstrengung der unerlösten Menschheit unter der Drohung einer letzten Zerstreuung auf dem Erdboden, aus der es kein Zurück mehr geben könnte, erkennen wir das *Turmbaugeschehen* wieder: den Turmbau treibt die menschliche Furcht vor der universalen "Zerstreuung" (1. Mose 11, 4). Gemeint ist damit eine letzte Individuation (nicht mehr teilbare Vereinzelung), die nicht in der Einsamkeit, sondern in einer letzten Scheidung des Menschen vom Menschen (und der Natur) liegt. In seinem Vorhaben will der Mensch diese Zerspaltung überwinden und würde darin - so vermutet er - den "Himmel" berühren, das heißt den Ursprung wiederherstellen. Der zur Einheit zusammenführende Turmbau soll aus den vielen Teilchen (der Ideologien und Religionen) einen Bau schaffen, dessen Spitze die letzte Form der Einheit aller Gegensätze repräsentieren würde. In der so zusammengeschweißten Masse findet er sich dann jedoch statt in der *einen Menschheit* in der *Massengesellschaft* als vollkommene Form der "Zerstreuung" vor.» (H. Bernick in Gassmann [Hrsg.] 1989, S. 60f) In der Tat vermag die Anbetung des Tieres, die in dieser künftigen «multikulturellen» Massengesellschaft allgemein sein wird, keine Einheit unter den Menschen zu stiften, ist doch der «Diabolos» schon seinem Namen und erst recht seinem Wesen nach der große «Durcheinanderwürfler» und «Zerstreuer». Das von Gottes unerforschlicher Vorsehung zugelassene Reich des Antichristen und des Satans wird aus seiner Natur heraus keinen Bestand haben. Aber es wird den größten Teil der dann lebenden Menschheit in das ewige Verderben stürzen. «Und alle, die auf der Erde wohnen, werden das Tier anbeten, alle, deren Name nicht im Lebensbuch des geschlachteten Lammes geschrieben steht von Grundlegung der Welt an. ... Und wenn jemand nicht im Buch des Lebens verzeichnet gefunden wurde, so wurde er in den Feuerpfuhl geworfen. ... und sie werden gepeinigt werden Tag und Nacht von Ewigkeit zu Ewigkeit» (Offb 13, 8; 20, 15.10).

Papst Johannes XXIII. indessen verschwendet in seiner Enzyklika, der wir uns nun wieder zuwenden, kein einziges Wort daran, wenigstens die *Möglichkeit* einer *antichristlichen* Weltregierung in Betracht zu ziehen. Aber auch Gott bzw. Christus spielt in seinem Plädoyer für die zentrale Weltregierung keine Rolle; die Einheit der Menschheit, die Johannes XXIII. anvisiert, ist offenbar genau diejenige, «die sich ohne Gott konstituiert». Doch lassen wir nun die entsprechenden Abschnitte von «Pacem in terris» im Wortlaut folgen:

«(Nr. 137) Da aber heute das allgemeine Wohl der Völker Fragen aufwirft, die alle Nationen der Welt betreffen, und da diese Fragen nur durch eine politische Gewalt geklärt werden können, deren Macht und Organisation und deren Mittel einen dementsprechenden Umfang haben müssen, deren Wirksamkeit sich somit über den ganzen Erdkreis erstrecken muß, so folgt um der sittlichen Ordnung willen zwingend (!), daß eine universale politische Gewalt eingesetzt werden muß.
(Nr. 138) Diese allgemeine politische Gewalt, deren Macht überall auf Erden Geltung haben soll und deren Mittel in geeigneter Weise zu einem universalen Gemeinwohl führen sollen, muß freilich durch Übereinkunft aller Völker begründet und nicht mit Gewalt auferlegt werden ...
(Nr. 139) Wie das Gemeinwohl der einzelnen Staaten nicht bestimmt werden kann ohne Rücksicht auf die menschliche Person, so auch nicht das universale Gemeinwohl aller Staaten zusammen. Deshalb muß die universale politische Gewalt ganz besonders darauf achten, daß die Rechte der menschlichen Person anerkannt werden und ihnen die geschuldete Ehre zuteil wird, daß sie unverletzlich sind und wirksam gefördert werden. ...
(Nr. 140) Wie in den Einzelstaaten die Beziehungen zwischen der staatlichen Gewalt und den Bürgern, den Familien und den zwischen ihnen und dem Staat stehenden Verbänden durch das Subsidiaritätsprinzip gelenkt und geordnet werden müssen, so müssen durch dieses Prinzip natürlich auch jene Beziehungen geregelt werden, welche zwischen der Autorität der universalen politischen Gewalt und den Staatsgewalten der einzelnen Nationen bestehen. Denn dieser universalen Autorität kommt als besondere Aufgabe zu, jene Fragen zu behandeln und zu entscheiden, die sich bezüglich des universalen Gemeinwohls stellen, und zwar in wirtschaftlicher, sozialer und politischer wie auch in kultureller Hinsicht: Fragen, die wegen ihres Gewichtes, wegen ihres weitverflochtenen Zusammenhangs und ihrer Dringlichkeit als zu schwierig angesehen werden müssen, als daß sie von den Lenkern der Einzelstaaten glücklich gelöst werden könnten.» (Zit. n. Johannes XXIII. a.a.O. S. 128ff)

Abgesehen von der «Religion der Demokratie» und vom «Amerikanismus» stimmt das hier vorgelegte Programm für die Eine Welt mit dem von CoM vollkommen überein. Allerdings haben die Verfasser von CoM etwas realistischer gesehen: Der Weltstaat wird nicht einfach durch «Übereinkunft aller Völker» zustandekommen. Vielmehr gilt: «Die Heilung der Welt braucht eine starke Hand» (CoM S. 65) «und eine mächtige Führung wird in den ersten Phasen der Wiederherstellung notwendig sein, solange diejenigen, die in Barbarei oder Trägheit zurückgeblieben sind, nicht zur vollen Verantwortlichkeit für ihre künftige Freiheit erzogen worden sind» (CoM S. 26). Übrigens ist den hinter CoM stehenden Weltmacht-Zionisten das in Nr. 140 von «Pacem in terris» geforderte Subsidiaritätsprinzip - zumindest auf dem geduldigen Papier - durchaus nicht fremd, ganz im Gegenteil. «Regionale Dezentralisierung wird die Macht wirksam auf die kleinste örtliche Einheit, die Stadt und das Dorf verteilen, hinab bis zu der elementaren Einheit, der Familie, während weltweite Autorität die Zusammenarbeit unter ihnen allen erst richtig ermöglichen wird. Diese zwei Strömungen, die zentripetale und die periphere, sind beide gleichermaßen notwendig. Die erste ohne die zweite wäre Tyrannei, wie die zweite ohne die erste Chaos wäre. Zusammen jedoch liefern sie eine Grundlage für die Herstellung von Friede und Freiheit ...» (CoM S. 26)

Und noch ein Papst für die Weltregierung

So traurig es auch ist, als Katholik muß man sich für die Lobpreisungen nachgerade schämen, mit denen Papst Paul VI., der ja auch 1965 «Gaudium et spes» unterschrieben hat, bereits am 4. Oktober 1964 die Generalversammlung der freimaurerisch-zionistischen UNO förmlich überschüttete, worüber wahrscheinlich nicht wenige Mitglieder dieses Gremiums selber verwundert waren. Bezüglich der geplanten Weltregierung stand Paul VI. offenbar ganz in der Nachfolge von Johannes XXIII. Nachfolgend dokumentiere ich die wichtigsten einschlägigen Stellen aus der damaligen UNO-Rede des Papstes. «Als Experten sozusagen für die Menschlichkeit tragen Wir Ihrer Institution in diesem Augenblick die Unterstützung Unserer letzten Vorgänger, die aller katholischen Bischöfe und Unsere persönliche an. (!!) Wir sind gewiß, daß diese Organisation den angemessenen Weg zu zeitgerechter Zivilisation und zum Weltfrieden öffnet. ... Sie haben ein Gebäude errichtet, das niemals in Trümmer gehen darf. Es muß vervollkommnet und dem Lauf der Geschichte dieser Welt angeglichen werden. Sie vertreten eine Entwicklungsstufe der Menschheit. Von nun an ist es nicht mehr möglich, zurückzuweichen. Man muß voranschreiten!» (Zit. n. Rynne 1967, S. 326) Das sagen die CoM-Illuminaten auch! «Ein neuer Weg muß gebahnt werden. Er muß bis zu seinem äußersten Ende gegangen werden.» (CoM S. 56) Doch hören wir den Papst weiter:

«Man wäre fast versucht zu sagen, daß Ihr Wesensmerkmal in der zeitlichen Ordnung gewissermaßen das widerspiegelt, was unsere katholische Kirche in der geistlichen Ordnung sein will: einmalig und universal. Nichts Höheres kann man im ideologischen Bereich auf natürlicher Ebene erdenken. Ihre Berufung ist es, nicht nur einige Völker, sondern schlechthin alle Völker zu verschwistern. Ist das eine schwierige Aufgabe? Ganz bestimmt! Aber das ist Ihre Sache, Ihr vornehmes Bemühen. Wer erkennt nicht die Notwendigkeit, in allmählichem Bemühen eine Weltautorität einzusetzen, die fähig ist, im rechtlichen wie im politischen Bereich tätig zu sein? Wir wiederholen hier noch einmal unseren Wunsch: Gehen Sie den Weg voran! Ja, wir sagen noch weiter: Bemühen Sie sich, daß jene, die sich von Ihnen kehrten, wieder den Weg zurück zu Ihnen finden. Sinnen Sie darüber nach, wie jene in Ehre und in Ehrlichkeit zu Ihrem Vertrag der Brüderlichkeit neu hinzugewonnen werden können, die ihm derzeit noch nicht angehören. ... Niemals Krieg, niemals wieder Krieg! Der Friede, der Friede allein muß das Geschick der Völker und das der gesamten Menschheit lenken. ... Sehr geehrte Herren, Sie haben ein großes Werk begonnen, das Sie weiter zur Vollendung bringen werden. Sie lehren die Menschen, den Frieden zu erkennen. Die Vereinten Nationen sind die hohe Schule, in der man diese Bildung erhält, und Wir sind hier in der Aula Magna dieser Schule. Wer immer hier Platz nehmen wird, der wird Schüler und Lehrer der Kunst, den Frieden zu gestalten. Und wenn Sie diesen Raum verlassen, dann wird die Welt auf Sie als die Architekten, als auf die Erbauer des Friedens blicken.» (Zit. n. ebd. S. 328-333) - Wie werden sich die versammelten Logen-Chargen bei diesen Worten des Papstes die Hände gerieben haben! Das Oberhaupt ihrer verhaßten Todfeindin, der Römischen Kirche, zollt ihren Machenschaften höchstes Lob und ermuntert sie begeistert zu noch größeren Anstrengungen, um den Humanitätstempel möglichst bald fertigzustellen. Es ist leider ein wahres Wort, so sehr man sich scheut, es auf Papst Paul VI. anzuwenden: «Die dümmstem Kälber wählen sich ihre Metzger selber». Es sei denn, was beileibe nicht auszuschließen ist , Paul VI. wäre in Wirklichkeit ein «Wissender» gewesen ...

Die ganz und gar vom Teilhardismus geprägte Lobeshymne gipfelt aber in folgenden, schon blasphemisch anmutenden Worten des Papstes: «Das ist ja das Schönste an der Organisation der Vereinten Nationen: ihr echt menschliches Antlitz. Dies ist das Ideal, das auf der Pilgerschaft durch die Zeiten von der Menschheit erträumt wurde (!). Dies ist die größte Hoffnung der Welt (!!). Wir wagen zu sagen: das ist der Widerschein des Planes Gottes - der ein alles übersteigender Plan voller Liebe ist - für den Fortschritt der menschlichen Gesellschaft auf Erden (!), ein Widerschein, in dem die himmlische evangelische Botschaft irdisch wird (!!). Hier glauben Wir das Echo der Stimme Unserer Vorgänger zu vernehmen, namentlich die des Papstes Johannes XXIII., dessen Enzyklika "Pacem in Terris" bei Ihnen eine so rühmende und aufmerksame Resonanz hervorgerufen hat.» (Zit. n. ebd. S. 332) - Hätten dem Papst nicht die Augen aufgehen müssen, als «Pacem in terris» eine «so rühmende» Aufnahme bei der UNO fand? Solange die Kirche ihrer Sendung treu bleibt, pflegt sie bei der Welt auf Widerstand und Ablehnung zu stoßen. Umso verdächtiger war doch dann das Lob, das Johannes XXIII. und auch Paul VI. bei den «Vereinten Nationen» ernteten. «Selig seid ihr, wenn euch die Menschen hassen, wenn sie euch ausstoßen, schmähen und euren Namen als schlecht wegwerfen um des Menschensohnes willen. Freut euch an jenem Tag und frohlockt, denn siehe, euer Lohn ist groß im Himmel; denn geradeso haben den Propheten ihre Väter getan. ... Wehe, wenn alle Leute euch schmeicheln, denn ebenso haben es ihre Väter den falschen Propheten getan.» (Lk 6, 22f.26)!

Papst Paul VI. ließ es sich übrigens auch nicht nehmen, noch während der Konzilszeit und vor Ratifizierung der Pastoralkonstitution «Gaudium et spes» mit ihrer Weltstaatsforderung den - wie er seltsamerweise bereits genau wußte! - *geplanten Weltstaat* öffentlich rückhaltlos zu befürworten. In der (zu diesem Fest thematisch absolut nicht passenden) «Fronleichnams»predigt des Jahres 1965 (17. Juni) führte er u.a. aus: «Man möchte den Weltstaat und die neue, ideale Gesellschaft bauen. Wie vielseitig die Menschheit bei der Errichtung des ungeheuren Gebäudes engagiert ist und welche bedeutenden Fortschritte man dabei macht, ist Uns durchaus bekannt. (!!!) Sie sind wert, bewundert und unterstützt zu werden.» (Zit. n. Georges de Nantes, Liber Accusationis in Paulum Sextum ... [1973], deutsche Ausgabe ohne Ort und Jahr, S. 23) Diese ungeheuerlichen Sätze klingen nun ganz unbestreitbar so, als ob sie aus dem Mund eines Insiders der freimaurerisch-zionistischen Weltverschwörung kämen. Schwere Verstörungen hat Paul VI. aber vor allem 1969 bei vielen Katholiken hervorgerufen, als er anläßlich der ersten geglückten Mondlandung einen Lobgesang auf den Menschen anstimmte, der wie geschaffen für die künftige «Liturgie» der «Religion der Humanität» erscheint:

«Ehre dem Menschen!
Ehre dem Denken, Ehre dem Wissen,
Ehre der Technik, Ehre dem Wirken,
Ehre der menschlichen Kühnheit!
Ehre der Synthese der wissenschaftlichen Aktivität und der Organisationskraft des
    Menschen, der im Unterschied zu den übrigen Lebewesen, durch seinen
    Geist und seine manuelle Geschicklichkeit Instrumente zur Eroberung der
    Welt herzustellen weiß.
Ehre dem Menschen, dem König der Erde und heute Fürsten des Himmels!
Ehre dem lebenden Wesen, das wir sind, in dem sich das Bild Gottes spiegelt und
    das, im Beherrschen aller Dinge, dem biblischen Auftrag gehorcht:
    Mehret euch und herrschet!» (Zit. n. ebd. S. 13)

Um den gotteslästerlichen Charakter dieser Sätze, deren Urheberschaft man von sich aus niemals einem *Papst* zutrauen würde, zu erkennen, genügt es, sich des Lobgesangs der Engel bei der Geburt Christi zu erinnern: «*Ehre sei Gott in der Höhe*, und auf Erden Friede den Menschen, die guten Willens sind» (Lk 2, 14), sangen die himmlischen Herrerscharen. Dabei hätte es doch nahegelegen, zu singen: «Ehre sei Gott in der Höhe, und Ehre sei dem Menschen auf Erden ...»! Nun, vielleicht kam das den Engeln damals nur deshalb nicht in den Sinn, weil ja auch noch kein Mensch auf den Mond geflogen war ... - Es läßt sich nach allem Gesagten keineswegs ausschließen, daß Papst Paul VI. ein (wenigstens teilweise) «Wissender» war. Diesen ernsten Verdacht nährt nicht nur sein aufsehenerregender Kult des Menschen und sein unverhohlenes Eintreten für den Weltstaat (beides ließe sich ohne weiteres als «Unbedenklichkeitsbeweis» für die Logenoberen deuten), sondern auch seine scheinbar der Illuminatenschrift «The City of Man» entnommene Wortwahl. Jedenfalls muß es den Leser dieses jahrzehntelang topgeheimen Büchleins stutzig machen, daß Paul VI. am 2. Dezember 1970 im australischen Sidney im Rahmen einer Ansprache an Journalisten dazu ermunterte, «zusammen die *Brüderstadt* zu bauen, nach der alle rechtmäßig streben» (zit. n. ebd. S. 12). Der Ausdruck «Brüderstadt» verfolgt uns ja schließlich nicht alle Tage. Ich persönlich kann mich beim besten Willen nicht entsinnen, ihm jemals anderswo als in «The City of Man» begegnet zu sein, wo (S. 72) die geplante Stadt des Menschen mit rührseligem Pathos als die «Stadt der brüderlichen Liebe» («the City of Brotherly Love») angekündigt wird. Aber sei dem wie es sei, so oder so muß man Papst Paul VI. zu den einflußreichsten Wegbereitern der antichristlichen Weltherrschaft zählen.

II. Teil: Die Vorhut des Antichristen

Lehramtliche Verlautbarungen allein reichen nicht aus, um die von den Geheimen Oberen angestrebte Bewußtseinsveränderung der Katholiken herbeizuführen. Die von den Logen jahrzehntelang energisch betriebene *personelle Unterwanderung* und die wohldosierte *schleichende Indoktrinierung* des Klerus und der Laien, die im zweiten Vatikanum und den von ihm ausgelösten Dammbrüchen endlich ganz unübersehbar Früchte getragen hatte, wurde seitdem und wird noch zur Stunde planmäßig fortgesetzt. Was davon in der *Öffentlichkeit* sichtbar wird, ist bestenfalls die Spitze eines Eisbergs, oder - eben nur die *Vorhut* des Antichristen, der sich selbst noch nicht zeigt. Dabei bedeutet «öffentlich» keineswegs, daß die breite Masse der Katholiken (und erst recht der Nichtkatholiken) oder wenigstens die nicht allzu zahlreichen wachsamen Zeitgenossen wirklich *alles* zur Kenntnis nähmen oder auch bloß nehmen könnten, was irgendwo dann und wann einmal zutagetritt. Die Logen und ihre illuminierten Hintermänner sind ihrer Sache noch nicht sicher genug, um schon jetzt geschlossen aus dem Untergrund aufzutauchen (obwohl ihr Selbstbewußtsein und ihre Siegeszuversicht stetig wachsen). Deshalb ist man wie eh und je auf gelegentliche Enthüllungen und auf das mühsame Zusammensetzen von Detailinformationen angewiesen, die für sich allein nicht viel zu bedeuten scheinen, sondern erst unter dem geübten Blick eines «Puzzle-Spielers» interessant werden, der ihnen wenigstens ungefähr ihren Ort im komplexen Gesamtgeschehen vor und hinter den Kulissen zuzuweisen vermag. Hätten nicht eine ganze Reihe mutiger und fleißiger «Puzzle-Spieler» bereits hervorragende Arbeit geleistet und eine große Menge von Puzzle-Teilen nicht bloß herbeigeschafft, sondern auch richtig aneinandergefügt, würden die wenigen von mir selbst aufgefundenen Teile kein zusammenhängendes Bild ergeben.

Die Malteser-Ritter

Am besten beginnen wir bei einer erst kürzlich erschienenen Informationsschrift über das Logentum und sein Verhältnis zur katholischen Kirche. Diese Schrift (Robert Prantner, Freimaurertum. Eine Punktuation als Orientierungshilfe, Wien 1989; vgl. auch Band 1!) liefert einen ausgezeichneten Überblick über die organisatorische Struktur der blauen und roten Freimaurerei, ihre Ideologie und ihre Rituale sowie ihre wesenhafte Unvereinbarkeit mit der katholischen Kirche und dem katholischen Glauben. Aber sie geht so gut wie gar nicht auf die doch mittlerweile - jedenfalls in ihren Auswirkungen - nicht mehr zu übersehende, nahezu perfekte Unterwanderung der katholischen Kirche durch die Logen und ihre Tarnorganisationen ein. Darüber hinaus bringt es die Stellung des Autors (Prof. Dr. Prantner stellt sich auf S. 64 seiner Schrift u.a. als «ao. Gesandter und bevollm. Minister an der Botschaft des Souveränen Malteser-Ritter-Ordens bei der Republik Österreich und Beobachter-Delegierter bei den Vereinten Nationen» vor) mit sich, daß er jeden Makel von der Organisation, die er in der Öffentlichkeit vertritt, abzuwaschen sucht. Dr. Prantner behauptet also: «Der Souveräne Malteser-Ritterorden, der seit einem knappen Jahrtausend als kirchliche Gemeinschaft nobilitärer Natur und als Völkerrechtssubjekt "sui generis" in der Staatengemeinschaft apostolisch und sozial-caritativ wirkt, hat ... nichts mit dem Freimaurertum gemein.» (S. 21)

In Wirklichkeit liegen die Dinge nicht ganz so einfach. Wie bei Peter Blackwood (Die Netzwerke der Insider. Ein Nachschlagewerk über die Arbeit, die Pläne und die Ziele der Internationalisten, Leonberg 1986, S. 321-329) zu erfahren ist, hat sich der Malteser-Ritterorden als der älteste Kreuzritterorden (der anfänglich *Johanniter-Orden* hieß) noch Jahrhunderte über die Zeit der Kreuzzüge hinaus als geistlicher Orden halten können. Zur Zeit der Reformation spaltete er sich in einen katholischen und einen protestantischen Zweig auf, wobei der letztere sich wie bisher Johanniter-Ritterorden nannte, während der katholische Teil den Namen Malteser-Ritterorden annahm. Damit knüpfte der Orden an den Umstand an, daß Kaiser Karl V. ihn 1530 als völkerrechtlich souveränes Subjekt anerkannt und ihm die Mittelmeerinsel Malta als souveränes Staatsgebiet verliehen hatte. Nachdem Napoleon Malta 1798 erobert hatte und die Insel 1803 britisches Eigentum geworden war, standen die Ritter praktisch vor dem Ruin ihrer Organisation. Dennoch gelang es ihnen, sich neu zu formieren.

«Wiedererweckt», schreibt Blackwood, «wurde der Orden der Ritter des Heiligen

Johannes unter dem Gedanken der Hospitalität. 1879 wurde der Titel des Großmeisters durch Papst Leo XIII. wiederhergestellt. ... Französische Ritter aus den Zungen von Auvergne und der Provence schufen im Jahre 1831 die englische Organisation neu ... Die Zentralregierung des Ordens arbeitete zwar mit dem englischen Teil der Organisation engstens zusammen, doch wurde er - unter dem Einfluß vatikanischer Kreise - nie als Teil der katholischen Malteser anerkannt.» (S. 324) Und weiter sagt Blackwood: «Zwar bestehen die beiden Organisationen der katholischen Malteser und der protestantischen Johanniter weltweit in getrennten Organisationen; doch Ordensvertreter betonen immer wieder, diese Trennung habe lediglich formalen Charakter. In den Ursprüngen und in der Zielsetzung gibt es keinen Unterschied zwischen beiden Zweigen. ... Der Einfluß der englischen Organisation, trotz ihrer angeblichen Trennung vom katholischen Teil des Ordens, ist nicht zu unterschätzen. Durch eine besondere Konstruktion verbinden die britischen Organisatoren des "Order of St. John" mehrere Nachrichtennetze miteinander. Unter der Präsidentschaft eines H.G. Still, Grandmaster der United Religious, Military and Masonic Orders of the Temple and St. John of Jerusalem, Palestine, Rhodes and Malta sind auf den Britischen Inseln und auch im übrigen Commonwealth die britisch kontrollierten oder völlig übernommenen Zweige der Malteser, Johanniter, Templer und Freimaurer vereint. Ordenshaupt in England ist Königin Elisabeth II., Großmeister ist der Herzog von Cloucester, der Neffe der Queen.» (S. 327f)

Daß der englische Zweig der Malteser, der also wie überhaupt die protestantischen Johanniter mit dem katholischen Zweig in enger Verbindung steht, mit der Freimaurerei verfilzt ist, wird man umso eher für glaubhaft halten, als Prantner selbst die ungefähre Anzahl der Logenmitglieder in den wichtigsten Ländern der Erde aufzählt: Während 1985 in der Bundesrepublik Deutschland die Freimaurerei (ohne B'nai B'rith) etwa 20 000 Anhänger zählte, waren es im annähernd gleichstark bevölkerten Großbritannien rund *eine Million* (S. 14)! Das war auch schon vor fünfzig Jahren nicht anders im Ursprungsland der modernen Satanskirche. 1937 schrieb der abtrünnige Hochgradmaurer Dr. Konrad Lerich in seinem sensationellen Enthüllungswerk «Der Tempel der Freimaurer» (2. Aufl. Bern, S. 30): «In den Vereinigten Staaten von Nordamerika geht die Freimaurerei in die Weite und Breite, wie sonst nirgends in der Welt, höchstens noch wie im britischen Imperium. ... Die Freimaurerei Nordamerikas ist ebenso wie in England eine *öffentliche Macht*, die Loge muß in diesen Staaten nicht mehr um ihre Vorherrschaft oder gar ihren Bestand kämpfen. ... Es sei noch erwähnt, daß buchstäblich alles, was in den Vereinigten Staaten und im britischen Inselreich nur irgendwie Rang und Namen besitzt, nur irgendwie an öffentlichen Posten steht, der Bruderkette angehört.» An anderer Stelle (S. 46f) belehrt uns Dr. Lerich: «Am wenigsten lassen sich *einzelne* Stadien in der Geschichte *Englands* herausgreifen, die vom Willen und Geiste der Loge *besonders* beherrscht wurden, denn die englische Geschichte ist seit dem Gründungsjahr der Londoner Großloge fast zugleich eine Geschichte der englischen Freimaurerei. ... Nirgendwo sonst ging die Freimaurerei derart, von allem Anfang an, in die Weite und Breite, wie in den angelsächsischen Staaten, im britischen Inselreich, allen seinen Kolonien und Dominien und in den Vereinigten Staaten von Nordamerika. Von den gegenwärtig $4^1/_2$ Millionen Freimaurern auf der ganzen Erde machen die angelsächsischen Brüder fast zwei Drittel aus. Die Großlogen von England, Schottland und Irland, die von der Mitte des 18. Jahrhunderts an alle überseeischen Gebiete des Imperiums bis in die entlegensten Winkel freimaurerisch beackerten, sind im Drei-Insel-Reich ein nicht mehr hinwegzudenkender Machtfaktor von größter Tragweite. Fast alle maßgebenden Persönlichkeiten der Wirtschaft, des Handels und der Industrie, des Unterrichts, der Presse und der Politik, der Armee, Marine und der Regierung sind Logenbrüder. Einzelne Namen herauszugreifen ist gänzlich müßig.»

Da nicht bloß in England, sondern auch auf dem europäischen Kontinent und in Nordamerika (vgl. auch Blackwood a.a.O.) nur die finanziell potente High Society Chancen hat, im Malteserorden Einlaß zu finden, und da sich in England wie anderswo die Freimaurerei aus eben diesen elitären Kreisen zu rekrutieren pflegt, darf man getrost den Schluß ziehen, daß entgegen Dr. Prantners Versicherung der Souveräne Malteser-Ritterorden durchaus mit der Freimaurerei einiges gemein hat, so beispielsweise eine Reihe von Mitgliedern. Denn nicht bloß gehört der Orden dem von dem Freimaurer Dunant gegründeten Roten Kreuz an (Blackwood 1986, S. 323); vielmehr ist auch von einigen seiner prominentesten Mitglieder bekannt, daß sie in der Loge sitzen. Hochgradig anzunehmen ist das etwa von solchen Malteser-Rittern wie dem vor wenigen Jahren noch im Amt befindlichen Chef des CIA (also des von den Geheimen Oberen dirigierten «amerikanischen Geheimdiensts») und Mitglied des CFR (!) William Casey (der also sogar der Schatten-Weltregierung angehörte), von Chrysler-Chef Lee Iacocca, Baron Hilton, dem Besitzer der berühmten internationalen Luxus-Hotelkette oder dem Präsidenten der Grace Corporation, J. Peter Grace, der auch Präsident der amerikanischen Malteser ist (vgl. Blackwood ebd. S. 124 u. 128; Des Griffin, Wer regiert die Welt?, Leonberg 1986, S. 240) Von Malteser-Ritter Alexander Haig (Blackwood 1986, S. 124), besser bekannt als ehemaliger Oberbefehlshaber der NATO-Streitkräfte in Europa und zeitweiliger US-Außenminister unter Präsident Reagan, weiß man es sogar, denn er nahm erst 1989 wieder am Treffen der Trilateralen Kommission in Paris teil (James P. Tucker in CODE Nr. 7/1989, S. 28). Ebenso weiß man das von Erzherzog Dr. Otto von Habsburg. «Er ist ebenso wie seine Brüder Mitglied des Malteser-Ordens. Er ist der Führer der Welt-Umweltschutz-Bewegung, Präsident der Weltföderalistenbewegung (!!) sowie Gründer und Direktor des Europäischen Zentrums für Dokumentation und Information» (Blackwood 1986, S. 226), außerdem Abgeordneter des Europa-Parlaments, Vorsitzender der mächtigen internationalen Mont-Pelerin-Gesellschaft (vgl. ebd.) und seit 1973 Führer der Paneuropa-Union in der direkten Nachfolge des im selben Jahr verstorbenen österreichischen Hochgradfreimaurers Richard N. Coudenhove-Kalergi (vgl. dazu Band 2!). Daß man die Präsidentschaft einer für die Propagierung der zionistischen Weltregierungspläne so eminent wichtigen Organisation wie der Paneuropa-Union einem Profanen übertragen hätte, ist völlig ausgeschlossen, so daß man in Otto von Habsburg zweifellos einen Freimaurer zu erblicken hat (so auch Norbert Homuth, Dokumente der Unterwanderung. Christen unter falscher Flagge, Nürnberg [im Selbstverlag] o.J., S. 38).

Nebenbei bemerkt ist von Habsburg auch Mitglied des Kuratoriums der Internationalen Gesellschaft für Menschenrechte, wie aus einem mir vorliegenden Briefbogen dieser Gesellschaft hervorgeht. Auf diesem Briefbogen prangt das freimaurerische Symbol der Vereinten Nationen, ein in genau 33 Felder eingeteilter Globus mit rechts und links je einem exakt dreizehnblättrigen Zweig. Kein Wunder, denn zufälligerweise hat Dr. Lerich (1937, S. 33) auch publik gemacht, daß sämtliche Ligen für Menschenrechte, «in welchem Staate sie immer bestehen, zum Beispiel in Frankreich, in Österreich und in der Tschechoslowakei, freimaurerische Gründungen sind». Und noch etwas sei am Rande vermerkt: der «katholische» Erzherzog Otto von Habsburg (auch Autor mehrerer Bücher) findet ungeachtet seiner vielen Posten in der Loge und ihren Tarnorganisationen noch genügend Zeit, für die mittlerweile einzige deutschsprachige *katholische* (Zwei)Tageszeitung «Deutsche Tagespost» (DT) zeitweise allwöchentlich einen Leitartikel zu schreiben, während die (hoffentlich) ahnungslose Redaktion des Blatts sich wahrscheinlich einen Stiefel darauf einbildet, einen so hochrangigen Vorzeigekatholiken als «freien Mitarbeiter» engagiert zu haben. Daneben läßt sich von Habsburg gerne als Festredner bei katholischen Veranstaltungen sehen, so auch am 23. Juli 1989, als er vor 6000 Pilgern in Marienfried sprach und «mit großem Beifall bedacht wurde» (Der schwarze Brief v. 27. Juli 1989).

Vielleicht wäre der Beifall weniger herzlich ausgefallen, wenn diese liebenswerten katholischen Pilger sich schon einmal der Mühe unterzogen hätten, die «Grundsatzerklärung der Internationalen Paneuropa-Union» vom 11./12. Mai 1973 (auf Anfrage kostenlos erhältlich bei der Paneuropa-Union Deutschland e.V., Karlstr. 57, 8000 München 2) zur Kenntnis zu nehmen. Diese Erklärung ist an erster Stelle von Otto von Habsburg als im Jahr 1973 soeben frisch gebackenem Präsidenten der Internationalen Paneuropa-Union unterzeichnet. Obwohl die Paneuropa-Bewegung sich als christlich und sogar katholisch gibt, sind die Wörter «Gott» und «Christus» im gesamten Text der *Grundsatzerklärung* nirgendwo aufzutreiben. Statt dessen heißt es: «Die Paneuropa-Union, zum ersten Mal seit dem Tode ihres Gründers, des Präsidenten Coudenhove-Kalergi versammelt, bekundet ihre unverbrüchliche Treue zu seinen Ideen und Idealen; sie verspricht auch weiterhin in seinem Geiste zu arbeiten. ... Die Paneuropa-Union will ein Europa der Menschlichkeit, treu seinem christlichen Erbe ... Sie glaubt an den Menschen und seine unabdingbaren Rechte.» Vom christlichen *Erbe* Europas - eine schwammige Leerformel - ist die Rede, aber *geglaubt* wird weder an Gott noch an Christus, sondern *an den Menschen!* Und gearbeitet wird «im Geist» und in «unverbrüchlicher Treue» zu den «Ideen und Idealen» - des *Hochgradfreimaurers* Coudenhove-Kalergi! Und dieses Logen-Credo samt Logen-Aktionsprogramm hat Otto von Habsburg als internationaler Präsident von Paneuropa abgesegnet.

Beachtenswert ist schließlich folgendes: Der «katholische» Malteser-Ritter etc. etc. Otto von Habsburg zitiert am 15. August 1989 in einem seiner gewohnten DT-Leitartikel sinngemäß aus einem «kleinen Büchlein, das die "Trilateral Commission" herausgegeben hat» und dessen Titel und Erscheinungsort er verschweigt. Den Auslassungen der drei Autoren dieses Büchleins, die er als «den ehemaligen französischen Staatspräsidenten Giscard d'Estaing, den früheren japanischen Ministerpräsidenten Nakasone und schließlich Henry Kissinger, den seinerzeitigen erfolgreichen amerikanischen Staatssekretär» vorstellt, stimmt er uneingeschränkt zu, womit er sich als «Wissender» entlarvt. Denn er vertritt in diesem Artikel genau das, was die Trilateral Commission schon lange einzufädeln sucht: die Einbeziehung von Staaten des Ostblocks in das demnächst freimaurerisch geeinte «Europa». Konkret schreibt von Habsburg unter Bezugnahme auf die erwähnte trilaterale Studie (an die normale Sterbliche übrigens gar nicht herankommen!): «Die drei Sachverständigen (!) fordern die freie Welt auf, auf jeden Fall darauf zu achten, daß die Sowjetunion das Prinzip der Intervention in die innere Politik anderer Staaten aufgebe. Von besonderem Interesse ist der Hinweis, daß im Sinne des Artikels 238 der Römischen Verträge bereits die Möglichkeit von Sonderabkommen, welche die Staaten mehr oder weniger an die Gemeinschaft binden, besteht. Die Römischen Verträge weisen hier einen Weg, der insbesondere in einer frühen Phase internationaler Beziehungen viele Möglichkeiten eröffnet. Den reformfreudigen Staaten des Ostblocks wäre es damit erlaubt, Sonderabkommen zu schließen, sich schrittweise der Gemeinschaft zu nähern und auf diese Weise einen späteren Beitritt schon jetzt vorzubereiten. Für einen Staat wie Ungarn und hoffentlich demnächst auch Polen wäre dies die richtige Vorgangsweise.» Otto von Habsburg «verkauft» hier den Lesern der einzigen verbliebenen «katholischen» Tageszeitung Deutschlands auftragsgemäß die One-World-Schachzüge (vgl. dazu Band 2!) der trilateralen Schatten-Weltregierung als «das Richtige». Er kann das ungestört und unbesorgt tun. Aus der DT selber hat noch keiner ihrer Leser etwas über die Existenz, geschweige denn die Zielsetzung der «Trilateral Commission» erfahren; mir ist dieser Name in dieser Zeitung vorher noch niemals und seitdem auch nicht mehr begegnet!

Mit gespaltener Zunge

Selbstverständlich ist nicht nur das katholische Aushängeschild «Malteser-Ritterorden» in seiner Spitze so massiv freimaurerisch unterwandert, daß N. Homuth es samt dem Johanniterzweig ohne weiteres den freimaurerischen Organisationen zuordnet (A.a.O. S. 39f). Außerordentlich stark ist die Freimaurerei auch in Skandinavien. Während z.B. Schweden noch nicht einmal ein Siebtel der bundesdeutschen Bevölkerung zählt, übertrifft die Zahl der schwedischen Logenbrüder die der deutschen um volle 5000 und damit um 25%. In Schweden kommen also auf tausend Menschen zwischen acht- und neunmal soviel Freimaurer wie in Deutschland. Vergleichsweise noch höher oder ähnlich hoch liegen die Zahlen (für 1985, laut Prantner 1989, S. 14) in Norwegen (16 000), Dänemark (11 000) und Island (2000, genausoviel wie im bevölkerungsmäßig gut zwanzigmal größeren Österreich!). Dabei ist es seit Jahren ein offenes Geheimnis, daß z.B. in Schweden bis zu achtzig Prozent der Geistlichen der protestantischen Staatskirche zugleich in der Loge verkehren. Eine 1985 publik gewordene Liste von Logenbrüdern verzeichnete die Namen von 535 schwedischen Pastören und sechs Bischöfen, unter letzteren auch den des Oberhaupts der Staatskirche, des Stockholmer Erzbischofs Bertil Werkström (Wolfgang Borowski, Kommt Luzifer an die Macht?, Aglasterhausen 1985, S. 34).

Unter diesen Umständen ist es kaum verwunderlich, daß die nach dem zweiten Vatikanischen Konzil mit einem Mal ungeheuer ökumenebeflissenen katholischen Bischöfe der nordischen Diaspora sich zu einem kühnen Schritt entschlossen. «Im Jahr 1967», berichtet der über die internationalen Logenmachenschaften glänzend informierte Jacques Ploncard d'Assac (Das Geheimnis der Freimaurer, Stuttgart 1989, S. 204). «läßt die skandinavische Bischofskonferenz der nordischen Länder (Dänemark, Schweden, Norwegen, Finnland, Island) zu, daß ein Freimaurer in die katholische Kirche eintritt, ohne mit der Freimaurerei zu brechen. In "L'Église et le Temple" (S. 171) schreibt Abbé de Thier: "In Sachen Maurerei und Kirche wird also die Doppelmitgliedschaft möglich. Die Affäre erregt offensichtlich Aufsehen. Die Kongregation für die Glaubenslehre, früher das Heilige Offizium, reagiert mit einem gekünstelten Kommentar, der es mit niemandem verderben will. Chi va piano va sano. (Anm.: Wer leise geht, geht gesund.) ... in Wirklichkeit wollte die Kongregation nur einer *vorzeitigen* Verallgemeinerung der skandinavischen Maßnahmen vorbeugen."» Bekanntlich wurde nach langem Hin und Her auf Initiative der deutschen Bischöfe, die seit 1974 mehrere Jahre lang in enger Zusammenarbeit mit der deutschen Großloge die Möglichkeit einer Doppelmitgliedschaft in Loge und katholischer Kirche geprüft hatten, am 26. November 1983 von der römischen Glaubenskongregation eine Erklärung veröffentlicht, die klarstellte und bekräftigte, auch gemäß dem am gleichen Tag in Kraft getretenen neuen Codex Iuris Canonici (CIC), in dem die Freimaurer nicht mehr ausdrücklich als exkommuniziert erwähnt würden, stehe der Beitritt zu einer Loge wie bisher unter der Strafandrohung der von selbst eintretenden Exkommunikation (vgl. Prantner 1989, S. 35). Was diese Erklärung jedoch in der Praxis wert war und ist, erhellt unter anderem aus der offiziellen Stellungnahme Roms und speziell der deutschen Bischöfe zur Mitgliedschaft von Katholiken in der Freimaurer-Unterorganisation Rotary International (vgl. dazu Band 1!).

«Beim Rotary-Club», stellt der protestantische Autor N. Homuth (a.a.O. S. 41f) fest, «ist die freimaurerische Herkunft leichter auszumachen, weil seine Freimaurer-Herkunft schon zweimal sehr gründlich ermittelt worden war, und zwar durch die Nazis und durch die katholische Kirche. 1937 mußte der Rotary-Club (Anm.: natürlich nur in Hitler-Deutschland) sich auflösen, weil ihm die Freimaurer-Herkunft nachgewiesen worden war. Und im Dekret des Hl. Offiziums vom 20.12. 1950 verbietet die katholische Kirche den Geistlichen den Beitritt zum Rotary-Club und die Teilnahme an dessen Veranstaltungen und verweist auch die Laien warnend auf den Codex Iuris Canonici 684, der die Freimaurerei behandelt. Man kann die Ablehnung der Freimaurerei und ihrer Clubs also nicht - wie oft geschehen - einseitig als Nazihetze abtun. Immerhin kam die katholische Kirche erst 1950 zu ihrem Urteil auf Grund eigener Ermittlungen, und ich glaube nicht, daß man dem Vatikan im Jahre 1950 Nazi-Gesinnung unterstellen kann. Doch dann kam

Papst Johannes XXIII. und seit ihm ist jeder Papst ein Freimaurer. So wurde natürlich auch das Edikt gegen den Rotary-Club aufgehoben. 1975 beschloß dann sogar die deutsche Bischofskonferenz, den Geistlichen die Mitgliedschaft in Rotary zu erlauben.»

Daß seit Johannes XXIII. jeder Papst ein Freimaurer war bzw. ist, kann Homuth nicht beweisen. Beweisen kann er aber seine übrigen Behauptungen. Er publiziert nämlich anbei in Faksimile-Druck einen an ihn gerichteten Antwortbrief der Bonner Nuntiatur vom 17. Januar 1985, in dem es heißt: «Die Apostolische Nuntiatur teilt Herrn Homuth freundlich mit, daß das angesprochene Dekret vom 20. Dezember 1950 insofern aufgehoben worden ist, als die neuen kirchenrechtlichen Bestimmungen die örtlichen Bischofskonferenzen ermächtigt haben, die Mitgliedschaft von Klerikern im Rotary-Club zu regeln. Die deutsche Bischofskonferenz hat diesbezüglich 1975 beschlossen, daß Geistliche mit Erlaubnis ihres Ortsbischofs Mitglied des Rotary-Clubs werden können.» Fazit: Man wirft also die Freimaurerei mit viel Klamauk zur Vordertür hinaus, um sie desto unauffälliger zur Hintertür wieder hereinlassen zu können.

Eine unheilige Allianz

Schon ziemlich früh datiert das Kokettieren von Teilen des Jesuitenordens mit der Freimaurerei. Seit 1925 spielte sich zwischen einem gewissen Hochgradfreimaurer namens Dr. Kurt Reichl, «einem Wiener Freimaurer, der sehr gut in die offiziellen internationalen Kreise eingeführt war und den man im besetzten Frankreich 1940-1941 wiederfand, wo er seinen geheimen Tätigkeiten unter dem Schutz der deutschen Botschaft in Paris nachging» (Virebeau 1978, S. 48) und dem damals «in der Öffentlichkeit bekanntesten Antifreimaurer» (Six 1942, S. 76ff) P. Hermann Gruber SJ ein längerer Schriftwechsel ab. «Offiziös muß man diesen Schriftwechsel nennen, da es sowohl für einen Jesuitenpater unmöglich ist, einen solchen wichtigen Briefwechsel über Jahre ohne die Einwilligung seiner höchsten Vorgesetzten fortzusetzen, als auch für den Freimaurer, diesen in verbindlicher Weise ohne Zustimmung seines Großkommandeurs vorzunehmen.» (Ebd. S. 78) Und weiter berichtet Six (S. 79-82): «Einen festeren Charakter nehmen nun die bisherigen Beziehungen an, als für den Freimaurer Reichl im Jahre 1927 ein besonderer Hochgrad geschaffen wurde, damit er in entsprechender Würde auch innerhalb der freimaurerischen Organisationen auftreten könne. Bereits vor der nun am 22. Juni 1928 erstmalig stattfindenden persönlichen Vorbesprechung der Freimaurer in Aachen wurde durch Veröffentlichungen der Presse erreicht, daß man immer mehr von einer Verständigung zwischen Kirche und Loge zu sprechen begann. Von freimaurerischer Seite waren in Aachen anwesend: der bedeutende Hochgradfreimaurer der New-Yorker Großloge, Ossian Lang, der Hochgradfreimaurer und Jude Lennhoff aus Österreich und der Schriftsteller und Hochgradfreimaurer Dr. Reichl, dagegen von katholischer Seite allein Pater Gruber. Über die von 9 Uhr vormittags bis 18 Uhr abends ununterbrochen stattfindende Sitzung wurde eine nachträgliche Protokollierung vorgenommen. Demnach wurde beschlossen:

1. Der immer weitergehende, von der großen katholischen Presse bis in die kleineren Provinz- und Kirchenzeitungen beabsichtigte Abbau des antimaurerischen Kampfes der Kirche auf das bloß weltanschauliche Niveau, die Beiseitelassung jedes konkreten politischen Angriffs, aber auch jeder persönlich verletzenden und sachlich unwahrhaftigen Fehde. Beiderseits wurde die Einschränkung anerkannt, daß eine gewisse antimaurerische Dosierung in der katholischen Publizistik nicht ohne weiteres und sofort endgültig unterlassen werden könne. Die Stilisierung und Befriedung im Schrifttum wurde Schritt für Schritt vorgesehen unter völliger Beachtung gegenseitiger Parallelität. Als Sinn des gegenseitigen Verhältnisses wurde die Aufhebung des päpstlichen Bannfluches gegen die Freimaurerei angesehen. ... 5. Das Anathema gegen die "Königliche Kunst" wird vorderhand nicht aufgehoben, doch erklärt sich die Gesellschaft Jesu durch maßgebende Persönlichkeiten ihres Ordens, vor allem durch Pater Hermann Gruber als historische Autorität, durch Pater Friedrich Muckermann als publizistischen Aktivisten, bereit, dafür Sorge zu tragen, daß die Freimaurerei in immer weiteren katholischen Kreisen als sittliche Ordnungsmacht, nur von einem anderen Ethos als das Christentum getragen, anerkannt wird. Die Verständigung zwischen dem Orden der Jesuiten und dem der Freimaurer vollzieht sich auf Grund der Erkenntnis, daß ein Zusammenschluß aller sich auf ein höheres Prinzip beziehenden moralischen Mächte gegen die bolschewistische Weltgefahr eine Notwendigkeit ist, um Europa vor der asiatischen Invasion möglichst zu beschützen.»

Und in einer recht seltsam anmutenden Logik «erklärt die Gesellschaft Jesu durch Pater Hermann Gruber, daß sowohl im jesuitischen wie im vatikanischen Lager dafür Sorge getragen wird, nach Maßgabe der noch immer bestehenden Verhältnisse in der Freimaurerei nicht mehr die erste und einzige Gefahr für die Kirche zu erblicken, sondern vielmehr in den die Loge selbst bekämpfenden, wenn auch von ihr ausgegangenen (!!) nihilistischen und bolschewistischen, sowie allen gleichgerichteten kommunistischen und marxistischen Verbänden den ungleich gefährlicheren Gegner zu bekämpfen. Die allgemeine Lage zeigte deutlich auf, wie diese Richtungen des Ungeistes, diese antikulturellen Strömungen gleicherweise gegen Kirche und Loge (??) zu Felde ziehen. Umso mehr ist eine gemeinsame Abwehrfront ein wichtiges und dringendes Erfordernis.» Traurig, wie sich der Jesuitenorden, der sich zweihundert Jahre lang als der wachsamste und gefährlichste Gegner der antichristlichen Freimaurerei erwiesen hatte, nun hinters Licht führen ließ und auf die freimaurerische Umarmungstaktik hereinfiel, ja die freche Zumutung akzeptierte, sich mit Beelzebub zusammenzutun, um den Teufel auszutreiben. Und glaube niemand, das Aachener Abkommen sei nur ein regional begrenztes Ereignis gewesen. Dagegen spricht nicht bloß die Anwesenheit eines führenden nordamerikanischen Hochgradmaurers und eines führenden europäischen Hochgradmaurers jüdischer Abstammung (der dann 1930 als Herausgeber des «Internationalen Freimaurer-Lexikons» in Erscheinung trat) bei diesem Treffen, sondern auch die ausdrücklich im Protokoll festgehaltene Erklärung beider Seiten, es müsse «den einzelnen Instanzen beider Orden in den verschiedenen Ländern (!!) überlassen bleiben, die Übereinkünfte von Aachen in entsprechender Akklimatisation an die jeweiligen Verhältnisse zur Durchführung zu bringen» (Zit. n. Six 1942, S. 80)! In der Symbolik der Hochgradmaurerei gilt die Zahl 9 (= 3 x 3) u.a. als Symbol der Fülle und Vollkommenheit. Indem die *drei* (!) anwesenden Logenbrüder Wert auf die Publizierung des von ihnen ja bewußt geschaffenen Umstands legten, daß man von 9 bis 18 (= 2 x 9) Uhr ununterbrochen, also 9 Stunden lang getagt hatte und sich auf genau *neun* (!) Punkte geeinigt hatte, gaben sie allen Freimaurergenossen auf der Welt zu verstehen, daß ihre unheilige Allianz mit dem Jesuitenorden ein *voller Erfolg* geworden war.

Nachdem Ploncard d'Assac die zahlreichen Enzykliken und anderweitigen öffentlichen Stellungnahmen der Päpste des 18. und 19. Jahrhunderts gegen die Freimaurerei vorgestellt hat, konstatiert er (1989, S. 194): «Im 20. Jahrhundert gibt es keine großen Enzykliken über die Freimaurerei mehr. Wohl segnet Benedikt XV. das Werk von Mgr. Jouin "Contre les sectes ennemies de la religion" (Gegen die religionsfeindlichen Sekten), wohl ermutigt Pius XI. 1922 den gleichen Prälaten, über "diese Geheimgesellschaften zu sprechen, die immer bereit sind, die Feinde Gottes und der Kirche, welche es auch sein mögen, zu unterstützen" und die "nicht ablassen, diesen sinnlosen Haß immer mehr anzufachen, der weder Friede noch Glück bringen kann, sondern mit Sicherheit zum Untergang führt". Sehr bald aber herrscht Schweigen.» Ploncard d'Assac scheint nicht an das Aachener Abkommen zu denken, sonst wäre ihm auch klar, *warum* genau seit den ausgehenden zwanziger Jahren unseres Jahrhunderts dieses verhängnisvolle Schweigen der Kirche über ihren unerbittlichsten Todfeind und seine ungebremste Wühlarbeit herrscht.

Daß das nach Ansicht von Six (vgl. S. 86f) lediglich taktisch motivierte «Bündnis» der katholischen Kirche bzw. ihres mächtigsten Ordens mit den Logen diesen Tür und Tor für ihre bis dahin wenig erfolgreiche Infiltration öffnete, ist aus heutiger Sicht gar keine Frage mehr. Aber schon die Patres Gruber und Muckermann samt ihren Oberen hätten das vorhersehen müssen: Wenn man dem Teufel den kleinen Finger reicht, ergreift er die ganze Hand; dasselbe tut auch seine Synagoge! Wer mit ihr verhandeln will, liefert sich ihr aus. Der Jesuitenorden, heute nur noch ein geschminkter Leichnam, hat das bitter erfahren müssen. Wie wir bereits gesehen haben, war der Jesuitenpater Teilhard de Chardin Mitglied der kabbalistisch-okkultistischen Martinistenloge (vgl. zu diesem spiritualistischen Freimaurerzweig Ploncard d'Assac 1989, S. 81-84). Seine anfangs von den Ordensoberen mit guten Gründen verbotenen Schriften zirkulierten insgeheim vor allem im Nachwuchs des Jesuitenordens, wo sie mit heller Begeisterung verschlungen wurden. Später war es das Herzensanliegen des Jesuiten Henri de Lubac, Teilhards freimaurerisch-hoministisches Gedankengut weitestmöglich zu verbreiten. Die Zahl der Teilhardisten und damit von der Loge Indoktrinierten unter den Jesuiten ist heute Legion.

Es war ein französischer Jesuitenpater, Berteloot, der bereits in der zweiten Hälfte der dreißiger Jahre intensive briefliche Kontakte mit einer ganzen Reihe von freimaurerischen Würdenträgern pflegte, darunter der 33-Grad-Bruder und Logen-Historiker Albert Lantoine, der 33-Grad-Bruder Corneloup sowie der Cousin des Paters und 30-Grad-Bruder Dufay (Vgl. Virebeau 1978, S. 45-59), und ihnen Hoffnungen auf eine künftige Aufhebung der über die Freimaurerei verhängten Kirchenstrafen machte. Als Vorwand für das von ihm auch öffentlich befürwortete Zusammengehen von Kirche und Loge diente diesmal anders als in Aachen nicht die rote, sondern die braune Gefahr! In *La revue de Paris* vom 15. September 1938 schrieb der Pater: «Diese große Lehrmeisterin, die Geschichte, lehrt uns, daß unter dem Schicksalsschlag einer gewaltigen allgemeinen Heimsuchung und im Angesicht einer schweren unmittelbaren Gefahr die Söhne eines und desselben Landes gewöhnlich alles vergessen, was sie trennt, um sich geschlossen der Gefahr entgegenzustellen ...» (Zit. n. ebd. S. 46)

Es war auch ein Jesuit, der 1961 in Frankreich Furore machte, als er in einem wohl vorher sorgfältig geplanten und mit allen Seiten abgestimmten zweiten Schritt der «Annäherung» nicht bloß seines Ordens, sondern der Gesamtkirche an die Freimaurerei am 18. März 1961 - öffentlich angekündigt - an einer «Tempelarbeit» der Loge von Laval teilnahm (vgl. Ploncard d'Assac 1989, S. 199). Der «Figaro littéraire» vom 25. März schrieb zu diesem «Ereignis»: «Wie man sich denken kann, war die historische Begegnung zwischen Pater Riquet und den Freimaurern von Laval, die als ein Versuch zu neuen Beziehungen zwischen der Kirche und der Maurerei auf der Grundlage eines gemeinsamen Humanismus und der Respektierung gewisser Werte gelten könnte, nicht improvisiert. Sie muß im Hinblick auf das ökumenische Konzil interpretiert werden, das 1962 stattfinden soll und zu dessen Vorbereitung Menschen aller Konfessionen von gutem Willen und großem Mut sich bemühen, einen gemeinsamen Boden zu finden, einen "gemeinsamen Nenner", über dem alle die sich vereinen können, deren Ideal humanistisch und nicht materialistisch ist ...» (Zit. n. ebd. S. 200) Diesem Pressekommentar ist wohl kaum etwas hinzuzufügen. Allenfalls wäre noch nachzutragen, daß P. Riquet SJ der L.I.C.A. angehörte und 1978 sogar deren Vizepräsident war. Diese «Ligue Internationale contre le racisme et l'antisemitisme» («Internationale Liga gegen den Rassismus und Antisemitismus»!) ist eine (nicht als solche firmierende!) Tochterorganisation von B'nai B'rith. 1978 war zufälligerweise der Vorsitzende des Europa-Distrikts von B'nai B'rith, Georges M. Bloch, gleichzeitig Vorsitzender dieser Liga (vgl. Virebeau 1978, S. 69f und 8. Bildseite)!

Nach dem zweiten Vatikanischen Konzil erschienen im deutschsprachigen Raum gleich mehrere von Jesuiten verfaßte Werke, die unabhängig voneinander (soweit man das als Außenstehender beurteilen kann!) für eine «Aussöhnung» von Freimaurerei und katholischer Kirche plädierten: Der Jesuiten-Schüler Herbert Vorgrimler verfaßte zusammen mit dem Freimaurer Rolf Appel ein 1975 in Frankfurt herausgebrachtes Buch mit dem Titel «Kirche und Freimaurerei im Dialog»; der belgische Jesuit Michel Dierickx hatte schon 1968 im freimaurereigenen Hamburger Bauhütten-Verlag das Werk «Freimaurerei. Die große Unbekannte» veröffentlicht, das mehrere Auflagen erlebte; 1969 publizierte Töhötöm Nagy, ein ungarischer Jesuit, in Wien eine Schrift «Jesuiten und Freimaurer. Mit einem offenen

Brief an Seine Heiligkeit Paul VI.» Mit Sicherheit sind weitere ähnliche Titel von Jesuiten-Autoren auch im fremdsprachigen Ausland erschienen. In Spanien beispielsweise war es «Pater José-Antonio Ferrer-Benimeli, der jenseits der Pyrenäen die Rolle spielte, die in Frankreich seine Mitbrüder P. Berteloot und später P. Riquet innehatten. Schlag auf Schlag, zuerst in einem Buch, dann in zwei Zeitschriftenartikeln, begann er ein Manöver, dessen Ziel die Annäherung von Kirche und Freimaurerei und dessen Ergebnis das Einschläfern der Wachsamkeit der am wenigsten gewarnten spanischen Katholiken ist. Nach der Veröffentlichung seines Buchs "La masoneria espanola en el siglo XVIII" (Anm.: "Die spanische Freimaurerei im 18. Jahrhundert"), in dem er versuchte, die Geschichte neu zu schreiben, gab P. Ferrer-Benimeli zwei Artikel an Madrider Zeitschriften. Wenn das Buch nahezu unbemerkt blieb, so fanden dafür die Artikel einen gewissen Widerhall und Nummern dieser Zeitschriften wurden sehr weit in die Sakristeien und die Klöster verbreitet. Diese beiden Zeitschriften sind: *Vida nueva* (Nr. 966, Januar 1975) und *Sistema* (Nr. 10, Juli 1975). Indem sie einander ergänzen, greifen die beiden Studien des Jesuitenpaters die von seinen französischen, deutschen und italienischen Gesinnungsgenossen entwickelten Argumente auf.» (Virebeau 1978, S. 117)

In der DT vom 25. März 1981 berichtete Harald Vocke von einer Tagung der katholischen Rhabanus-Maurus-Akademie, die am 21. März in der Frankfurter Loge «Zur Einigkeit» stattgefunden hatte. Referenten waren der stellvertretende deutsche Großmeister von freimaurerischer Seite und der Professor für Kirchenrecht an der Frankfurter Jesuitenhochschule St. Georgen und der Gregoriana in Rom, P. Reinhold Sebott SJ, gewesen. Es lohnt sich, aus diesem Bericht zu zitieren:

«Professor Sebott SJ bekannte, er habe schon vor den katholischen Akademien in Aachen und Trier über die Freimaurer gesprochen. Er wies zunächst auf einen von ihm verfaßten Artikel über das gleiche Thema im Februarheft der Zeitschrift "Stimmen der Zeit" hin. ... Zum Standpunkt der Kirche, das Geheimritual der Freimaurer mit seinen Symbolen habe einen sakramentsähnlichen Charakter, wich Professor Sebott einer klaren Aussage aus. Die Frage sei "äußerst dornig und schwierig", sie könne "in einem so kurzen Referat nicht behandelt werden". Während er selbst zu dieser Kernfrage des Konflikts zwischen Kirche und Freimaurerei nicht Stellung bezog, stellte der Jesuitenprofessor andererseits die gesamte Erklärung der Deutschen Bischofskonferenz über die Beziehungen zu den Freimaurern vom 12. März 1980 als eine Aneinanderreihung von unzutreffenden "Behauptungen" dar. Die jüngste Erklärung der römischen Glaubenskongregation interpretierte er - gewiß irrtümlich - so, als könne in Deutschland jetzt neuerdings ein "einzelner Bischof einem einzelnen Katholiken gestatten, in eine bestimmte Loge einzutreten". - Professor Sebott schloß sein Referat mit einem Satz, der über seine eigene innere Bindung an das Gedankengut des Freimaurertums keinen Zweifel mehr ließ: "Die Kirche und die Freimaurerei mögen Grundrisse haben, die sich nicht in allem decken. Sie sind dennoch berufen, am gemeinsamen Palast der Menschheit zu bauen." Das wahre Reich Gottes oder eher nur ein irdischer, das eigene eitele Ich vergottender Menschheitspalast, was ist für diesen Jesuiten das Ziel?»

Vom gemeinsamen Kampf gegen den Bolschewismus und Marxismus war selbstverständlich auf dieser Tagung keine Rede mehr, zumal der linke Flügel der Jesuiten schon längst seine Sympathien der marxistischen sogenannten «Theologie der Befreiung» geschenkt hat, dem zweiten Gesicht der Hochgrad-Internationale also. «Nennen wir nur den Jesuiten Alvaro Arguello (seit 1980 Delegierter des Klerus von Nicaragua im Staatsrat), den Direktor des (mit der katholischen Universität Managua verbundenen) Mittelamerikanischen historischen Instituts. Einige "populäre Broschüren", die er herausgibt, haben wir mitgebracht: "Fidel Castro und die revolutionären Christen", "Das Evangelium in der Revolution", oder "P. Gaspar Garcia Laviana", worin das Andenken dieses Guerillapriesters, eines bei dem Kampf vom 11. Dezember 1978 in den Reihen der sandinistischen Aufständischen gefallenen Herz-Jesu-Missionärs, verherrlicht wird. Cesar Jerez, ehemaliger Jesuitenprovinzial von Mittelamerika, empfing uns in seinem Rektoratsbüro in der U.C.A. (Mittelamerikanische Jesuitenuniversität von Nicaragua). Er ist die graue Eminenz Daniel Ortegas, des Chefs der sandinistischen Junta, den er in religiösen Angelegenheiten berät. Er erklärte uns, daß "die Theologie der Befreiung in Nicaragua ein Beispiel und eine Hoffnung für alle Intellektuellen von Lateinamerika ist".» (Jacques Bonono, Hammer, Sichel und Kreuz. Die Befreiungstheologie am Werk. Eine Neunländerfahrt für das «Figaro-Magazine», Stuttgart 1989, S. 6)

«In Lateinamerika sind Jesuiten nicht nur Mitglieder marxistischer Revolutionsparteien, sondern kämpfen auch mit der Waffe in den Reihen der Guerilla. In El Salvador sind die baskischen Jesuiten *Jon Sobrino* und *Ignacio Ellacuria* bedeutende Führer der "Liberationisten"-Guerilla. Der Jesuit *Rutilio Grande* wurde 1979 im Kampf getötet, *P. Ventura* zog mit der Hälfte seiner Gemeinde in die "befreite" Zone um. P. *Ellacuria* SJ, führender (Anm.: und inzwischen von Regierungssoldaten ermordeter) Revolutionär der salvadorianischen Kirche: "Gewisse Bischöfe schenken ihr Vertrauen Präsident Duarte, nicht dem Frente Farabundo Marti (Marxistische Revolutionäre), weil dieser marxistisch ist. Wir denken umgekehrt." In Guatemala stand der Jesuit *Luis Pellecer Fana* schon 1982 in der ersten Reihe der "christomarxistischen" Revolutionäre. Bei denen fiel er später in Ungnade, als er sich der Polizei stellte und über die Beteiligung von katholischen Priestern am marxistischen Kampf aussagte. ... In Chile stand der Jesuit *Arroyo* an der Spitze der marxistischen Bewegung und erklärte: "Marxismus und Christentum können ihre Aktion vereinigen."» (Der schwarze Brief vom 26. 10. 1989)

Um aber zu Professor Sebott SJ zurückzukehren, den übrigens H. Vocke im zitierten Artikel von 1981 einen «freimaurerisch gesonnenen Professor aus der Societas Jesu» zu nennen nicht anstand: er schrieb 1983 im Juni in der jesuiteneigenen Zeitschrift «Stimmen der Zeit» einen Artikel mit der Überschrift «Der Kirchenbann gegen die Freimaurer ist aufgehoben». Den Inhalt dieses Artikels faßte H. Boventer im «Rheinischen Merkur/Christ und Welt» vom 22. Juli 1983 u.a. so zusammen: «Freimaurer galten einmal als die ärgsten Gegner der römisch-katholischen Kirche. Das hat sich grundlegend gewandelt. ... Im neuen "Codex Iuris Canonici", das (sic!) als kirchliches Rechtsbuch am 27. November 1983 in Kraft treten soll, werden die Freimaurer nicht mehr erwähnt. Die Bestimmung des alten Kanons

2335 hatte sie mit der schwersten Kirchenstrafe belegt, dem Kirchenbann beziehungsweise der Exkommunikation. Der Jesuit Reinhold Sebott berichtet ..., wie sich das Verhältnis von Freimaurerei und Katholizismus seit dem Zweiten Vatikanischen Konzil gewandelt hat. Die Logen und die Kirche sind sich in den letzten Jahren nähergekommen und konnten sich von manchen Vorurteilen befreien. Die Freimaurer sind nicht mehr länger als "kirchenfeindliche Gruppe" abgestempelt, sondern man entdeckt die gemeinsamen Ziele. So wird anerkannt, daß die Freimaurer immer leidenschaftlich für die Menschenrechte und die Freiheit des einzelnen eingetreten sind. Die Freimaurer haben eine caritative Gesinnung. Sie unterhalten Anstalten der bruderschaftlichen Hilfe und Wohltätigkeit.» Außerdem meinen Sebott/Boventer angesichts des undefinierten freimaurerischen Gottesbegriffs: «Wo sich die Kirche heute zu einem gemeinsamen Handeln mit anderen Religions- und Weltanschauungsgruppen verbunden fühlt, da wird sie nicht ausschließlich von ihrem abstrakt-dogmatischen Gottesbegriff ausgehen können.» Ohne Frage ist Sebott von seiner Geisteshaltung her längst Freimaurer, selbst falls er nicht formell einer Loge angehören sollte.

Die unverschämten Thesen des Frankfurter Jesuitenprofessors riefen schließlich mit mehrjähriger Verspätung sogar den Augsburger Bischof Josef Stimpfle auf den Plan. In der DT vom 28./29. März 1986 veröffentlichte er einen mehrere Seiten füllenden Aufsatz «Die katholische Kirche und die Freimaurerei», der nichts anderes als eine sachliche Auseinandersetzung mit Sebotts 1983 erschienenem Artikel ist. Aus dem Vorspann erfährt man, daß Bischof Stimpfle seinen Aufsatz ursprünglich in den «Stimmen der Zeit» hatte publizieren wollen. Deren Chefredakteur P. Seibel SJ hatte jedoch den Abdruck schlicht abgelehnt. Ungeachtet dieser Brüskierung des Bischofs durch den Chefredakteur der Jesuitenzeitschrift hielt es die DT auch noch für notwendig, zu betonen, daß sie sich keineswegs mit dem mächtigen Jesuitenorden anlegen wolle: «Weder dem Autor noch der Redaktion geht es darum, auf Darstellungen eines nicht in jeder Hinsicht hinreichend informierten Theologen mit einer polemischen Entgegnung zu reagieren.» Bischof Stimpfle hat den Aufsatz 1988 stilistisch leicht überarbeitet in seinen Sammelband «Im Dienst am Evangelium. 25 Jahre bischöfliche Verkündigung und Weisung. Ein Querschnitt» (Donauwörth 1988) aufgenommen. Dort läßt Stimpfle (S. 333) auch die Bemerkung fallen, der römischen Jesuitenzeitschrift «Civiltà Cattolica» könne «ebensowenig wie R. Sebott eine freimaurerfeindliche Tendenz vorgeworfen werden». Nach J. Ploncard d'Assac (1989, S. 206) hatte in der «Civiltà Cattolica», «in der, wie man versichert, nicht ein Artikel ohne Erlaubnis des Vatikans erscheint», tatsächlich bereits 1971 ein Artikel von P. Giovanni Caprile SJ gestanden, «der befand, daß der Dialog in Verabredung mit allen freimaurerischen Gruppen vor sich gehen müsse ohne gehässige Ausschlüsse oder Behinderungen "und daß die Exkommunikation aufgehoben werden müsse"». Wie sich anläßlich des Skandals um die italienische Loge P-2 herausstellen sollte (s.u.!), war P. Caprile SJ bereits am 5. September 1957 in die Freimaurerei aufgenommen worden! Fazit: Maßgebliche Persönlichkeiten und Kreise des Jesuitenordens sind seit Jahrzehnten damit befaßt, Kirche und Freimaurerei (teilweise in ihrer Person!) zu «versöhnen» und damit die Kirche ihrem gefährlichsten und unerbittlichsten Feind auszuliefern.

101

Der hl. Ignatius würde seinen Orden, den er speziell zur *Verteidigung* des Papstes und der Kirche gegen ihre Feinde gegründet hatte, nicht mehr wiedererkennen.

Freimaurer und Kardinal zugleich

Eine der merkwürdigen internationalen Organisationen, mit deren Vorhandensein man als harmloser Zeitgenosse plötzlich konfrontiert wird, ohne die Hintergründe ihrer Entstehung oder ihre eigentliche Zielsetzung zu kennen, ist der 1971 von dem Fiat-Manager Aurelio Peccei gegründete «Club of Rome», der nur einmal in der Öffentlichkeit von sich reden machte, als er bereits 1972 ein Buch mit dem Titel «Die Grenzen des Wachstums» in zahlreichen Sprachen in die internationale Öffentlichkeit lancierte. Nach N. Homuth (Vorsicht Ökumene! Christen im Strudel der Antichristlichen Endzeitkirche, 3. Aufl. Nürnberg [im Selbstverlag] 1986, S. 55) handelt es sich beim Club of Rome um ein vom Rockefeller-Clan finanziertes Gebilde, das dementsprechend ganz und gar den Rockefellerschen (und damit zionistischen; vgl. dazu Band 1!)) One-World-Interessen verpflichtet ist. Die PHI vom 31. Januar 1985 steuerten folgende Information bei: «Die Lösung der Weltwirtschafts-, Weltbevölkerungs- und Welternährungsprobleme besteht nach Auffassung von Direktor Dr. Oppenheimer des freimaurerischen "Club of Rome" darin, daß eine kleine Gruppe elitärer Intellektueller eine Welteinheitsregierung, ein "Weltrat der Weisen" den Frieden auf wissenschaftlicher Grundlage garantieren kann.» (Zit. n. Borowski 1985, S. 52) Wie der Name Oppenheimer beweist, spielen auch in diesem Instrument der Schatten-Weltregierung Angehörige des jüdischen Volks eine führende Rolle. Anfang 1977 berichtete die «Liga Europa» (zit. n. ebd. S. 59): «Der "Club of Rome", den man der Rockefeller-Gruppe mit ihrer Idee von der Weltregierung und einer weltumspannenden Gesellschaft zuzurechnen hat, arbeitet seit einigen Jahren an einer *Welteinheitsreligion*. Das erste Arbeitspapier wurde im November 1974 von Ervin Laszio erstellt. Für diese Weltgesellschaft will man Elemente aus allen Religionen zur geistigen Grundlage erheben ... Prof. Dr. Wilder-Smith berichtet dazu in einem Vortrag ergänzend, daß einer seiner Freunde in einem Forschungsinstitut in Wien tätig sei, das für den "Club of Rome" mit *Computern* jene Elemente aus den verschiedenen Religionen herausarbeitet, welche die Menschen am meisten fesseln.»

Nachdem der elitäre Club von vorgeblichen «Zukunftswissenschaftlern» («Futurologen»), der also ganz in der Tradition der CoM-Illuminaten mit ihrer «Religion des Geistes» steht, sich ausgerechnet in Rom niedergelassen hat, darf es nicht verwundern, daß die freimaurerisch durchsetzte Kurie auch zu dieser Institution Verbindungen unterhält. «Unter den Ausschüssen», schrieb P. Blackwood 1986 (S. 210), «ist die "Päpstliche Kommission Justitia et Pax" am stärksten unter dem Einfluß des Club of Romes. Sie wurde 1967 von Papst Paul VI. mit dem Ziel gegründet, sich mit Fragen der Entwicklung, des Friedens und der Gerechtigkeit zu befassen. Vorsitzender dieser Kommission ist Kardinal Bernhard Gantin, ein für die

Öffnung der Kommission gegenüber malthusischer Unterwanderung und dem Club of Rome verantwortlicher Afrikaner. Bis vor einem Jahr arbeitete Eleonora Masini, die rechte Hand von Aurelio Peccei im Club of Rome und fanatische Verfechterin der Bevölkerungsreduzierung, in dieser Kommission als Beraterin mit. Weiter arbeitet in dieser Kommission ein Inder, Dr. Anthony Chullikal, mit, der nicht nur dieselben Vorstellungen wie Frau Masini hat, sondern auch das Wachstum von Sekten und Kulten unterstützt.» Es ist vielleicht auch kein bloßer Zufall, daß der Name «Justitia et Pax» («Gerechtigkeit und Frieden») genau jene beiden programmatischen Schlagwörter vereint, über die man in CoM auf Schritt und Tritt stolpert.

Gibt es auch geistliche Würdenträger, die zugleich Logenbrüder sind? Man wird das heute umso mehr in Betracht ziehen müssen, als schon zu Zeiten, in denen die Päpste immer wieder warnend ihre Stimme gegen die Freimaurerei erhoben und jeden Katholiken, der sich in eine Loge einschreiben ließ, für exkommuniziert erklärten, offenbar nicht wenige Priester, Bischöfe und sogar Kardinäle sich davon keineswegs beeindrucken ließen. So zitiert F.A. Six (1942, S. 42f) aus einem Werk des Freimaurers Reinhold Taute, das Ende des vergangenen Jahrhunderts in Leipzig erschien und in dem es heißt: «In welcher Weise damals die Logen zusammengesetzt waren, geht z.B. aus der von Ferdinand von Zieglauer sorgfältig bearbeiteten Geschichte der Freimaurerloge 'St. Andreas zu den drei Seeblättern' in Hermannstadt (1876) deutlich hervor. Diese Loge zählte unter den 276 Mitgliedern, die zu ihr von 1776 bis 1790 gehörten: 20 Geistliche und Lehrer (10 Katholiken, 9 Evangelische, 1 Unitarier), 15 Ärzte und Apotheker, 11 Privat-Cavaliere, 17 Kaufleute und Gewerbetreibende, 6 ohne Angabe des Standesverhältnisses und 9 dienende Brüder. Nach der Religion theilten sich dieselben folgendermaßen: 147 Römisch-katholische, 73 Evangelisch-lutherische, 37 Reformierte, 2 Unitarier, 8 griechischen Glaubens, 9 ohne Angabe des Bekenntnisses.» Six fährt im Anschluß an dieses Zitat fort: «Neben diesem Beispiel werden (Anm.: bei Taute) 400 Namen höchster geistlicher Würdenträger, Bischöfe, Äbte, Pröpste und Kapläne angeführt, wozu der Verfasser mitteilt, daß diese Liste selbstverständlich keinen Anspruch auf Vollständigkeit erheben könne, "denn die in den Archiven versenkten Mitgliederverzeichnisse der Logen sind schwer zugänglich, auch ist darin höchst selten die Confession angegeben, theilweise sind die Namen der katholischen Geistlichen aus Klugheitsrücksichten nur angedeutet und noch öfter ganz ausgelassen, wie eine Verordnung der Großen Landesloge in Berlin vom 16. Januar 1816 beweist, welche lautet: 'Die Namen aufgenommener katholischer Geistlichen können aus den Logenlisten weggelassen werden, müssen aber für den König und die Regierung in die Listen eingetragen werden'".»

G. Virebeau (1978, S. 133-172) hat eine rund 200 Namen (samt Lebensdaten) umfassende Liste französischer Priester und Bischöfe des 18. Jahrhunderts publiziert, die nachgewiesenermaßen verschiedenen französischen Logen angehörten. Eine vor wenigen Jahren offiziell von den Wiener Logen veranstaltete Freimaurer-Ausstellung präsentierte auch eine ganze Reihe von Porträts diverser Prälaten bis hinauf zum Erzbischof, die im 18. und 19. Jahrhundert (und damals natürlich im

Geheimen) Logenbrüder gewesen waren. Porträts heutiger Freimaurer-Hierarchen fehlten zwar gänzlich, aber dieses Fehlen fällt wohl wieder unter das Kapitel «Klugheitsrücksichten» (s.o.!). Wer wollte auch von einer *Geheimen Gesellschaft* mit eingestandenermaßen (s.o.!) subversiver Zielsetzung verlangen, daß sie ihre besten und erfolgreichsten Agenten und Saboteure zur Unzeit bloßstellt? Dennoch hat es die Maurerei nicht immer in der Hand, die Identität ihrer sämtlichen Mitglieder geheimzuhalten. So kursierten in der Nachkonzilszeit in Rom mehrmals umfangreiche Listen von Kardinälen, Erzbischöfen und Bischöfen sowie anderen einflußreichen Geistlichen, sämtlich Angehörigen der Kurie, die angeblich Freunde der «Königlichen Kunst» waren; teilweise wurde das Datum des Logeneintritts und die Logennummer mitgeliefert. Das ist zum Beispiel der Fall bei der Aufstellung der Namen jener Kurien-Prälaten und -Mitarbeiter, die aus einer mehr als 2000 Namen umfassenden Mitglieder-Liste exzerpiert wurden, die man im Zuge des P-2-Skandals bei einer Hausdurchsuchung fand. Auf dieser 121 Positionen zählenden Liste (hier zit. n. «Die Umwelt», September 1986) stehen (Jahreszahl des *Logeneintritts* in Klammern) so bekannte Namen wie Franco Biffi (1959), Rektor der Päpstlichen Lateranuniversität, Alberto Bovone (1967), Sekretär der Glaubenskongregation, Giovanni Caprile SJ (1957), langjähriger Direktor der offiziösen vatikanischen Jesuitenzeitung «Civiltà Catholica», Agostino Casaroli (1957), ehemaliger vatikanischer Außenminister und derzeitiger Kardinalstaatssekretär, Allessandro Gottardi (1959), Erzbischof von Trient, Virgilio Levi (1958), langjähriger Vize-Direktor der offiziellen vatikanischen Tageszeitung «L'Osservatore Romano», Pasquale Macchi (1958), Sekretär Papst Pauls VI., Paolo Marcinkus (1967), Präsident der Vatikanbank, Virgilio Noe (1961), päpstlicher Zeremonienmeister und Sekretär der Gottesdienstkongregation, Ugo Poletti (1969), Kardinal und Generalvikar der Diözese Rom, Roberto Tucci (1957), langjähriger Generaldirektor von Radio Vatikan, oder Kardinal Jean Villot (1966), Vorgänger Casarolis im Staatssekretariat, um nur einige wenige herauszugreifen! Wer freilich gehofft hatte, der Vatikan werde diesen Beschuldigungen nachgehen und daraus kirchenrechtliche bzw. disziplinarische Konsequenzen ziehen, sah sich bitter enttäuscht. Die kurialen Behörden breiteten jeweils den Mantel des Schweigens über die Affäre aus, so daß ein ums andere Mal alles im Sand verlief. Man hat deshalb bis heute von keiner einzigen öffentlichen Exkommunikation irgendeines vatikanischen Prälaten wegen seiner Mitgliedschaft in einer Loge gehört. Daraus läßt sich eigentlich nur der Schluß ziehen, daß die vatikanischen Schlüsselpositionen tatsächlich längst fest in freimaurerischer Hand sind, worauf die erwähnten Listen ja schon genügend Hinweise gegeben hatten.

Der bislang einzige Fall, der in der Öffentlichkeit so viel Staub aufwirbelte, daß der Papst sich zum Handeln gezwungen sah, war der Fall des Erzbischofs Annibale Bugnini, der bekanntlich für die grundstürzende Reform des überlieferten Meßritus und der übrigen Liturgie verantwortlich zeichnete. So wie mir die Geschichte damals erzählt wurde, hatte der Erzbischof bei einem Bankett seinen Logenpaß unter einer Serviette vergessen. Eine glaubwürdigere Version liefert J. Ploncard d'Assac (1989, S. 224): «Ein ... Artikel im "Borghese" berichtet, daß in einem der bedeutendsten römischen Institute vor einigen Monaten (Anm.: Ploncard schreibt das - im französischen Original - 1978/79) ein Vortrag über Liturgie stattgefunden habe, bei dem Mgr. Annibale Bugnini der Redner gewesen sei. Unter den Anwesenden figurierten Mitglieder der römischen Kurie, Vertreter religiöser Orden und Persönlichkeiten der römischen Laienwelt. Das Auditorium war der Bugninischen Liturgiereform keineswegs günstig gesonnen, und ein Dominikanerpater machte sich indiskret daran, den vom Redner mitgebrachten Akt durchzublättern. Er stieß auf einen Brief eines hohen Würdenträgers der Freimaurerei, der an seinen Br. Bugnini! adressiert war. Von da an begannen die Gerüchte über die Zugehörigkeit Bugninis zum Grand Orient zu kursieren. Nach und nach überschlug sich das Gerede; Dokumente kamen in die Hände der "Traditionalisten" und ein voluminöser Akt über Mgr. Bugnini und seine Beziehungen zur Freimaurerei wurde Kardinal Seper, dem Präfekten der Kongregation für die Glaubenslehre zugeleitet, der das explosive Dossier in die Hand des Papstes legte. Bugnini wurde unmittelbar darauf von seinen Funktionen enthoben ... und in den Iran geschickt, um den Papst zu vertreten.»

Wie schon gesagt, Papst Paul VI. sah sich zum Handeln förmlich *gezwungen*. Aber er handelte gleichwohl im Widerspruch zum Kirchenrecht und machte den bereits von selbst exkommunizierten (!) Erzbischof Bugnini sogar noch zu seinem Pronuntius in Teheran. Empört kommentierte der französische Dominikanerpater Bruckberger in der «Aurore» vom 8. Juli 1976: «Eines schönen Tages entdeckt Paul VI. auf unwiderlegliche Weise, daß dieser Bugnini ein Freimaurer ist. Was tut der Papst? Einen Freimaurer in einer Schlüsselposition der Kirche behalten? Unmöglich!, man muß Bugnini feuern! Bugnini wird also vom Westen in den Osten befördert. Bestraft man ihn für sein tödliches Werk? Wird er seiner Weihefunktionen enthoben, von denen man allen Grund hat, anzunehmen, daß er sie auf sakrilegische Weise ausübt? Wird er exkommuniziert? Nicht im Traum! Er wird zum Pronuntius im Iran ernannt, wo er den Papst und die katholische Kirche repräsentiert.» (Zit. n. Virebeau 1978, S. 13) Konnte, durfte, wollte der Papst nichts anderes tun, und wenn ja, warum wohl? Msgr. Bugnini fand im iranischen «Exil» genügend Zeit, seine glorreichen «Memoiren», eine dickleibige Geschichte seiner eigenen Liturgiereform, zu schreiben. Das Werk liegt seit Herbst 1988 auch in deutscher Sprache vor und wurde z.B. von der DT sehr positiv gewürdigt; das Gedächtnis der Menschen ist kurz und der Atem der Synagoge Satans ist lang ...

In den «Lectures Françaises» vom Oktober 1982 berichtet Jacques Bordiot (S. 4): «Der Abbé Luigi Villa bemerkte in der italienischen Monatszeitschrift "Chiesa Viva" (Die lebendige Kirche) ... vom Oktober 1981, deren Schriftleiter er ist, bezüglich Msgr. Casarolis: "Das Freimaurer-Register von Italien erwähnt ihn als aufgenommen am 28. September 1957, mit dem Monogramm "Casa" und mit der Matrikelnummer 41/076." Diese Anklage gab erst Anlaß dazu, die mit allem Vorbehalt von Henry Coston in "Lectures Françaises" Nr. 233 vom September 1976 unter Bezugnahme auf "Il Borghese", "L'Espresso" und verschiedene andere italienische Zeitschriften gelieferte Information wieder vorzunehmen: "CASAROLI Agostino, Sekretär für die öffentlichen Angelegenheiten der Kirche: eingeschrieben in die Freimaurerei am 28.9.1957". Siebzehn andere Prälaten standen auf der

Liste, darunter der Kardinalbischof von Lille A. Liénart (Anm.: einer der vier Konzilsmoderatoren neben den Kardinälen Suenens, Aggaginian und Döpfner!) und der Kardinalstaatssekretär Jean Villot. Dieser letztere erließ ein Dementi, das in "Lectures Françaises" vom Dezember 1976 veröffentlicht wurde. Aber in der Septembernummer 1979 reproduzierte Coriolan in Faksimile zwei Seiten eines Werks von Jean Tourniac, "Leben und Perspektive der traditionellen Freimaurerei". Die erste Seite war mit dem Ex-libris des Kardinals neben seinem Wappen geschmückt; die zweite trug die Widmung des Verfassers, "Groß-Redner der G.L.N.F. (Anm.: Grande Loge Nationale Française), Katholik und Vater von neun Kindern" und die des Großmeisters sowie den Stempel der G.L.N.F. Von daher Costons Kommentar: "Wir überlassen den Historikern und den Psychologen die Aufgabe, diese merkwürdigen Widersprüche zu erklären - wenn sie es vermögen." Was Msgr. Casaroli betrifft, wüßte ich nicht, daß er jemals dementiert hätte.» Während Kardinal Villot inzwischen gestorben ist, hat Kardinal Casaroli, der wohl kaum zufälligerweise sein *Nachfolger* als *Kardinalstaatssekretär* wurde, bis heute diese einflußreichste Position im Vatikan inne.

Der Freimaurer Casaroli nutzt seine Stellung unter anderem dazu, dem glaubenszerstörenden OEuvre des Freimaurers Pierre Teilhard de Chardin kirchenamtliches Gewicht zu geben. «"Abgesehen von den Schwierigkeiten des Entwurfs und den Schwächen des Ausdrucks dieses kühnen Versuchs einer Synthese", hat selbst Kardinalstaatssekretär Agostino Casaroli am 12. Mai 1981 anläßlich des hundertsten Geburtstages von Teilhard de Chardin an den Rektor des Pariser "Institut Catholique" im Namen des Papstes geschrieben, "wird unsere Zeit zweifellos das Zeugnis der Einheit des Lebens eines Mannes festhalten, der, in seinem tiefsten Sein von Christus ergriffen, gleichzeitig bemüht war, den Glauben und die Vernunft in gleicher Weise zu ehren, indem er gleichsam im voraus Antwort gab auf den Appell Johannes Pauls II.: 'Habt keine Angst! Öffnet, ja reißt die Tore weit auf für Christus! Öffnet ... die weiten Bereiche der Kultur, der Zivilisation und des Fortschritts ...!'"» (Zit. n. Günther Schiwy, Der Geist des Neuen Zeitalters. New-Age-Spiritualität und Christentum, München 1987, S. 107) So arbeiten die freimaurerischen Judasse beim Abriß der katholischen Kirche Hand in Hand.

Übrigens ist keineswegs nur die römische Kurie von den Logen durchsetzt, vielmehr in ähnlicher Weise auch der übrige Weltklerus. Unter Berufung auf den Informationsdienst «Politische Hintergrundinformationen» stellt z.B. N. Homuth (1986, S. 66) bezüglich des ehemaligen (heute noch lebenden) Kardinal-Erzbischofs von Mecheln-Brüssel, Leo Suenens, fest: «Initiator der Charismatischen Bewegung auf katholischer Seite ist Kardinal Suenens, Freimaurer (Logeneintritt am 15.6.1967) und päpstlicher Beauftragter.» Und weiter, diesmal bezugnehmend auf den protestantischen Kenner der Freimaurerszene Wolfgang Borowski, berichtet Homuth (ebd. S. 65): «1974 war Kardinal Suenens Gastgeber einer "Weltkonferenz der Religionen" in Löwen (Belgien). Er erhielt dafür den Preis der Templeton-Stiftung, eines Freimaurergremiums, bestehend aus Vertretern der 6 Weltreligionen.» Suenens war ebenso wie Liénart einer der vier Moderatoren des zweiten Vatikanums; wenn er auch erst später der Loge beitrat, so läßt dieses Faktum doch auf seine Geisteshaltung während des Konzils schließen.

Über den ehemaligen, selbst nach seinem altersbedingten Rücktritt noch sehr einflußreichen Wiener Kardinalerzbischof Franz König kann man bei Ploncard d'Assac (1989, S. 225) folgendes lesen: «Der österreichische Kardinal König, in der Presse in Verdacht geraten, dementierte seine Zugehörigkeit zur Freimaurerei und verklagte den Herausgeber der Zeitung, die die Information gebracht hatte; doch als er erfuhr, daß dieser die Angelegenheit einem großen katholischen Rechtsanwalt übergeben hatte, habe der Kardinal seine Klage schleunigst zurückgezogen.» Das war übrigens schon lange bevor Kardinal Königs intime schriftliche Kontakte mit hochrangigen österreichischen Logenbrüdern publik wurden, die sich um des Kardinals Bemühungen drehten, eine Aufhebung der für Freimaurer vorgesehenen Exkommunikationsstrafe im damals noch nicht fertiggestellten neuen Kirchenrechtsbuch zu erreichen.

Dr. R. Prantner ist als Botschafter des Malteser-Ritterordens in Wien natürlich Diplomat. Man kann verstehen, daß er über Kardinal König, dem er bei bestimmten Anlässen wahrscheinlich zu begegnen gezwungen ist, nichts Negatives sagen wollte. Aber hätte er dann nicht besser ganz zu diesem Thema geschwiegen? Statt dessen schreibt Prantner: «Österreichische Freimaurer hatten das große Anliegen des Vorsitzenden des Sekretariates für die Nichtglaubenden und Wiener Ortsordinarius Franz Kardinal König mißverstanden: eine zeitkonforme Harmonisierung von Wissenschaft und Religion, von empirischen Disziplinen und Christentum zu erarbeiten, um Klüfte zu schließen, die keineswegs aus dem Selbstverständnis der katholischen Kirche, sondern aus falschen Verständnissen heraus entstanden waren. Kardinal Königs Dialog mit dem Stellvertretenden (Deputierten) Großmeister der Großloge von Österreich, Dr. Kurt Baresch, hatte Hoffnungen auf falschen Wegen markiert. Österreichs Freimaurer hatten sich im Präfekten der Glaubenskongregation Franjo Kardinal Seper und Kardinal Königs Glaubenskraft und Treue zur Kirche schwer getäuscht. Die Kontaktgespräche zwischen Dr. Kurt Baresch und Dr. Franz König (vgl. Kurt Baresch, Katholische Kirche und Freimaurerei, ein brüderlicher Dialog 1968 bis 1983, Wien 1983) verliefen ergebnislos im Sande. Ihre Basis hielt dem Selbstverständnis der katholischen Kirche nicht stand.» (Prantner 1989, S. 35f) Wer das von Dr. Prantner hier angegebene Buch rechtzeitig erworben hatte, bevor es die bestürzten Freimaurer nach dem 26. November 1983 zurückzogen, kann heute noch nachlesen, daß es am allerwenigsten der Glaubenskraft und Kirchentreue Kardinal Königs zu verdanken war, daß am erwähnten 26. November 1983 feierlich das Weiterbestehen der Exkommunikationsstrafe für Freimaurer proklamiert wurde.

Im Januar 1988 fand unter Moderation des Verlegers B. Moosbrugger in Wien ein Gespräch zwischen Kardinal König und Dr. Ernst Ludwig Ehrlich, einem Baseler Rabbiner, statt (Vgl. dazu SAKA-Informationen 14 [1989] 155ff). Die Bandaufzeichnung dieses «christlich-jüdischen Dialogs» wurde dann als Buch herausgebracht, in dem sich Dr. Ehrlich als «Zentralsekretär der Christlich-Jüdischen

Arbeitsgemeinschaft in der Schweiz» sowie als «Direktor der internationalen jüdischen Organisation B'nai B'rith für Europa» vorstellt. Da die wahre Rolle, ja sogar der Name von B'nai B'rith in der nichtjüdischen Öffentlichkeit, erstere auch in großen Teilen des Judentums so gut wie unbekannt ist, stellte diese bemerkenswerte Offenheit weder für Ehrlich noch für König ein ernsthaftes Risiko dar. Zu den entlarvendsten Äußerungen Kardinal Königs in diesem Gespräch mit einem zionistischen Top-Freimaurer gehören sicherlich die folgenden: «Es darf nicht der Eindruck erweckt werden, daß der Christ etwas Vollkommeneres besitze als der jüdische Glaubensbruder, der in der Phase der Unvollkommenheit verharre. ... Die katholische Kirche und das Judentum sind zwei parallele Heilswege, die man nicht auf einen gemeinsamen Nenner bringen kann. ... Bei dem "Weg zum Heil" geht es nach dem allgemeinen Verständnis nicht zuletzt um religiöse Werte, die allen Religionen - oder den meisten von ihnen - gemeinsam sind.» (Zit. n. SAKA-Informationen a.a.O. S. 156f) König hat damit exakt das erklärt, was die Freimaurer - und namentlich die jüdischen Logenbrüder des B'nai B'rith - am liebsten aus dem Mund aller Katholiken hören würden: eine glatte Verleugnung nicht bloß des katholischen, sondern überhaupt jeden christlichen Glaubens zugunsten der liberal-jüdischen Menschheitsreligion des «allen gemeinsamen» Humanismus mit ihrem innerweltlichen Messias, dem Antichristen. Wenn die Christen den Juden nichts voraushaben, war Christus nicht der Welterlöser. Dann ist natürlich der Weg freigemacht für die allgemeine Erwartung des zionistischen Pseudo-Messias und Pseudo-Christus, den die «Söhne des Bundes» im passenden Augenblick auf den Schild heben wollen.

Für solche unschätzbaren Dienste als «katholischer» Herold des zionistischen Antichristen stand Kardinal König zweifellos eine besondere «Belohnung» zu. Die ließ denn auch nicht lange auf sich warten. Am 28. November 1988 dokumentierte die österreichische katholische Nachrichtenagentur «Kathpress» den vollständigen Text einer «Laudatio» (Lobrede) des vormaligen österreichischen Bundespräsidenten Dr. Rudolf Kirchschläger, eines notorischen Freimaurers, die er am Vortag anläßlich der Verleihung der «B'nai B'rith»-Goldmedaille (!!) an - Kardinal Dr. Franz König gehalten hatte. Bezeichnend sind die letzten Sätze dieser «Lobrede» auf den Kardinal: «Die meines Wissens jüngste Publikation, an der Kardinal König entscheidend mitgewirkt hat, ist die Wiedergabe eines Dialogs mit Dr. Ernst Ludwig Ehrlich über das, was Juden und Christen trennt, und das, was sie verbindet. Sie trägt den Titel: "Juden und Christen haben eine Zukunft". Es ist dies eine in einer Zeit eines vielfachen Kultur- und Weltpessimismus wohltuend optimistische Aussage. Wir alle sind aus unserer Lebensverantwortung heraus aufgerufen, an dieser Zukunft mitzubauen. Die von Seiner Eminenz Kardinal König schon getane Arbeit findet heute durch B'nai B'rith eine uns beglückende Anerkennung!» - Braucht man noch dreimal zu raten, *weshalb* Kardinal Königs «schon getane Arbeit» (Kirchschläger: «Sein fast drei Jahrzehnte währendes Wirken als Erzbischof von Wien ist ebenso unvergeßlich wie auch sein gestaltender Einfluß als Kardinal der katholischen Kirche und seine prägende Mitarbeit am II. Vatikanischen Konzil, die Konzilsatmosphäre und die Konzilsdokumente miteingeschlossen.») ausgerechnet durch die oberste Freimaurer-Obödienz, den Orden B'nai

B'rith nämlich, ihre die wahren Katholiken keineswegs beglückende Anerkennung fand? Der B'nai B'rith-Bruder Alexander Hecht (Der Bund B'nai B'rith und seine Bedeutung für das österreichische Judentum, Wien 1914 [Reprint Bremen 1985], S. 12) schrieb im Jahr 1914, mit der zwei Jahre zuvor vom B'nai B'rith-Exekutivkomitee gestifteten und alljährlich zu vergebenden «Toleranzmedaille» (offenbar die gleiche, die Kardinal König erhielt) solle bestimmungsgemäß jeweils derjenige ausgezeichnet werden, «der, ob Christ oder Jude, im abgelaufenen Jahre am werktätigsten für die Sache des Judentums eingetreten sei». Das sagt alles.

Kardinal König ist aber kein «Einzelkämpfer», wie man vielleicht meinen möchte. Ohne daß es irgendwelches größere Aufsehen unter den Katholiken oder im Vatikan erregt hätte, konnte die französische *Agence télégraphique juive* (Jüdische Telegraphen-Agentur) in ihrem *Täglichen Bulletin* vom 29. November 1977 melden, daß «die Amerikanische Katholische Bischofskonferenz und die Antidefamatione League, eine Tochterorganisation des B'nai B'rith, soeben eine gemeinsame Arbeitsgruppe gebildet haben» (Virebeau 1978, S. 116)! Auch konnte das französische Freimaurer-Magazin *Renaissance traditionelle* vom Juli 1976 triumphierend berichten, daß der New Yorker Kardinal Cooke am 28. März 1976 «an einem großen Bankett teilgenommen hatte, das 3000 Freimaurer der Großloge von New York vereinte, und daß er dabei das Wort ergriffen hatte, um "die vergangenen Mißverständnisse zu beklagen" und seiner Hoffnung Ausdruck zu verleihen, daß diese Mißverständnisse "die Annäherung von Kirche und Freimaurerei nicht beeinträchtigten"» (Ebd. S. 127 Anm. 6)! Im Rahmen einer 1977 von zwei in der Loge beheimateten französischen Journalisten durchgeführten und anschließend als Buch publizierten Umfrage unter hochgestellten Persönlichkeiten Frankreichs über ihr Verhältnis zur Freimaurerei antwortete der Erzbischof von Aix, Arles und Embrun, Monsignore de Provenchères: «Ich treffe mich mit Angehörigen der Großen Loge von Frankreich seit zwölf oder fünfzehn Jahren. Ich habe (mit ihnen) offene und freundschaftliche Gespräche.» (Ebd. S. 115)

Nicht nur Kardinäle arbeiten für die Loge. Vortreffliche Maurer«arbeit» können ja auch die Universitätsprofessoren für katholische Theologie leisten. Ihre ideologische Umkrempelung des angehenden Klerus, ihre allmähliche Unterminierung der Glaubensfundamente ist für die Maurerei unbezahlbar. Mehrere Fliegen mit einer Klappe werden aber geschlagen, wenn solche Theologen von den freimaurerisch gelenkten Massenmedien zugleich als «die» kompetenten Fachleute für aktuelle theologische Probleme hochgejubelt werden können. Zwei solche äußerst wertvolle und deshalb auch eingeweihte Werkzeuge der Logen sind der (ehemalige) Tübinger Dogmatiker Hans Küng und der (emeritierte) Bonner Moraltheologe Franz Böckle, langjähriger Berater der Deutschen Bischofskonferenz. Nach N. Homuth (1986, S. 56) doziert Hans Küng am von Rockefeller finanzierten und ideologisch beeinflußten Union Theological Seminary, «in dem serienweise Theologen in Gott-ist-tot-Theologie und kommunistischer Gesinnung ausgebildet werden» und wo auch seinerzeit der CoM-Freimaurer Reinhold Niebuhr eingesetzt war (vgl. dazu Band 1!). Das dürfte erklären helfen, warum Küng seit dem von den freimaurerisch kontrollierten Medien lautstark bejammerten Entzug seiner Lehrerlaubnis so immense Aktivitäten bezüglich der Vereinigung der großen Weltreligionen entfaltet. Ein mir vorliegendes offenbar zur Veröffentlichung in einer theologischen Zeitschrift bestimmtes Manuskript (ob und wenn ja, wo es inzwischen veröffentlicht wurde, entzieht sich meiner Kenntnis) von Karl-Josef Kuschel mit dem Titel «Weltreligionen und Menschenrechte. Bericht über ein Symposion in Paris» vermittelt einen Eindruck von Küngs einschlägigem Wirken. Laut Kuschel, auf den ich mich im folgenden ständig beziehe, fand vom 8.-10. Februar 1989 in Paris ein von der UNESCO arrangiertes «Kolloquium» statt. «Man weiß bei dieser Organisation, daß Veränderungen hin auf mehr "Brüderlichkeit" unter den Nationen, hin auf mehr Menschenrechtsverwirklichungen und Friedensverantwortung, nicht gegen, sondern nur mit den Religionen gelingen kann ...» Was für eine Bedeutung man dem Treffen von seiten der freimaurerischen UNESCO beimaß, deren zentrales programmatisches Anliegen nach eigener Auskunft (vgl. Homuth 1986, S. 69) die «Erziehung zum Leben in einer Weltgemeinschaft» (!) ist, beweist zur Genüge die Anwesenheit des UNESCO-Generaldirektors Frederico Mayor höchstpersönlich. Mayor «unterstrich denn auch in seiner Eröffnungsansprache die Bedeutung der Weltreligionen für das UNESCO-Programm "Erziehung zu den Menschenrechten". Die Wahrnehmungen der Unterschiede zwischen den Religionen schließe ja die Suche nach einheitlichen Werten nicht aus.»

Was aber hat Küng mit diesem Pariser Kolloquium der UNESCO zu tun? Nun, «der Konferenz zugrunde lag ein *Basispapier des Tübinger ökumenischen Theologen Hans Küng*. Er war der eigentliche spiritus rector dieses Symposions. Seine interreligiöse ökumenische Arbeit der letzten zehn Jahre war nicht nur der Auslöser dieser Veranstaltung. Küng war auch aufgefordert worden, Vertreter der verschiedenen Weltreligionen zu benennen, die an einem solchen Dialog teilnehmen könnten.» Dieser Aufforderung hatte Küng durch Benennung je eines Juden, Moslems, Hindus, Buddhisten und Konfuzianers entsprochen, von denen übrigens kein einziger ein «Theologe» war. Was nun stand in Küngs «Basispapier»? Es «erreichte ... dort seine Brisanz, wo es die These vertrat: das Humanum, also das wahrhaft Menschliche, sei (neben den internen Wahrheitskriterien) ein zusätzliches Wahrheitskriterium für die Religionen. Denn nur eine Religion, die Menschlichkeit fördere, könne wahre und gute Religion sein.» Mit diesen Thesen waren die übrigen Gesprächsteilnehmer zunächst gar nicht einverstanden; sie wandten ein, Humanität sei doch nicht der letzte und schon gar nicht der einzige Sinn von Religion. Aber so war es ja auch nicht gemeint gewesen. «Denn auch Küng hatte bereits in seinem Grundlagenpapier seinem Minimalkriterium ein Maximalkriterium an die Seite gestellt. Wahre Religion sei die Vollendung wahrer Humanität! Religion sei die optimale Voraussetzung für die Realisierung des Humanen. Es müsse Religion geben (als Maximalkriterium) wenn es Menschlichkeit als eine unbedingte und universale Verpflichtung geben solle. ... Damit war die Grundlage geschaffen, auf der sich im Verlauf der Konferenz zwischen den Vertretern verschiedener Religionen ein Konsens abzuzeichnen begann ...»

Von Gott war auf dieser Konferenz nur noch als von «dem Absoluten» die Rede, in dem «das Humanum verwurzelt sein müsse». Da offenbar wegen der dann zu befürchtenden Meinungsverschiedenheiten unter den Gesprächsteilnehmern darauf verzichtet wurde, das Absolute näher zu bestimmen, hatte es in Paris keinen größeren prakischen Wert als der freimaurerische A.B.a.W., von dem schon (siehe Band 1!) die Rede war; es läßt sich deshalb nach Küng und Konsorten keineswegs ausschließen, daß das «Humanum» und das «Absolute» letztendlich doch in eins fallen. Das wird tatsächlich früher oder später die Konsequenz aus der Küngschen These sein, daß jede Religion, die menschlich ist, auch wahr und gut ist. Wenn das nämlich zutrifft, stehen alle «humanen» Religionen auf der gleichen Stufe und sind also gleich «wahr und gut». Erwartungsgemäß wollte sich auf dem Pariser Treffen kein Religionsvertreter nachsagen lassen, seine Religion sei inhuman, im Gegenteil. «Alle Vertreter der großen Weltreligionen bejahten im Prinzip die Möglichkeit, Humanität aus der je eigenen Tradition zu begründen». Es ist also auf längere Sicht unausweichlich, weil logisch wie auch praktisch zwingend, daß die behauptete Gleichheit aller Religionen hinsichtlich ihrer «Humanität» zur Verschmelzung aller dieser Religionen führen wird: sie werden die «Weltreligion der Humanität» konstituieren, von der die Propheten der «Stadt des Menschen» bereits vor fünfzig Jahren dekretierten, «daß alles in der Humanität, nichts gegen die Humanität und nichts außerhalb der Humanität sein darf». Alles, was also in den einzelnen Religionen über das Humane *hinausgeht*, außerhalb des *bloß Humanen* liegt, wird in der «Stadt des Menschen» als Häresie verketzert und bekämpft werden. Hans Küng hat mit seinem Pariser Basis-Papier den Grundstein für die «Religion der Humanität» gelegt und gleichzeitig die allein wahre Religion verraten und verkauft. Das hindert nicht, daß die offizielle katholische Kirche ihn weiterhin als einen der Ihren duldet; Küng ist weder verwarnt noch suspendiert noch exkommuniziert worden. Wir wissen inzwischen auch, woran das liegt: Eine Krähe hackt der anderen kein Auge aus!

Doch sehen wir weiter! In einer Reihe von Namen protestantischer und katholischer Geistlicher, die nach Homuths Ermittlungen «Mitglied einer Freimaurerloge sind», figuriert auch der in der Öffentlichkeit sattsam bekannte Bonner Moraltheologe Franz Böckle (Homuth o.J. S. 44), was ein ganz neues Licht auf seine ständige hinterhältige Kontestation gegen die katholische Ehe- und Sexualmoral wirft. Wie aus den 1940 in die Hände der französischen Vichy-Regierung gefallenen geheimen Logenarchiven bis zum Überdruß hervorgeht, waren schon damals exakt jene zersetzenden moral(theolog)ischen Auffassungen, die F. Böckle immer wieder so publikumswirksam vertritt, eine der wichtigsten Bedingungen für die Aufnahme eines Kandidaten in die Loge (vgl. dazu Ploncard d'Assac 1989, S. 141-144).

Großen Zulauf aus den Reihen der katholischen Geistlichkeit aller Ränge hat spätestens seit der vatikanischen Entscheidung, das Beitritts-Verbot von 1950 aufzuheben, auch «Rotary International» zu verzeichnen. In «Kirche und Leben» vom 9. März 1980 war (S. 3) unter der Überschrift «Kardinal im "Rotary Club"» die folgende bezeichnende Meldung zu lesen: «Erstmals ist ein führender Kardinal der Kurie dem "Rotary Club", einer internationalen Vereinigung von Führungspersönlichkeiten, beigetreten: Bei einer Festsitzung anläßlich des 75jährigen Bestehens des Clubs wurde der Präfekt der Kongregation für die Bischöfe, Kardinal Sebastian Baggio, in den römischen "Rotary Club" aufgenommen. Die Beziehungen zwischen der Kirche und dem "Rotary-Club" waren in der Vergangenheit zeitweise sehr gespannt.» Ist es nicht interessant, zu beobachten, wie der Redakteur der Meldung den Sachverhalt beschönigt hat? Die Beziehungen waren ja nicht bloß «gespannt» gewesen, sondern die Kirche hatte jede Mitgliedschaft von Katholiken in dem freimaurerischen Rotary Club strikt untersagt. 1985 feierte der Rotary Club wieder ein Jubiläum, sein achtzigjähriges Bestehen, und zwar auch in Mainz, wo gleich drei örtliche Clubs existieren. Wie der «Mainzer Anzeiger» vom 25.2.1985 in einem längeren, mit zwei entsprechenden Fotos geschmückten Beitrag berichtete, waren auch Rotarier aus Celle, Wiesbaden, Frankfurt, Alzey, Bad Kreuznach, Idar-Oberstein, Bingen, Kusel und Ingelheim angereist, woraus man auf die flächendeckende Verbreitung dieser Organisation in der Bundesrepublik Deutschland schließen kann. «Im Mittelpunkt der Veranstaltung stand die Festansprache des Mainzer Bischofs Karl Lehmann über das "Biblische Friedensverständnis zwischen Illusion und Resignation". ... Bischof Lehmann, seit seiner Lehrtätigkeit in Freiburg selber Rotarier, bezeichnete die Sicherung des Friedens als eine "elementare Bedingung des Überlebens der Menschheit" ... Der lang anhaltende Applaus der Festversammlung zeigte, daß christliche und rotarische Friedensvorstellungen identisch sind.»

Letzteres mag vielleicht für die Friedensvorstellungen Bischof Lehmanns zutreffen, die aber eben die eines Rotariers und nicht eines authentischen Katholiken sind. Man kann an einem solchen Beispiel wunderbar die Unterwanderungsstrategie der Logen studieren. Nach mir vorliegenden authentischen Unterlagen war der spätere Mainzer Kardinal Hermann Volk schon 1954 (!) unerlaubter Weise heimlich dem Rotary-Club beigetreten. Rund zwanzig Jahre danach beschlossen die nationalen Bischofskonferenzen mit inzwischen von den kurialen Logenbrüdern erteilter Erlaubnis, ihren Geistlichen (und sich selbst!) den Beitritt zu gestatten. Sofort machten sich nun die Rotarier daran, vielversprechende Theologen, die bereits mehr oder weniger ihres Geistes waren, öffentlich in ihre Clubs einzubinden, so auch den Dogmatikprofessor Karl Lehmann, der damals noch einfacher Priester war. Womöglich durch das persönliche Zutun seines römischen Rotarierfreunds in der Schlüsselposition des Präfekten der Kongregation für die (Ernennung der) Bischöfe, Kardinal Baggio, und auf ausdrücklichen Wunsch von Rotarierkardinal Volk (!) wurde Lehmann zum Bischof von Mainz ernannt. Und bald darauf hat man ihn bereits zum Vorsitzenden der Deutschen Bischofskonferenz gewählt, so daß innerhalb von vielleicht 12 Jahren ganz legal ein Rotarier an die Spitze des deutschen Episkopats gerückt ist. Dort leistet er der Loge u.a. vortreffliche Dienste durch seine dreiste öffentliche Unterstützung häretischer Theolog(i)en.

Zufälligerweise ist mir genau bekannt, daß Bischof Lehmann mein Buch «Die Kardinalfehler des Hans Urs von Balthasar» im Sommer 1989 selber in der Hand hatte und es in einem privaten Brief als «Machwerk» abzuqualifizieren suchte. Das Buch weist - bislang völlig unwidersprochen - nach, daß Hans Urs von Balthasar ein vielfacher Häretiker war und seine Schriften den katholischen Glauben nachhaltig zerstören. Manche ansonsten wohlmeinende Kritiker meines Buchs waren nicht damit einverstanden, daß ich darin den hochgerühmten von Balthasar wiederholt als «Meister» bezeichne. Das sei überspitzte und überflüssige Ironie, wurde bemängelt. In Wirklichkeit hat sich von Balthasar durchaus als *Meister* verstanden, und als «*geistlichen Meister*» präsentieren ihn auch im Vorwort zu einem jüngst erschienen Buch - die Bischöfe Walter Kasper und Karl Lehmann! Obwohl zumindest Rotarierbischof Lehmann mein Buch und folglich auch von Balthasars Irrlehren kennt, wird in diesem Vorwort des von Lehmann/Kasper *herausgegebenen* Buchs «Hans Urs von Balthasar. Gestalt und Werk» der große Meister in den Himmel gehoben, auf daß seine solchermaßen bischöflich gepriesenen Schriften weiterhin ihre verderbliche Wirkung tun möchten ... Was ein rechter Rotarier ist, auf den ist Verlaß! - Daß Bischöfe in Rotary- oder Lions-Clubs Vorträge halten, ist mittlerweile keine Seltenheit mehr. Beispielsweise ist mir persönlich bekannt, daß der Bischof von Gurk-Klagenfurt, Dr. Egon Kapellari, am 1. Juni 1987 im Klagenfurter Lions-Club einen Vortrag gehalten hat.

Übrigens steht der Ordensklerus keineswegs abseits. Es sind auch nicht bloß Jesuiten, die sich unter den Ordensgeistlichen der besonderen Zuneigung der Logen erfreuen. So weit wie P. Theodore Martin Hesburgh von der Kongregation vom heiligen Kreuz werden es innerhalb der Logenhierarchie die wenigsten Jesuiten gebracht haben. Der 1917 geborene Hesburgh wurde 1943 zum Priester geweiht, nachdem er u.a. an der Gregoriana in Rom studiert hatte. Von 1952 bis 1984 war er Präsident der katholischen Universität Notre Dame in den USA. Wie aus «Who's Who International 1985-86» außerdem hervorgeht, ist er Mitglied des Verwaltungsrats der Rockefeller-Stiftung und war 1977 sogar Vorsitzender ebendieses Verwaltungsrats. Die pikantesten Details erfährt man allerdings aus «Who's Who in America 1986-1987»; dort ist Hesburgh nicht bloß als Verwaltungsratsmitglied der Rockefellerschen Chase Manhattan Bank, sondern auch als Mitglied des Council on Foreign Relations (CFR) verzeichnet! Die von der Trilateral Commission den Journalisten überlassene offizielle Liste der Teilnehmer an der Pariser Zusammenkunft ebendieser Organisation in Frühjahr 1989 schließlich weist gleichfalls den Namen Pater Hesburghs auf (CODE Nr. 7/1989, S. 26). Damit nicht genug, ist P. Hesburgh nach Informationen der Amerikanerin Constance Cumbey (Die sanfte Verführung, 6. Aufl. 1987, S. 227) gemeinsam mit Peter Caddy, dem Gründer der okkultistischen New-Age-Zentrale «Findhorn-Foundation» (Schottland) beratender Vorsitzender der freimaurerischen New-Age-Organisation «Planetary Citizens» («Planetarische Bürger»). Cumbey zitiert aus seinem 1974 erschienenen Buch «The Humane Imperative» den folgenden einwandfrei teilhardistischen Satz: «Die Erlösung umfaßt die Gesamtheit der Schöpfung, und die, die an einem neuen Menschen und an einer neuen Erde arbeiten, verändern und erlösen ebenso die Gegenwart.» Dieser Satz könnte genauso auch in CoM stehen. Weiter berichtet die Autorin (ebd. S. 179) über dieses Buch: «Er widmet mehrere Seiten dem gemeinsamen Interesse, das Christen und nicht-christliche Religionen seiner Meinung nach verbindet. Der Jesuit und New-Age-Held Pierre Teilhard de Chardin wird von Hesburgh "der große Visionär der Einheit der Menschheit" genannt. Hesburgh preist die Vorzüge der Europäischen Gemeinschaft ... Er wendet alle Überzeugungskraft auf, um dem Leser die Notwendigkeit der "planetarischen Staatsbürgerschaft" und des New-Age-Manifestes "Declaration of Interdependence" (Erklärung der gegenseitigen Abhängigkeit) vor Augen zu führen.» Auch damit liegt Hesburgh bis in die Wortwahl hinein exakt auf der Linie seiner CoM-Kollegen, die seinerzeit (S. 60) das Postulat aufstellten: «Independence must be integrated into Interdependence - Unabhängigkeit muß in gegenseitige Abhängigkeit integriert werden.» Was seine Ordensoberen zu alledem meinen, wäre sicherlich auch eine sehr interessante Frage; es würde mich persönlich nicht im geringsten wundern, wenn sie sich ganz unbeschwert im Glanz des wohl mit Abstand «prominentesten» Mitglieds ihrer Kongregation sonnten ...

Die Bischöfe und die Revolution

Am 15. Dezember 1989 hatte der Direktor der Katholischen Akademie in Bayern, Dr. Franz Henrich, den Verein der Freunde und Gönner der Akademie sowie mehrere beratende Gremien und Hochschulkreise im Münchener Kardinal-Wendel-Haus zu einer Weihnachtsfeier um sich geschart. Was der Herr Direktor in dieser trauten Versammlung als vorweihnachtliche Ansprache von sich gab, wurde von KNA (Bayerischer Dienst) für wichtig genug gehalten, um es am 20. 12. publik zu machen. «Die schönste Erfahrung der letzten Zeit sei der weltweite Schrei nach Freiheit gewesen. Nie in der Geschichte der Menschheit habe es so etwas weltumspannend gegeben. "Freiheit, Gleichheit, Brüderlichkeit", so Henrich, "wir dürfen ohne Zögern diese Schlagworte der Französischen Revolution nennen. Es muß doch jeden aus der Resignation herausreißen, zu erleben, daß Würde und Freiheit des Menschen zwar niedergeknüppelt werden können, daß man sie aber nicht töten kann."» Ob diesem Direktor einer Katholischen Akademie noch niemals vor Augen oder wenigstens zu Ohren gekommen ist, daß «Würde und Freiheit des Menschen» kaum irgendwo jemals so brutal «niedergeknüppelt» wurden wie in der französischen Revolution mit ihrer verlogenen Illuminaten-Parole? Liegt hier ein katastrophaler Mangel an Allgemeinbildung, ideologische Verblendung oder gar gewollte Verdummung der Zuhörer durch einen «Wissenden» vor?

Dieselbe Frage erhebt sich angesichts einer anderen KNA-Meldung (DT vom 2. November 1989), in der es hieß: «Die katholische Kirche sollte nach Ansicht des Berliner Bischofs Sterzinsky die "Angst vor der Weltwirklichkeit" verlieren. Seit etwa zweihundert Jahren lebe die Kirche in Furcht vor der Säkularisierung, sagte der Bischof in West-Berlin vor Journalisten aus der sogenannten Dritten Welt. Positive Elemente der Säkularisierung seien völlig übersehen worden. Als Beispiel nannte Sterzinsky die Forderung der Französischen Revolution nach "Freiheit, Gleichheit, Brüderlichkeit", die lange Zeit antichristlich interpretiert worden sei.» Hat dieser erst 1989 neuernannte Bischof im Geschichtsunterricht und beim Studium der Kirchengeschichte geschlafen? Sogar in der zweiten Nummer der im Juni 1976 gegründeten *Katholisch/freimaurerischen* (auch *das* gibt es mittlerweile!)

Zeitschrift «Brèche» («Die Bresche») konnte man aus der Feder des Freimaurers Montanier lesen: «Die Freimaurer brachten zum großen Teil die Hauptideen auf, die die Große Revolution hervorrufen sollten ... Sie waren das einigende Band, dank dessen das fortschrittliche und revolutionäre Bürgertum sich seiner eigenen Berufung bewußt wurde.» (Zit. n. Virebeau 1978, S. 109) Im Namen von «Freiheit, Gleichheit, Brüderlichkeit» wurden in der «glorreichen» Freimaurer- und Illuminatenrevolution (vgl. dazu auch Band 1 und 2!) mindestens 120 000 Katholiken aus der Vendée, außerdem Tausende von katholischen Priestern und Ordensleuten grausam massakriert, Kirchen und Klöster massenhaft geschändet und demoliert, das Kirchenjahr und seine Feste, ja sogar die biblische Sieben-Tage-Woche abgeschafft und statt dessen die öffentliche Verehrung eines «höchsten Wesens» sowie der «Göttin der Vernunft» angeordnet und praktiziert. Damit hat sich der erwiesenermaßen in der Loge ausgeheckte Dreispruch «Freiheit, Gleichheit, Brüderlichkeit» *selber als zutiefst antichristlich interpretiert*! Daß jemand, der davon nichts begriffen hat oder gar nichts begreifen will, zum Bischof gemacht wurde, ist ein Skandal erster Güte.

Laut «Le Monde» vom 19. April 1975 hatte der Großmeister des Grand Orient, Prouteau, am 17. April desselben Jahres hinsichtlich des Mottos «Freiheit, Gleichheit, Brüderlichkeit» vor Journalisten erklärt: «Diese Devise ist maurerischer Herkunft. Es waren in der Tat die Logen, von denen die Republikaner sie entlehnt haben.» (Virebeau 1978, S. 97) Die illuminierten unter den Logenbrüdern indes wußten schon immer ganz genau, was für ein «positives Element» der Säkularisierung (so ja Bischof Sterzinsky!) ihr heuchlerischer Dreispruch war. Léon de Poncins (1929 [1989], S. 239f) zitiert dazu einen gewissen Br. *Félice*, «das Haupt der "Römischen Hochloge", eines höher stehenden Freimaurerbundes», mit folgenden Worten, und ein katholisch sein wollender Bischof sollte sich das nicht zweimal sagen lassen: «Der Freiheitsgedanke ist nicht zu verwirklichen, weil niemand den richtigen maßvollen Gebrauch von ihm machen kann. Man lasse das Volk sich nur kurze Zeit allein lenken und bald wird eine völlige Abspannung eintreten. Dann entstehen innere Zerwürfnisse, die rasch in Bürgerkrieg ausarten werden; in ihnen verzehrt sich der Staat, und seine Macht wird in Trümmer gelegt. Freiheit, Gleichheit, Brüderlichkeit! Wir waren die ersten, die dem Volk diese Schlagworte zuriefen, tausendmal nachgeplappert von dem blöden Haufen, der sich aus allen Teilen des Erdballes um das Banner der Freiheit, Gleichheit und Brüderlichkeit scharte. Nur nachgeplappert wurde es, der Wohlstand der Welt ging zugrunde und ebenso die wahre persönliche Freiheit des einzelnen, jüngst noch geschützt vor dem Pöbel, der sie zu ersticken drohte.» Aber, wie de Poncins an anderer Stelle (ebd. S. 249) feststellt, «die Freimaurerapostel der großen Revolution haben es verstanden, die öffentliche Meinung von dem Unterschied zwischen den drei unsterblichen Schlagworten und den terroristischen Ausschreitungen zu überzeugen. Sie erklärten die Metzeleien von 1792 einfach als bedauerliche Vorfälle, die lediglich der überschwenglichen Auffassung von den genannten drei Grundideen zuzuschreiben seien. In Wahrheit spielte jedoch gerade das Freimaurertum, der Bund der Menschenfreundlichkeit und allgemeinen Menschenliebe, die Hauptrolle in der Organisation des Terrors.»

Obwohl diese Behauptung durch mehr als genug sichere historische Zeugnisse bewiesen wird (vgl. ebd. S. 244-252), ließen sich Sterzinskys französische Amtsbrüder 1989 nicht davon abhalten, auch ihrerseits feierlich das Gedächtnis der großen Revolution zu begehen. In einem Vortrag beim traditionellen St.-Michaels-Empfang des Vorsitzenden der Deutschen Bischofskonferenz 1989 suchte der Vorsitzende der Französischen Bischofskonferenz, Kardinal Albert Decourtray von Lyon, diese Entscheidung zu rechtfertigen. Ich zitiere der Einfachheit halber die wichtigsten Teile dieser Rede (DT vom 23. Dezember 89), die für jeden meiner Leser, der den bisherigen Darlegungen der drei Bände aufmerksam gefolgt ist, gar keines Kommentars mehr bedürfen.

«Es erschien uns als notwendig», meinte also Decourtray, «sogar wenn es ungelegen kommt, auf die Zweideutigkeit der Französischen Revolution hinzuweisen. Diese Haltung ist unbequem. Sie kann bei vielen Mißfallen, ja sogar Ärgernis erregen. ... Für die einen, die große Mehrheit der Bevölkerung und im Einklang mit den offiziellen Vorstellungen der Republik bedeutet die Erklärung der Menschenrechte von 1789 einen solchen Fortschritt, daß alles andere nur unvermeidliche Ausschreitungen sind, so daß es ungeziemend wäre, darauf Gewicht zu legen. Mit Clémenceau (Anm.: der Hochgradfreimaurer war!) betrachtet man die Revolution als "un bloc", "ein Ganzes". Dies erlaubt, nebenbei gesagt, die Grausamkeiten der Vernunft ruhig als unbedeutende Nebensächlichkeiten abzutun. Für andere, eine sehr aktive Minderheit, muß alles "en bloc" verworfen werden, denn alles war von Anfang an pervers. Die französischen Bischöfe haben das Risiko auf sich genommen, sowohl die einen wie die anderen vor den Kopf zu stoßen, als sie die Katholiken zur Unterscheidung der Geister aufforderten», die sie selber so wenig zu unterscheiden willens oder imstande waren! Wie der Kardinal im Anschluß daran erklärte, hatte sich die von ihm geleitete Bischofskonferenz dafür ausgesprochen, die Revolution weniger als etwas Vergangenes denn als etwas Zukunftsträchtiges zu würdigen. Sie schlugen «nämlich vor, der Erklärung der Menschenrechte ihre christliche Inspiration wiederzugeben, die übrigens von der jüdischen (!) nicht getrennt werden kann. Die Rückkehr zur biblischen Quelle der Erklärung der Menschenrechte hat eine große theoretische und praktische Bedeutung. Nur von dort aus erstrahlen die Lichter dieses Textes in ihrem wahren Glanze. Dies ist der Glanz des Lichtes des Evangeliums, das nicht irgendein höchstes Wesen oder ein mehr oder weniger vom Menschen erfundener absoluter Geist erstrahlen läßt, sondern der einzig wahre Gott, der Gott Abrahams, Isaaks und Jakobs, der in der Kirche empfangene und durch sie verkündete Gott Jesus Christus. Hier werden auch die Dynamismen der Gestalter dieser Geschichte in der Agape, das heißt in der "durch den Heiligen Geist in unsere Herzen eingegossenen Liebe Gottes" aufgenommen, und so gereinigt und geheiligt. Das Beste (!) aus dem revolutionären Anlauf von damals kann also heute zur zähen und bescheidenen Anstrengung für eine echte menschliche Befreiung werden, für eine tatsächliche Anerkennung der Rechte jedes Menschen, für eine wirkliche allgemeine Brüderlichkeit. Dies nannte Papst Paul VI. den Kampf für eine "Zivilisation der Liebe". Die Erklärung der französischen Bischofskonferenz hat sich genau an diese Linie gehalten. Darin hieß es: "Zu Beginn des Sommers 1989 werden wir in Notre-Dame von Paris zusammenkommen. Wir werden jener Tage gedenken, an welchen ein Volk durch seine Vertreter (von denen viele dem Klerus angehörten) seine Zustimmung gab zu einem Zusammenleben mit dem besonderen Zielstreben nach der Ehrfurcht des Menschen (??). Wir Katholiken Frankreichs sind durch unseren Glauben zu einem Leben in der Gemeinschaft berufen und zur besseren Verwirklichung der Einheit unter allen Menschen. Wir erkennen uns also wieder in diesem gemeinsamen Willen und bitten Gott um den Mut zu dessen Verwirklichung". ... Abschließend scheint mir, daß die Erfahrung der Kirche Frankreichs bei der Zweihundert-Jahr-Feier der Revolution allen nützlich sein kann, welche den Aufbau Europas wollen, insbesondere eines Europas, das im Gedanken und in der Praxis seine "christlichen Säfte" wieder entdeckt. ... Frankreichs Bischöfe stellten fest, daß "1789 und seine Erklärung der Menschenrechte die Grundbedingungen entwickelt haben für eine verantwortungsbewußte Generation und für die Christen von heute".» Wenn die Illuminaten-Revolution von damals wirklich und tatsächlich den Grund gelegt hat für das Christentum von heute, dann kann gar kein Zweifel mehr daüber herrschen, wo dieses vom französischen Episkopat vertretene «Christentum» heute steht: mitten in der satanischen Gegenkirche!

«Der Geist des Neuen Zeitalters»

«Die innere Dynamik der revolutionären Infrastruktur», sagt Jean Vaquié, «weist eine ... Besonderheit auf: das Beieinanderwohnen zweier scheinbar entgegengesetzter Tendenzen, die sich aber in Wirklichkeit die Arbeit teilen, nämlich die rationalistische und die spiritualistische Tendenz. Das sind die beiden Beine, mit denen die Freimaurerei marschiert; sie macht einmal mit dem einen, dann wieder mit dem anderen einen Schritt voran. Sie setzt in Bewegung und bevorzugt abwechselnd die eine oder andere Tendenz, aber man darf nicht vergessen, daß beide in ihr seit ihrer Gründung vorhanden waren. Gewisse Logen haben sich auf die natur- und geisteswissenschaftlichen Disziplinen spezialisiert und gleichzeitig den agnostischen Skeptizismus entwickelt; das ist z.B. der Fall bei den Logen, die den Enzyklopädisten Unterschlupf gewährten, sodann bei jenen, die die Sozialisten hervorbrachten und so den Anstoß zu den großen Revolutionen des 19. Jahrhunderts gaben. Diese Tendenz hat sich im Grand Orient konkretisiert. Diese politische Freimaurerei arbeitet auf der zeitlichen Ebene. Eine andere Logenfamilie arbeitet auf der geistigen und religiösen Ebene. Sie pflegt den gnostischen und kabbalistischen Geist. Nachdem sie sich während der Periode des militanten Antiklerikalismus in aller Stille fortgepflanzt haben, haben die "spiritualistischen" Logen eine große Bedeutung gewonnen, seit sie von Leuten wie R. Guénon angespornt wurden. Man geht im allgemeinen davon aus, daß diese religiöse Tendenz in der Grande Loge de France und der Grande Loge Nationale Française verkörpert ist. Von dort nehmen die Kräfte der Neuen Rechten und der neuen Gnosis ihren Ausgang.» (Vaquié 1987, S. 31f)

In gewisser Weise verbindet die Ideologie Teilhard de Chardins, der ja der okkultistisch-gnostischen Martinistenloge angehörte, beide angesprochenen Tendenzen: die rationalistische Glorifizierung des Menschen und seiner Kultur und Technik wird bei Teilhard mit einem gnostisch mystifizierten Christentum amalgamiert. Kein Wunder, daß Teilhard zum weitaus bedeutendsten und «fruchtbarsten» Ideologen der spiritualistischen Logen in unserem Jahrhundert wurde. Mit vollem Recht kann G. Schiwy (a.a.O. passim) die These vertreten, daß die gigantische New-Age-Welle, die gegenwärtig dabei ist, das Christentum hinwegzuspülen, einen ihrer kräftigsten Anstöße Teilhard verdankt. Fraglos ist die gnostisch-okkult-satanistische New-Age-Bewegung das Werk der «spiritualistischen» Logen, die sich dadurch klarstens als Vorhut des Antichristen und direkte Werkzeuge Satans ausweisen. Sogar der Begriff des «Neuen Zeitalters» (New Age) findet sich bei dem spiritualistischen Freimaurer Teilhard, längst bevor man in der Öffentlichkeit irgendetwas von einer New-Age-Bewegung gehört oder auch bloß geahnt hätte: «Wir nähern uns also trotz aller Fehlschläge und aller Unwahrscheinlichkeiten einem *neuen Zeitalter*, in dem die Welt ihre Ketten abwerfen wird, um sich endlich den Kräften ihrer inneren Affinitäten zu überlassen.» (Zit. n. Schiwy 1987, S. 19) Nicht bloß Marilyn Ferguson (ebd. S. 17f), sondern auch Fritjof Capra, der zweite große Prophet des «New Age» (ebd. S. 105f), zitiert Teilhard und beruft sich auf ihn.

Übrigens ist der Jesuitenorden in der New-Age-Bewegung keineswegs bloß durch P. Teilhard de Chardin vertreten. Neben vielen anderen Namen, die man nennen könnte, verdient vor allem P. Hugo Lasalle SJ Beachtung, der sich nach seinem Studium der buddhistischen Zen-Meditation «bei dem berühmten Zen-Meister Daiun Sokagu Harada» seit 1947 «Makibi Enomiya» nennt. «Seit Ende der 60er Jahre hält Enomiya-Lasalle in der ganzen Welt Zen-Kurse ab. Sein Buch "Zen - Weg der Erleuchtung" wurde, wie die Schriften Teilhards, von der römisch-katholischen Kirche zunächst beanstandet, doch während des II. Vatikanischen Konzils, das sich auch dem Einfluß Teilhards nicht entziehen konnte, freigesprochen (!!). ... Enomiya-Lasalle, auch den New-Age-Anhängern ein New-Age-Anhänger geworden, ist davon überzeugt: New-Age-Bewußtsein und neues christliches Bewußtsein sind keine Gegensätze, sondern entstammen der gleichen Quelle, der Unruhe des Geistes Gottes, der den Erdkreis erfüllt und "weht, wo er will" (Joh 3, 8).» (Schiwy 1987, S. 101f) Obwohl Schiwy kein Zitat von Lasalle anführen kann, in dem sich dieser ausdrücklich als New-Age-Anhänger bezeichnen würde, hat er der Sache nach zweifellos recht. Desungeachtet erschien es der «katholischen» DT im Sommer 1989 geraten, einen äußerst lobenden Artikel über den Jesuiten Enomiya-Lasalle und sein «Wirken» zu veröffentlichen. Auch da scheint inzwischen der «Geist» zu wehen, der «Geist des Neuen Zeitalters» ...

Nur um zu zeigen, wie «spiritualistische» und «politische» Freimaurerei ineinandergreifen und sich wechselseitig in die Hände arbeiten, sei auch noch folgendes (Schiwy 1987, S. 86ff) angeführt: «Unter den New-Age-Verschwörern beruft sich vor allem Robert Muller, einer der Beigeordneten Generalsekretäre der Vereinten Nationen, außer auf die früheren Generalsekretäre Dag Hammerskjöld und U

Thant besonders auch auf Teilhard de Chardin. ... In seinem Buch mit dem typischen New-Age-Titel "Die Neuerschaffung der Welt. Auf dem Weg zu einer globalen Spiritualität" schreibt er: "Nach dem Krieg beschloß ich, für den Frieden zu arbeiten und kam 1948 zu den Vereinten Nationen. ... 1970 feierten wir das 25-jährige Bestehen der Vereinten Nationen, und ich wurde zum Direktor des Büros des Generalsekretärs ernannt. Von nun an konnte ich mir wirklich einen Gesamtüberblick verschaffen, und man hat mich oft einen "Teilhardianer" genannt. Pater Emmanuel de Breuvery, ein Mitarbeiter von Teilhard de Chardin (und von 1952 bis 1970 Direktor der UNO-Abteilung für Rohstoffe und Verkehr), hatte mich schon zu der Zeit, als ich in der Abteilung (...) arbeitete, in die Gedankenwelt und die Philosophie Teilhards eingeführt. Als Mitarbeiter von Generalsekretär U Thant wurden diese Einflüsse immer stärker, und heute, da ich ein Dritteljahrhundert bei den Vereinten Nationen zugebracht habe, darf ich ohne Einschränkungen sagen, daß vieles von dem, was ich in der Welt beobachtet habe, die Richtigkeit der ganzheitlichen, globalen und vorausschauenden Philosophie von Teilhard de Chardin bestätigt." Robert Muller nennt die Einsichten, die ihm Teilhard vermittelt hat, "meine fünf Erleuchtungen". Sie betreffen erstens die Notwendigkeit eines weltumspannenden, aus Menschen und Institutionen bestehenden Netzes zur Bewältigung der globalen Menschheitsaufgaben; zweitens die Überzeugung, daß es sich bei der Herausbildung dieses Netzes um ein notwendiges Stadium in der biologischen Evolution handelt; drittens die Einsicht, daß wir die Gegenwartsprobleme nur lösen können, wenn wir aus der bisherigen Entwicklungsgeschichte unseres Planeten lernen im Hinblick auf seine nur von uns zu planende und zu verantwortende Zukunftsgeschichte; viertens die Erfahrung, daß nur Menschen, die sich als Teil der Menschheit und darüber hinaus des Lebensstroms begreifen, diesen Aufgaben gewachsen sind; fünftens die Überzeugung, daß es herausragender Persönlichkeiten bedarf, damit möglichst viele Menschen sich für diesen Weg entscheiden. Robert Muller ist der Meinung, Teilhard würde heute wie Muller selbst in die Organisation der Vereinten Nationen alle Hoffnungen setzen: "Teilhard hatte die Vereinten Nationen als die in der Entstehung begriffene institutionelle Verkörperung seiner Vision betrachtet. Er hat nicht lange genug gelebt, um das heute bestehende gewaltige globale Unternehmen der Vereinten Nationen zu sehen, aber die Weltorganisation spiegelt genau das zusammenhängende System planetarischer Anliegen, Bestrebungen und Zusammenhänge wie des planetarischen Bewußtseins, das er in seiner Philosophie entwickelt hat, wider."»

In demselben Buch schwärmt Muller, der (s.o.) zu den eifrigsten Förderern des offen satanistischen «Luzifers Trust» zählt, ähnlich wie Teilhard von der UNO als dem «Leib Christi» (!) und macht einen recht bemerkenswerten Vorschlag: «Ich würde mich freuen, wenn eines Tages eine Bibel veröffentlicht werden könnte, die zeigt, wie die Vereinten Nationen eine moderne biblische Einrichtung sind, deren Aufgabe es ist, den in der Bibel enthaltenen weisen Verhaltensregeln und göttlichen Geboten Geltung zu verschaffen.» (Zit. n. Roland Rösler, Der Menschen Zahl oder: Das zerstörte Sodom ist euer Land! [Jes 1,7], Stein am Rhein 1989, S. 46) Jeder Kommentar zu diesen gotteslästerlichen Auslassungen erübrigt sich. Bemerkenswert jedoch ist, daß sich der überzeugte, wenngleich reichlich naive New-Age-

Anhänger Günther Schiwy und der überzeugte Katholik und Logengegner Jean Vaquié in ihrer Einschätzung der gegenwärtigen spirituellen Situation des Christentums bzw. der katholischen Kirche treffen. Während Schiwy zahlreiche Texte der New-Age-Literatur neben solche katholischer Startheologen und des kirchlichen Lehramts der jüngsten Zeit stellt, «damit sich der Leser selbst ein Urteil darüber erlauben kann, wie weit die Parallelen zwischen den beiden spirituellen Bewegungen wirklich vorhanden sind beziehungsweise wie weit sie zu ein und demselben Strom des Geistes zusammenfließen» (S. 13), formuliert Vaquié (1987, S. 32) denselben Befund so: «Die spiritualistische Freimaurerei ist in die Kirche eingesickert, wo sie zunächst ein modernistisches, dann, in jüngerer Zeit, ein gnostisches Netz organisiert hat. Dieses doppelte Netz, von derselben Hand gesteuert, hat die kirchliche Hierarchie zerfressen, die nun ohnmächtig ist. Die Freimaurerei hat keinerlei Reaktion mehr von seiten der offiziellen Konzilskirche zu befürchten. Sie hat sie endgültig für sich gewonnen und zu ihrer Hilfskraft gemacht. Ohne ein Wunder der Auferstehung ist diese Situation kirchenrechtlich unabänderlich, denn es gibt keine kirchliche Instanz mehr, die sich der Kontrolle durch die Freimaurerei entzieht. Das Konzil, die Synode, die Kurie, das Konklave und der apostolische Stuhl selbst, alles ist in ihrer Hand.»

Und noch etwas ist bemerkenswert: die ungebrochene Aktualität des geheimen Illuminatenplans «The City of Man». Wie wir schon mehrfach gesehen haben und auch noch sehen werden, schwirren die Schlüsselbegriffe dieses Plans gerade in der jüngsten Zeit überall umher. G. Schiwy beendet sein Buch mit der folgenden These (S. 109): «Auf Grund der Zusammenhänge und Parallelen, die wir aufgezeigt haben, drängt sich der Schluß auf: Der Geist des Neuen Zeitalters ist der Geist Gottes.» Das ist ganz ernst gemeint, und Schiwy schreibt es als «Katholik» in einem ehemals renommierten katholischen Verlag. Schiwy könnte seine Konklusion fast wörtlich in CoM wiederfinden; dort wird nämlich «die Religion des Heiligen Geistes» als die «universale Religion» gepriesen, «die in den besten Köpfen unseres Zeitalters verankert ist» (CoM S. 36). «Das läßt uns hoffen», fährt Schiwy (a.a.O.) fort, «und fordert uns auf, an der "sanften Verschwörung" mitzuwirken.» «Jawohl», rufen die CoM-Freimaurer, «jenseits des schwarzen Zeitalters hissen wir die Flagge des Gottesreiches auf Erden.» (CoM S. 58)

Rockefellers langer Arm

Der Ökumenische Weltrat der Kirchen (ÖRK) ist, wie man bei Homuth (1986, S. 54-58) ausführlich nachlesen kann, von allem Anfang an und bis heute von der Rockefeller-Stiftung mit reichen Geldgeschenken überhäuft worden. Unter Berufung auf die «Politischen Hintergrundinformationen» vom 15. September 1983 heißt es bei Homuth (ebd. S. 55): «Insgesamt erhielt der Weltkirchenrat von Rockefeller bis jetzt nachweislich 4 Milliarden Dollar!» Den Rockefellers als (neben den Rothschilds) hauptsächlichen Drahtziehern im Hintergrund des Weltgeschehens ging es natürlich einzig darum, sämtliche christlichen Denominationen ihren «One-World/One-Religion»-Plänen dienstbar zu machen. Wie rasch und gründlich Rockefeller den finanziell von ihm abhängigen ÖRK zu einem reinen Freimaurer- bzw. Weltregierungsinstrument umfunktionierte, belegt Homuth anhand von Beispielen: «1945 hatte also Rockefeller dem Weltkirchenrat 1 Mill. Dollar gestiftet. Und nun paß gut auf! Bereits 1950 saß dann Henry van Dusen, Rockefeller-Agent und Präsident des berüchtigten (Gott-ist-tot) Union Theological Seminary von New York als Vorsitzender im "Studienausschuß des Weltrates" in Genf. Van Dusen ist einer der intimsten Freunde Rockefellers, schon seit seiner Studentenzeit. ... Nach der ersten Spende Rockefellers dauerte es nicht lange und der Rechtsberater der Familie Rockefeller und spätere Außenminister, John Foster Dulles, saß als Präsident in der Genfer Kommission für Internationale Beziehungen des Weltkirchenrates. Diese Kommission ist ein Werk von Dulles, er hat damit den Weltkirchenrat mit der UNO verknüpft. Dulles war Top-Illuminat von ähnlicher Wendigkeit wie heute Henry Kissinger.» (Ebd. S. 55f)

«Der Weltkirchenrat», fährt Homuth fort, «wurde also am 4. August 1948 in Amsterdam eröffnet. Ein Einleitungsreferat hielt Karl Barth, das Hauptreferat J.F. Dulles! ... Außerdem spielen die Niederlande eine Rolle bei der Gründung des Weltkirchenrates, weil Prinz Bernhard hoher Johanniter-Ritter ist. Eine wesentliche Initiative für die Gründung des Ökumenischen Rates geht nämlich vom Johanniter/Malteser-Konsortium aus ... Der 1. Generalsekretär des Weltkirchenrates war darum zugleich auch der oberste Johanniter-Ritter. ... Während der Eröffnung des Weltkirchenrates in Amsterdam gab Prinz Bernhard eine Einladung für einen internen Kreis von 30 Vertretern des Weltkirchenrates. In diesem erlauchten Zirkel trafen sich Karl Barth, John Foster Dulles, Lilje, Niemöller, Visser't Hooft und andere Erleuchtete. Und noch einer war dabei: ein gewisser Philip Potter, der spätere Generalsekretär, damals noch Jugenddelegierter. Zwischen Potter und dem niederländischen Königshaus "begann seitdem eine langjährige Verbindung" (Müller-Romheld)», die offenbar auch noch fortdauerte, nachdem Prinz Bernhard Vorsitzender der frisch-gegründeten Bilderberger geworden war!

Da Homuth zuvor festgestellt hat, daß Prinz Bernhard nicht bloß Bilderberger war, sondern auch Shell-Hauptaktionär neben Lord Victor Rothschild ist, konstatiert er nun: «Damit war die Verbindung des Weltkirchenrates auch mit den Rothschild-Interessen hergestellt. Hier kann man den Grund suchen für die spätere Südafrika-SWAPO-Politik des Weltrates, der ein nützliches Instrument für die Rothschild-Uran-Interessen in Südafrika geworden ist.» (1986, S. 57f) «Während die Freimaurer-UNO den kommenden WELTSTAAT verkörpert, weist der Weltkirchenrat in Genf schon jetzt auf die entstehende WELTKIRCHE hin. Ein besonderes Licht fällt auf den Weltkirchenrat dadurch, daß er ein Magazin herausgibt mit dem Titel "One World". Hier kommen die Interessen des Weltkirchenrates und der NOVUS ORDO SECLORUM schließlich zur vollen Deckungsgleichheit.» (Ebd. S. 60) Diese zuletzt aufgestellte These entspringt keineswegs Homuths überreizter Phantasie; vielmehr wird sie durch sehr aussagekräftige Zitate untermauert. «Auf der 4. Vollversammlung in Uppsala sprach man bereits offen von einer Ausweitung des

Einheitsgedankens: "Die Kirche wagt es, von sich selbst als Zeichen der künftigen Einheit der ganzen Menschheit zu sprechen."» (Ebd. S. 65) Das ist übrigens - um nochmals daran zu erinnern - wörtlich die Formulierung des zweiten Vatikanums in der Konstitution *Lumen Gentium* (Nr 1) und damit ein erneuter Beweis dafür, daß hinter den Dokumenten des Konzils dieselben illuminierten Kräfte stehen wie hinter dem ÖRK und seinen Verlautbarungen. «Der Generalsekretär Philip Potter hielt auf einem Treffen auf Schloß Bossey im März 1980 eine sensationelle Einführungsrede, in der er u.a. folgendes sagte: "Die charismatische Bewegung ist ein Bindeglied ... sie kann dem Weltkirchenrat zur Erreichung des gesteckten Zieles helfen, nämlich ... zum *Zusammenschluß aller Menschen der ganzen Erde*"» (Ebd. S. 67) Auf der Vollversammlung des ÖRK in Vancouver 1983 spielte sich u.a. folgendes ab: «Der Hindu Dr. Gopal Singh dankte der Vollversammlung, daß sie auch Moslems, Buddhisten, Zarathustra-Anhänger, Sikhs und Juden eingeladen habe. ... Dr. Mulder behauptete, Erweckungsbewegungen seien die größte Bedrohung für die Vereinigung aller Religionen.» (Ebd. S. 45)

In Deutschland macht in letzter Zeit eine Organisation namens «Arbeitsgemeinschaft Christlicher Kirchen» zunehmend auf sich aufmerksam, meist unter dem Kürzel «ACK». Was hat es damit auf sich? Homuth ist der Frage sorgfältig nachgegangen. «Wenden wir uns zunächst an die verantwortliche Stelle in Genf, zum Weltkirchenrat selbst. ... Auf eine Anfrage schreibt der stellvertretende Generalsekretär Konrad Raiser in einem persönlichen Brief: "Die ACK ... ist ein Zusammenschluß von christlichen Kirchen innerhalb des angegebenen Territoriums (Deutschland) ... Der Weltrat ist demgegenüber ein weltweiter Zusammenschluß. Beide Zusammenschlüsse jedoch verfolgen im Prinzip sehr ähnlich gerichtete Aufgaben." ... Nicht zuletzt sei noch erwähnt, daß das ACK-Wappen zugleich das Wappen des ÖRK ist ... Die Briefköpfe der ACK tragen das Emblem des ÖRK. ... Der Chef der Ökumenischen Zentrale in Frankfurt, Dr. Laurentius Klein (Benediktinerabt) schrieb in einem Brief vom 21.9.83: "... Die Beziehung der ACK zum ÖRK ist die eines 'Associated Council'", was laut dem Handbuch "Ökumenische Terminologie" soviel wie "angeschlossener Rat» bedeutet. Abschließend noch der Ökumenische Katechismus. "Die ACK ist ein sichtbarer Ausdruck der Ökumene im eigenen Land. ... Sie steht seit 1955 in offizieller Verbindung mit dem Ökumenischen Rat (Weltkirchenrat), dessen Basis als gemeinsame Grundlage dient." Seit der letzten Weltkirchenratskonferenz in Vancouver wurde die ACK völlig mit dem Weltkirchenrat verknüpft durch folgende Ämterverbindungen: ACK-Vorsitzender Dr. Held wurde gleichzeitig zum Vorsitzenden des Zentralausschusses des ÖRK in Genf. Und sein Stellvertreter im ACK-Vorsitz, der katholische Bischof Dr. P.W. Scheele wurde in die Kommission "Glaube und Kirchenverfassung" des Weltkirchenrates berufen.» (Homuth 1986, S. 43ff)

Spätestens an dieser Stelle wird der ÖRK auch für Katholiken interessant. Denn wie aus dem stellvertretenden Vorsitz des Würzburger Bischofs Paul-Werner Scheele in der ACK deutlich wird, ist hier die katholische Kirche beteiligt. «Noch ist die katholische Kirche nicht Mitglied im Weltkirchenrat. In der deutschen Ökumene ACK ist sie allerdings seit 1974 schon Vollmitglied ...», sagt Homuth (ebd. S. 51). Mit wem die katholische Kirche da alles *auf gleicher Ebene* an einem Tisch sitzt, ist erst recht skandalös: «Die ACK wiederum ist unterteilt in Regionale Ökumenen und Stadtökumenen. Die Berliner Stadtökumene besteht aus dem ÖRB (Ökumenischer Rat Berlin) und der AKR (Arbeitsgemeinschaft der Kirchen und Religionsgemeinschaften). Das veröffentlichte Kurt Scharf 1974 in der Schrift "Ökumene in Berlin West". Dort arbeiten die üblichen Kirchen und Freikirchen sogar mit den Mormonen, Anthroposophen, Neuapostolischen, Adventisten, Christl. Wissenschaft zusammen ... Ebenso eine Spiritistenloge (Johannische Kirche) ist dabei, sowie die Buddhistische Gesellschaft, die Islamische Gemeinde und die Zarathustra-Gemeinde.» (Ebd. S. 27)

Fassen wir zusammen. Während die katholische Kirche offiziell immer wieder beteuert, sie sei kein Mitglied im Weltkirchenrat, ist sie aber in Deutschland schon mehr als fünfzehn Jahre lang *Vollmitglied* der ACK, die ihrerseits dem Weltkirchenrat *assoziiert* ist und in vollkommener Übereinstimmung mit dessen ökumenischer Struktur und freimaurerischen Zielen steht. Daß der Würzburger katholische Bischof Dr. Scheele nicht bloß in der ACK, sondern auch in einer Kommission des ÖRK selber in verantwortlicher Position mitarbeitet, hat allerdings einen anderen Grund. Laut DT vom 10. August 1989 ist nämlich die katholische Kirche in der Kommission «Faith and Order» (Glaube und Kirchenverfassung) des ÖRK «seit dem Zweiten Vatikanischen Konzil offiziell ... vertreten. Von den 120 Mitgliedern gehören zwölf der katholischen Kirche an, darunter der Bischof von Würzburg, Paul-Werner Scheele, und der Rektor der Frankfurter Jesuiten-Hochschule Sankt Georgen, Werner Löser.» Nebenbei bemerkt fand sich im «Osservatore Romano» (hier wie nachfolgend immer die deutsche Wochenausgabe, abgek. OR) vom 28. Juli 1989 auf S. 9 folgender aufschlußreiche Satz: «Die Österreichische Bischofskonferenz und der Ökumenische Rat der Kirchen in Österreich hatten eine gemeinsame Arbeitsgruppe eingesetzt, in der vielfältige geistige Vorarbeit für das Treffen in Basel (Anm.: gemeint ist der Baseler Konziliare Prozeß für Frieden, Gerechtigkeit und Bewahrung der Schöpfung; s.u.!) geleistet wurde.» Man darf getrost davon ausgehen, daß Deutschland und Österreich keine Einzelfälle darstellen. Wie man sieht, reicht Rockefellers langer Arm längst in die katholische Kirche hinein. Über den ÖRK steht sie gleich mehrfach unter dem direkten Einfluß der Rockefeller/Rothschildschen Bestrebungen, die «Religion des Menschen» an die Stelle aller bisherigen Religionen, vor allem aber an die Stelle der einzig wahren Religion, der katholischen Kirche selber, zu setzen.

Die «Neue Stadt» der Chiara Lubich

Voll in die endzeitlichen antichristlichen «Ökumene»bestrebungen der CoM-Freimaurerei und ihrer aus dem Dunkel heraus agierenden mächtigen Drahtzieher integriert ist auch die Bewegung der «Fokularini» mit ihrem Ableger, der sich entlarvender Weise «Neue Gesellschaft» nennt, und ihrem (deutschen) Verlag, der ebenso bezeichnender Weise «Neue Stadt» heißt. Im OR vom 22. April 1983 (S. 10) wurde die «Neue Gesellschaft» so vorgestellt: Sie entfaltet «ihre Wirksamkeit weniger innerhalb bestimmter Bevölkerungsschichten als vielmehr in Tätigkeitsbereichen: so z.b. im Bereich der Kunst, der Erziehung und der Politik. Einfach dort, wo sich Menschen treffen und zusammenarbeiten.» Weiter wurde dort berichtet: «Zum ersten Mal trafen sich die Mitglieder der Bewegung "Neue Gesellschaft" am 20. März im Sportpalast in Rom zu einem internationalen Kongreß. Höhepunkt der Tagung mit 20 000 Teilnehmern aus 45 Nationen aller Kontinente waren der Besuch Papst Johannes Pauls II., die gemeinsame Eucharistiefeier mit Kardinal Opilio Rossi, bei der unter anderem auch der Bischof von Aachen, Dr. Klaus Hemmerle, konzelebrierte, und die programmatische Eröffnungsansprache der Gründerin der Fokolar-Bewegung, Chiara Lubich, zum Thema des Kongresses, "Für eine neue Gesellschaft".»

Zu diesem New-Age-Thema nun fiel der von Außenstehenden als etwas exaltiert beschriebenen Dame u.a. folgendes ein: «Der Mensch, der sich um den Aufbau der irdischen Stadt bemüht, kann schon jetzt etwas aufbauen, das nicht vergeht: Mit seinem Einsatz kann er mitbauen am "neuen Himmel" und an der "neuen Erde" (2 Petr 3, 13), die ihn erwarten. ... Dürfen wir nicht allen Ernstes an eine neue Menschheit denken, wenn derjenige mit uns ist, der sagen konnte: "Seht, ich mache alles neu" (Offb 21, 5)? ... Gott hat uns mit dem Geist, der unsere Bewegung "Neue Gesellschaft" beseelt, eine starke Kraft anvertraut. Wir wollen unsere Mitmenschen nicht enttäuschen und mutig aufbrechen zu dem, was gewiß - wenn Gott es will, und wenn wir es wollen - die Gesellschaft des Jahres 2000 sein wird: eine "Gesellschaft im Zeichen der Liebe".» (Ebd.) Wie man sieht, ähnelt der Sprachgebrauch der Lubich ganz verblüffend sowohl dem Teilhards als auch dem von CoM. Ganz gleich, ob die Lubich weiß oder nicht weiß, wem sie mit dem «Aufbau der irdischen Stadt (!)», dem Gedanken an eine «neue Menschheit» oder der New-Age-Jahreszahl 2000 das Wort redet, sie liegt exakt auf der Linie der One-World-Strategen.

Das läßt sich auch aus der von den Fokularini-Kindern («Gen 3») zusammen mit den Fokularini-Jugendlichen anläßlich des interreligiösen Gebetstreffens von Kyoto/Japan am 4. August 1987 verfaßten Erklärung ersehen, die in der Fokularini-Zeitschrift «Neue Stadt» vom November 1987 (S. 10) nachzulesen war; dort hieß es wörtlich: «Obwohl wir verschiedenen Nationalitäten, Rassen und Religionen angehören, verbindet uns doch eine große Idee, für die wir uns mit unserem Leben (!!!) einsetzen: Wir leben dafür (!!), eine geeinte Welt aufzubauen, in der der Friede verwirklicht ist. Deshalb bemühen wir uns, so viele Menschen wie möglich dafür zu begeistern. Denn wir sind überzeugt, daß alle dazu berufen sind, die Einheit und den Frieden aufzubauen. Wenn wir jedem Menschen mit echter, uneigennütziger Liebe beggnen, erfahren wir, daß die trennenden Mauern zwischen Rassen, Religionen und Generationen zusammenbrechen.»

Vor einiger Zeit machten die Fokularini mit ähnlichen Freimaurerparolen erneut auf sich aufmerksam. Im OR vom 24. März 1989 wurde auf S. 4 berichtet: «Die diesjährigen offenen Jahrestreffen der Fokolar-Bewegung in Lugano, Bern, Zürich und Genf standen unter dem Motto "Für eine Kultur des Friedens und der Einheit". Insgesamt rund 1850 Mitglieder der Bewegung haben daran teilgenommen ... Ausgangspunkt war ein Referat der Gründerin und Präsidentin der Fokolar-Bewegung, Chiara Lubich, zum Thema "Eine Kultur des Friedens für die Einheit der Völker". An der Jahrestagung in Lugano nahm auch Bischof Eugenio Corecco teil. ... Mit Nachdruck rief Chiara Lubich dazu auf, "ein jeder möge im kleinen oder großen Bereich seines Alltagslebens - in der Familie, im Büro ... in den öffentlichen, städtischen, staatlichen oder übergreifenden Institutionen bis hin zur UNO - wahrhaft am Frieden mitbauen, die Liebe bezeugen und Einheit bewirken". Eine wirksame Hilfe dabei könnten eigens dafür eingerichtete "Büros" sein - in vielen Ländern bestehen sie schon - die nach Lösungen für gesellschaftliche Probleme suchen und entsprechende Aktionsprogramme ausarbeiten. Ein weiterer Beitrag seien informelle Arbeitsgruppen, soziale und kulturelle Zentren sowie die Gründung von Genossenschaften und Vereinigungen auf lokaler Ebene mit unterschiedlichem Rechtsstatus. Wie dieses Engagement in verschiedenen Bereichen der Gesellschaft aussehen kann, wurde anhand von Erfahrungsberichten dargestellt. Die "Utopie" einer Kultur des Friedens und der Einheit sei da und dort schon Realität geworden. Auf besonderes Interesse stieß die Aktion in Zürich, wo die "Jugendlichen für eine vereinte Welt" und Mitglieder der Gruppierung "Neue Gesellschaft" seit letztem November gegen die Not und Verelendung der Drogenabhängigen kämpfen. Die "Jugendlichen für eine vereinte Welt" und die "Neue Gesellschaft" gehören der Fokolar-Bewegung an. Die "Neue Gesellschaft" hat bei der UNO Beobachterstatus.»

Alles paßt blendend ins Bild, das internationale parakatholische und New-Age-ähnliche Netzwerk, das sich da im Aufbau befindet, der programmatische Name «Jugendliche für eine vereinte Welt» und der Beobachterstatus bei der zionistisch manipulierten UNO; alles deutet auch daraufhin, daß es sich bei Frau Lubich um eine «Wissende» handelt. Ihrer (übrigens bewußt «ökumenischen») Bewegung fühlen sich nicht nur die Bischöfe Hemmerle (der im Fokulare-Verlag «Neue Stadt» publiziert hat und z.B. laut OR vom 28. Juli 1989 im Juli 89 vor einem ökumenischen Kongreß von Fokolare-Geistlichen verschiedener «Kirchen» in Bonn-Bad Godesberg das Hauptreferat hielt, wobei er dazu aufforderte, «die Spuren Gottes in den anderen Religionen» zu suchen) oder Corecco und viele andere Hierarchen, sondern auch der Vatikan sehr verbunden. Hattest Du, lieber Leser, wirklich noch etwas anderes erwartet?

Im Geiste des Synkretismus

Die deutsche Sektion der Kommission «Justitia et Pax», wie bereits gezeigt mit dem «Club of Rome» personell verfilzt, der sich nach Homuth (1986, S. 58) «aus lauter Hochgradfreimaurern zusammensetzt und eine Weltregierung fordert», gab zum Weltfriedenstag 1988 ein sogenanntes «Arbeitsheft» heraus, mit dem alle katholischen Pfarrämter zum Zweck des Verteilens ans Kirchenvolk beschickt wurden. Für das Vorwort hatte man - gewiß ohne Schwierigkeiten - den Vorsitzenden der Deutschen Bischofskonferenz und Rotarier Karl Lehmann gewonnen. Der skandalöseste Beitrag des ganzen Hefts war neben der unverschämten Titelgrafik wohl ein von einem Pfarrer Hermann Benz unterzeichneter Artikel, in dem sich die «Weltkonferenz der Religionen für den Frieden, Gruppe Stuttgart» vorstellte, und zwar folgendermaßen: «Wir haben 1982 begonnen, einander zu finden: Christen, Moslems, Buddhisten und Hindus. Behutsam gingen wir aufeinander zu, mit Erwartung, Hoffnung und Vertrauen. 1983 waren wir so weit, daß wir beschlossen, beieinander zu bleiben und uns regelmäßig zu treffen. Wozu? Um einander menschlich näher zu kommen und unsere jeweiligen religiösen Traditionen, aus denen wir kommen und in denen wir leben, sozusagen aus erster Hand kennenzulernen, und schließlich miteinander der Frage nachzugehen, wie wir in unseren Religionsgemeinschaften und dann auch gemeinsam dem Frieden dienen können. ... Unsere große Hoffnung ist, daß sich auch in anderen Städten Deutschlands ähnliche Gruppen bilden. Wir Stuttgarter würden dabei gerne mit Rat und Tat behilflich sein.» (S. 13)

Über den religiösen Teil der zweimonatlichen Treffen teilte der Herr Pfarrer noch mit: «Je ein Vertreter einer Religion spricht oder singt ein Gebet oder einen religiösen Text. Dabei zünden wir an der größeren Kerze in der Mitte des Tisches - Sinnbild unseres gemeinsamen Ursprungs und Zieles - je eine der fünf kleineren Kerzen für die einzelnen Religionen an und beten für die Gläubigen der jeweiligen Religion, daß sie Gottes Wege finden und gehen, die Wege, die zum Frieden führen.» (Ebd.) Gottes Wege, die zu ihm in den Himmel führen und die man *nur* über *den* Weg, Jesus Christus den Gottmenschen und einzigen Erlöser der Welt und seine allein wahre katholische Kirche gehen kann, scheinen den Herrn Pfarrer längst nicht mehr zu interessieren. Da er unter dem Beitrag noch vermerkt hat «Sekretariat für die Bundesrepublik Deutschland:» und sodann seine Adresse angibt, läßt sich unschwer erkennen, daß das «Zueinanderfinden» der Stuttgarter Gruppe 1982 keineswegs ein zufälliges oder spontanes war. Vielmehr haben die Logen offenbar diese «Weltkonferenz der Religionen für den Frieden» (man wird sofort an die «Ärzte gegen den Atomkrieg» erinnert) als eine feste, internationale Organisation gegründet, deren erster deutscher Ableger die Stuttgarter Gruppe war. Man darf annehmen, daß letztere inzwischen eine ganze Reihe von begeisterten Nachahmern gefunden hat und die synkretistische Organisation bestens floriert.

In ihrem unheiligen Eifer für das allmähliche Zusammenwachsen der großen Weltreligionen («Daß sie Gottes Wege finden und gehen», natürlich möglichst *gemein-*

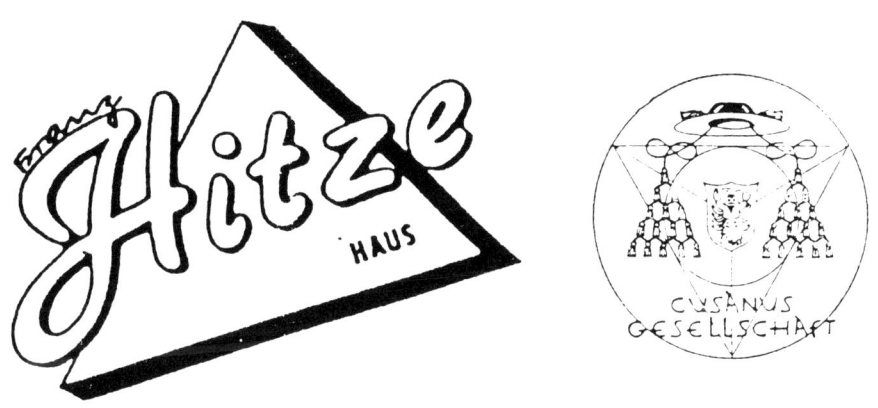

Abb. 1 Die Pyramide bzw. das sie vertretende maurerische Dreieck als magisches Insider-Symbol dringt allmählich auch in das katholische Milieu ein. Oben: Kardinal Joachim Meisner von Köln absolvierte - wahrscheinlich ahnungslos - im März 1990 seinen WDR-Fernsehauftritt (im Rahmen der Serie «Ich stelle mich» mit Claus-Hinrich Casdorff) in ganz bestimmt nicht trinitarisch gemeinten Zeichen des Dreiecks! Man beachte auch die beiden kleinen dreieckigen Beistelltische im Vordergrund. Unten links: Das Symbol des Münsteraner diözesanen Tagungszentrums «Franz-Hitze-Haus» scheint nicht unbedingt die hlst. Dreifaltigkeit versinnbilden zu sollen. Unten rechts: Die katholische Cusanus-Gesellschaft führt gleichfalls das (auf die Spitze gestellte) gleichseitige Dreieck «im Schild».

ERA
European Rogationist Association

Die »Rogationistische Vereinigung in Europa« (E.R.A. – Laien für kirchliche Berufungen in Europa) ist eine kirchliche Bewegung, die aus dem Charisma einer jungen Ordensgemeinschaft, der Rogationisten-Patres hervorgegangen ist.

Die katholische Kirche in Europa braucht dringend Menschen, die bereit sind, folgendes zu werden:

☐ **Welt- oder Ordenspriester**
☐ **Ordensbruder**
☐ **Ordensschwester**
☐ **Laienmissionar**
☐ **Engagierter Jugendlicher in einer kirchlichen Bewegung**

Bitte ankreuzen, was am meisten interessiert, und dazu noch die folgenden Angaben machen:

Familienname/Vorname

Straße/Nr.

PLZ/Ort

Geburtsjahr/Beruf

Sie erhalten kostenlos und unverbindlich Informationen über Ihr angekreuztes Interessengebiet, wenn Sie diesen Coupon ausschneiden und senden an:

ERA · Zielstattstraße 135 · 8000 München 70

Abb. 2 Noch vor siebzig Jahren gehörte zur Allgemeinbildung zumindest der katholischen *Priester* das Wissen darum, daß das Pentagramm ein magisch-satanistisches Symbol ist. Und heute? Oben links: Werbung für geistliche Berufe im Zeichen des freimaurerisch geeinten Europas, des Pentagramm-Kranzes (1990). Oben rechts: Kardinal Friedrich Wetter von München mit der Pentagrammstola seines Vorgängers Döpfner (1989). Unten links: Der Stempel der vatikanischen Post mit zwei Pentagrammen. Unten rechts: Das Papstwappen Johannes Pauls I. gemäß «Osservatore Romano» (OR) vom 15.9.1978, S. 3. Im zur Abbildung gehörigen Text, der der vatikanischen Ausgabe des OR vom 3.9.1978 entnommen war, hieß es: «Unter dem "Kopf" erscheint das *eigentliche Wappen* des Papstes, das ... *in der Hauptsache* (!) aus drei fünfeckigen Sternen auf blauem Feld besteht.»

ÖKUMENE-SEMINAR ★

"Wenn auch bis zur
vollen Glaubens-
und Kirchengemein-
schaft noch ein
weiter Weg zurück-
zulegen ist, so ist
es um so wichtiger,
daß die Christen
angesichts der zu-
nehmenden Ent-
christlichung in
der heutigen Welt
schon jetzt alles
miteinander tun,
was nur irgend-
wie möglich und
wünschenswert ist".
(Joh. P. II)

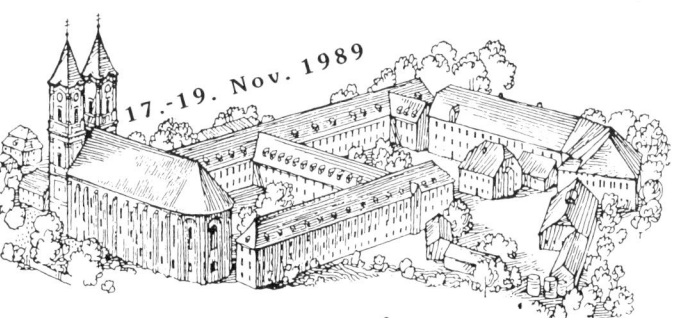

17.-19. Nov. 1989

NIEDERALTAICH

PROGRAMM:

Freitag, 17. Nov. 1989
16.30 Uhr Anreise/Begrüßung
17.00 Uhr Vesper
18.15 Uhr Abendessen
19.30 Uhr "Ökumene heute"; eine Analyse über das, was ökumenische Arbeit will und in den letzten Jahrzehnten erreicht hat.

Samstag, 18. Nov. 1989
8.30 Uhr Frühstück
9.15 Uhr "Wo liegen die Defizite?; welche Probleme sind entstanden? Warum gibt es hierbei Enttäuschungen?
10.45 Uhr "Der neue Lernprozeß"; Begegnungen mit Andersgläubigen und mit anderen Kirchen.
12.15 Uhr Mittagessen
15.00 Uhr "Der dritte ökumenische Partner" (1); was kennzeichnet die Ostkirchen? Wo liegen die Unterschiede?
17.15 Uhr Byzantinische Vesper
18.15 Uhr Abendessen
19.30 Uhr "Der dritte ökumenische Partner" (2); Stand der Bemühungen in der Ökumene mit den Ostkirchen. Welche besonderen Hoffnungen und Schwierigkeiten sind vorhanden?

Sonntag, 19. Nov. 1989
8.30 Uhr Frühstück
9.30 Uhr Byzantinische Liturgie
12.00 Uhr Mittagessen
anschl. Ende der Tagung

TAGUNGSORT: Ökumenisches Institut der Abtei Niederaltaich
8351 Niederaltaich, Tassilostr. 6, Tel.: 09901/208208

TAGUNGSLEITUNG: Verbandsseelsorger Kb Msgr. Siegfried Schindele, Augsburg

REFERENT: Kb Pater Dr. Gerhard Voß, OSB

VERANSTALTER: KV-Akademie e.V., Neubeckumer Str. 20
4720 Beckum, Tel.: 02521/6695

LEISTUNGEN: Übernachtung und Verpflegung frei, für Aktive Fahrtkostenerstattung: -,10 DM pro DB-km pro Person (Studienort - Niederaltaich und zurück)

TAGUNGSBEITRAG: Aktive 30,-- DM, Alte Herren und Damen 100,-- DM

ANMELDUNG:
bis spätestens 2. Nov. 1989 beim KV-Sekretariat, Postfach 1638, 4720 Beckum, Tel.: 02521/6695 (nach Büroschluß auch per Anrufbeantworter möglich), Telefax: 02521/13197.

Kartellverband
katholischer deutscher
Studentenvereine — KV

"DIE OSTKIRCHEN, DER DRITTE ÖKUMENISCHE PARTNER"

Abb. 3 Der moderne Ökumenismus ist eine von den Logen initiierte und gelenkte Bewegung. Ob die Leute vom Kartellverband katholischer deutscher Studentenvereine ihre Einladung zum «Ökumene-Seminar» nun wissentlich mit Drudenfüßen verziert haben oder nicht - sie hätten keine passendere Symbolik wählen können ...

Biblisch, ökumenisch, weltweit...

Welt der Religionen

Große Gestalten der Religionsgeschichte haben der Menschheit in bewundernswerter Konsequenz Wege zum Heil aufgezeigt: Jesus von Nazaret, Buddha, Mohammed,...

Mit unseren Reisen in die **Welt der Religionen** möchten wir nicht nur einen kulturellen Brückenschlag zwischen Christentum und fernöstlicher Weisheit bauen, sondern neue Horizonte eröffnen...

- Süd-Korea   17.3. – 3.4.1990   DM 5.875,–
- Thailand/Birma   6.4. – 23.4.1990   DM 5.450,–
- Japan   7.4. – 22.4.1990   DM 8.250,–

Biblische Reisen Stuttgart

Biblische Reisen GmbH
Silberburgstraße 121
7000 Stuttgart 1
Tel. (07 11) 6 19 25-0

Unsere fachlich versierten Reiseleiter erschließen Ihnen an 250 Terminen in über 40 Reiseländern **Stätten der Bibel, Stätten der Christenheit** und die unbekannte **Welt der Religionen.**

Fordern Sie unseren **Gesamtkatalog 1990/91** kostenlos an!

Abb. 4 Eine bodenlose Unverschämtheit ist diese wiederholt geschaltete Anzeige in der deutschen Wochenausgabe des Osservatore Romano. Während ein bekannter (glaubenstreuer) katholischer Verleger nach eigenen Angaben in vielen Fällen Ärger mit der Anzeigenredaktion des OR bekommt, darf in der selbsternannten «Zeitung des Papstes» der Gottmensch Jesus Christus ungestraft in eine Reihe mit Menschheitsverführern wie Buddha oder Mohammed gestellt werden, und das nicht nur einmal, sondern viele Male. Nichtsdestoweniger steht diese Gotteslästerung der «Zeitung des Papstes» Johannes Paul II., die seinerzeit euphorisch über das «welthistorische Ereignis» von Assisi berichtete, sehr gut zu Gesicht ...

WELTTAG DES FRIEDENS 1988
FREI FÜR GOTT, UM FRIEDEN ZU SCHAFFEN

Abb. 5 «Katholische» Propaganda für die kommende Welteinheitsreligion. Oben: Die Titelseite des von Rotarierbischof Lehmann mit einem Vorwort bedachten «Arbeitshefts» von «Pax Christi» zum «Welttag des Friedens 1988» zeigt die Anhänger sechs verschiedener Religionen (v. l. n. r. Christentum, Judentum, Hinduismus, Naturreligionen, Islam, Buddhismus) unter den Strahlen einer einzigen Sonne in fröhlichem Reigen vereint. - Links: Das Emblem der (im soeben erwähnten Arbeitsheft wärmstens empfohlenen!) «Weltkonferenz der Religionen für den Frieden» klammert die Naturreligionen aus, wodurch sich im Zentrum der verbleibenden *fünf* Weltreligionen schwarz das satanische Pentagramm abzeichnet.

Diese Zeichnung hat uns Leser Thomas Krause aus 3565 Breidenbach eingesandt. Sie könnte ein Beitrag zur „Woche der Brüderlichkeit" sein.

Katholische Akademie Trier

DER TRAUM
ALS GOTTES VERGESSENE SPRACHE

Theologisch-psychologisches Seminar

Einführungsseminar

26. - 27. Mai 1990

Abb. 6 Daß ahnungslose Dreikönigs-Sänger hier und da den Zionsstern verwenden, mag Zufall sein. Ob das auch für das ein wenig versteckte (von mir durch Tönung optisch hervorgehobene) Salomonssiegel auf dem Veranstaltungs-Prospekt einer «Katholischen Akademie» (man beachte auch das keineswegs eindeutig christliche Sonnensymbol links oben) gilt, ist bereits zweifelhaft. - Der Leser der Limburger Bistumszeitung «Der Sonntag» (11. 3. 1990), der das Kreuz Christi im zionistischen Davidsstern verschwinden läßt und damit die Redaktion dieses neomodernistischen Organs offenbar beeindruckt hat, scheint die wahren Drahtzieher und das Endziel des Ökumenismus recht gut zu kennen ...

Ein Regenbogen

als Symbol...

Am Sonntag wird der Kindergarten und Hort Don Bosco offiziell eröffnet

„Für uns ist ein Märchen zum Symbol geworden", sagt Pater Franz Schaumann. Das Märchen vom Regenbogen, die Geschichte eines Traumes, der nach großer Wirrnis doch noch in Erfüllung ging. Von Irrungen und Wirrungen, die sich während der Bauzeit des neuen Kindergartens und Hortes Don Bosco ergaben, kann freilich auch der Seelsorger der Gemeinde einiges erzählen. Nicht von ungefähr findet man denn auch besagten Regenbogen in der Eingangshalle des neuen Gebäudes wieder, allerdings nicht als Gemälde oder Foto, sondern als Relief, bestehend aus vielen bunten Steinen, auf denen die Namen der Kinder „verewigt" sind.

Anmeldung und Information beim Veranstalter:

Regionalbildungswerk
- Katholische Erwachsenenbildung in der Region Koblenz
Florinspfaffengasse 14
5400 Koblenz
Tel. 02 61/ 3 56 63

KEB

"Der Weg des Namen"
- Ein Tarotseminar -

Abb. 7 New Age in der Kirche. Links: Während mittlerweile alle Welt den *Regenbogen* als zentrales New-Age-Symbol kennt, fällt diesem Priester (als einem von vielen!) nichts Besseres ein, als schon die Kleinsten für das Neue Zeitalter zu präparieren! Rechts: Das Legen von *Tarot-Karten* galt bislang unbestritten als magisch-gnostisch-kabbalistische Technik. Im Hinblick auf das kommende Welt-Reich des zionistischen Antichristen ist ihre Beherrschung für zeitgeistangepaßte und zugleich bildungsbeflissene «Katholiken» jedoch ein Muß! Die Mittel für solche «katholische» Erwachsenen(ver)bildung stammen natürlich aus dem diözesanen Kirchensteuertopf.

MISEREOR
FASTENAKTION 1990

GEMEINSAM HANDELN
SOLIDARISCH IN DER EINEN WELT

Solidarisch **IN DER EINEN WELT**

Spendenkonto: Postgiro Köln 556-505

MISEREOR
Aktion gegen Hunger und Krankheit in der Welt

Mozartstraße 9
5100 Aachen

SOLIDARISCH IN DER EINEN WELT

Kollekte am 12. März 1989

30 Jahre **MISEREOR**
Gerechtigkeit und Erbarmen

Abb. 8 Seit 1989 wird die alljährliche katholische Misereor-Kollekte mit unverhohlener und dennoch von den wenigsten Zeitgenossen begriffener Reklame für die *One World* verknüpft. Der ehrgeizige Chef von Misereor, Prälat Norbert Herkenrath, dürfte wohl Näheres über das Zustandekommen der neuen Misereor-Parole wissen.

Pierre Teilhard de Chardin am 9. März 1931

Einheit der Welt

Das Zeitalter der Nationen ist vorbei. *Es handelt sich nunmehr, falls wir nicht zugrunde gehen wollen, für uns darum, die alten Vorurteile abzuschütteln und die Erde zu bauen.*

Ich kenne alle Nuancen des Lächelns, die erscheinen, wenn jemand sich anschickt zu sagen, angesichts des Menschen gäbe es in der unmittelbaren Zukunft die Möglichkeit irgendeines Neuen und Größeren als wir selbst: Lächeln des Skeptikers oder des Schriftgelehrten oder des Pharisäers. Doch was soll ich machen? – Je mehr ich die Welt wissenschaftlich betrachte – *um so weniger sehe ich für sie einen anderen möglichen biologischen Ausweg als das aktive Bewußtsein ihrer Einheit.* Das Leben vermag in Zukunft auf unserem Planeten nur noch voranzuschreiten [und *nichts* wird es daran hindern voranzuschreiten – nicht einmal seine inneren Unfreiheiten], indem es die Wände sprengt, die das menschliche Tun noch in Abteile teilen – und indem es sich ohne Zaudern dem Glauben an die Zukunft hingibt.

Aus: Teilhard de Chardin, die Menschliche Energie
– Der Geist der Erde, Walter-Verlag, Olten, 1966,
S. 50
Foto: KNA-Bild

caritas aktuell
M 3475 F Nr. 2/Mai 1990

EINE WELT FÜR ALLE

Abb. 9 In die im Mai 1990 angelaufene konzertierte Aktion «Eine Welt für alle» (!) des bundesdeutschen Fernsehens und einer Reihe anderer mehr oder weniger logenkontrollierter Organisationen hat sich auch die «katholische» *Caritas* eingeschaltet: Titelseite (links) und ein entlarvender Beitrag (rechts) einer ganz der One-World-Reklame gewidmeten Ausgabe von «Caritas aktuell». Auf S. 2 des Heftes heißt es: «Weil es entweder nur eine gemeinsame Zukunft aller oder gar keine Zukunft geben wird, haben sich Dritte-Welt-Hilfswerke, Wohlfahrtsverbände, Umweltschutzorganisationen und das Fernsehen (ARD und ZDF) zu einer einmaligen Initiative zusammengeschlossen: zum Projekt "Eine Welt für alle". Die Schirmherrschaft hat Bundespräsident Richard von Weizsäcker übernommen. Die Caritas gehört zu den Initiatoren dieser Informationskampagne.»

Abb. 10 Mexiko ist das einzige Land der Erde, in dem die Freimaurerei mit einer Logen-Einheitspartei *öffentlich* regiert - seit 1917. Das weltgrößte Marienheiligtum, die Basilika Unserer Lieben Frau von Guadalupe in Mexiko, wurde vor ein paar Jahren für baufällig erklärt und geschlossen. In der Sakramentskapelle der mit staatlichen (!) Mitteln ersatzweise errichteten neuen Basilika fällt das hier von einer Videoaufnahme abgezeichnete seltsame Monumentalgemälde auf. Stellt man es auf den Kopf, so erblickt man die Insider-Pyramide mit der aufgehenden One World zur Linken. Das Kreuz steht dann in bekannter satanistischer Manier auf dem Kopf, Christus stürzt ins Bodenlose, das heilige Feuer, das Christus auf die Erde gebracht hat, und von dem er wollte, daß es brenne (Lk 12,49), erlischt. Eine antichristliche Blasphemie ähnlich der von Wien-Hetzendorf, die sich trotz massiver Proteste jahrelang der Protektion des B'nai B'rith-Freunds Kardinal König erfreute!

Abb. 11 Die 1981 vor der alten, für baufällig erklärten Basilika von Guadalupe errichtete überlebensgroße Statue Papst Johannes Pauls II. soll an seinen ersten Besuch des Freimaurerstaats im Jahr 1979 erinnern. Glaubenstreue mexikanische Katholiken haben festgestellt, daß die Maße des Denkmals verschlüsselt gleich mehrfach die antichristliche Zahl 666 enthalten. Der für ein Denkmal recht ungewöhnlich gestaltete Sockel bildet exakt einen freimaurerischen Würfel und hat eine Kantenlänge von 2,22 m, während die Papstfigur selber (ohne die Mitra, die als Maske gilt und deshalb nicht zur Person gehört) 4,44 m hoch ist, was zusammen 6,66 m ergibt. Die Gesamthöhe beträgt 7,65 m (Quersumme 18 = 3 x 6); die beiden niedrigen Betonsockel unter und über dem Kubus sollen jeder 24,75 cm messen, was jeweils die Quersumme 18 ergibt. Offenbar wird hier Johannes Paul II. als - mindestens teilweise - Eingeweihter glorifiziert.

Abb. 12 Als Ersatz für die von ihm abgelegte (!) dreifache Papstkrone, die altehrwürdige Tiara, ließ Papst Paul VI. 1964 einen Kreuzstab als neues Zeichen der päpstlichen Würde anfertigen. Die unkonventionelle Darstellung erinnert an ein Jansenistenkreuz. Jedoch sollen die seltsam hochgereckten Arme des Gekreuzigten nicht etwa - wie bei den Jansenisten - die Universalität der Erlösung leugnen (das neue Rom fördert und vertritt ganz im Gegenteil die häretische Allerlösungslehre!), sondern zusammen mit dem Querbalken des Kreuzes ein genau gleichseitiges Dreieck (!) bilden, das magische Insider-Symbol für die kommende antichristliche Weltherrschaft. Die von Paul VI. (Bild oben) unterzeichnete und von Johannes Paul II. (Bild unten) ohne Unterlaß propagierte «Erklärung über die Religionsfreiheit» des II. Vatikanums hat maßgeblich dazu beigetragen, dem Antichristen den Weg zu ebnen.

Abb. 13 Das Wappen Johannes Pauls II. «Es stellt in der Hauptsache ein Kreuz dar, das von der bei Wappen sonst üblichen Form abweicht», hieß es in der in verschiedenen Sprachen verbreiteten offiziellen Erläuterung des neuen Wappens (OR vom 24. November 1978, Titelseite). «Der Grund für diese Abweichung ergibt sich aus dem zweiten im Wappenschild dargestellten Zeichen, dem großen und majestätischen "M", das die Gegenwart Mariens unter dem Kreuz und ihre besondere Stellung bei der Erlösung versinnbildlichen (sic!) will.» Hier eine andere mögliche Deutung: Das Kreuz wurde beiseitegerückt, damit seine beiden Arme rechts unten den Freimaurerwinkel (vgl. dazu das Standardwerk des französischen Hochgradfreimaurers J. Boucher «La symbolique maçonnique», 2. Aufl. Paris 1953, S. 87) bilden können: das Längenverhältnis zwischen Kreuzesstamm und rechtem Querbalken beträgt genau 4 : 3 (was nicht erreicht würde, wenn der Kreuzesstamm nicht noch links verschoben wäre), und genau im durch diesen Freimaurerwinkel gebildeten Feld steht das große «M». In allen westlichen Sprachen fängt das Wort für «Maurer» bzw. «Maurerei» mit «M» an: «mason», «masonry» (englisch); «maçon», «maçonnerie» (französisch); ähnlich im Italienischen, Spanischen, Portugiesischen etc. Darüber hinaus läßt sich speziell das im Papstwappen stehende «M» wegen seiner beiden senkrecht stehenden Balken und der die Basis längst nicht erreichenden dreieckigen Einkerbung als eine Kombination der beiden Säulen Jachin und Boaz, die in keinem Logentempel fehlen dürfen (vgl. Boucher a.a.O. S. 133-142!), mit dem typischen Freimaurerband deuten. Weitere freimaurerische Ausdeutungen einzelner Elemente des Wappens sind möglich, aber nicht zwingend. - Daß regelmäßige und intensive Kontakte zwischen Johannes Paul II. und der jüdischen Freimaurerei B'nai B'rith existieren, steht fest.

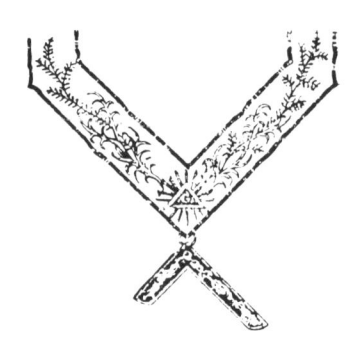

Abb. 14 Oben: Band des Meisters vom Stuhl mit angehängtem Freimaurerwinkel. Man vergleiche damit das «M» im päpstlichen Wappen. - Unten: So «besiegelten» François Mitterand und Helmut Kohl am 22. September 1984 auf dem französischen Nationalfriedhof von Douaumont die deutsch-französische «Völkerfreundschaft». Ihren wissenden «Brüdern» gaben sie mit diesem durch die internationale Presse verbreiteten Signalfoto zu verstehen, daß die angebliche «Völkerfreundschaft» eine Logen-Aktion ist. Man vergleiche das durch ihre Arme gebildete «M» mit demjenigen des päpstlichen Wappens!

Abb. 15 Oben: Das «Ereignis» von Assisi 1986. Der Papst rangierte bewußt und gewollt optisch als Gleicher unter Gleichen, war nur durch seine weiße Gewandung hervorgehoben. Die Loge hat ihn als «Präsidenten» der geplanten weltweiten Einheits-«Religion des Menschen» ausersehen. Unten: Johannes Paul II. im Kreis der Mitglieder des dubiosen «Instituts für die Wissenschaften vom Menschen», von dem direkte Verbindungslinien zu B'nai B'rith und zur Trilateral Commission bzw. zu den Bilderbergern gehen.

Abb. 16 Links: Satan, der Ausbund der Abscheulichkeit, unvorstellbarsten Grausamkeit und schwärzesten Bosheit, gezeichnet von dem abgefallenen katholischen Priester Alphonse Constant, der sich als praktizierender Satanist «Eliphas Levi» nannte. Rechts: Jesus Christus, der Inbegriff aller Schönheit, Liebe und Güte. Nur zwischen diesen beiden Herren kann der Mensch wählen: einem von ihnen wird er im Jenseits für alle Ewigkeit unterworfen sein. Christus verheißt die ewige Glückseligkeit, Satan die ewige Qual der Hölle. Wer sich dennoch - wie die «Wissenden» der Satanssynagoge (aber längst nicht nur sie!) - vollbewußt für die Knechtschaft Luzifers entscheidet, wird erhalten, was er verdient hat.

sam!) können sich diese «katholischen» Synkretisten durch ein vatikanisches Dokument vollauf bestätigt fühlen, das vom Päpstlichen Rat für die sozialen Kommunikationsmittel im Oktober 1989 veröffentlicht wurde (dokumentiert in der DT vom 31. 10. 89). Es trägt den Titel «Kriterien der ökumenischen und interreligiösen Zusammenarbeit im Bereich der sozialen Kommunikationsmittel». Wirklich gläubigen Katholiken muß nicht des langen und breiten auseinandergerafft werden, was für ein gewaltiges Ärgernis die folgenden Passagen dieses angeblich «in langjähriger Arbeit» (so die DT) entstandenen Papiers darstellen. Ohne viel Umschweife heißt es dort: «Die in diesem Dokument zusammengefaßten Richtlinien wollen die engere (!) Zusammenarbeit der Christen (Anm.: also nicht einmal mehr der *Katholiken*!) mit den im Kommunikationswesen tätigen Vertretern anderer Religionen (!!) fördern (!!!).» Als vorgebliche Rechtfertigung solcher Förderung der kommenden «Religion der Humanität» wird angeführt: «In den meisten Fällen (?) ist der Zugang zu den Massenmedien nur im Zuge der Verständigung zwischen den verschiedenen religiösen Körperschaften gestattet, die am öffentlichen Dialog teilnehmen möchten.» Abgesehen von der offenkundigen Unwahrhaftigkeit dieser Behauptung kann es nicht Absicht der wahren katholischen Kirche sein, bloß «am öffentlichen Dialog teilnehmen» zu wollen! Die Kirche hat keinen Dialogisierungs-, sondern einen strikten Verkündigungsauftrag. Wenn sie nur wirklich gewollt hätte, hätte dieser Auftrag auch über die modernen Massenmedien sehr gut erfüllt werden können, solange die Kirche noch eine moralische Macht war, die die Logen, wenn auch zähneknirschend, respektieren mußten. Wenn das inzwischen nicht mehr der Fall ist, dann einzig durch die Schuld der freimaurerischen Hierarchen selber, die sich ihres Logenauftrags, die Verkündigung des katholischen Glaubens unauffällig, aber wirksam und dauerhaft zum Erliegen zu bringen, mit Bravour entledigt haben.

«Die heute in Entwicklung begriffene Ära der Kommunikation und Information», behauptet das vatikanische Papier, «fordert von allen, die einem religiösen Glauben (??) entsprechend leben und im Dienst des öffentlichen Dialogs (??) stehen, einen gleichen und beide Seiten verpflichtenden Einsatz für das Wohl der Menschheit (!!). Diese Richtlinien für ein gemeinsames Verhalten von Christen und Anhängern anderer Religionen angesichts der Möglichkeiten, die sich für einen Austausch im modernen Kommunikationswesen ergeben, spiegeln den Geist der hier bedeutsamen Dekrete des II. Vatikanischen Konzils wider. Das interreligiöse Verständnis beruht auf der allen großen Weltreligionen gemeinsamen Suche (?!) nach einer entsprechenden Antwort auf die wichtigsten Fragen, welche die Bestimmung der Menschheit betreffen (!). Eine ernsthafte und fortwährende Koordinierung der Bemühungen wird zur Überwindung all jener in der Öffentlichkeit verbreiteten Tendenzen beitragen, die von Religion nur eine oberflächliche Kenntnis haben oder sie als Aberglauben und Magie betrachten», was jedoch bei den meisten heidnischen Religionen tatsächlich eine wichtige Rolle spielt und gar nicht abzuleugnen ist! Man beachte sehr sorgfältig, wie hier (im zuletzt zitierten Satz!) nur noch von «Religion (an sich)», also offenbar von jener abstrakt-universalen «Religion des Geistes» gesprochen wird, «von der alle Menschen Zeugen sind» (Originalton «The City of Man», s.o.)! Dementsprechend heißt es abschließend:

«Der Zweck gemeinsamer, bei entsprechenden Gelegenheiten ergriffener Initiativen ist es, als Christen und Anhänger anderer Religionen vereint ein Zeugnis für Gott abzulegen.» Mit anderen Worten: Zweck dieser «Zusammenarbeit» von «Gläubigen» aller «Religionen» ist es, jenen «Gott» zu «bezeugen», unter dem sich jede Religion etwas anderes vorstellt, jenen A.B.a.W. der Logen, der sich per definitionem nicht definieren läßt, und der deshalb mit der allerheiligsten Dreifaltigkeit des katholischen Glaubens nichts als den erschlichenen Namen gemein hat. Logenideologie in Reinkultur!

Von den früher erwähnten Fokularini und der «Weltkonferenz der Religionen für den Frieden» führt auch eine direkte Linie zur «Erklärung einer Konferenz asiatischer Bischöfe, 28.10.-3.11.1988 in Tagaytay City, Philippinen», die in «KM» («Katholische Mission, Zeitschrift des Internationalen Katholischen Missionswerks MISSIO») vom Februar 1989 dokumentiert wurde. Überschrieben ist diese Erklärung mit «Theorie und Praxis des interreligiösen Dialoges in Asien». «Ermutigend» finden es die Bischöfe aus sieben asiatischen Ländern, «wenn man die Entwicklung von Laienvereinigungen oder -bewegungen sieht, die dem interreligiösen Dialog verpflichtet sind, wie etwa die Fokolare-Bewegung». Daß auch die asiatische katholische Hierarchie ganz auf Logenkurs liegt, machen die Bischöfe durch folgende Thesen mehr als deutlich: «In der tiefsitzenden und sich verschlimmernden Krise von heute sind alle Religionen aufgerufen, den Menschen vor Konsumdenken und Hedonismus zu schützen und so die asiatischen Menschen zu ihrer ganzheitlichen Entwicklung zu führen.» Demnach ist eine ganzheitliche Entwicklung des Menschen in allen Religionen gleichermaßen möglich!

Weiter heißt es kurz darauf: «Solch ein gemeinsames Engagement für Mensch und Gesellschaft von seiten der Religionen (!) wird leichter und kraftvoller werden, wenn sie sich auf der Ebene ihrer Glaubensüberzeugungen begegnen. Die Wahrheit seiner eigenen Religion durchsetzen zu wollen, ohne sich darum zu bemühen, den Glauben des anderen aus seiner Sicht, so wie er selbst verstanden werden möchte, zu verstehen, stellt ein großes Hindernis für den Dialog zwischen religiös engagierten Menschen dar.» Sehr wahr! Das hat Christus selber erfahren müssen. Aber seine asiatischen «Jünger» wollen offenbar über ihrem Meister stehen und ziehen den irenischen «Dialog» der anstrengenden und auf Widerstand stoßenden Missionsarbeit vor. «Wenngleich wir unsere Bindung an Christus entschlossen festhalten, ist es für den Dialog unerläßlich, daß wir in die religiöse Welt unseres Dialogpartners eintreten und die unerschütterliche (???) Bindung an seinen Glauben erleben. Mehr noch, wir sollten die Bindung des anderen hochschätzen. Wir haben kein Recht, über die Bindung des anderen zu urteilen, da der Glaube der Ausdruck der Begegnung des unendlich offenen menschlichen Geistes mit dem unergründlichen Mysterium Gottes ist (Anm.: wie schon die alten Modernisten zu sagen pflegten; s.o.!). Deshalb kann unser aufmerksames Hinhören mit dem Herzen auf die persönliche Glaubensbindung und das Zeugnis des anderen Partners nicht nur den Dialog erleichtern, sondern auch uns bereichern und uns im Glauben wachsen lassen und uns helfen, ihn neu auszulegen.»

In puncto *Neuauslegung* des Glaubens haben diese Bischöfe offenbar keine Nachhilfe mehr nötig, ein Zeichen dafür, daß sie schon fleißig dialogisiert haben und im Glauben gewachsen sind, im uralten modernistischen Irrglauben nämlich, daß alle Menschen in allen Religionen auch an Christus vorbei Zugang zum Vater haben. Wenn dem so ist, steht dem Zusammenschluß zur Welteinheitsreligion eigentlich nichts mehr im Weg. Das deuten diese abtrünnigen Bischöfe denn auch bereits an, wenn sie fortfahren: «Wir achten die Bindung des anderen, weil wir glauben: "Gott will, daß alle gerettet werden" (1 Tim 2, 14); Gott ruft alle Menschen zur Gemeinschaft mit ihm und miteinander (!).» Aus Rom hat man nichts von einer Richtigstellung oder Zurechtweisung dieser häretischen Erklärung oder ihrer Urheber vernommen. Das konnte freilich auch kein Informierter erwarten, denn dann hätte der Vatikan ja eine radikale Kehrtwendung vollziehen müssen. Schließlich erklären die besagten asiatischen Bischöfe im Grunde nichts anderes als das, was im Jahr 1984 der Vatikan selber amtlich erklärte.

Dialog statt Mission

Die offizielle deutsche Übersetzung des vatikanischen Dokuments «Dialog und Mission», von dem hier die Rede ist, erschien vollständig im OR vom 24. August 1984. Das Schreiben trägt den Untertitel «Gedanken und Weisungen über die Haltung der Kirche gegenüber den Anhängern anderer Religionen vom Päpstlichen Sekretariat für die Nichtchristen». Wie in Nr. 4 angemerkt wird, bildete die Gründung des Sekretariats durch Papst Paul VI. gemäß einem Beschluß des zweiten Vatikanums vor genau zwanzig Jahren den Anlaß des Schreibens. Ganz ausdrücklich berufen sich die Verfasser des von niemandem unterschriebenen (!) Dokuments auf das Konzil. «Die theologische Ausrichtung dieses Dokuments geht vom II. Vatikanischen Konzil und den nachfolgenden Äußerungen des Lehramtes aus.» (Nr. 6) «Mit diesem Dokument soll *den christlichen Gemeinschaften* und zumal ihren Verantwortlichen eine Hilfe geboten werden, um gemäß den Weisungen des Konzils zu leben; es möchte Elemente zur Lösung der Schwierigkeiten anbieten, die sich bei der Mission aus der *gleichzeitigen Verpflichtung* (?) zu Evangelisierung und Dialog ergeben können.» (Nr. 7; Hervorhebungen von mir) Der zuletzt zitierte Satz zeigt schon sehr deutlich die Richtung an, in die die Aussagen dieses dubiosen Dokuments gehen: sie bewegen sich schnurstracks auf den in GS bereits grundgelegten *Synkretismus* zu. Das Schreiben will *allen* «christlichen Gemeinschaften» Hilfen bieten, um zu missionieren - was heißt das aber anders, als daß die katholische Kirche die protestantische Mission und folglich auch den protestantischen Glauben als dem katholischen *gleichwertig* anerkennt und gutheißt? Das Dokument spricht außerdem von einer «gleichzeitigen» *Verpflichtung* zu «Evangelisierung *und* Dialog» - aber die von Christus gebotene autoritative *Verkündigung* des Evangeliums steht in striktem Gegensatz zu einem *Dialog* mit anderen Religionen!

Das ganze Dokument atmet unverkennbar den Geist des Indifferentismus und Synkretismus der Weltreligionen; der katholische Wahrheitsanspruch wird an mehreren Stellen - wie ich sogleich zeigen werde - ausdrücklich aufgegeben. Unverhüllt wird sogar die teilhardistisch-freimaurerische Vision einer im innerweltlich zu verstehenden «Reich Gottes» geeinten Menschheit heraufbeschworen und der Hominismus kaum noch religiös verbrämt. Der *innerchristliche Ökumenismus* der Erklärung ist fast noch das Harmloseste: «Viele christliche Kirchen (??) haben ähnliche Erfahrungen mit Andersgläubigen gemacht. Der Ökumenische Rat der Kirchen besitzt ein Organ für den "Dialog mit den Völkern lebendigen Glaubens und Ideologien" innerhalb der Abteilung "Mission und Verkündigung des Evangeliums". Mit diesem Gremium unterhält das Sekretariat für die Nichtchristen ständige brüderliche Beziehungen, berät sich mit ihnen und arbeitet mit ihnen zusammen.» Es gibt nur *eine* wahre Kirche Christi, die katholische. Von daher ist es höchst unangebracht, in einem lehramtlichen Text im Plural von «christlichen *Kirchen*» zu sprechen. Noch schwerer ist begreiflich, wie sich das Sekretariat sogar dessen rühmen kann, mit dem Protestantismus auf dem Gebiet der «Mission» zusammenzuarbeiten. Unweigerlich wird damit der wohl auch beabsichtigte Eindruck erweckt, es bestehe kein nennenswerter Unterschied im Glauben zwischen der katholischen Kirche und den mehr als 600 verschiedenen protestantischen Denominationen des ÖRK. Obendrein räumt der Vatikan hier offiziell ein, daß er entgegen seinen sonstigen anderslautenden Beteuerungen bereits auf höchster Ebene mit dem freimaurerisch gelenkten ÖRK kooperiert!

«Im Bewußtsein der Kirche», heißt es in Nr. 13, «steht die Mission als eine einheitliche aber komplexe und ausgeprägte Wirklichkeit da. Es lassen sich die Hauptelemente nennen. Die Mission wird bereits Wirklichkeit durch die einfache Präsenz und das lebendige Lebenszeugnis der Christen (vgl. EN 21), auch wenn anzuerkennen bleibt, daß wir "diesen Schatz in zerbrechlichen Gefäßen tragen" (2 Kor 4, 7) und daher der Abstand zwischen dem, wie der Christ existentiell erscheint, und dem, was er zu sein behauptet, immer unüberbrückbar bleibt. Dazu kommt dann der konkrete Einsatz im Dienst am Menschen und alles Wirken für sozialen Fortschritt, auch der Kampf gegen die Armut und die Strukturen, die sie hervorrufen. Hinzuweisen ist ferner auf das liturgische Leben, Gebet und Kontemplation als beredte Zeugnisse für ein lebendiges und befreiendes Verhältnis zum lebendigen und wahren Gott, der uns zu seinem Reich und zu seiner Herrlichkeit beruft (vgl. Apg 2, 42). - Dann ist da der Dialog, bei dem die Christen den Anhängern anderer religiöser Überlieferungen beggenen, *um gemeinsam auf die Wahrheit zuzustreben* und bei Werken von gemeinsamem Interesse zusammenzuarbeiten. Endlich sind Verkündigung und Katechese zu nennen, wo die Frohbotschaft des Evangeliums verkündet wird und die Folgen für Leben und Kultur weiter vertieft werden. Dies alles gehört zur Mission.»

Hier wird eine erstaunlich konfuse Definition von «Mission» angeboten, in der das, was das *Wesen* der Mission ausmacht: Verkündigung und Katechese, ganz am Schluß gerade so «auch noch» erwähnt wird. Umso verräterischer ist die im Kontext des gesamten Dokuments unzweideutig im Sinne des Indifferentismus zu verstehende Rede vom *Dialog*, «bei dem die Christen den Anhängern anderer Überlieferungen (ist denn das Christentum nur eine religiöse "Überlieferung" unter anderen?) begegnen, um gemeinsam auf die Wahrheit zuzustreben». Müssen die Katholiken (im Text ist ohnehin nur von «Christen» die Rede!) zusammen mit anderen «auf die Wahrheit *zustreben*», so kann doch der katholische Glaube noch nicht die endgültige Wahrheit sein! Das scheint denn auch Nr. 37 nahezulegen, wo behauptet wird: «In der biblischen und christlichen Sprache besteht die Bekehrung des demütigen und zerknirschten Herzens zu Gott in dem Verlangen, ihm das eigene Leben hochherziger zu unterwerfen (vgl. AG 13). Alle sind beständig zu solcher Bekehrung aufgerufen. In diesem Prozeß kann sich die Entscheidung ergeben, eine frühere geistliche oder religiöse Situation zu verlassen, um sich einer anderen zuzuwenden. So kann sich das Herz zum Beispiel von einer begrenzten Liebe aus für eine universale Liebe öffnen.» Hier wird nicht klar, wer sich überhaupt zu welcher Religion «bekehren» soll: am Ende gar die Katholiken von ihrer begrenzten zu einer «universalen» «Menschenliebe»? Sollte aber die Bekehrung der Ungläubigen gemeint sein, so bleibt zu bemängeln, daß man die klare biblische Forderung nach *Bekehrung* noch nebulöser als in diesem Text kaum formulieren kann. Es geht doch bei der Umkehr nicht in erster Linie um die «Öffnung» des Herzens für eine «universale Liebe» (was soll das konkret sein?), sondern um die Öffnung der Herzen für die volle und ganze Offenbarungswahrheit, um die kindlich demütige *Annahme* des wahren Glaubens als «des Anfangs des menschlichen Heils, des Fundaments und der Wurzel *jeder Rechtfertigung*» (Konzil von Trient, Dz 801), ohne den auch die wahre übernatürliche Gottesliebe nicht existieren kann: Bekehrung ohne Glauben gibt es nicht!

Die nun folgenden Textabschnitte aus dem vatikanischen Dokument bringen noch weitaus klarer als die bisherigen die Überzeugung der Verfasser zum Ausdruck, daß die katholische Kirche keineswegs den wahren und vollständigen Glauben besitzt, sondern ihr Glaube der *Bereicherung* durch Elemente anderer religiöser «Traditionen» nicht nur fähig, sondern sogar *bedürftig* (!) ist. Eine solche Auffassung fügt sich nun aber nahtlos in den freimaurerischen Indifferentismus ein und läßt den zionistischen Erbauern der «Stadt des Menschen» nichts mehr zu wünschen übrig. Hier sprechen keine Katholiken mehr; in dem Augenblick, in dem alle Katholiken diese Sätze unterschreiben würden, hätte die katholische Kirche zu existieren aufgehört und die Satanssynagoge wäre am Ziel angelangt. Nr. 25 erdreistet sich, zu behaupten: «Das Reich Gottes ist das Endziel aller Menschen. Die Kirche ist als sein "Keim und Beginn" (LG 5.9) (??) darum bemüht, als Erste diesen Weg auf das Reich hin (?) zu gehen und den ganzen Rest der Menschheit in die gleiche Richtung sich bewegen zu lassen. - Zu dieser Aufgabe gehört der Kampf gegen das Böse und die Sünde sowie der Sieg über sie, wobei sie immer bei sich selbst beginnt und das Geheimnis des Kreuzes umfängt. Die Kirche bereitet damit auf das Reich Gottes vor (??), bis *alle* Brüder und Schwestern in Gott *zu vollkommener Gemeinschaft* gelangen.» Man beachte die hierin enthaltenen teilhardistischen «Dogmen» von der künftigen Einswerdung und Endvollendung der *ganzen* Menschheit und von der bloß *stimulierenden* Funktion der Kirche, so daß auch nicht mehr gilt: «Extra Ecclesiam nulla salus - Außerhalb der Kirche kein Heil!»

Etwas ganz Unsinniges will uns Nr. 29 weismachen: «Der Dialog ist vor allem ein Stil des Vorgehens, eine Haltung und ein Geist, der das Verhalten bestimmt. Zu ihm gehören Aufmerksamkeit, Achtung und Aufgeschlossenheit dem anderen gegenüber, dem man *Raum läßt* (?) für seine persönliche Identität, *seine Ausdrucksformen und Werte* (!). Ein solcher Dialog ist Norm und notwendiger Stil (!!) für die ganze (!) christliche Mission und jeden (!) ihrer Teile, ob es um einfache Präsenz und um Zeugnisgeben geht, oder um Dienstangebote, *oder um die direkte Verkündigung* (!!) (CIC 787 § 1). Eine Mission, die nicht vom Geist des Dialogs durchdrungen wäre, würde sich gegen die Forderungen nach echter Menschlichkeit richten und den Hinweisen des Evangeliums (welchen denn?) widersprechen.» Das neue Kirchenrecht CIC 787 § 1 spricht aber nur vom Dialog als der unmittelbaren *Hinführung* der Einzelnen zur Annahme des Evangeliums. Wie sollte denn auch der Dialog noch «notwendiger Stil» der «direkten Verkündigung» selber sein? Das ist ja eine contradictio in adjecto, ein Widerspruch in sich!

Die Verfasser vom Sekretariat für die Nichtchristen scheinen indessen das Paradoxe zu lieben. «Die großen Probleme, die die Menschheit bedrängen, rufen die Christen zur Zusammenarbeit mit den Andersgläubigen auf, *gerade kraft* (??) der *jeweiligen* (?) Glaubensüberzeugungen.» Das verstehe wer will: offenbar liegt hier eine reine Zweckbehauptung vor. Mindestens der *katholischen* Glaubensüberzeugung ist der Gedanke völlig fremd, daß die «großen Probleme der Menschheit» eine *interreligiöse* Zusammenarbeit rechtfertigen oder sogar erfordern; sie weiß, daß es das mit unermeßlichem Abstand größte Problem der Menschheit ist, daß die Angehörigen aller nichtkatholischen Religionen blind ihrem ewigen Verderben entgegengehen. Solche Probleme haben die freimaurerisch inspirierten Verfasser unseres Dokuments natürlich nicht. Ihnen schwebt (Nr. 33-35) ein subtiler Synkretismus als das Ideal vor Augen: «Von besonderem Interesse ist der Dialog auf Ebene der Fachleute, sei es um das *jeweilige* religiöse Erbe vorzulegen, zu *vertiefen und zu bereichern*, sei es um seine Kräfte (?) für die Probleme nutzbar zu machen, die sich der Menschheit im Verlauf ihrer Geschichte stellen. ... (34) Bei dieser Auseinandersetzung kennen und schätzen die Gesprächspartner ihre gegenseitigen geistlichen Werte und kulturellen Maßstäbe und fördern Gemeinschaft und Brüderlichkeit (!) unter den Menschen (vgl. NA 1). Für den Christen handelt es sich zugleich um Mitarbeit an der Umwandlung der Kulturen im Sinn des Evangeliums (vgl. EN 18-20.63). (35) Auf tieferer Ebene können in ihrer eigenen Überlieferung verwurzelte Menschen *Ihre Erfahrungen* in Gebet und Kontemplation, in *Glauben* und Tun austauschen als *Ausdrucksformen und Wege des Suchens* (!) nach dem Absoluten. Diese Art von Dialog führt zu *gegenseitiger Bereicherung* (!) und fruchtbarer Zusammenarbeit bei der Förderung und Wahrung der höchsten geistlichen Werte und Ideale (?) des Menschen. Er regt natürlicherweise an, sich gegenseitig die Gründe des eigenen Glaubens mitzuteilen, und er hört nicht auf angesichts manchmal tiefreichender Gegensätze, er vertraut sich vielmehr in Demut und Zuversicht Gott an, "der größer ist als unser Herz" (1 Joh 3, 20). Der Christ hat damit Gelegenheit, dem anderen die Möglichkeit zu bieten, daß er auf existentielle Weise *die Werte des Evangeliums* (?!) erfahren kann.»

Die Aufgabe aller Religionen, die Kirche nicht ausgenommen, scheint sich in ihrer Zusammenarbeit zur Lösung innerweltlicher Menschheitsprobleme zu erschöpfen. Offenkundig ist auch die katholische Kirche in den ganz allgemein gehaltenen Formulierungen enthalten, auch ihr soll also der Dialog zur eigenen «Bereicherung» dienen. Völlig deplaziert wirkt das Zitat aus dem 1. Johannesbrief: es ist doch nicht etwa unser kleines Herz, das uns daran hindert, mit Anders- oder besser gesagt Irrgläubigen ein Herz und eine Seele zu sein, sondern die göttliche Wahrheit selber, von der wir nicht abweichen dürfen! Aber genau das ist es ja, was den augenscheinlich illuminierten Verfassern am Herzen liegt: eine «Umformung» - nicht mehr und nicht weniger! - des katholischen Glaubens (Nr. 43): «Der Dialog wird damit Quelle der Hoffnung und Werkzeug der Gemeinschaft in *gegenseitiger* (!!) *Umformung*. Der Heilige Geist (?) aber leitet die Verwirklichung des Planes Gottes innerhalb der Geschichte der einzelnen und der gesamten Menschheit, bis die infolge der Sünde zerstreuten Kinder Gottes wieder zur Einheit zusammengeführt sind (vgl. Joh 11, 52).» Dieser Text beweist ebenso wie die oben schon zitierte Nr. 25, daß der konziliare Teilhardismus in der Kirche weiterhin seine absurden Blüten treibt. Aber niemals werden «*alle* Brüder und Schwestern» (Nr. 25) «in Gott zu vollkommener Gemeinschaft gelangen»; auch ist die Kirche nicht etwa - selbst wenn «Lumen Gentium» (worauf Nr. 25 sich beruft) das behauptet - nur «Keim und Beginn» des Gottesreiches: zur katholischen Kirche gehört jeder (in der Taufe oder Begierdetaufe) durch die heiligmachende Gnade Gerechtfertigte, aber niemand sonst. Darum ist die Kirche mit dem Reich Gottes *identisch*. Wo hätte Jesus jemals gelehrt, daß die Kirche nur «auf das Reich vorbereitet» (Nr. 25) und am Ende alle ohne Unterschied zum Gottesreich gehören werden? «Wiederum gleicht das Himmelreich einem Schleppnetz, das ins Meer geworfen wurde und Fische aller Art zusammenbrachte. Als es voll war, zogen sie es auf den Strand, setzten sich hin und lasen die guten in Gefäße, die schlechten aber warfen sie hinaus ...» (Mt 13, 47f)!

Besondere Aufmerksamkeit verdient der folgende Text (Nr. 41): «Gott versöhnt weiter die Menschen mit sich durch den Geist. Die Kirche vertraut auf die ihr gegebene Verheißung Christi, daß der Geist sie *innerhalb der Geschichte* (??) in die Fülle der Wahrheit einführen wird (vgl. Joh 16, 13). Deshalb geht sie den Menschen und Völkern und ihren Kulturen entgegen im Bewußtsein, daß jede menschliche Gemeinschaft Keime des Guten und der Wahrheit besitzt, und daß Gott einen Plan der Liebe für jede Nation hat (vgl. Apg 17, 26-27). Die Kirche will daher mit allen an der Verwirklichung dieses Planes mitarbeiten und so den ganzen Reichtum der unendlichen und vielförmigen Weisheit Gottes auswerten, zugleich aber zur Evangelisierung der Kulturen beitragen (vgl. EN 18-20).» Mit geradezu boshafter Raffinesse wird hier der wahre Sinn des Schriftworts Joh 16, 13 gänzlich verdreht. Die Kirche hat dieses, von Jesus *nur zu den zwölf Aposteln* gesprochene Wort aus den Abschiedsreden Jesu immer vornehmlich von der den zwölf Aposteln *und nur ihnen* (sowie dem hl. Paulus, der sich auch als einziger über den Zwölferkreis hinaus «Apostel» nennen durfte!) nach dem Pfingstwunder zuteilgewordenen Gabe der (als *positiver*, also neue Wahrheiten mitteilender Beistand Gottes definierten) *Inspiration* verstanden. Diese Gabe ist nicht einmal mit der vergleichsweise viel geringeren der päpstlichen (als bloß *negativer*, also vor Irrtümern bewahrender Beistand definierten) *Unfehlbarkeit* zu verwechseln, geschweige denn mit etwas, was es gar nicht gibt (!), nämlich mit einer angeblich möglichen, tatsächlich jedoch ausgeschlossenen *Ergänzung* oder *Bereicherung* der übernatürlichen göttlichen Offenbarung des Christentums durch außerchristliche, natürlich-menschliche religiöse Vorstellungen und Phantastereien «innerhalb der Geschichte»!

Jene «Keime des Guten und der Wahrheit», die in diesem abstrakten Sinn übrigens keineswegs «jede menschliche Gemeinschaft» besitzt (man denke nur an die Mafia!), sind jedoch samt und sonders in der katholischen Kirche bereits zur Entfaltung gekommen und vermögen dem geoffenbarten *depositum fidei* (Glaubensschatz) nicht das geringste hinzuzufügen. Es gibt darum keinen «ganzen Reichtum der unendlichen und vielfältigen Weisheit Gottes» bei anderen heidnischen oder häretisch/schismatischen christlichen Gemeinschaften «auszuwerten», denn den ganzen Reichtum seiner zwar unendlichen und vielfältigen, *aber niemals widersprüchlichen* Weisheit hat Gott in der christlichen Offenbarung und damit in der einen wahren Kirche zur Auswertung hinterlegt, nirgends sonst. Darum ist es auch nicht Auftrag der Kirche, anderswo derartige angebliche Reichtümer zu «suchen» und «auszuwerten» und obendrein dadurch lediglich «zur Evangelisierung der Kulturen *beizutragen*» (wer soll denn *außer ihr* noch dazu «beitragen»??). Ganz im Gegenteil: da nur sie allein alle Reichtümer der Weisheit Gottes besitzt, muß sie diese Reichtümer mit allem Eifer weitergeben und sich mit voller Kraft der «Evangelisierung» (auch das ist übrigens neomodernistischer «Neusprech»), richtiger gesagt, der Ausbreitung des *katholischen* Glaubens, widmen.

«Eine weitere Ebene», sagt Nr. 31, «bildet der Dialog der Werke und der Zusammenarbeit für Zielsetzungen humanitären, sozialen, wirtschaftlichen und politischen Charakters, die auf die Befreiung und Förderung des Menschen hinzielen. Das geschieht häufig in örtlichen, nationalen und internationalen Organisationen, wo Christen und Anhänger anderer Religionen gemeinsam die Probleme der Welt aufgreifen.» Konkret gesprochen geschieht das in den Logen und ihren Tarnorganisationen. An dieser Stelle kommt auch der radikal falsche *Humanismus* der Verfasser zum Vorschein, die «Befreiung und Förderung» des Menschen ohne Rücksicht auf die Wahrheitsfrage erreichen wollen, obwohl der Herr gesagt hat: «Die *Wahrheit* wird euch frei machen» (Joh 8, 32) und es einen anderen Weg zur Freiheit nicht gibt. Was sind das daneben für «Probleme der Welt», die «Christen und Anhänger anderer Religionen gemeinsam aufgreifen» sollen? «Es gibt auf Erden nur ein Problem», hat einmal Ernst Hello festgestellt, «es ist das Problem der Anbetung.» Und dieses Problem wird nur durch die entschiedene Hinwendung zur alleinigen Wahrheit gelöst. «Gott ist Geist, darum müssen die, die ihn anbeten wollen, in Geist *und Wahrheit* anbeten», und «der Vater sucht *solche* Anbeter» (Joh 4, 24.23)! «Ich bin der Weg, die *Wahrheit* und das Leben. Niemand kommt zum Vater außer durch mich.» (Joh 14, 6) An diesen und vielen anderen Worten Christi scheitert auch die folgende Behauptung (Nr. 21):

«Wie die Humanwissenschaften betonen, erfährt der Mensch im zwischenpersönlichen Dialog seine eigenen Grenzen, aber auch die Möglichkeit, sie zu überwinden; er findet heraus, daß er die Wahrheit *nicht in vollkommener und totaler Weise* (!) besitzt, aber mit den anderen zusammen ihr vertrauensvoll entgegengehen kann (!). ... *Diese* Dynamik menschlicher Beziehungen drängt *uns Christen* zum Hören und Verstehen dessen, *was uns Andersgläubige vermitteln können* (!!), so daß wir die *von Gott geschenkten* (??) Gaben uns *nutzbar* (?) machen.» Den «krönenden» Abschluß des ärgerniserregenden Dokuments bildet der letzte Abschnitt (Nr. 44), der fast unverändert aus CoM entnommen sein könnte: «Gott allein kennt die Zeiten, Er, dem nichts unmöglich ist, Er, dessen geheimnisvoller und schweigsamer Geist den Einzelpersonen und Völkern die Wege des Dialogs öffnet, um die rassischen, sozialen und religiösen (!) Unterschiede zu überwinden (!!) und sich gegenseitig zu bereichern (!!!). Wir leben also in der Zeit der Geduld Gottes, und in dieser Zeit wirkt die Kirche und jede christliche Gemeinschaft (!!), denn niemand kann Gott verpflichten, schneller zu handeln, als er sich zu handeln entschlossen hat. - Doch angesichts der *neuen Menschheit* (?) des dritten Jahrtausends möchte die Kirche ein offenes (??) Christentum ausstrahlen, bereit, geduldig zu warten, bis der unter Tränen und doch vertrauensvoll ausgestreute Same aufgeht (vgl. Jak 5, 7-8; Mk 4, 26-30).» - Genauso wie in CoM (s.o.!) muß also auch hier gotteslästerlicherweise der Heilige Geist (obendrein versehen mit dem ungewöhnlichen Attribut «schweigsam», das schon eine gute Portion Skepsis zum Ausdruck bringt!) als Wegbereiter der kommenden «Religion der Humanität» herhalten. Er «öffnet den Völkern die Wege des Dialogs», um «die *religiösen Unterschiede* zu überwinden und sich gegenseitig zu bereichern»! Und diese Einebnung aller Unterschiede ist offenbar mit jenem «offenen Christentum» - übrigens eine sehr vielsagende Formel! - gleichzusetzen, das die Kirche «angesichts der neuen Menschheit (was ist denn an ihr neu??) des dritten Jahrtausends» (das noch längst nicht begonnen hat!) «ausstrahlen» soll, bis - ja bis der von der zionistischen Freimaurerei «unter Tränen und doch vertrauensvoll ausgestreute Same aufgeht» und seine verderblichen Früchte trägt.

Das Zeichen des Antichristen

In Wahrheit ist die Unkraut-Saat des Satans und seiner Synagoge längst aufgegangen, hat geblüht und Früchte angesetzt, von denen die ersten schon herangereift sind. Das internationale katholische Missionswerk MISSIO in Aachen verbreitete 1984 eine Broschüre, in der für eine Filmserie (auch als Video-Casetten erhältlich) samt Begleitbuch geworben wurde. Die erste Ausstrahlung der fünf 45minütigen Filme erfolgte laut Broschüre bereits im Herbst 1984 im WDR III in Köln. Der Titel der Broschüre, des Filmwerks sowie des Begleitbuchs lautete: «2021 - Kirche auf dem Weg ins dritte Jahrtausend». Es handelt sich bei dieser Produktion offensichtlich um einen totalen Verrat am Evangelium und an der katholischen Kirche, um offene Propaganda für einen primitiven weltweiten Synkretismus der großen

Weltreligionen. Auf Seite 6 der Broschüre wird scheinheilig gefragt: «Ist es nicht vermessen, über die Zukunft einer Kirche zu spekulieren, die sich in den letzten 20 Jahren so gründlich gewandelt hat? Aber vielleicht steckt mehr hinter dem "Blick in die Zukunft": schließlich lebt die Kirche zu allen Zeiten von der Hoffnung, vom Vertrauen in ein Morgen. Abstand zu gewinnen, Distanz zu schaffen zur Gegenwart, dies kann uns vielleicht dabei helfen, die Situation von heute besser einzuschätzen. Aus der Ferne betrachtet, sei es aus den Weiten des Raumes oder aus der Zukunft des Jahres 2021, rückt die Menschheit näher zusammen, wird sie zu einer engen Lebensgemeinschaft, zu einem einzigen "auserwählten Volk".» Kommentar überflüssig!

Ebenso entlarvend, was die Hintermänner dieses Filmprojekts angeht, ist die Inhaltsangabe des 5. Films mit dem Titel «Dein Platz ist hier»: «Im "Schlußwort" der Serie kommen alle vier Ortskirchen noch einmal ins Bild, mit ihrem Leitmotiv, ihrem besonderen Beitrag zur Entwicklung der Kirche der Zukunft (!). Dabei ist es jeweils ein biblisches Thema, das im Vordergrund steht. ... So singt die Gemeinde in Obervolta *das Schöpfungslied* aus dem Alten Testament (Genesis 1). ... In Korea spielen Schüler die Geschichte *vom weisen Urteil des Salomo* (1 Kg 3). ... In Brasilien führt eine Gemeinde die *Passion Christi* auf, die sich in der Passion des Volkes wiederholt», was nebenbei bemerkt eine der unausgegorenen Lieblingsthesen der «Befreiungstheologie» ist. Das eigentliche Kuckucksei steckt aber mitten drin: «Eine *Sonnenaufgangsmeditation* vereinigt Gläubige verschiedener Religionen in Indien. Sie weist auf die gemeinsame Grundlage aller Religionen der Welt hin, die sich in der Ehrfurcht vor der Schöpfung treffen und - jede auf ihre Art - Gott suchen, der "in unergründlichem Licht wohnt".» (S. 16) Hier fehlt nun seltsamerweise das angekündigte *biblische* Thema; statt dessen ist von der «gemeinsamen Grundlage aller Religionen der Welt» die Rede. Verschwiegen wird dabei natürlich, daß das Christentum bzw. die katholische Kirche zur Grundlage die *übernatürliche* Offenbarung hat, nicht bloß wie alle übrigen - bestenfalls! - die natürliche Schöpfungsoffenbarung. Offenbar auch von der katholischen Kirche wird behauptet, daß sie - auf ihre Art! - «Gott sucht». Folglich hat sie ihn noch ebensowenig gefunden wie die anderen Religionen; folglich ist auch hier eine Leugnung der übernatürlichen Offenbarung impliziert; folglich wird die Kirche und ihre einzigartige, über das ewige Schicksal *jedes* Menschen entscheidende Sendung in eine «allen gemeinsame» Religiösität diffusen Inhalts nivelliert.

Daß wirklich nichts anderes gemeint ist, machen die Autoren des Films samt des zugehörigen Buchs und der Werbebroschüre dadurch deutlich, daß sie sich nicht scheuen, schon den 1. Film der Serie mit «Schlange, Rad, Kreuz und Halbmond» zu überschreiben und dieser interessanten Aufzählung der Zentralsymbole vier verschiedener großer Weltreligionen (Hinduismus, Buddhismus, Christentum und Islam!) entsprechend «das Kreuz im dritten Jahrtausend» (S. 5) zu gestalten (vgl. die Titelgrafik dieses Buchs und der beiden vorangegangenen Bände)! Dieses *Zeichen des Antichristen*, das es in Wirklichkeit darstellt, ist in der Broschüre zufällig genau *dreimal* (Titelseite, S. 4 u. 5) abgebildet. Auf solche Weise führt also ein großes päpstliches Missionswerk die katholische Mission unter den Augen der fromm dazu nickenden Bischöfe ad absurdum, und das auch noch mit Geldern, die aus Spenden gläubiger Katholiken *für die Mission* stammen! Damit wird selbstverständlich wertvollste Arbeit für die Geheimen Oberen geleistet, die sich angesichts solch diabolischen Eifers ihrer «Fünften Kolonne» ins Fäustchen lachen können.

Ein neues Kirchengebot

Der (s.o.) noch 1986 so tapfer gegen freimaurerische Jesuiten ins Feld gezogene Augsburger Bischof Josef Stimpfle scheint sich inzwischen auch eines Schlechteren besonnen zu haben. Nach einer in der DT vom 16. März 1989 veröffentlichten KNA-Meldung sagte er bei einer «ökumenischen Feierstunde» im Dom zu Augsburg, «mit der die "Woche der Brüderlichkeit" beendet wurde», u.a. folgendes: «Da alle Menschen ihren Ursprung in Gott hätten, seien sie dazu bestimmt, eine einzige Familie zu werden, geprägt von Toleranz, Achtung und Brüderlichkeit (Anm.: womit der Bischof nur um Haaresbreite den ihm ja nicht unbekannten Logen-Dreispruch "Toleranz, Gleichheit, Brüderlichkeit" verfehlte). Christen, Juden und Moslems seien durch ihren gemeinsamen Glauben an den Gott Abrahams, Isaaks und Jakobs verbunden und deshalb verpflichtet, ihre Streitigkeiten zu beenden und im Frieden zusammenzuleben.»

Am 14. April 1989 hielt dann Kardinal Francis Arinze, seines Zeichens Präsident des Päpstlichen Rats für den interreligiösen Dialog (den es also auch schon gibt), vor der uns inzwischen bekannten ACK Bayern in Nürnberg ein Referat, das der OR trotz seiner Länge prompt in nur leicht gekürzter Fassung veröffentlichte (OR vom 12. Mai 1989, S. 6f), und zwar unter der Überschrift «Der Einsatz des Christen im interreligiösen Dialog. Eine Verpflichtung, die zum Sendungsauftrag der Kirche gehört». Nach einleitenden Gedanken bemüht sich Arinze in diesem Referat um eine Definition des Begriffs «interreligiöser Dialog»: «Interreligiöser Dialog sollte nie als Gegensatz zu Konversion gesehen werden, man muß aber auch sagen, daß Dialog nicht dasselbe ist wie ein Bemühen darum, den Gesprächspartner von der Richtigkeit der eigenen Glaubensvorstellung zu überzeugen und ihn dazu zu überreden, seine Religion zu wechseln. Dialog zielt nicht auf Konversion ab im Sinne eines Wechsels der Religionszugehörigkeit; jedoch: Konversion, verstanden als größere Bereitschaft, Gottes Willen zu tun, sollte mit zum Hauptziel und zu den wichtigsten Früchten des aufrichtigen interreligiösen Dialogs gehören. ... Interreligiöser Dialog ist ein Zusammenkommen mit Herz und Geist zwischen Anhängern verschiedener Religionen. Er ist ein geistiger Austausch zwischen zwei Glaubenden auf religiöser Ebene. Er ist ein gemeinsames Zugehen auf die Wahrheit und Zusammenarbeit in Projekten von gemeinsamem Interesse ... Er ist eine kompromißlose religiöse Partnerschaft ohne versteckte Ziele oder Motive. Der interreligiöse Dialog erfordert, wenn er Früchte tragen soll, von den Teilnehmern gegenseitigen Respekt, Bereitschaft zum Zuhören, Aufrichtigkeit, Offenheit und den Willen, sich gegenseitig anzunehmen und zusammenzuarbeiten.» Was für

«Früchte» ein solcher Dialog notwendigerweise tragen muß, können wohl am besten die Erbauer der «Stadt des Menschen» beurteilen, die ihn ja auch erfunden haben. Es ist nicht nötig, darüber noch ein weiteres Wort zu verlieren.

Anschließend nennt Arinze Gründe für den interreligiösen Dialog, und zwar «soziologische Gründe», die «Einheit des Menschengeschlechts» (!), die angebliche Tatsache, daß «Christus der Mittelpunkt aller (Menschen) ist», sowie die angebliche «Ausrichtung (der Kirche) auf die Einheit des Volkes Gottes», als das Arinze offenbar glaubenswidrig die ganze Menschheit in Bausch und Bogen betrachtet, während etwa der hl. Petrus in schärfstem Kontrast dazu an die (katholischen!) *Christen* schreibt: «Ihr seid ein *auserwähltes* (!) Geschlecht» (1 Petr 2, 9). Mit Arinzes Logik scheint es auch nicht sonderlich weit her zu sein, denn obwohl er zuvor ausdrücklich erklärt hat, Ziel des Dialogs dürfe nicht der Synkretismus, also die Religionsvermischung, sein, behauptet er nun auf einmal, der interreligiöse Dialog könne «eine Religion mit Elementen einer anderen bereichern (wie zum Beispiel mit anderen Symbolen oder Riten)», was exakt der lexikalischen Definition von «Synkretismus» entspricht. Außer auf vier kümmerliche neutestamentliche Schriftzitate in einem zwei große Zeitungsseiten füllenden Text, die obendrein weder ausdrücklich noch auch bloß der Sache nach von einem interreligiösen Dialog, geschweige denn von einer *Verpflichtung* dazu reden, kann sich Arinze erwartungsgemäß nur auf Dokumente des zweiten Vatikanums und auf die Enzyklika «Redemptor Hominis» Papst Johannes Pauls II. berufen. Diese von ihm ständig angeführten Dokumente beweisen seiner Meinung nach, daß der interreligiöse Dialog «Teil der umfassenden Sendung der Kirche» ist. Von *welcher* Kirche er redet, sagt er nicht ...

Dann werden konkrete Dialogveranstaltungen der Nachkonzilspäpste Paul VI. und Johannes Paul II. vorgestellt, besonders ausführlich der «Weltgebetstag für den Frieden in Assisi» (wozu die OR-Redaktion auch zwei suggestive Fotos «Assisi 86», die einzigen des ganzen Artikels, beisteuert). Zum Schluß wendet sich Kardinal Arinze kurz gegen die These von der wesentlichen Gleichheit aller Religionen, aber nur, um fortzufahren: «Auf der anderen Seite ist die Einstellung derer, die den interreligiösen Dialog als überflüssig oder als riskanten Versuch ansehen, der fachlich qualifizierten Akademikern vorbehalten sein sollte, ebenso (!) falsch. ... Der Dialog ist ein unverzichtbarer Bestandteil der Sendung der Kirche: In einer Situation des religiösen Pluralismus ist er keine Sache des freien Beliebens, er ist vielmehr verpflichtend. Die Kirche sollte ihre Aufmerksamkeit nicht auf die Christen und auf die Nichtchristen, die die Taufe begehren, beschränken. Sie sollte auch auf jedes andere menschliche Wesen zugehen, selbst wenn es zu verstehen gibt, daß es nicht Christ werden will. Die Kirche wagt nicht, irgendein menschliches Wesen zu verwerfen, abzuschreiben oder zu ignorieren. Dieser umfassende Auftrag, alle willkommen zu heißen, ist ihr von Christus, dem Erlöser der Welt, gegeben (vgl. Joh 3, 42).»

Man wird sich verdutzt fragen, *wo* denn Christus diesen Auftrag gegeben habe. In den Evangelien liest man es nämlich immer nur umgekehrt. Vor der Aussendung der zweiundsiebzig Jünger befahl Jesus ihnen: «Wenn ihr aber in eine Stadt kommt und man nimmt euch nicht auf, da geht heraus auf ihre Gassen und sprecht: Auch den Staub, der sich uns angehängt hat von eurer Stadt, schütteln wir auf euch ab; doch das wißt, daß das Reich Gottes sich genaht hat. Ich sage euch: Sodoma wird es erträglicher gehen an jenem Tag als jener Stadt.» (Lk 10, 10f) Noch unmittelbar vor seiner Himmelfahrt trug der Herr den Aposteln auf: «Geht in die ganze Welt und verkündet das Evangelium allen Geschöpfen. Wer glaubt und sich taufen läßt, wird gerettet werden. Wer aber nicht glaubt, wird verdammt werden.» (Mk 16, 15f) Es sieht leider nicht so aus, als ob der «katholische» Kardinal Arinze diesen Worten des eingeborenen Sohnes Gottes Glauben schenkte.

Auch die übrigen Auslassungen des Kardinals lassen gläubigen Katholiken die Haare zu Berge stehen. Denn «ebenso falsch» wie die These von der wesentlichen Gleichheit aller Religionen ist die Auffassung, der interreligiöse Dialog sei nutzlos oder gar schädlich, behauptet Arinze. Nun ist aber die zuerst genannte These direkt häretisch; folglich wäre es nach Arinze *genauso* häretisch, den interreligiösen Dialog für nutzlos oder schädlich zu halten. Außerdem ist, wieder laut Arinze, dieser Dialog ein *neues Kirchengebot* (!), denn er *verpflichtet* nicht bloß die Theologen, wie Arinze ausdrücklich feststellt, sondern alle Gläubigen ohne Unterschied. Wer aber gegen ein Kirchengebot verstößt, sich also weigert, interreligiös zu dialogisieren, begeht eine Todsünde! Demnach wären die Gegner des interreligiösen Dialogs Todsünder und sogar Häretiker, die als solche gar nicht mehr der katholischen Kirche angehören würden. So lächerlich, wie diese Thesen auf den ersten Blick aussehen, sind sie gar nicht. Dem Kardinal dürfte es ebenso ernst sein wie seinen freimaurerischen Hintermännern. Zunächst als Feinde der «katholischen» Kirche, dann als Feinde der vereinigten Religion der Menschheit wird man die Gegner des synkretistischen Dialogs zuerst kaltstellen, darauf als «Friedensstörer» anprangern und ihnen schließlich den Prozeß machen.

Der «Konziliare Prozeß» des Br. Weizsäcker

Entlarvend hinsichtlich der freimaurerischen Gesinnung maßgeblicher Kurienkardinäle ist auch ein Satz, den der Vatikan-Journalist Luitpold A. Dorn im OR vom 7. Juli 1989 (S. 6) innerhalb eines peinlichen Lobgesangs auf den berüchtigten Ökumeniker Jan Kardinal Willebrands anläßlich von dessen silbernem Bischofsjubiläum fallen ließ: «Willebrands wurde folgerichtig Nachfolger von Kardinal Bea, folgte diesem in der Präsidentschaft des Sekretariats (heute Rat) zur Förderung der Einheit der Christen und versteht die christliche Einheit, wie Bea, als Vorstufe der Einheit aller Menschen.» Hier wird also bereits offen zugegeben, daß die christliche Ökumene bloß als *Vehikel* zur Beförderung der Einen Welt gedacht ist. Tatsächlich hat Kardinal Bea schon in einem unmittelbar nach dem zweiten Vatikanischen Konzil geschriebenen Buch mit dem Titel «Die Kirche und die Menschheit» (Freiburg - Basel - Wien 1967) die folgende unglaubliche These aufgestellt

(S. 124f): «Wenn Gott tatsächlich auch jenen, die Christus und die Kirche nicht kennen, seine Gnade gewährt, wenn er allen die Möglichkeit gibt, auf eine nur ihm bekannte Weise durch das Pascha-Mysterium mit ihm in Kontakt zu kommen, dann dürfen wir uns nicht darauf beschränken, die Gotteskindschaft nur jenen zuzuerkennen, die dem Volk Gottes sichtbar angehören (Anm.: worunter Bea - vgl. S. 120f - bereits unterschiedslos alle "Christen" versteht!). Ohne weiteres können, ja müssen wir sie praktisch allen Menschen zuerkennen, weil alle durch Christus erlöst sind und wir weder das Recht noch die Möglichkeit haben, darüber zu urteilen, wer von ihnen durch eine besondere Gnade Gottes wirklich zur Adoptivkindschaft gelangt ist oder nicht. Deshalb können wir es für ein *allgemeines Prinzip* halten, daß wir alle Menschen ohne jede Ausnahme oder Diskriminierung als Adoptivkinder Gottes, als Glieder des Gottesvolkes und als unsere Brüder, folglich die ganze Menschheit als die Familie des himmlischen Vaters und als die Familie der Brüder Christi betrachten. Gerade dies verlangt von uns die Konzilserklärung über das Verhältnis der Kirche zu den nichtchristlichen Religionen.» Wenn dem so sein sollte, verlangte das Konzil von uns, vom katholischen Glauben abzufallen! Kardinal Bea, der übrigens insgeheim den «Dialog» mit dem Großmeister der Vereinigten Logen Deutschlands, Pinkerneil, pflegte (Virebeau 1978, S. 72), hatte 1967 diesen Abfall schon vollzogen.

Was also die fraglose und vehemente Befürwortung einer (für sie «theologisch» sogar schon existierenden) interreligiösen Ökumene angeht, stimmen die Kardinäle Bea und Willebrands vollkommen mit Carl Friedrich von Weizsäcker, dem Initiator des «konziliaren Prozesses» bzw. der «Weltversammlung der Christen für Gerechtigkeit, Frieden und Bewahrung der Schöpfung» überein. «Zu diesem Friedenskonzil haben der Ökumenische Rat der Kirchen und Carl Friedrich von Weizsäcker aufgerufen. In seinem Buch "Die Zeit drängt" schreibt der Physiker und Philosoph v. Weizsäcker zu diesem Thema: "In bezug auf die drei Bereiche (Gerechtigkeit, Frieden und Bewahrung der Schöpfung) ist eine *Einigung der Christen und eine Übereinstimmung der Weltreligionen* möglich und geboten. Eine weltweite politisch wirksame Rechtsordnung ist zu fordern."» (TOPIC Nr. 8/1988, S. 3) Anderswo im selben 1986 erschienenen Buch sagt von Weizsäcker im Hinblick auf die von ihm vorgeschlagene christliche Weltversammlung: «Eine hochwichtige Folge wäre ein Konzil der Weltreligionen. Selbstverständlich sollten diese schon an der ersten Versammlung willkommene Gäste sein.» (TOPIC Sonderdruck 10, April 1989) Weizsäcker, der auch ganz persönlich dem Synkretismus huldigt und sich ebenso zu seiner (evangelischen) Taufe wie zur buddhistischen Erleuchtung bekennt (vgl. TOPIC Nr. 5/1988, S. 3), gehört nach P. Blackwood (1986, S. 55) sowohl dem CFR als auch der Trilateral Commission an. Zwar scheint sein Name auf einem vollständigen Verzeichnis der Mitglieder der Trilateralen (Stand vom 1. Januar 1984), das Robert Camman als Original fotomechanisch reproduziert und 1985 publiziert hat (Les véritables maîtres du monde, Villefranche-de-Lauragais, S. 12-21), nicht auf, was aber nur bedeuten würde, daß er eben erst 1984 in dieses Gremium der Schatten-Weltregierung aufgenommen wurde, immer noch früh genug, um 1986 in deren Auftrag und dementsprechend mit gigantischer Medien-Unterstützung die «Idee» eines «Friedenskonzils» in die Welt zu setzen!

Dem Liebeswerben des Trilateralen von Weizsäcker und des Logen-Instruments ÖRK hat die freimaurerisch durchsetzte katholische Kirche selbstverständlich nicht lange widerstanden. Auf dem Deutschen Evangelischen Kirchentag in Düsseldorf im Juni 1985 hatte von Weizsäcker erstmals öffentlich zu einem «Friedenskonzil» (wie er damals noch formulierte) der Christen aus aller Welt und aus allen «Kirchen» aufgerufen und war sofort auf lebhafte Unterstützung seitens der Kirchentagsteilnehmer gestoßen. Von katholischer Seite, berichtet W. Siebel (In: Gassmann [Hrsg.] 1989, S. 22f), «meldete sich als erste zustimmend die Rottenburger Synode zu Anfang Oktober 1985. Es folgte die Pax-Christi-Bundesdelegiertenversammlung vom 1. bis 3. November 1985. Danach kamen die Oblaten des heiligen Franz von Sales der Österreichisch-Süddeutschen Provinz am 4. Januar 1986. Als erster Bischof stimmte am 28. Januar 1986 Joachim Meisner, damals Kardinal von Berlin, zu. Im November 1986 fand in Glion (Schweiz) eine Besprechung zur Vorbereitung der ökumenischen Versammlung statt, an der fünf offizielle Vertreter Roms von "Justitia et Pax" und vom "Einheitssekretariat" teilnahmen. Die deutschen Bischöfe stimmten auf ihrer Frühjahrskonferenz im März 1987 dafür, an dem "konziliaren Prozeß" teilzunehmen. Die Deutsche Bischofskonferenz hat sich danach im Rahmen der Arbeitsgemeinschaft Christlicher Kirchen (ACK) an den vorbereitenden Gesprächen für die 1990 vorgesehene Weltversammlung beteiligt.» Bei der sogenannten «Basis», jedenfalls bei den katholischen Laiengremien aller Ebenen wie auch bei den meisten Verbänden, rannten die Bischöfe mit ihrer Initiative offene Türen ein. Allenthalben wurden und werden seitdem einschlägige Arbeitspapiere, Entschließungen, Resolutionen etc. etc. verfaßt und veröffentlicht, die sich durch katastrophale theologische Defizite und hemmungslose Anpassung an den linksliberal-sozialistischen und synkretistischen (logen-induzierten) Zeitgeist gleichermaßen «auszeichnen».

Im Jahr 1988 hieß es zum Beispiel in einer Erklärung der Vollversammlung des Diözesankomitees katholischer Verbände im Bistum Münster zur für 1990 geplanten christlichen Weltversammlung: «... Ihnen allen (Anm.: den Menschen der dritten Welt, denen des Ostblocks sowie den Umweltschützern) schulden wir Rechenschaft über unseren Glauben an den Gott aller Menschen, der das Leben aller will und nicht den Lebensstandard weniger.» (ACK Ökumenische Mitteilungen, Info-Dienst der ACK in Nordrhein-Westfalen, Nr. 68/1988, S. 22) Hier geht es offenbar nur noch um den innerweltlichen Fortschritt der Menschheit; den will angeblich der gemeinsame «Gott aller Menschen». Daß er in Wirklichkeit etwas ganz anderes will, scheint diesen «Katholiken» total aus dem Gedächtnis entschwunden zu sein, falls es sich überhaupt jemals darin befunden hat. Eben das prädestiniert sie aber für die «Religion des Menschen», der man mit der Weltversammlung ein großes Stück näher zu kommen hofft.

Aber auch dem Weltstaat rückt man mit dieser Initiative nicht unwesentlich näher. Am 22. Oktober 1988 hat die ACK in Stuttgart als Ergebnis ihrer Vorarbeiten für die Weltversammlung der Christen 1990 bzw. die Baseler Europäische Versammlung der Christen im Frühjahr 1989 eine «Erklärung» verabschiedet, die ihren freimaurerischen Charakter überhaupt nicht zu verbergen sucht. Man liest in dem Dokument beispielsweise die teilhardistische These: «Durch seinen Heiligen Geist baut Gott sein Reich schon in dieser Welt, ein Reich der Gerechtigkeit und des Friedens, das er trotz aller Widerstände dereinst vollenden wird.» (Zit. n. Gassmann 1989, S. 148) Zweifellos könnte man diesen Satz isoliert noch rechtgläubig auslegen, ihn etwa auf die katholische Kirche beziehen, die der Heilige Geist in der Tat schon hier auf Erden aufbaut, um sie in der Ewigkeit zu vollenden. Aber im Zusammenhang des Dokuments gewinnt der Satz natürlich einen ganz anderen Sinn. L. Gassmann schreibt: «In der "Erklärung von Stuttgart" wird unter anderem folgendes angestrebt: eine "Kultur der Liebe zwischen den Menschen" (S. 25); eine "weltweite Friedensordnung" (S. 27); die "Schaffung und Förderung internationaler Institutionen, einschließlich internationaler Gerichtsbarkeit und internationaler Sanktionsgewalt" (S. 29); die "Aussöhnung" mit den verschiedenen Völkern, auch mit den "Völkern der Sowjetunion" (S. 31); eine "politische Organisation der Welt", die "einen Verzicht auf die Inanspruchnahme des nationalen Souveränitätsrechts der Selbstverteidigung ermöglicht" (S. 32). - Wie eine solche "politische Organisation der Welt" aussieht, darüber macht man sich in der "Stuttgarter Erklärung" auffallend wenig Gedanken. Und doch läßt es sich aus folgendem Satz erahnen: "Krieg als Institution wird erst dann wirklich überwunden sein, wenn die Ächtung des Krieges als Teil des Völkerrechts auch politisch durchgesetzt werden kann" (S. 32). Geht man vom unversöhnten Zustand der Menschheit aus, dann kann kein Zweifel daran bestehen, daß diese Durchsetzung nur durch *Gewalt* geschehen kann. Und das heißt: Die "internationale Institution", die die "Ächtung des Krieges" durchsetzt, muß *diktatorische Befugnisse* haben, um die Menschheit auf einen einheitlichen Kurs zu zwingen. Damit rückt die apokalyptische Vision des *antichristlichen Welteinheitsreiches* (Offb. 13 u. 17) in beängstigende Nähe.» (S. 152f)

Um die ganze Tragweite der «Stuttgarter Erklärung» zu erfassen, muß man sich vor Augen halten, daß man sich zur gleichen Zeit in allen übrigen europäischen Ländern (der Ostblock entlarvender Weise miteingeschlossen!) mit ganz ähnlich lautenden «Erklärungen» und «Arbeitspapieren» auf das große Europäische Treffen in Basel 1989 vorbereitete, das ja inzwischen seinerseits ein Abschlußdokument erstellt hat, und daß auf allen fünf Kontinenten die Vorbereitungen für das Welt-«Konzil» der Christen 1990 in Seoul auf Hochtouren laufen. Und überall arbeitet die katholische Kirche in den Vorbereitungsgremien mit protestantischen Delegierten aller Art zusammen, von denen mit großer Sicherheit ein beträchtlicher Prozentsatz unmittelbare Vollstrecker von Logenbeschlüssen sind. So beispielsweise auch in den Niederlanden, wo am 16. September 1989, nun schon als unmittelbare Vorbereitung auf das Welttreffen, in Utrecht erstmalig ein «Kirchentag» stattfand (vgl. DT vom 16.9.1989). «Vorbereitet wurde das Utrechter Treffen, das unter dem Thema "Gerechtigkeit, Frieden und Bewahrung der Schöpfung" steht und den niederländischen Beitrag zum konziliaren Prozeß formulieren soll, vom holländischen Kirchenrat, in dem protestantische und katholische Kirchen zusammenarbeiten.» Na bitte!

Aber kehren wir noch einmal zur deutschen «Szene» zurück: In den «ACK Ökumenischen Mitteilungen etc.» Nr. 69/1988 konnte man (S. 23) die folgende KNA-Meldung lesen: «Der Bischof von Aachen, Klaus Hemmerle, und Landeskirchenrat Enno Obendiek, Düsseldorf, haben die Christen dazu aufgerufen, das Engagement für den konziliaren Prozeß für Gerechtigkeit, Frieden und Bewahrung der Schöpfung nicht einzelnen Gruppen zu überlassen. Dieser Prozeß bedinge ein Umdenken und verändertes Handeln aller, betonten Hemmerle und Obendiek bei einem "Abend des Friedens" in Mönchengladbach. Durch den konziliaren Prozeß sei ein neuer Charakter von Ökumene entstanden.» Dem kann man nur beipflichten. Von Bischof Hemmerle solche Töne zu vernehmen wird niemanden verwundern, der weiß, daß Hemmerle den Fokularini sehr nahesteht. Aber auch die meisten anderen deutschen Bischöfe engagieren sich vehement für die Weizsäckersche Freimaurer-Ökumene. So liegt mir beispielsweise ein Brief vom Februar 1989 vor, den ein Regionaldekan des Bistums Trier «an alle Seelsorger unserer Region» richtete, mit viel Gespür für den emanzipatorischen Zeitgeist stilgerecht mit der Anrede «Liebe Schwestern (!), liebe Brüder!» versah und als offizielle Einladung zum regionalen «Studientag '89» verschickte. Darin heißt es: «Wir haben in der Regionalen Dechantenkonferenz nicht lange überlegen müssen, welches Thema in diesem Jahr ansteht. Schon die Klausur der Dechantenkonferenz zeigte uns die Richtung: *Der Ökumenisch Konziliare Prozeß für Gerechtigkeit, Frieden und Bewahrung der Schöpfung* soll in unseren Gemeinden mehr zur Kenntnis genommen werden. Nach dem Willen unseres Bischofs (!) soll dieser Prozeß gegenseitiger Verpflichtung (Bund) nicht nur von Gruppen und Initiativen, die in Entwicklungs-, Friedens- und Ökologiefragen engagiert sind, betrieben werden, sondern in den Gemeinden sollen diese Überlebensfragen aufgegriffen und behandelt werden. Da ist es notwendig, daß wir Seelsorger uns über die laufenden Vorgänge informieren und miteinander überlegen, wie wir motivieren können.»

Wie man deutlich sieht, kommt es den Logen darauf an, wirklich noch den letzten kleinen Pfarrer und seine Gemeinde in den «konziliaren Prozeß», näherhin in den Prozeß der Transformation sämtlicher Religionen in eine profane Menschheitsreligion, die nur noch für diesseitige «Überlebensfragen» zuständig sein soll, einzubinden. Die katholischen Bischöfe keineswegs bloß der Bundesrepublik Deutschland machen sich dabei, ob nun eingeweiht in die Logenpläne oder nicht, zu willigen bis begeisterten Handlangern der «Maurermeister», die dabei sind, den antichristlichen «Tempel der Humanität» aus den Trümmern der weitgehend zerstörten Kirche Jesu Christi erstehen zu lassen. Die schon jetzt zur «kleinen Herde» zusammengeschmolzene wahre katholische Kirche (nämlich die der wahrhaft *Gläubigen*) wird natürlich in diesem «Tempel» keinen Platz finden; sie wird - mit ausdrücklicher Billigung der offiziellen «katholischen Kirche» - sogar blutig unterdrückt und verfolgt werden, weil sie dem allgemeinen Religions- und Menschheitsfrieden im Weg steht. Der Protestant Gassmann (1989, S. 123) sieht hier ganz klar (obgleich er naturgemäß unter der «wahren Kirche» irrtümlich nicht die katholische, sondern die Gruppe der bibeltreuen, «evangelikalen» Protestanten versteht):

«Nicht ohne Grund wurde von C.F.v. Weizsäcker auf dem Düsseldorfer Kirchentag ein "*Konzil*" - und nicht nur eine "Weltversammlung" - angestrebt. Denn nur ein Konzil kann Beschlüsse fassen, die für die gesamte Christenheit - und als Folge auch darüber hinaus - *verbindlich* sind. Auch wenn sich die katholische Kirche schwertut, den Begriff "Konzil" für den Gebrauch über ihre Grenzen hinaus zu akzeptieren, so arbeitet sie doch im "*konziliaren Prozeß*", wie es jetzt heißt, tatkräftig mit. Damit sind alle Weichen für eine verbindliche Beschlußfassung der Kirchen - und später der Religionen! - gestellt. - Die zwangsläufige Folge einer Beschlußfassung auf *konziliarer* Ebene ist aber die: *Jeder, der sich ihr nicht unterwirft, wird ausgeschlossen sein!* Deutlicher gesagt: *Wenn zur (vermeintlichen) Erringung eines dauerhaften äußeren Friedens auf höchster kirchlicher Ebene tatsächlich eine Ökumene der Religionen beschlossen und praktiziert wird, dann werden alle diejenigen Christen ausgeschlossen sein, die diesen Weg nicht mitgehen - alle, die Jesus Christus die Treue halten.* Dann wird die verfaßte Kirche zur Antikirche werden (vgl. Offb. 17), doch die "kleine Herde" derer, die Jesus nachfolgen (Anm.: derer, die am ungebrochenen katholischen Glauben aller Zeiten festhalten, müssen wir sagen), wird - durch alle Trübsal und Verfolgung hindurch - das Reich Gottes ererben (Lk. 12, 32).»

Die Umarmung des Islam

Die einzige Religion, die dem Satan und den «Wissenden» seiner Synagoge angenehm ist, ist der Satanismus. Alle Religionen, die den wahren Gott oder irgendwelche anderen vermeintlichen Götter anbeten, ja selbst der Atheismus, der auch die Existenz eines Teufels leugnet, stehen der unverhüllten Anbetung Satans naturgemäß im Weg, weshalb nicht bloß die katholische Kirche, sondern auch alle irrigen Religionen dem Antichristen als Satans sichtbarem Stellvertreter werden weichen müssen. Das lehrt uns die Heilige Schrift selber. «Der heilige Johannes sagt, "daß der der Antichrist ist, der *den Vater und den Sohn leugnet*"; während der heilige Paulus von ihm in ähnlicher Weise redet als "*dem Gegner und Rivalen all dessen, was Gott heißt oder als Gott verehrt wird*", daß er "als Gott sitzt im Tempel Gottes, von sich selber sagend, daß er Gott ist". In diesen beiden Stellen wird dieselbe lästerliche Leugnung Gottes und der Religion beschrieben; aber der heilige Paulus fügt hinzu als Zusatz, daß er gegen alle existierende Religion auftreten wird, ob falsch oder wahr, gegen "alles, was Gott genannt wird oder als Gott verehrt wird".» (Newman 1951, S. 33f)

Wie wir bereits sahen, haben seinerzeit die illuminierten Verfasser von CoM den Islam völlig übergangen, als sie erörterten, welche Werte die verschiedenen großen Weltreligionen in die künftige «Religion der Demokratie» einbringen könnten.

Obwohl die zionistisch beherrschten Logen zweifelsohne auch immer schon große Anstrengungen unternommen haben, den Islam ideologisch zu unterminieren, mußten sie offenbar einige herbe Rückschläge ihrer Bemühungen verzeichnen, so z.b. die erneute Etablierung einer «Islamischen Republik» im durch den liberalen Schah Reza Pahlevi bereits sehr erfolgreich säkularisierten Persien. Nun sind findige Köpfe in der Dollarpyramide auf den Gedanken verfallen, den Islam durch ständig wiederholte christliche Verbrüderungsangebote mürbe zu machen. Nicht bloß der freimaurerisch beherrschte ÖRK, sondern auch und gerade Bischöfe und Kardinäle der katholischen Kirche legen in den letzten Jahren einen geradezu verblüffenden Eifer an den Tag, wenn es darum geht, sich bei den Mohammedanern anzubiedern. Beschränken wir uns nur auf die Jahre 1988 bis 1990. Unter der Überschrift «Bischof Lehmann richtet Grußwort an die Muslime» hieß es in der DT vom 17. Mai 1988:

«Aus Anlaß des Endes des Fastenmonats Ramadan hat der Vorsitzende der Deutschen Bischofskonferenz, Bischof Karl Lehmann, am Montag an die Muslime in Deutschland folgendes Grußwort gerichtet: "Die Wiederkehr des Festes des 'Fastenbrechers', des Endes des Ramadan, gibt mir Gelegenheit, an Ihrer Freude teilzunehmen und Ihnen meinen herzlichen Glückwunsch zu übermitteln. Gemeinsam dürfen wir dem einzigen und barmherzigen Gott danken. Dieses Fest erlaubt mir, meine Achtung auszudrücken, die ich vor Ihrem Zeugnis der Hingabe an Gott empfinde. Ihre Treue dem Gottesgebot (!) gegenüber ist ein Zeichen der Hoffnung und des Trostes in einer Welt, die den Schöpfer immer mehr zu vergessen und die Augen nur auf die Erde zu richten scheint. Wir wollen im Bewußtsein unserer Gemeinsamkeiten und Unterschiede im Glauben, im gegenseitigen Respekt für unsere Überzeugungen arbeiten, damit Vorurteile und Spannungen auf beiden Seiten abgebaut werden und eine Welt entsteht, in der mehr Gerechtigkeit und Barmherzigkeit herrschen."»

Wüßte man noch nicht, daß Lehmann bereits lange Jahre den freimaurerischen Rotariern (und vielleicht schon längst nicht mehr bloß ihnen) angehört, müßte dieses Grußwort doch bereits den ernsten Verdacht aufkommen lassen, daß hier im Logenauftrag versucht werden soll, die Muslime auf sanftem Weg zu vereinnahmen. Vom Standpunkt des katholischen Glaubens aus ist dieses Grußwort ein gewaltiges Ärgernis, da bei den Muslimen weder objektiv noch (wenigstens im Regelfall) subjektiv von wirklicher «Hingabe an Gott» oder «Treue den Gottesgeboten gegenüber» die Rede sein kann, weshalb auch weder «Freude» noch «herzliche Glückwünsche» am Platz sind. Bemerkenswert ist aber, wie Lehmann den Mohammedanern den bei ihnen gemeinhin eben gar nicht vorhandenen «gegenseitigen Respekt für unsere Überzeugungen» sowie das Interesse am «Abbau von Vorurteilen und Spannungen auf beiden Seiten» förmlich aufzudrängen sucht. Demgegenüber lautet «ein Geheimbeschluß der Islamischen Versammlung in Lahore (Pakistan - 1980): "Das ganze Gebiet ist bis zum Jahr 2000 völlig zu islamisieren, und zwar dergestalt im Mittleren Osten, daß alle Lebenden, die nicht Moslems geworden sind, die koptischen Christen in Ägypten, die Christen in Irak, Iran, Türkei, Libanon, Syrien, die Assyrer, Chaldäer, syr.-orth. Christen,

Armenier, Nubier und Israelis völlig ausgelöscht werden müssen."» (TOPIC Nr. 5/1989, S. 6) Soweit es die Christen und namentlich die katholischen Christen betrifft, lassen die Anführer der Schatten-Weltregierung die Muslime gerne gewähren. Nur wer keine Ahnung von den Vorgängen hinter den Kulissen hat, kann sich darüber wundern und empören, daß die USA, Frankreich und andere Mächte den gegenwärtig tatsächlich akut von der Auslöschung durch libanesische, palästinensische und syrische Mohammedaner bedrohten katholischen Christen des Rest-Libanon in keiner Weise zu Hilfe kommen und die Medien kollektiv diese Tragödie zu ignorieren suchen. Aber langfristig kann der fundamentalistische und nicht bloß christen-, sondern auch judenfeindliche Islam natürlich keineswegs geduldet werden. Deshalb also umarmt nicht bloß Bischof Lehmann die Muslime mit einer diesen selbst wohl ganz unverständlichen, wenn nicht gar unerwünschten Herzlichkeit.

Schützenhilfe erhielt Lehmann seinerzeit durch Bischof Reinhard Lettmann von Münster, der aufgrund seiner seltsamen Äußerungen und Handlungen schon lange in dem Ruch steht, ganz im Geist der Logen zu operieren. Eine KNA-Meldung vom Sommer 1988 hatte folgenden Wortlaut: «Zu Kontaktbereitschaft mit den in der Bundesrepublik lebenden gemäßigten Muslimen hat der Bischof von Münster, Dr. Reinhard Lettmann, die Pfarrgemeinden aufgerufen. Es gehöre zum Selbstverständnis der Christen, allen Menschen im Geist der Offenheit, Hilfsbereitschaft und Solidarität zu begegnen, schreibt der Bischof in der neuesten Ausgabe der Münsteraner Kirchenzeitung "Kirche und Leben". Die Gemeinden sollten Verständigung und nicht Konfrontation mit den Muslimen "in ehrlicher Aufgeschlossenheit, aber auch in kritischer Sympathie" suchen.» (ACK Ökumenische Mitteilungen etc. Nr. 69/1988, S. 26) Sogar der uns inzwischen schon bekannte Kardinal Arinze ließ es sich nicht nehmen, im Namen des Vatikans bzw. der gesamten katholischen Kirche pünktlich zum Ende des Ramadan 1988 eine «Botschaft» an die Muslime zu richten, die sie auf die künftige Eine Welt einzustimmen suchte. Die DT vom 21. Mai 88 meldete aus Rom: «Auf die Muslims und Christen gemeinsamen Bemühungen um Gerechtigkeit und Frieden hat der Präsident des vatikanischen Sekretariats für die Nichtglaubenden, Kardinal Francis Arinze, hingewiesen. Der Glaube an den einen Gott dränge Muslims und Christen als Brüder und Schwestern, für Solidarität, Gerechtigkeit und Frieden unter den Menschen zusammenzuarbeiten, schreibt Arinze in einer im Vatikan veröffentlichten Botschaft zum Abschluß des Ramadan.»

Während die deutschen und ausländischen *Katholiken* solche skandalösen «Grußworte», Appelle und «Botschaften» reaktionslos über sich bzw. über die Mohammedaner ergehen ließen, trat der Ratsvorsitzende der EKD, «Bischof» Martin Kruse, der es seinem «Kollegen» von der katholischen Bischofskonferenz gleichgetan und den Muslims zum Ende ihres Fastenmonats u.a. geschrieben hatte, man stehe mit ihnen «in der gemeinsamen Verantwortung, uns dafür einzusetzen, daß Gottes Name geehrt werde», kräftig ins Fettnäpfchen; von «Unruhe» und «schweren Irritationen» in gewissen Kreisen des deutschen Protestantismus war die Rede (Idea-Meldung, DT vom 19. Mai 1988). Im Frühjahr 1989 sorgte dann die sogenannte *Rushdi-Affäre* für große öffentliche Aufregung in allen Medien. Rom nahm prompt die günstige Gelegenheit wahr, seine Solidarität mit den durch Rushdis Buch gekränkten Mohammedanern zu bekunden. «Der Vatikan», berichtete die DT vom 7. März 89, «hat das Buch "Satanische Verse" des indisch-britischen Schriftstellers Salman Rushdi als blasphemisch verurteilt. In einem am Sonntag in der vatikanischen Tageszeitung "Osservatore Romano" veröffentlichten Kommentar heißt es, Rushdi habe mit seinem Buch die religiösen Gefühle von Millionen von muslimischen Gäubigen verletzt. ... Die Zugehörigkeit zum katholischen Glauben verlange, die in dem Buch gemachten gotteslästerlichen Äußerungen zu tadeln, so die vatikanische Tageszeitung. ... Dies sei nicht das erste Mal, daß unter Berufung auf künstlerische und literarische Freiheit falscher Gebrauch von heiligen Texten gemacht werde. ...»

Dieser offiziöse, also den Standpunkt des Vatikans formulierende Artikel stellt selber eine Blasphemie dar. Er würdigt die Heilige Schrift des Alten und Neuen Testaments auf die Ebene des Korans herab, stellt Gottes Wort Menschenwort gleich. Rushdis Verbrechen bestand in den Augen der Mohammedaner darin, daß er die Echtheit gewisser Koranverse und darin impliziert den gesamten Koran als von Gott geoffenbartes Buch in Frage gestellt hatte. Für jeden gläubigen Katholiken ist aber völlig klar, daß kein Wort im Koran von Gott geoffenbart ist. Also würde sich jeder gläubige Katholik, der das laut sagte, in den Augen nicht bloß der Muslime, sondern auch des Vatikans derselben «Blasphemie» schuldig machen wie Salman Rushdi. Es ist vollkommen unerhört und ein Skandal ersten Ranges, daß es der Osservatore Romano wagt, den Koran als «heiligen Text» zu bezeichnen. Aber das Schlimmste daran ist, daß dieser Zeitungskommentar wiederum ganz und gar im Zeichen der Schaffung der Welteinheitsreligion steht. Man solidarisiert sich heuchlerisch mit den Muslims, um sie schon allein durch ihre widerspruchslose Hinnahme einer solchen Solidaritätsadresse ein Stück weit der allgemeinen Religionsökumene näherzubringen. Man wählt als Mittel dazu die Verleugnung des katholischen Glaubens. Und alle Katholiken schweigen fromm dazu.

Die Grußworte und Botschaften katholischer Hierarchen zum Ende des islamischen Fastenmonats sind bereits zur festen Einrichtung geworden. In Deutschland war es 1989 der mit so viel Vorschußlorbeeren bedachte neuernannte Kardinal Meisner von Köln, der sich laut KNA (DT vom 9. Mai 89) an die Muslime in Deutschland wandte: «"Seit langen Jahren leben Sie fern Ihrer Heimat. Trotz mannigfaltiger Schwierigkeiten praktizieren Sie auch hier Ihren Glauben. Als Erzbischof von Köln schätze ich Ihre Religiösität hoch." Meisner hebt hervor, daß die Kölner Katholiken weiterhin den Dialog pflegen und mit den Muslimen zusammenleben wollen. Zu diesem Dialog sei 1974 die ökumenische Kontaktstelle für Nichtchristen im Erzbistum Köln eingerichtet worden.» - Man muß davon ausgehen, daß eine ganze Reihe von Kölner Katholiken keineswegs den Dialog mit den Muslimen pflegen will. Wer gibt dem Kardinal das Recht, so etwas desungeachtet einfach im Namen *aller* Kölner Katholiken zu behaupten? Um zu begreifen, was Meisners «Grußbotschaft» letztlich bedeutet, stelle man sich nur vor, der heilige Paulus sei beispielsweise nach Korinth gekommen und habe den dort ansässigen

Juden gesagt: «Trotz eurer langen Abwesenheit von der Heimat haltet ihr treu an der Religion eurer Väter fest. Ich schätze als Apostel Jesu Christi eure Religiösität hoch. Ich will deshalb auch weiter den Dialog mit euch pflegen und mit euch friedlich zusammenleben ...» Hätte der Völkerapostel *so* gehandelt, hätte sich wahrscheinlich kein Mensch bekehrt, und er selber hätte Christus und das Evangelium schmählich verraten. Obwohl die Juden (s.o.) ihn überall gewaltig verfolgten und ihm nach dem Leben trachteten, hörte er nicht auf, ihnen zu predigen, daß ihre ganze Gerechtigkeit ihnen nichts nützen werde, wenn sie sich nicht zu Christus dem Erlöser und Messias bekennen würden. Von einer *Hochschätzung* ihrer Religion und Religiösität hat er nirgends gesprochen, obwohl er selber ehemals ein glühender Anhänger ihres Bekenntnisses gewesen war. Noch viel weniger hat er das bei den Heiden getan. Die Athener mit ihrem «unbekannten Gott» suchte er sofort zielstrebig zum Glauben an Christus den Auferstandenen zu führen. Als sie ihn verlachten, schüttelte er den Staub von seinen Füßen, statt sie seiner Hochschätzung ihrer Religiösität zu versichern und ihnen einen Dialog anzubieten. Die meisten Muslime in Deutschland haben genügend Gelegenheit gehabt, den katholischen Glauben kennenzulernen, lehnen ihn aber dennoch entschieden ab. Wie kann sich dieser ihr hartnäckiger *Unglaube* der «Hochschätzung» eines katholischen Oberhirten erfreuen?

Auch Kardinal Arinze trat 1989 wieder mit einer die Eine Welt herbeiredenden Grußadresse an die Öffentlichkeit. «Der Vatikan», schrieb KNA (DT vom 9. Mai), «hat in einer Botschaft zum Ende des islamischen Fastenmonats Ramadan dem Fasten besondere Bedeutung für die Beziehungen zwischen den Religionen zugeschrieben. Im Fasten des Ramadan würden spirituelle Werte deutlich, zu denen das Bewußtsein von der Einheit der Menschheitsfamilie zähle, schreibt der Präsident des Päpstlichen Rates für den interreligiösen Dialog, Kardinal Francis Arinze, in einer jetzt veröffentlichten Botschaft zum Ende des Ramadan. Darin heißt es, dieses Bewußtsein sei im Islam und im Christentum verankert und werde durch die Praxis des Fastens vertieft. Durch Fasten werde zudem ein Gemeinschaftssinn zwischen Reichen und Armen sowie zwischen Privilegierten und Benachteiligten entwickelt, hebt Arinze in der Botschaft hervor. Darüber hinaus lehre Fasten Solidarität und führe zu einer Bekehrung des Herzens, die Christen und Muslime gegenseitige Wertschätzung empfinden und sie gemeinsam am Aufbau der Menschheitsfamilie bauen lasse.» Ein Vergleich zwischen der 88er- und 89er-Botschaft Arinzes zeigt sofort, daß der Kardinal dieses Mal beträchtlich deutlicher geworden ist. Allerdings wirkt sein Versuch, den Muslimen eine Theologie des Fastens einzureden, die weder die ihrige noch die des Christentums ist, außerordentlich plump, gekünstelt und zum Lachen reizend. Man fastet doch weder als Moslem noch als Katholik, um ein «Bewußtsein von der Einheit der Menschheitsfamilie» zu erlangen oder zu bekunden. Nichtsdestoweniger erweist spätestens dieser Text den Kardinal als einen «Wissenden»; von selber wäre er wohl niemals auf die Formulierung so abwegiger Gedanken gekommen. Das Fadenscheinige seines Annäherungsversuchs zeigt aber zugleich, daß sich die Geheimen Oberen mit dem Islam und seiner Integration in die allgemeine Menschheitsreligion nach wie vor schwer tun. Dafür haben sie aber ihren Hauptgegner, die katholische Kirche, umso fester im Griff.

Der «niemals gekündigte» Bund

Der Protestant W. Borowski (1985, S. 76f) sagt es, wie es besser ein Katholik auch nicht sagen könnte: «Schon im Alten Testament wird wiederholt angekündigt, welche verhängnisvolle Folgen Ungehorsam und Abwendung von Gott für Israel nach sich ziehen. Besonders die Verwerfung Jesu Christi hat das derzeitige Schicksal Israels zum Ergebnis. Daher sagte Jesus: "Das Reich Gottes wird von euch genommen und einem Volk gegeben werden, das seine Früchte bringt" (Mt. 21, 43), so daß uns "Heidenchristen" gesagt werden kann: "Ihr ... seid das auserwählte Geschlecht, das königliche Priestertum, das heilige Volk, das Volk des Eigentums" (1. Petr. 2, 9). Diese Zusage gilt also nicht nur den "Judenchristen". Jesus sprach sogar dies sich weithin erfüllende Wort: "Aber die Kinder des Reichs werden ausgestoßen in die Finsternis hinaus; da wird sein Heulen und Zähneklappen" (Mt. 8, 12). Und Paulus sprach das bittere Wort: "... der Zorn ist schon über sie gekommen zum Ende hin" (1. Thess. 2, 16). Um heute in einen "Dialog" mit dem Judentum zu kommen, erklärt man in einigen christlichen Kreisen diese Worte für belanglos oder gar fraglich. Wird damit aber nicht Jesus zum Lügner und Paulus zum falschen Propheten gestempelt? Wird damit nicht zugleich die ganze Bibel in Frage gestellt, da sie sich in wesentlichen Punkten irre? Wenn wir die Bibel, wenn wir Jesus, Paulus und Johannes ernst nehmen, dürfen wir diese weissagenden Worte weder unterschlagen noch streichen noch umdeuten. Aber mit Erschrecken müssen wir daran denken, daß eine ungehorsame und abgefallene Kirche auch unter den "Zorn" Gottes geraten und damit einem entsprechend bitteren Schicksal entgegengehen könnte.»

Ausgerechnet die «Katholische Nachrichten-Agentur» (KNA) fühlte sich im November 1989 (DT vom 14. 11.) bemüßigt, über das nicht etwa Katholische (gibt es so etwas überhaupt?), sondern *Jüdische* Museum in Frankfurt zu berichten. Das erst seit einem Jahr bestehende Museum habe in diesem Zeitraum mehr als 85 000 Besucher gezählt, hieß es da. «Wie der Direktor des Museums, Georg Heuberger, in Frankfurt der Katholischen Nachrichten-Agentur sagte, sei bei den Besuchern ein sehr großes Interesse festzustellen. Gerade die Zusammenarbeit mit Schulen sei "sehr gut". ... Eine wichtige Aufgabe des Museums sei es, über die Geschichte und Kultur des jüdischen Volkes zu informieren. Dabei müsse das Museum noch stärker erzieherisch "entfaltet" werden. Dazu gehöre es, die Möglichkeiten, die das Museum für wichtige erzieherische Arbeit biete, noch intensiver zu nutzen.» Da werden also ganze christliche Schulklassen geschlossen ins jüdische Museum geführt, um dort «erzogen zu werden». Dreimal darf man raten, wozu sie dort erzogen werden sollen ... Die kommenden Weltherrscher legen scheinbar großen

Wert darauf, ihre besondere Auserwählung den jungen Gojim, die ihnen in der «Stadt des Menschen» unterworfen sein werden, beizeiten nahezubringen. Man tut gut daran, gefangene Tiere vorsichtig an ihren Käfig zu gewöhnen, damit sie sich nicht den Schädel an den Gitterstäben einrennen ...

Aber es kommt noch besser. Raten Sie doch mal, falls Sie es nicht zufälligerweise schon wissen, wem Rotarierbischof Lehmann in seiner Eigenschaft als Vorsitzender der Deutschen Bischofskonferenz den «*Katholischen* Kinderbuchpreis 1989» überreichte? Der «in Berlin geborenen und in den Vereinigten Staaten lebenden jüdischen Schriftstellerin» *Sonja Levitin*, und zwar «für ihr Buch "Heimkehr nach Jerusalem"». «Zu Sonja Levitins "Heimkehr nach Jerusalem" sagte der Bischof, ohne den Eindruck zu erwecken, belehren zu wollen, werde der Leser hier in die Welt des jüdischen Glaubens und seiner Bräuche eingeführt. ... In "Heimkehr nach Jerusalem" wird das Schicksal einer jüdischen Familie geschildert, der im Rahmen der "Operation Moses" im Winter 1984/85 über den Sudan die Flucht nach Israel gelang.» (DT vom 28. Oktober 1989) Allem Anschein nach ist es bislang niemandem in den Sinn gekommen, die doch nicht von der Hand zu weisende Frage aufzuwerfen, seit wann ein *katholisches* Kinderbuch ein solches ist, das - um nochmals den «Wissenden» Lehmann zu zitieren - «in die Welt des *jüdischen* Glaubens und seiner Bräuche einführt»!

Und es kommt *noch* besser. «Zum ersten Mal», kündigte der OR vom 23. Februar 1990 an, «wird in Ungarn eine gemeinsame Zeitschrift der christlichen Kirchen und der jüdischen Gemeinschaft herausgegeben.» Offenbar ist hier auch und vor allem die katholische Kirche beteiligt. Es macht den Anhängern Christi also nichts mehr aus, zusammen mit den erklärten Feinden Christi eine «*Kirchenzeitung*» (!) zu fabrizieren. «Judas, mit einem Kuß verrätst du den Menschensohn?» (Lk 22,48)

Ärger kann es aber wirklich nicht mehr kommen, werden Sie nun wahrscheinlich denken. Irrtum! Wissen Sie, was für ein *besonderer Tag* von den italienischen Katholiken auf Anweisung ihrer Bischöfe am 17. Januar 1990 *erstmals* begangen wurde? Schwer zu erraten? Bestimmt nicht! Natürlich der - jawohl, richtig! - «Tag des Judentums»! Aber ich möchte Ihnen den vollen Wortlaut der entsprechenden KNA-Meldung (DT vom 16. Januar 1990) nicht vorenthalten: «Die Vizepräsidentin der europäischen Union jüdischer Gemeinschaften, Tullia Zevi, ist vom neuen Präsidenten des Päpstlichen Rats zur Förderung der Einheit der Christen, Erzbischof Edward Cassidy, im Vatikan empfangen worden. Wie am Freitag bekannt wurde, fand das Treffen mit Cassidy, dessen Rat auch für den Dialog mit den Juden zuständig ist, bereits am Mittwoch statt. Der Erzbischof soll sich ausführlich über das jüdisch-katholische Dialogprogramm und die Zusammenarbeit zwischen beiden Seiten informiert haben. Bei der Begegnung war auch der Vorsitzende der Ökumene-Kommission der Italienischen Bischofskonferenz, Bischof Alberto Ablondi, anwesend. Dieser hatte kürzlich zusammen mit Frau Zevi, die auch Präsidentin der Union jüdischer Gemeinschaften in Italien ist, bei einer Pressekonferenz in Rom über den ersten "Tag des Judentums" informiert, zu dem die italienischen Bischöfe am 17. Januar die Gläubigen eingeladen haben.» Es ist damit zu rechnen, daß die italienischen Bischöfe hierin in Bälde Nachahmer unter ihren europäischen und amerikanischen Amtsbrüdern finden werden. Übrigens, falls Sie das auch noch nicht wußten, Bischof Ablondi von Livorno, der Chef-Ökumeniker unter den italienischen Bischöfen, ist - freilich nur aus alphabetischen Gründen - der erste auf der schon zitierten Liste in die Loge aufgenommener katholischer Geistlicher ...

Unter den mittlerweile auf die stolze Zahl von zwölf angewachsenen «Päpstlichen Räten» ist derjenige «für den interreligiösen Dialog» für alle nichtchristlichen Religionen zuständig. Da die Zähmung des Islam, wie oben gezeigt, aber Vordringlichkeit im Programmablauf der Geheimen Oberen besitzt, versucht «eine eigene *Kommission für die religiösen Beziehungen zu den Moslems* ... unter dem Vorsitz des Kardinalpräsidenten dieses Rates für den interreligiösen Dialog ein besseres Einvernehmen eben zwischen den streitbaren Anhängern des Propheten Mohamed und den eher sanftmütigen Christen zu schaffen - mit christlicher Gewissensbildung und mit Ausbildungshilfen für alle, die sich in diesem Dialog engagieren» (Luitpold A. Dorn, Der Papst und die Kurie. Wie eine Weltkirche regiert wird, Freiburg - Basel - Wien 1989, S. 96). Die Kommission für die religiösen Beziehungen zum Islam ist das einzige dem Rat für den interreligiösen Dialog unterstellte Organ. - *Eine* einzige der großen Weltreligionen fällt indessen *nicht* unter die Zuständigkeit dieses Rats: *das Judentum.* Für das ist - man höre und staune - der «Päpstliche Rat zur Förderung der Einheit der Christen» kompetent. «Innerhalb dieses Rates und unter seinem Präsidenten, doch mit eigenem Sekretär und eigenen Beratern, besteht eine von Paul VI. am 22. Oktober 1974 errichtete *Kommission für das Judentum.* Ihre Aufgabe ist, auch in Zusammenarbeit mit den anderen christlichen Bekenntnissen, die religiösen Beziehungen zwischen Christen und Juden zu fördern.» (Ebd. S. 85) Daß diese «Kommission für das Judentum» laut OR vom 30. März 1984 zu B'nai B'rith «enge Beziehungen» unterhält, gehört nicht hierher (s.u.). Aber hinter dieser mehr als seltsamen vatikanischen Einreihung der Christus kompromißlos ablehnenden Juden unter die «Christen» steckt eine - von den Weltmachtszionisten eifrig geförderte - ganz neue Irrlehre: die Häresie vom angeblich «niemals gekündigten Bund» Israels!

Den Anfang mit dieser Irrlehre hat das zweite Vatikanische Konzil gemacht. Was viel zu wenig bekannt ist: die «Erklärung über das Verhältnis der Kirche zu den nichtchristlichen Religionen» («Nostra Aetate» [NA]) war ursprünglich als Erklärung über das *Judentum* konzipiert, und zwar, wenn man Rahner/Vorgrimler (a.a.O. S. 349) glauben darf, als Erklärung «gegen den Antisemitismus»! «Zu einer gerechten Würdigung der Erklärung», heißt es bei Rahner/Vorgrimler (ebd. S. 349f), «darf nicht vergessen werden, daß sie sich ursprünglich auf das Verhältnis der Kirche zu den Juden beschränken sollte und daß die Aussage über die anderen nichtchristlichen Religionen zunächst eher als eine Art Vehikel (!!) dienen sollten, mit dessen Hilfe eine möglichst große Zustimmung der Konzilsväter zu der "Judenerklärung" gewonnen werden sollte. ... Über ... möglichen Einwänden darf nicht übersehen werden, daß die Erklärung nach ihrem heute vorliegenden Wortlaut und nach ihrer inneren Dynamik in der Geschichte der Kirche, ihrer Konzilien und ihrer Theologie einzigartig ist.» Letzterem muß man tatsächlich beipflichten, freilich nur in einem - anders als bei Rahner/Vorgrimler - alles andere als positiven Sinn!

Der bei weitem längste Textabschnitt von NA (Nr. 4) versucht in sieben Absätzen, die Frage nach dem Verhältnis zwischen Judentum und Christentum zu beantworten. Nachdem in den ersten drei Absätzen ausführlich alle Gemeinsamkeiten von Judentum und Christentum bis hin zur jüdischen Abstammung der Allerseligsten Jungfrau Maria und Jesu Christi selber dem Fleisch nach aufgezählt und gewürdigt worden sind, wird im vierten Absatz richtig festgestellt, ein Großteil der Juden habe damals das Evangelium nicht angenommen und es sogar bekämpft. Was dann noch folgt, sei hier im Wortlaut wiedergegeben: «Nichtsdestoweniger sind die Juden nach dem Zeugnis der Apostel immer noch von Gott geliebt um der Väter willen; sind doch seine Gnadengaben und seine Berufung unwiderruflich. Mit den Propheten und mit demselben Apostel erwartet die Kirche den Tag, der nur Gott bekannt ist, an dem alle Völker mit *einer* Stimme den Herrn anrufen und ihm "Schulter an Schulter dienen" (Soph 3,9). - Da also das Christen und Juden gemeinsame geistliche Erbe so reich ist, will die Heilige Synode die gegenseitige Kenntnis und Achtung fördern, die vor allem die Frucht biblischer und theologischer Studien sowie des brüderlichen Gespräches ist. - Obgleich die jüdischen Obrigkeiten mit ihren Anhängern auf den Tod Christi gedrungen haben, kann man dennoch die Ereignisse seines Leidens weder allen damals lebenden Juden ohne Unterschied noch den heutigen Juden zur Last legen. Gewiß ist die Kirche das neue Volk Gottes, trotzdem darf man die Juden nicht als von Gott verworfen oder verflucht darstellen, als wäre dies aus der Heiligen Schrift zu folgern. Darum sollen alle dafür Sorge tragen, daß niemand in der Katechese oder bei der Predigt des Gotteswortes etwas lehre, das mit der evangelischen Wahrheit und dem Geiste Christi nicht im Einklang steht. - Im Bewußtsein des Erbes, das sie mit den Juden gemeinsam hat, beklagt die Kirche, die alle Verfolgungen gegen irgendwelche Menschen verwirft, nicht aus politischen Gründen, sondern auf Antrieb der religiösen Liebe des Evangeliums alle Haßausbrüche, Verfolgungen und Manifestationen des Antisemitismus, die sich zu irgendeiner Zeit und von irgend jemandem gegen die Juden gerichtet haben.» (Zit. n. Rahner/Vorgrimler a.a.O. S. 358f)

Vielem in diesem Text ist vorbehaltlos zuzustimmen. Auch vor dem Konzil hatte die Kirche noch niemals behauptet, *alle* Juden zur Zeit Jesu oder gar die Nachfahren der damaligen Generation seien schuld an seiner Kreuzigung. Schuld daran sind alle Menschen aller Nationen infolge ihrer Sünden. Wer sündigt, kreuzigt Christus zu jeder Zeit mit der gleichen Grausamkeit geistigerweise, mit der ihn die ungläubigen Juden unter Pontius Pilatus leiblich folterten und anschließend kreuzigen ließen. Außerdem erklärt der hl. Paulus im Römerbrief ausdrücklich, daß «die Juden» als solche keineswegs verflucht sind, weshalb die Kirche das auch noch niemals behauptet hatte. Sie hat immer betont, daß jedem Angehörigen des jüdischen Volkes Gottes Gnade ebenso zu Verfügung steht wie allen anderen Menschen und daß es nur an ihm selber liegt, diese Gnade zu benutzen oder abzulehnen. Sie hat auch stets mit Freuden alle Söhne Abrahams in ihren Schoß aufgenommen, die dem Zug der Gnade Christi gefolgt waren. Neu am Konzilstext ist nicht einmal sein Beklagen des speziell gegen die Juden gerichteten Antisemitismus, den die katholische Kirche bereits im Dritten Reich angeprangert hatte. Neu an diesem Text ist aber das, was in ihm *nicht mehr gesagt wird*: daß die Juden heute wie zur Zeit Jesu und zu jeder anderen Zeit ihr ewiges Heil nur erlangen können, wenn sie sich aufrichtig zur wahren Kirche Christi bekehren und den wahren Messias Jesus Christus anerkennen; daß ihnen die Übung der religiösen Bräuche und Vorschriften des Alten Bundes für ihr ewiges Heil keinen Deut nützen kann, weil der Alte Bund endgültig durch den Neuen Bund abgelöst wurde; daß ihr positiver Unglaube hinsichtlich des wahren Messias ihnen die Strafe der ewigen Verwerfung eintragen wird; daß die von einem auch zahlenmäßig nicht unbedeutenden Teil des Judentums forcierten pseudomessianischen und zugleich antichristlichen Weltherrschaftspläne und -bestrebungen überaus verwerflich und im Hinblick auf die Ewigkeit höchst töricht sind und daß die Kinder der Kirche sich gegen diese Bestrebungen mit allen Kräften zur Wehr setzen müssen.

Das alles wurde von diesem logenbeherrschten Konzil *natürlich nicht* gesagt. Statt dessen hat es das «so reiche gemeinsame geistliche Erbe» beschworen, das eben keineswegs ein gemeinsames ist, weil es unter völlig *verschiedenen Vorzeichen* gepflegt wird! Statt dessen wollte die «Heilige (?) Synode» die «gegenseitige Kenntnis und Achtung fördern», die besonders aus dem «brüderlichen Gespräch» hervorgehen soll. Wenn es darum geht, die Juden als Menschen kennenzulernen und zu achten, ist dagegen überhaupt nichts zu sagen; dann ist aber hier eine bloße Banalität ausgesprochen, die ja schon immer im ganz allgemein gefaßten Gebot der Nächstenliebe enthalten war. Soll aber der *jüdische Glaube als solcher* - und offenbar ist es so gemeint - nun auf einmal Gegenstand unserer besonderen Wißbegierde und Wertschätzung sein, dann müssen wir uns als gläubige Katholiken diesem Ansinnen der keineswegs so heiligen Synode entschieden versagen! Denn dieses Ansinnen steht - um den Konzilstext (s.o.) selber zu zitieren, leider «mit der evangelischen Wahrheit und dem Geiste Christi nicht im Einklang»! Beweis?

Die jüdische Religion lehnt Christus als den Messias kompromißlos ab. Deshalb gilt heute wie ehedem, was Jesus den Juden vorwarf: «Ihr durchforscht die Schriften, weil ihr meint, in ihnen ewiges Leben zu haben, und sie sind es, die Zeugnis geben über mich; doch ihr wollt nicht zu mir kommen, daß ihr Leben hättet.» (Joh 5,39f) Und eine solche «religiöse» Haltung sollen wir als Jünger Christi «achten»? «Wer mich ablehnt und meine Worte nicht annimmt, der hat seinen Richter: das Wort, das ich verkündet habe, wird ihn richten am Jüngsten Tag.» (Joh 12, 48) Und die Katholiken sollen die institutionalisierte Ablehnung Christi «achten»? Im *Geiste Christi* schrieb auch der hl. Paulus an die Galater: «Seht, ich, Paulus, sage euch: Wenn ihr euch beschneiden laßt, wird Christus euch nichts nützen.» (Gal 5, 2) Und so etwas Unnützes wie den jüdischen Glauben mit seinem nutzlos gewordenen Beschneidungsritual sollen wir «achten»? «Da er aber von einem "neuen" Bund redet, macht er (Gott) den ersten zu einem alten. Was aber veraltet ist und greisenhaft, ist dem Vergehen nahe.» (Hebr 8, 13) Etwas von Gott selbst als *ver-*

altet und überflüssig Erklärtes sollen wir «achten»? Nein! Achtung gebührt dem Alten Testament als dem geoffenbarten Wort Gottes, das im Neuen Testament seine Erfüllung gefunden hat. Achtung gebührt dem Judentum vor Christus als der damals allein wahren Religion. Achtung gebührt aber niemals der nachchristlichen jüdischen Religion, die in den Augen Gottes keine Existenzberechtigung mehr besitzt und ihn wie jede andere, ja mehr als jede andere falsche Religion erzürnt und beleidigt. Damit ist weder über die Juden als Nation noch über den Gewissenszustand jedes einzelnen Juden geurteilt, weil nur Gott allein sicher weiß, welcher Mensch sich in einem subjektiv unüberwindlichen Irrtum befindet und welcher nicht.

Neuerdings ufert die Literatur über das Verhältnis zwischen Christentum und Judentum fast aus, die im «Geiste des Konzils» bemüht ist, unter allerlei theologischen Verrenkungen die hartnäckige Ablehnung Jesu Christi seitens der heutigen Juden als etwas Gottgewolltes (!) zu erweisen. Auch hier scheinen die zionistischen Geheimen Oberen ihre Hand mit im Spiel zu haben. Es wäre müßig, auf die zahlreichen verschiedenen Artikel und Bücher, die unter dem Mantel einer «Theologie Israels» die Sache des Weltmachtszionismus betreiben, näher einzugehen. Nur als *ein* Beispiel stellvertretend für die übrigen sei hier das kürzlich erschienene Büchlein des Jesuiten und Alttestamentlers Norbert Lohfink angeführt, das den vielsagenden Titel «Der niemals gekündigte Bund» trägt (Untertitel: «Exegetische Gedanken zum christlich-jüdischen Dialog», Freiburg - Basel - Wien 1989).

Lohfinks Buch will der christlich-jüdischen «Verständigung» dienen. Deshalb wartet der Frankfurter Jesuit zunächst einmal mit der These auf: «Das christliche Populärkonzept des "neuen Bundes" fördert den Antijudaismus.» Diese These wird alsdann folgendermaßen begründet: «Wenn wir Christen vom "neuen Bund" reden, betrachten wir die heutigen Juden als die Nachkommen jener Juden, die einst den Weg in den "neuen Bund" nicht gefunden haben. Da der "alte Bund" jetzt nicht mehr existiert, sind sie in *keinem* "Bund" mehr, auch wenn sie natürlich selber meinen, im alten oder vielmehr einzigen "Bund" zu sein. ... Es ist klar, daß solch ein Vorstellungsmuster immer wieder dazu beiträgt, unter Christen klandestin (Anm.: heimlich) den Antijudaismus zu nähren. ... Bei einem solchen Theologumenon wie dem vom Ende des alten und vom Gekommensein des neuen "Bundes" liegen dem normalen menschlichen Hirn und der bei jeder Sündenbocksuche stets aufwallenden Leidenschaft direkte, die jüdischen Zeitgenossen diffamierende, ja bedrohende Handlungskonsequenzen entschieden näher. So gibt es *de facto* die uns bekannte, erschreckende und beschämende Geschichte der Beziehungen der Christen zu den Juden.» (S. 21f) Daß es auch die umgekehrte, nicht weniger erschreckende und beschämende Geschichte (s.o.!) der Juden zu den Christen gibt, fällt bei Lohfink unter den Tisch.

Wie aus dem abwertenden Sprachgebrauch des Jesuiten, der die katholische Lehre vom alten und neuen Bund als bloßes «Populärkonzept», «Vorstellungsmuster» oder «Theologumenon» qualifiziert, unschwer zu erkennen ist, stellt Lohfink ebendiese katholische Lehre in Frage. Wenn der hl. Petrus am Pfingsttag den zusammengeströmten Bewohnern Jerusalems predigte «Laßt euch retten aus diesem verkehrten Geschlecht» (Apg 2, 40), womit unzweifelhaft die ungläubigen Juden gemeint waren, hat er nach unserem Gewährsmann eine *Sünde begangen*! Der nämlich stellt ex cathedra fest: «Daß die Christen und die Juden sich so voneinander absetzten, wie sie es schon bald taten, entsprach mit Sicherheit nicht dem Willen Gottes, kann also nur mit der Kategorie der Sünde richtig beschrieben werden.» (S. 27) Das trifft in Wirklichkeit nur für die Juden, die sich der Wahrheit verschlossen, nicht aber für die Christen zu, die die Wahrheit angenommen hatten.

Es würde zu weit führen, Lohfinks Argumentation hier in ihren Einzelheiten auszubreiten und zu diskutieren. Der Gedankengang ist solange korrekt, als er sich im Rahmen der - keineswegs neuen - Erkenntnis bewegt, daß es eigentlich, im letzten, nur *einen* Bund gibt, nämlich einen unvollkommenen alten, der nach Gottes Plan bruchlos in den vollkommenen neuen übergeführt werden sollte und im Fall der Mutter Gottes, der Apostel und Jünger auch wirklich ohne «Komplikationen» von den Schatten zur Wirklichkeit, von den Vorbildern zur Erfüllung hinüberführte. Wenn später der hl. Paulus erklärt, daß die Jünger Christi die wahren Söhne der Verheißung an *Abraham* sind, setzt das die Kontinuität des «alten» Bundes im «neuen» Bund notwendig voraus. So weit, so gut. Aber in dem Moment, in dem Lohfink unvermittelt zu der Behauptung übergeht, der *eine* Bund umfasse also Juden *und* Christen, «und zwar auch die Juden und Christen von heute» (S. 105), ist er ebenso unvermittelt auf dem Holzweg gelandet. Der eine Bund umfaßt die Juden bis zum Erscheinen des wahren Messias Jesus Christus und seitdem die Christen (näherhin die Katholiken); er kann aber unmöglich jene umfassen, die unter ausdrücklicher Ablehnung der vollkommenen Erfüllung der göttlichen Verheißungen an den unvollkommenen und mit der Erfüllung gänzlich nutzlos gewordenen Schatten und Vorbildern festhalten wollen. Gott hat den Juden damals nicht die freie Wahl zwischen den Vorbildern und der Erfüllung gelassen; er läßt sie ihnen auch heute nicht. Die unmißverständlichen Gerichtsworte Jesu über die ungläubigen Juden (und alle anderen ungläubigen Menschen) sind bestens bekannt und brauchen hier nicht zitiert zu werden. Wenn Gott seinen eingeborenen Sohn als den einzigen Erlöser und Retter in die von sich aus durch die Erbsünde ewig verlorene Welt sandte, stand und steht es niemandem frei, sich auf andere Weise als durch die gläubige und liebende Unterwerfung unter diesen alleinigen Welterlöser zu retten!

Nun geht es für Lohfink als aufmerksamen Rahner-Adepten freilich längst nicht mehr um die Frage des *ewigen* Heils der Juden. Die ist längst durch die Rahnersche Irrlehre von den «anonymen Christen» gelöst (vgl. S. 111). «Gott», so weiß Lohfink (im Gegensatz zur katholischen Glaubenslehre!), «versagt sicherlich keinem Menschen, der ihn letztlich sucht und seinem Gewissen folgt, im Jenseits seine ewige Liebe. Ja, noch mehr: Es gibt auch in diesem Leben für jeden Menschen vor Gott die Möglichkeit immer neuer Umkehr. Gottes Gnade geht jedem nach, sei er Heide, Jude oder Christ. Wer weder Jude noch Christ ist, begegnet dieser Gnade auch durchaus in den Institutionen der Religion, in die er hineingewachsen ist. Das wußte auch schon das Alte Testament. Wir alle brauchen diese Gnade immer von neuem, und sie wird uns - so vertrauen wir - nicht verweigert.» (S. 114) So leicht wird also das zentrale Problem der ganzen Menschheits- und Heilsgeschichte überspielt: Wir kommen alle, alle in den Himmel ... Daß jedem Menschen die hinreichende Gnade angeboten wird, um selig zu werden, ist Dogma. Aber es ist auch Dogma, daß den Nichtkatholiken die Gnade einzig und allein vermittels der katholischen Kirche, keinesfalls aber vermittels der nichtchristlichen religiösen «Institutionen» geschenkt wird. Und es ist Dogma, daß es tausendmal leichter ist, als Kind der katholischen Kirche gerettet zu werden, denn als Jude oder Heide ohne die reichlichen sakramentalen und sonstigen Gnadenmittel der katholischen Kirche, für die die «hinreichende Gnade» eben keineswegs ein vollgültiger Ersatz ist!

Aber zurück zu Lohfinks zentraler These, die da lautet: Da das ewige Heil sowieso gesichert ist, geht es in der Judenfrage eigentlich nur um das *innerweltliche, irdische Heil* der Juden! An dieser Stelle fragt man sich natürlich, ob Lohfink für seine Arbeit nicht vielleicht doch von interessierter Seite bezahlt wird. Denn zu unverkennbar zielt sein «Anliegen» in die Richtung des religiös liberalen Judentums mit seinem One-World-Zionismus als dem angeblichen messianischen «Heil»! Wenn der hl. Paulus in Röm 9-11 eingehend die Frage nach der *Rettung* Israels erörtert, so hat er dabei, nach Lohfink, die «Rettung» der innerweltlichen Sendung Israels für die Welt im Auge, nichts sonst! «Es handelt sich nämlich nicht um die Rettung der Seele vor der ewigen Verdammnis. In der Antike war "Retter" einer der wichtigsten Titel der Könige. Die menschliche Gesellschaft war nach der tiefen Überzeugung der Menschen von damals ständig dabei, ins Chaos zu stürzen. Sie mußte aus dem stets schon beginnenden Untergang "gerettet" werden. Wer die Menschen geordnet lenkte und dafür sorgte, daß gemeinsames Glück in der Stadt oder gar in einem ganzen Reich entstehen konnte, der war ein "Retter". ... Daß es um die Rolle Israels für diese Welt und ihre Geschichte geht, um nichts anderes, wird allein dem schon klar, der ohne eine festgelegte Vor-Interpretation die Beispiele aus der Geschichte Israels liest, die Paulus im 9. Kapitel ausführlich bringt. ... Daß die Dimensionen von "Rettung" Dimensionen dieser hiesigen Welt sind, wird am Ende von Röm 9 an einem Jesajazitat deutlich, das Paulus anführt: "Der Herr wird handeln, indem er sein Wort auf der Erde erfüllt und durchsetzt." (Röm 9, 28 aus Jes 10, 23 LXX) Es geht um *ploutos*, Reichtum: "Reichtum der Welt" und "Reichtum der Völker" (11, 12).» (S. 76f)

Exegetisch ist diese Interpretation absurd, denn der hl. Paulus müßte von der Lehre Christi keine Ahnung gehabt haben und sich im übrigen in schwerstwiegender Weise selber widersprechen, wenn er drei Kapitel seines Römerbriefs an die lächerliche Frage nach der innerweltlichen «Rettung», nach dem künftigen Reichtum und der künftigen Machtstellung Israels auf Erden verschwendete, er, der an anderer Stelle geschrieben hat: «Viele wandeln ..., von denen ich aber jetzt unter Tränen spreche als von Feinden des Kreuzes Christi. Ihr Ende ist das Verderben, ihr Gott ist der Bauch, ihr Ruhm liegt in ihrer Schande, auf Irdisches richtet sich ihr Sinnen und Trachten. Unser Heimatrecht aber ist im Himmel, von wo wir auch den Heiland erwarten, den Herrn Jesus Christus. Er wird unseren armseligen Leib umgestalten, daß er teilhabe an der Gestalt seines verherrlichten Leibes vermöge der Kraft, mit der er sich auch zu unterwerfen vermag das All.» (Phil 3, 18-21) Keine Frage: nichts könnte dem hl. Paulus gleichgültiger sein als die innerweltliche Rolle Israels, da er die ewige Herrschaft Christi über das All erwartet. Lohfink muß das unzweifelhaft wissen; seine abstruse Deutung von Röm 9-11, die auch dem Gesamtzusammenhang des Römerbriefs wie erst recht dem des Corpus Paulinum in keiner Weise gerecht wird, ist deshalb offenkundig ideologisch motiviert. Der Jesuit bringt es sogar fertig, von der «Frage nach dem Heil» der Juden «in ihrem vollen diesseitigen geschichtlichen Ernst» (S. 110) zu reden.

Was er mit diesem Ernst meint, macht Lohfink ganz am Schluß seiner zionistisch eingefärbten Studie deutlich, wenn er vorschlägt, künftig weniger von dem einen Bund als von der einen Tora (also dem Pentateuch, den fünf Büchern Mosis) zu reden, dem heiligen Buch der Juden. «Tora ist die konkrete Gestalt des Heils, seine Materialisierung, sein Einsinken in die Wirklichkeitsdichte von Gesellschaft, mit allem, was das heißt. Da sie im "neuen Bund" die gleiche ist wie schon im Bund des Auszugs aus Ägypten, kann es, so sehr sie in unserer Weltstunde auf zwei Weisen da ist, letztlich nur eine Tora, nur eine Gegenwelt Gottes gegen die von der Sünde her strukturierten Gesellschaften der Welt geben - auch wenn die aus Gottes Tora erwachsende Welt dann in sich wieder so reich und vielfältig sein muß, wie man sich überhaupt nur ausdenken kann.» (S. 119) Aus dem jüdischen Kultbuch, der *Tora*, soll also eine einzige Welt erwachsen. Es hat nicht unbedingt den Anschein, als ob das nur zufälligerweise so dahingesagt würde; Lohfink könnte sich mit seinen prozionistischen Ausführungen durchaus als bewußter Erfüllungsgehilfe des Großen Plans engagieren. Wer weiß?

Solcher bewußter oder unbewußter Erfüllungsgehilfen wie Lohfink sind es heute fast unzählige in der katholischen Kirche. Es wimmelt, gerade unter den Priestern und Bischöfen, von Leuten, die sich dem christlich-jüdischen «Dialog» verschrieben haben und dabei mit Scheuklappen durch die politische und religiöse Landschaft laufen. Das Judentum, dem sie sich anzubiedern suchen, ist in aller Regel nicht einmal das wirklich gläubige, orthodoxe, sondern das liberal-zionistische, das sich aber aus taktischen Gründen bisweilen sehr «religiös» aufzuführen versteht. Wie es scheint, gibt es in der katholischen Kirche nur mehr eine einzige herausragende Persönlichkeit, die es entschlossen ablehnt, mit der Satanssynagoge zu dialogisieren, sich mit ihr zu «verständigen», ihr gar den niemals gekündigten Bund zu bescheinigen und ihre radikal antichristlichen, ja satanistischen Weltmachtsambitionen theologisch zu verbrämen. Erzbischof Marcel Lefebvre erklärte am 29. August 1976 vor rund achttausend Gläubigen in Lille: «Man kann weder mit den Freimaurern dialogisieren noch mit den Kommunisten, denn man dialogisiert nicht mit dem Teufel!» (Zit. n. Virebeau 1978, S. 16) Der protestantische Pastor Wolfgang Borowski als sicher unbelasteter Zeuge zitiert einen offenbar daraufhin «gegen den katholischen Erzbischof Lefebvre gerichteten israelischen Zeitungsartikel» mit den folgenden Sätzen (Borowski 1985, S. 91f): "Wenn er die Kommunisten angreift, wenn er die Freimaurer angreift, weiß er sehr gut, daß er damit uns angreift. Denn wir haben unter ihnen unsere Freunde, Freunde unter den Freimaurern, Freunde unter den Kommunisten."» Das ist also die von den Betroffenen selber ausgesprochene Wahrheit über einen großen Teil jener, deren Bund mit Gott angeblich niemals gekündigt wurde, obwohl als überdeutliches Zeichen der Aufkündigung dieses Bundes der Vorhang des Tempels mitten entzwei riß, als Christus sein neutestamentliches Erlösungswerk auf Golgotha vollbracht hatte! Katholiken, die wahrhaft solche sein und bleiben wollen, werden von den Zionisten im zitierten Artikel selber an denjenigen verwiesen, an den sie sich heute zu halten haben.

Der Beginn der Verfolgung

Selbst das von CoM (vgl. Band 2!) sehr gelobte *liberale* Judentum ist naturgemäß nur zum kleineren Teil - unterschiedlich intensiv - in die Weltregierungspläne der Geheimen Oberen eingespannt. Vor allem ist es, wie schon früher festgestellt, die höchste, die übrigen Logen sehr wirksam kontrollierende Freimaurerobödienz B'nai B'rith, deren Führer ganz maßgeblich an den geheimen One-World-Machenschaften mitwirken. Der B'nai B'rith, der sich in der Öffentlichkeit gern als bloße jüdische Interessenvertretung darzustellen sucht (vgl. Band 1!), hat schon 1914 einen Ausschuß mit dem Namen «Anti-Defamation League» (ADL) gegründet, der es sich zur Aufgabe gemacht hat, den fälschlich sogenannten (vgl. Band 2!) «Antisemitismus» in allen seinen Formen öffentlich zu bekämpfen, wobei sinnigerweise zwischen *Antijudaismus* (wie es richtig heißen muß) und *Antizionismus* kein Unterschied gemacht wird, weil diese legitime und notwendige Differenzierung absolut nicht im Interesse der Geheimen Oberen liegen kann. Auch der B'nai B'rith und seine ADL nehmen in den letzten Jahren in steigendem Maß massiv Einfluß auf die katholische Kirche, wobei es vor allem darum geht, jene Bestandteile des katholischen Glaubens und Lebens, die unabänderlicherweise einen Schatten auf die «glorreiche» Geschichte des Volkes Israel werfen, auszumerzen. Offenbar will man damit gar nicht erst warten, bis die *Welteinheitsreligion* etabliert ist. Dabei arbeiten die rührigen Verleumdungsgegner jedoch selber mit rüdesten Methoden, wie wir gleich sehen werden.

Unmittelbar um die Welt*regierungs*pläne der Spitzen des B'nai B'rith und der Geheimen Oberen, mittelbar selbstverständlich um den dahinterstehenden tödlichen Kampf gegen die wahre Kirche ging es in den Jahren 1976 bis 1978 bei der Affäre um den katholischen Priester und Buchautor Manfred Adler (vgl. für das folgende: Heinz Scholl, Berufsverbot für Manfred Adler. Gründe und Hintergründe der Verfolgung eines katholischen Priesters, Euskirchen o.J.). Den zweiten Teil seiner 1975 bis 1976 erschienenen (heute immer noch lesenswerten) Trilogie «Die Söhne der Finsternis» bildet ein Band mit dem Titel «Weltmacht Zionismus», in dem P. Adler ganz überwiegend aus Werken jüdischer, aber teilweise entschieden antizionistischer Autoren geschöpft hat. Die für die mit dem Thema ja bekanntlich überhaupt nicht vertraute Öffentlichkeit durchaus sensationellen Enthüllungen dieses Buchs lösten ebenso wie schon die des ersten Bands (Titel: «Die geplante Weltregierung») in den Logen Alarm aus. Man entschloß sich dazu, Adler durch den übergeordneten B'nai B'rith selber anzugreifen, weil eine Kampagne gegen einen fälschlich sogenannten «Antisemiten» gerade im durch die Naziverbrechen historisch belasteten Deutschland (vgl. dazu Band 2!) den durchschlagendsten Erfolg versprach und Adler auch als Autor des ersten Bandes wirkungsvoll um seinen guten Ruf bringen würde - jedenfalls in den Augen der manipulierbaren Masse. Den ersten Schlag führte der uns inzwischen schon als Kardinal Königs interreligiöser «Dialogpartner» von 1988 bekannte Baseler Rabbiner Dr. Ernst Ludwig Ehrlich am 3. Dezember 1976 im «Israelitischen Wochenblatt der Schweiz»; der Artikel stand am 21. Januar 1977 fast unverändert auch in der «Allgemeinen Jüdischen Wochenzeitung» Deutschlands.

«Der Schmähartikel», schreibt H. Scholl, «... strotzt nicht nur von unsachlicher Polemik, Unwahrheiten und Verfälschungen, sondern schreckt auch vor schweren Beschimpfungen, wie sie in dem Wort "Lügenpriester" zum Ausdruck gebracht wurde, nicht zurück.» (S. 9) Wie aus dem von Scholl reproduzierten Artikel (S. 20) der «Allgemeinen Jüdischen Wochenzeitung» zu entnehmen ist, wurde P. Adler u.a. auch als «Hetzer» verunglimpft, der scheinbar «an paranoiden Wahnvorstellungen» leide, wobei es Ehrlich in seinem blindwütigen Eifer entgangen zu sein scheint, daß die Geisteskrankheit «Paranoia» den Tatbestand der «Hetze» ausschließt und umgekehrt! Der unverschämte Hetzartikel (Paranoia scheint bei Ehrlich nicht vorzuliegen) gipfelte in der dreisten Aufforderung: «Die katholischen Autoritäten in der Bundesrepublik haben sich jetzt dieses psychisch Gestörten einerseits pastoral, andererseits disziplinarisch anzunehmen.» Es ist eine alte Masche des Weltmachtszionismus, Antizionisten als vom Verfolgungswahn Geplagte abzuqualifizieren. Sogar der antizionistische Jude Arthur Trebitsch, der die «Protokolle der Weisen von Zion» unbedingt für ein echtes zionistisches Dokument hielt, mußte das Anfang der zwanziger Jahre erleben. «Seine Verfolgung durch die Juden ging so weit, daß man ihn für geistig nicht normal hinstellte, so daß er sich genötigt sah, sich freiwillig durch mehrere Ärzte psychiatrieren zu lassen; das Zeugnis lautete auf geistig vollkommen gesund.» (Fleischhauer 1935, S. 70) Um die gleiche Zeit schrieb der jüdisch-deutsche Reichtagsabgeordnete Dr. Georg Gothcim in der «Neuen Freien Presse»: «Die die offenkundigen Lügen "Die Weisen von Zion" als Wahrheit nehmen ..., sind von Verfolgungssucht beherrscht und von ihr Besessene ... Man wird bei diesen Besessenen ihren Geisteszustand untersuchen müssen und dabei die Frage der gemeingefährlichen Geisteskrankheit zu prüfen haben.» (Zit. n. Ritter 1938, S. 37) Diesen Knüppel glaubte also auch Dr. Ehrlich wieder aus dem Sack ziehen zu müssen.

Zu alledem muß man berücksichtigen, daß Dr. Ehrlich eben nicht bloß ein harmloser Rabbiner, sondern auch damals schon «Europa-Direktor der weltweiten jüdischen Loge B'nai B'rith» (Scholl o.J. S. 9) war! Obwohl Ehrlichs wüste Attacke einige (natürlich - Frechheit siegt und gegen Dummheit ist kein Kraut gewachsen - zustimmende!) Resonanz in katholischen Kreisen hervorrief und der Speyerer Generalvikar als P. Adlers Vorgesetzter ihn verwarnte und die Möglichkeit seiner

Entlassung aus dem Schuldienst andeutete, mußte doch erst noch der Hamburger «Spiegel» - für derartige schmutzige Arbeiten immer gut - in die selbe Kerbe hauen. Am 17. April 1978 publizierte dieses von Spöttern als «Enthüllungsmagazin mit wöchentlicher Erscheinungsweise» treffend charakterisierte Logeninstrument, dessen doppelte Aufgabe darin besteht, einerseits die katholische Kirche, ihren Glauben und ihre Moral permanent direkt oder indirekt anzugreifen und lächerlich zu machen, andererseits durch meist völlig belanglose, aber mit großem Aufwand und garantierter allsamstäglicher Unterstützung durch die Nachrichtenredaktionen von Rundfunk und Fernsehen (Geben Sie mal darauf acht!) hochgejubelte «Enthüllungen» das Publikum vom wahren Weltgeschehen hinter den Kulissen nachhaltig abzulenken, unter dem wie immer unzutreffenden Schlagwort «Antisemitismus» einen zur Vorsicht namentlich nicht gekennzeichneten Artikel gegen P. Adler, der nun «in einem Aufwasch» auch sein erstes einschlägiges Werk «Die antichristliche Revolution der Freimaurer» (1974) völlig ins Lächerliche und Absurde zu ziehen suchte. Nur einen Tag später stellte Generalvikar Diemer von Speyer P. Adler unter Berufung auf den «Spiegel» vom Vortag vor vollendete Tatsachen und «entließ ihn ohne Anhörung mit sofortiger Wirkung aus dem Schuldienst» (Scholl, S. 3). Hierin ist deutlich die übliche Vorgangsweise der «Söhne des Bundes» zu erkennen. Nach Müller (1982, S. 176) erklärte der jüdische Richter Meier Steinbrink während der amerikanischen B'nai B'rith-Tagung im Jahr 1950: «Nach amerikanischem Gesetz ist ein Verbrechen gesühnt, wenn der Schuldige seine Strafe bekommen hat. Wir aber denken anders darüber. Wer immer dem Judentum Schaden zugefügt hat, soll niemals Vergebung finden. Wir werden alles tun, um diesem Feind der Juden das Leben unmöglich zu machen, indem wir ihm seine Stellung wegnehmen und ihn gesellschaftlich unmöglich machen.»

Die mit dieser B'nai B'rith-Devise exakt übereinstimmende äußerst rasche, sachlich jedoch durch nichts gerechtfertigte Aktion des Speyerer Ordinariats ist, wie Scholl vermutet, wohl darauf zurückzuführen, daß Generalvikar Erwin Diemer selber im Logenauftrag handelte. «Denn Diemer hatte schon lange vor seiner Ernennung zum Generalvikar des Bistums Speyer Vorträge in Freimaurerlogen gehalten, und er unterhält gute Beziehungen zu den Logenbrüdern. ... Aufschlußreich für die Beurteilung des illoyalen kirchenbehördlichen Verhaltens gegenüber Adler ist der Briefwechsel, der in der Folgezeit (Anm.: nach dem Erscheinen von Ehrlichs Artikel) zwischen dem Ordinariat Speyer und dem Logendirektor in Basel geführt wurde. Die Tageszeitung "Die Rheinpfalz" hat über diese bislang nicht publizierte Korrespondenz etwas durchsickern lassen. Demnach "schrieb am 16. März 1977 Generalvikar Diemer an Rabbiner Ehrlich, daß der Generalsuperior des Johannes-Ordens (Anm.: dem P. Adler angehörte und von dem er für den Schuldienst freigestellt worden war) mitgeteilt habe, Adler dürfe künftig literarische Veröffentlichungen nur noch mit Genehmigung des Ordens vornehmen. Diemer teilte Ehrlich damals außerdem die Ordinariatsansicht mit, daß durch harte Maßnahmen gegen Adler dessen "Machwerk" unnötig popularisiert werden würde".» (Scholl, S. 11f)

Einfluß auf die katholische Kirche nimmt der B'nai B'rith auch über die zahlreichen auf nationaler oder internationaler (vatikanischer) Ebene inzwischen eingerichteten jüdisch-christlichen Gesprächskreise bzw. Vereinigungen. Nach N. Homuth (o.J. S. 40) ist Bundesleiter des deutschen «Vereins für christlich/jüdische Zusammenarbeit», der sich übrigens damals sofort in die Rufmord-Kampagne gegen P. Adler eingereiht hatte (Scholl, S. 10), der «B'nai B'rith-Bruder Dr. Lamm». Zentralsekretär der «christlich-jüdischen Gemeinschaft» in der Schweiz ist laut DT vom 29. September 1989 - der aus anderer Quelle auch als Europadirektor von B'nai B'rith bekannte Dr. Ernst Ludwig Ehrlich persönlich! 1989 lief das organisierte internationale Judentum, das maßgeblich unter B'nai B'rith-Einfluß steht (beispielsweise heißt es im offiziellen Bulletin der deutschen Bundesregierung Nr. 27 vom 15. März 1989 auf Seite 243: Der Präsident des B'nai B'rith International, Seymour Reich, «leitet seit Anfang des Jahres auch die Conference of Presidents of Major American Jewish Organizations, der die Vorsitzenden von mehr als vierzig jüdischen Organisationen in den USA angehören»), Sturm gegen das Karmelitinnenkloster neben dem ehemaligen Konzentrationslager von Auschwitz. Darüber berichtete W. Jestaedt in der DT vom 29. Juli 1989 folgendes:

Seit dem 22. Juli «häufen sich die Meldungen aus Paris, Warschau, Rom, Krakau und Auschwitz vom eskalierenden Krach zwischen der katholischen Kirche Polens und jüdischen Organisationen. Theo Klein, Vizepräsident des Jüdischen Europakongresses, drohte jetzt damit, die Beziehungen zwischen dem Judentum und der katholischen Kirche wegen des Karmelitinnenklosters Auschwitz einzufrieren. ... Simone Veil, die ehemalige Präsidentin des Europaparlamentes (Anm.: !) und frühere Insassin im Konzentrationslager Auschwitz, zeigte sich in einem Gespräch mit "Radio Monte Carlo" über die Existenz der Karmelitinnen-Niederlassung neben dem einstigen nationalsozialistischen Lager "schockiert". Die Juden, so erklärte Frau Veil, lehnten dort jede Gebetsstätte ab und wollten, daß dieser Ort ein Ort für die ganze Menschheit bleibe. Mehrfach wurde von jüdischer Seite das katholische Kloster an der Stätte, an der mehr Juden als in jedem anderen Konzentrationslager ums Leben gekommen sind, als Mißachtung der "Shoah", der jüdischen Katastrophe während des "Dritten Reiches", angesehen. ... Jüdische Organisationen eskalierten indes die Demonstrationen - mit Besetzungen des Karmelitinnenklosters in Auschwitz, Protesten vor dem Erzbischöflichen Palais in Krakau und Aktionen gegen katholische Kirchen in Brüssel und Paris. In Auschwitz kam es sogar zu Handgreiflichkeiten zwischen polnischen Handwerkern und jüdischen Demonstranten. Die ganze Kontroverse zwischen Juden und Katholiken scheint allmählich höchst bedenkliche Formen anzunehmen. Der Dialog von beiden Weltreligionen, die gemeinsam eine Wurzel haben, ist einer großen Belastungsprobe ausgesetzt. Es wird Zeit, daß die Heißsporne auf beiden Seiten gezügelt werden - um des künftigen friedlichen Miteinanders von Juden und Christen willen.»

Jestaedt sieht nicht, daß es sich hier keineswegs um ein Problem des religiösen Dialogs oder um irgendwelche spontan reagierenden «Heißsporne» handelt, sondern augenscheinlich um eine sorgfältig gesteuerte und wohldosierte Druckausübung von seiten des B'nai B'rith mittels von ihm kontrollierter Organisationen, deren aufgehetzte Mitglieder keineswegs zu wissen brauchen, wozu sie da auf die Straße geschickt werden. Jedenfalls gäbe es an und für sich gar keinen Grund zur

Aufregung, denn wie Jestaedt selber im genannten Artikel mitteilte, hatten sich schon 1987 vier katholische Kardinäle mit hochrangigen jüdischen Vertretern getroffen und bindend vereinbart, das Kloster abzureißen und fünfhundert Meter weiter entfernt wieder aufzubauen, waren also bereits vor dem B'nai B'rith in die Kniee gegangen. Mitunterzeichner dieses Genfer «Abkommens» war nämlich (vgl. DT vom 23. September 1989) ein gewisser, uns inzwischen nicht mehr unbekannter - Dr. Ernst Ludwig Ehrlich, seines Zeichens B'nai B'rith-Europa-Direktor, gewesen! Das damals vereinbarte Datum, nämlich Ende Februar 1989, konnte aber aus verwaltungstechnischen Gründen nicht eingehalten werden. Dem B'nai B'rith scheint es weniger um die Sache selbst und noch weniger um den konkreten Termin zu gehen, sondern vielmehr darum, zu testen, inwieweit die katholische Kirche inzwischen erpreßbar geworden ist. Denn auf seinem mittelfristigen «Wunschzettel» stehen sehr viel schwerwiegendere Dinge als ein in manchen jüdischen Augen falsch plaziertes katholisches Kloster.

Wenn wir uns nun der erst im Sommer 1989 vorläufig ausgestandenen Affäre um das berühmte «Anderl von Rinn» zuwenden, kommen wir dem Kern der Sache schon näher. In Rinn-Judenstein in Tirol/Österreich wird bereits seit einem halben Jahrtausend der selige Andreas Oxner mit offizieller kirchlicher Billigung als Martyrer verehrt (vgl. dazu das italienische Standardwerk «Bibliotheca Sanctorum», Band I, Sp. 1148f, Artikel «Andrea di Rinn» von Niccolò Del Re). Er wurde am 16. November 1459 in Rinn geboren und bereits am 12. Juli 1462 als kleines Kind von durchreisenden Juden in barbarischer Weise auf einem Felsblock bei Rinn in einer Weise getötet, die offenbar eine Nachäffung der Kreuzigung Christi sein sollte. Die Täter waren bekannt, konnten aber nicht mehr gefaßt werden, weil die Tat zu spät entdeckt wurde. Seit 1475 ist eine öffentliche Verehrung des seligen «Anderl» als Martyrer nachweisbar, die ab 1620 wiederbelebt wurde. 1750/51 richteten der Bischof von Bressano und der Abt der Prämonstratenser von Wilten ein Bittgesuch an Papst Benedikt XIV., ein eigenes Offizium im Brevier und ein eigenes Meßformular vom seligen Andreas von Rinn zu gewähren, was der Papst auch am 25. Dezember 1753 tat. Festtag des seligen Andreas von Rinn ist der 12. Juli. In Österreich und Süddeutschland ist auch schon jahrhundertelang eine beim Volk sehr beliebte Wallfahrt zum «Anderl von Rinn» in Übung, die gleichfalls kirchlicherseits gutgeheißen wurde. Seit einer Reihe von Jahren haben (zweifellos vom B'nai B'rith gelenkte und vorgeschickte) jüdische Organisationen plötzlich die Verehrung des seligen Andreas Oxner als einen «antisemitischen Kult» angeprangert und insbesondere den Bischof von Innbruck bedrängt, diesen Kult zu verbieten bzw. abzuschaffen. Gegen den enormen Widerstand der katholischen Tiroler Bevölkerung hat der Bischof nach einem ersten Anlauf 1985 im Sommer 1989 der Verehrung des seligen Andreas ein gewaltsames Ende gesetzt. Die ehemals in Düsseldorf, jetzt in Bonn erscheinende «Allgemeine Jüdische Wochenzeitung», wie wir am Beispiel von P. Adler sahen im Bedarfsfall gefügiges Sprachrohr des B'nai B'rith, schrieb dazu am 7. Juli 1989 (S. 12):

«Als "Prüfstein" für die "Echtheit der Kirche und ihrer Selbstbesinnung auf dem Zweiten Vatikanischen Konzil", aber auch als "Prüfstein" für den "Abbau jahrhundertealter Vorurteile" hat der Innsbrucker Diözesanbischof Reinhold Stecher am vergangenen Sonntag die Kirche von Rinn-Judenstein in Tirol bei der Segnung nach Abschluß der Renovierungsarbeiten bezeichnet. Im Rahmen der Renovierung waren jene Kunstwerke, die an die geschichtlich völlig unhaltbare Legende von dem angeblichen Ritualmord jüdischer Kaufleute an dem Kind Anderl von Rinn erinnern, durch andere Darstellungen ersetzt worden. Als ein "Symbolort" des österreichischen Antisemitismus hatte die Kirche von Rinn-Judenstein immer wieder internationale Aufmerksamkeit erregt. Erst die von Bischof Stecher 1985 gegen lokalen und außertirolerischen Widerstand angeordnete Herausnahme der angeblichen Gebeine des Anderl aus dem Hochaltar konnte dem römischen Verbot, das bereits 1961 erlassen wurde, zum Durchbruch verhelfen. ... Bei der Segnung der kleinen Kirche, die bis auf den letzten Platz besetzt war, kam es zu keinen Zwischenfällen. Anhänger des Anderl-Kultes kündigten aber eine Feldmesse und eine Prozession zum Geburtshaus des Kindes für den 16. Juli an. Bischof Stecher ... verwies darauf, daß "in unserer Diözese alle verantwortlichen Gremien geschlossen hinter diesem Schritt gestanden" hätten. Auch von der Theologie des gesamten In- und Auslandes sei der Schritt begrüßt worden.» Sogar der OR vom 28. Juli 1989 brachte eine kurze Meldung (S. 2): «In Innsbruck hat sich ein "Tiroler Komitee für christlich-jüdische Zusammenarbeit gebildet. ... Als Ermutigung für seine Arbeit betrachtet das Komitee auch das entschiedene Auftreten von Bischof Stecher gegen den Kult um das sogenannte "Anderl von Rinn", das der Volksglaube als Opfer eines jüdischen Ritualmordes ansah. Bischof Stecher hatte diese spätmittelalterliche Legende als historisch unhaltbar zurückgewiesen.»

Was also selbst vom katholischen OR als lobenswerte Tat des Innsbrucker Bischofs hingestellt wird, ist in Wirklichkeit etwas ganz *Unerhörtes*: Ein Seliger der katholischen Kirche wird aus dem Gedächtnis getilgt, seine Reliquien geschändet auf Betreiben der zuständigen kirchlichen Autorität selber! Aus lauter Angst vor einer ihm drohenden Rufmordkampagne seitens der freimaurerisch gesteuerten Massenmedien, die ihn als hartnäckigen «Antisemiten» verschrien hätten, hat sich Bischof Stecher gegen den Widerstand der Gläubigen den Drohungen der Geheimen Oberen gebeugt. Hat er dabei aber auch in Betracht gezogen, daß die päpstliche Unfehlbarkeit für die Verehrungswürdigkeit der Seligen und Heiligen bürgt? Daß daher die Tatsache der Verehrungswürdigkeit des seligen Andreas von Rinn eine nicht mehr diskutable Glaubenstatsache ist? Daß Andreas von Rinn ausdrücklich als Martyrer verehrt wird, was der Papst nicht geduldet haben könnte, wenn der aus Haß gegen Christus an einem Christenkind verübte Mord bloß eine mittelalterliche Legende gewesen wäre? Daß es also keineswegs der «Volksglaube» war, der das Anderl von Rinn als Opfer einer bewußt antichristlichen Bluttat ansah, sondern das höchste kirchliche Lehramt in einem definitiven Akt?

Kein unvoreingenommener Historiker wird daneben bestreiten können, daß der Bericht vom Martyrium des Andreas Oxner so gut wie sämtlicher Kennzeichen einer Legende entbehrt. Während Legenden weder konkrete Daten noch exakte Ortsangaben und Namen, jedenfalls nie alles zusammen anzugeben pflegen, sind, wie sogar teilweise aus dem zitierten Artikel der Jüdischen Wochenzeitung hervorgeht, der vollständige (Vor- und Nach)Name des Kindes, sein Geburtshaus und sein Geburtstag, sein Sterbeort und Sterbetag nebst den Umständen seines Todes, sodann der Ort des Begräbnisses genau überliefert. Sogar der Name des Mannes, der in Rinn ansässig war und das Kind an die durchreisenden Juden verkaufte, ist bekannt (vgl. Bibliotheca Sanctorum a.a.O.). Auch wird jemand, der noch nicht seine Denkfähigkeit verloren hat, ohne weiteres begreifen, daß von Antijudaismus keine Rede sein kann, wenn man ein historisch sicher von bestimmten Juden begangenes Verbrechen auch ein von diesen Juden begangenes Verbrechen *nennt*. Wäre das bereits Antijudaismus, würde sich ja umgekehrt alle Juden und überhaupt alle Menschen, darunter die meisten Deutschen selber, die den Deutschen Adolf Hitler und seine deutschen Genossen des millionenfachen Mordes beschuldigen, eines ungeheuerlichen Antigermanismus schuldig machen.

In diversen Presseberichten über die «Renovierung» und «Segnung» der ehemals dem Anderl von Rinn geweihten Kirche von Judenstein war auch die Rede von einem vatikanischen Schreiben, das Bischof Stecher im Frühjahr 1989 erhalten und das ihm den Rücken gestärkt habe. Außerdem sprach die Jüdische Wochenzeitung (s.o.) ausdrücklich von einem römischen Verbot aus dem Jahr 1961, das der Bischof erst jetzt habe durchsetzen können. Eine schriftliche Anfrage bei Bischof Stecher mit der Bitte um Zusendung des Wortlauts seiner bei der Segnung gehaltenen Ansprache, des in den Medien erwähnten vatikanischen Schreibens und des vatikanischen Verbots von 1961 wurde vom Innsbrucker Ordinariat mit der Zusendung des vollständigen Texts der bischöflichen Ansprache vom 2. Juli und der Fotokopie zweier Briefe des Sekretärs der Gottesdienstkongregation, Erzbischof Virgilio Noè, beantwortet. Beide Briefe sind falsch datiert (vom April 1988 statt 1989!), tragen merkwürdigerweise eine identische Protokollnummer und nur einer von ihnen ist auch von Noè unterschrieben. Sie versichern den Innsbrucker Bischof der moralischen Unterstützung der (gar nicht zuständigen!) Gottesdienstkongregation, betonen aber, er sei der Letztverantwortliche. Die angebliche römische Erklärung von 1961 mit dem angeblichen Verbot des «Anderl-Kults» lag der Sendung des Innsbrucker Ordinariats nicht bei, auch keine Erklärung für das Fehlen des in der Presse mehrfach erwähnten Dokuments. Kein Wunder, denn ein solches Dokument hat nie existiert! Die Allgemeine Jüdische Wochenzeitung oder ihre Informanten haben zwar die Worte Bischof Stechers korrekt wiedergegeben, wie ein Vergleich mit dem vollständigen Text ergibt; sie haben aber das römische Dokument von 1961 schlicht und ergreifend *erfunden*. Hier wird erneut deutlich, mit welch schmutzigen Mitteln von zionistischer Seite gearbeitet wird.

Unter dem Titel «Anderl-Kult geht weiter» berichtete die Allgemeine Jüdische Wochenzeitung» vom 21. Juli 89 (S. 12): «Der Innsbrucker Diözesanbischof Reinhold Stecher wollte am vergangenen Montag keine Stellungnahme zur Fortsetzung des Anderl-Kultes in Judenstein bei Rinn abgeben: Dies würde die Angelegenheit nur "unnötig aufwerten". Obwohl der Anderl-Kult von Bischof Stecher und vom Vatikan verboten worden war, hatten sich am vergangenen Sonntag rund 500 Personen aus mehreren österreichischen Bundesländern und Bayern an der traditionellen Wallfahrt zum Geburtshaus des Anderl von Rinn beteiligt. Die Kirche in Judenstein war zuvor für Besucher gesperrt worden. Mehrere Anderl-Verehrer mußten aus dem Gotteshaus gewiesen werden.» Dem Vernehmen nach droht mittlerweile bereits die österreichische Polizei der Bevölkerung von Rinn-Judenstein und auswärtigen Wallfahrern massiv mit Anzeigen wegen «antisemitischer» Umtriebe, sofern die öffentliche Verehrung des Anderl und das Bekenntnis zu ihr nicht endlich aufhöre. So leiten die zionistischen Logen also allmählich die offene Christenverfolgung mittels des von ihnen in Marsch gesetzten Staatsapparats auch im «freien» Westen ein: an was Katholiken noch glauben und wen sie noch verehren dürfen, bestimmt zumindest in Österreich bereits die Polizei!

Die Handschrift des B'nai B'rith ist auch in dem Anfang 1989 von der Päpstlichen Kommission «Justitia et Pax» (zu ihren freimaurerischen Verflechtungen siehe oben!) veröffentlichten Dokument «Die Kirche und dr Rassismus - Für eine brüderlichere Gesellschaft» (dokumentiert im OR vom 3. März 89, S. 7-12) unschwer zu erkennen. Wo das Dokument auf den «Antisemitismus» als eine spezielle Form des Rassismus zu sprechen kommt, muß unbedingt der (ohnedies viel zu eng definierte) *Antizionismus* damit in Verbindung gebracht werden, um möglichst auch ihn zu diskreditieren. Da heißt es dann (Nr. 15) wörtlich: «Manchmal dient der Antizionismus - der nicht gleicher Art ist, da er den Staat Israel und dessen Politik in Frage stellt - als Mäntelchen für den Antisemitismus, nährt sich aus ihm oder führt zu ihm.» Das mag, sofern hier der *Antijudaismus* gemeint ist, zwar in Einzelfällen zutreffen, ist aber eine völlig überflüssige Aussage, weil es tausendundein andere Motive für den Antijudaismus geben kann, die das Dokument natürlich nicht aufzählt. Immerhin setzt sich also nun prinzipiell *jeder* Antizionist dem kirchenamtlichen Verdacht aus, zugleich «Antisemit» zu sein; es kann ja nach diesem vatikanischen Dokument nicht ausgeschlossen, muß vielmehr sogar vermutet werden, daß antizionistische Äußerungen gleich welcher Art einer «antisemitischen» Einstellung entspringen. Auch darf schon allein deshalb niemand mehr Antizionist sein, weil er ja, wie das Dokument behauptet, dadurch Gefahr läuft, zum «Antisemitismus» geführt zu werden ...

Die Bischöfe und die Bibel

Auf die Spuren der geheimen Wühlarbeit der jüdischen Hochgradfreimaurerei stößt man neuerdings sogar beim Lesen der Heiligen Schrift. Bibelfeste und wachsame Katholiken haben vor einiger Zeit darauf aufmerksam gemacht, daß in allen deutschen Bibelübersetzungen, die nach 1966 erschienen sind, die Stelle 2 Sam 12, 31 völlig manipuliert wiedergegeben wird; für fremdsprachige Bibelübersetzungen gilt übrigens dasselbe! Meine eigenen Nachforschungen haben ergeben, daß hier tatsächlich ein schwerwiegender Eingriff in den Original-Text der Heiligen Schrift erfolgt ist. Es dreht sich an der fraglichen Stelle darum, wie König David die Bewohner der soeben eroberten Ammoniterstadt Rabbath bestrafte. Der Text der bis vor kurzem in der katholischen Kirche verbindlichen lateinischen Übersetzung (Vulgata) lautet: «Populum quoque eius adducens seravit et circumegit super eos ferrata carpenta divisitque cultris et transduxit in typo laterum; sic fecit universis civitatibus filiorum Ammon ...» Diesen Wortlaut der Vulgata hat Franz von Allioli in seiner berühmten und im deutschen Sprachraum jahrzehntelang durchwegs offiziell verbreiteten Übersetzung ganz korrekt so wiedergegeben: «Und das Volk derselben führte er auch heraus, und zersägte sie und fuhr eiserne Wagen über sie her, und zerschnitt sie mit Messern und zog sie durch, wie man die Ziegel formet; also tat er allen Städten der Söhne Ammons ...»

Die offizielle protestantische Lutherbibel übersetzte übrigens noch 1951 ganz ähnlich (« ... er legte sie unter eiserne Sägen und Zacken und eiserne Keile und verbrannte sie in Ziegelöfen»). P. Eugen Henne dagegen liefert in der 12. Auflage 1952 seiner Übersetzung des Alten Testaments eine ganz andere Version: «Die Bevölkerung, die darin wohnte, ließ er wegführen, sie an die Sägen, eisernen Picken und eisernen Äxte stellen und sie an den Ziegelöfen arbeiten. Ebenso verfuhr er mit allen übrigen Ammoniterstädten. ...» Zu dieser seiner völlig abweichenden Übersetzung bemerkt Henne aber dann in der Fußnote folgendes: «Die Übersetzung der Stelle in der obigen Form ist unsicher und würde im Vergleich zu den damaligen Kriegsbräuchen und Davids anderweitigem Vorgehen (vgl. 8, 1f.) eine verhältnismäßig große Milde bezeugen. Nach manchen Auslegern und nach der Übersetzung der Vulgata hätte David die Bevölkerung zersägen und eisenbeschlagene Wagen (eiserne Dreschschlitten) über sie hinwegfahren, sie zerschneiden und in Ziegelöfen werfen lassen.» Sämtliche neuen deutschen Übersetzungen oder Neuausgaben älterer Übersetzungen, darunter namentlich die seit 1966 offizielle ökumenische Einheitsübersetzung, bringen aber inzwischen nur noch Hennes von ihm selbst als zweifelhaft apostrophierte Version, nun jedoch ohne jede relativierende Bemerkung in den Fußnoten. Die offizielle katholische Bibelausgabe Englands («Revised Standard Version» - revidierte Standard-Version) von - 1966 (!) übersetzt gleichfalls wie Henne, räumt aber wenigstens in der Anmerkung noch ein, dem hebräischen Urtext nach müsse es statt «arbeiten» in der Ziegelei «pass through», also «hindurchgehen» durch die Ziegelöfen heißen; der Text sei aber korrigiert worden, weil der hebräische Urtext an dieser Stelle eben keinen rechten Sinn mache!

Jeder Theologiestudent lernt heute im Fach Biblische Exegese, daß eines der grundlegendsten methodischen Prinzipien bei der Erstellung des biblischen (wie auch jedes anderen) Urtexts lautet: Im Zweifelsfall, d.h. falls mehrere gleichalte Versionen eines Texts existieren, ist die schwierigere Lesart als die wahrscheinlich ursprünglichere zu bevorzugen (es sei denn, sie ergäbe überhaupt keinen Sinn!). Der Grund dafür ist der, daß ein Abschreiber, wenn ihm ein Abschreibfehler unterläuft, sehr viel eher einen schwierigen Sinn in einen leichter faßlichen als umgekehrt einen leicht faßlichen Wortsinn in einen schwierig nachzuvollziehenden verwandeln wird, weil ihm im letzteren Fall sein Abschreibefehler selber sofort auffallen müßte. Der schwierigere Textsinn wäre im vorliegenden Fall jedenfalls der der Vulgata, der Allioli- und der Luther-Bibel. Nachdem aber obendrein (was die englische Ausgabe sogar zugibt) offenbar überhaupt kein Zweifel am hebräischen Urtext anzumelden, der Text also einhellig überliefert ist, ist die seit 1966 international klammheimlich durchgesetzte völlig verharmlosende Übersetzung *wissenschaftlich* - sowohl philologisch als auch vom (wie Henne ja einräumt) Sinnzusammenhang her - durch nichts gerechtfertigt, somit *wertlos und falsch*. Bleibt nur noch die Frage, wer an einer solchen international abgestimmten Bibelfälsch-Aktion überhaupt interessiert sein konnte. Und die Frage, wer mächtig genug war, so etwas ohne jede öffentliche Debatte durchzudrücken. Auf beide Fragen gibt es wohl nur eine Antwort: die säkular-zionistische Geheimloge B'nai B'rith mit ihrer ADL. Sie mußte erstens starkes Interesse an der Manipulation dieser Bibelstelle haben; sie verfügt zweitens seit der freimaurerischen Infiltration in den ÖRK und in die Nachkonzilskirche zugleich auch über die erforderliche Macht.

Aber wieso eigentlich müssen zionistische Logen so sehr an der Ausmerzung des originalen Wortlauts und Wortsinns von 2 Sam 12, 31 aus den christlichen Bibelausgaben interessiert sein? Nun, unter König David hatte das Reich Israel seine größte bis heute jemals erreichte Ausdehnung; David war der mächtigste und historisch größte Herrscher, den das Volk Israel jemals besessen hat. Er ist also naturgemäß das (säkularisierte) Idol des modernen politischen Zionismus, der sich zur jüdischen und davidischen Abstammung seiner Träger bekennt und ideologisch auf ihr fußt. Nun ist das, was in 2 Sam 12, 31 über David berichtet wird, das bei weitem Grausamste, was er je getan hat. Zionisten, die sich auf König David berufen, zugleich aber den nationalsozialistischen «Holocaust» bei jeder Gelegenheit (wahrheitswidrig, wenn man an die 30-40 Millionen leninistisch-stalinistischer Opfer in der Sowjetunion denkt) als das schrecklichste Verbrechen der gesamten Menschheitsgeschichte anprangern, könnten vor dem Hintergrund von 2 Sam 12, 31 mit seinen keineswegs Sympathie erweckenden Vorläufern der KZ-Verbrennungsöfen leicht als unglaubwürdig erscheinen. In ihrem ureigensten Interesse muß es daher liegen, den schwerwiegenden Makel, der laut 2 Sam 12, 31 an ihrem Nationalhelden haftet, von ihm abzuwischen. Obwohl die katholische Kirche König David seit jeher zu den Propheten und damit zu den Gerechten und folglich Heiligen des Alten Bundes zählt, hat sie niemals Anstoß an den Greueln von Rabbath genommen, weil aus dem weiteren Verlauf der Lebensgeschichte Davids, wie sie im Alten Testament überliefert ist, hervorgeht, daß Gott ihm diese und andere Sünden vergeben hatte, als er starb. Liberal-ungläubige Juden haben indessen ein ganz anderes Weltbild; für sie zählt nur das «Urteil der Geschichte». Weil dieses Urteil über David aber keineswegs nur positiv ausfallen würde, sahen sie sich genötigt, rechtzeitig vor der jahrhundertelang im Geheimen vorbereiteten und nun nahe bevorstehenden zionistisch-freimaurerischen Machtergreifung über die ganze Erde das Andenken König Davids entsprechend aufzupolieren. Die katholische Hierarchie hat - göttliche Inspiration der Bibel hin oder her - sich auch hier zum

Komplizen der betrügerischen Machenschaften der Synagoge Satans pressen lassen. Das Urteil *darüber* wird nicht «die Geschichte», sondern Gott persönlich sprechen.

Den Geheimen Oberen ist es also schon gelungen, die katholische Kirche zur offiziellen Abschaffung eines ihrer Seligen und seiner jahrhundertealten Verehrung wie auch zur stillschweigenden Abänderung des inspirierten Wortes Gottes zu veranlassen, um das Image des Weltmachtszionismus aufzubessern. Wie schon angedeutet will die Synagoge Satans aber in absehbarer Zeit etwas viel Bedeutenderes erreichen. Gegenwärtig bereitet sie in den USA eine Gesetzesänderung vor, die sogenannte «Haß-Delikte» unter Strafe stellen soll. Wie Ted Pike in CODE Nr. 7/1989 berichtete, existieren derartige Gesetze bereits in Kanada und Schweden, zwei Logenhochburgen! Pike schreibt (S. 57): «Im Jahr 1988 schlug ein evangelischer Pastor in Schweden seine Bibel bei der Geschichte von Sodom und Gomorrah auf. Er verkündete seiner Gemeinde - zu der Homosexuelle gehörten -, Gott sei immer noch böse über die sexuelle Perversion und werde jene richten, die sie praktizieren. Einige Wochen später saß dieser Pastor eine vierwöchige Haftstrafe im Gefängnis ab. Er hatte gegen Schwedens "Anti-Haß-Status" verstoßen, ein Gesetz, das Gruppen wie Homosexuelle vor "verbaler Gewalt" - öffentlichen Äußerungen, die ihnen wegen ihrer sexuellen Orientierung peinlich sein könnten - schützt.» Ein weiteres Beispiel führt Pike (S. 58) aus Kanada an: «Dr. Paul Cameron, landesweit anerkannter Gegner der Schwulenrechte, traf kürzlich Vorbereitungen für eine öffentliche Vorlesung in Kanada, auf der der homosexuelle Lebensstil kritisiert werden sollte. Als er an der Grenze eintraf, wurden die Kisten mit Büchern und Literatur, die er mitgebracht hatte, beschlagnahmt. Ihm wurde mitgeteilt, es sei in Kanada gesetzwidrig, Homosexuelle öffentlich zu demütigen.»

In den USA streitet der B'nai B'rith derzeit öffentlich für eine ähnliche Gesetzgebung. «1988 half der Hauptarchitekt der "Anti-Haß"-Gesetzgebung, die Anti-Defamation League (ADL) der B'nai B'rith-Loge mit, einen landesweiten Wettbewerb für die Formulierung eines Modell-"Anti-Haß"-Gesetzes für Amerika zu entwerfen. ... Als der Gewinner des Haßdelikte-Wettbewerbs wurde Joseph Ribakoff, Jurastudent am Whittier College in Kalifornien, bekanntgegeben. In seinem Vorschlag, mit dem er den Preis gewann, versicherte Ribakoff, daß es bei dem starken Anstieg von "Haßdelikten" in Amerika nicht mehr genüge, daß die Regierung lediglich Handlungen von körperlicher Gewalt unter Strafe stellt; sie muß auch alle Formen der verbalen Kommunikation, die Haß, Argwohn und mögliche Gewalttaten gegen Menschengruppen verursachen, verbieten.» Ribakoffs Modell richtet sich zunächst nur gegen Videobänder und Filme, die künftig einer staatlichen Zensur unterliegen sollen. Wer unzensierte Filme zeigt oder auch nur Organisationen unterstützt, die unzensierte Filme gezeigt haben, muß bestraft werden. «Ribakoffs preisgewinnendes "Gruppenverleumdungs-Statut" beschränkt sich nicht auf verbale Kritik an Schwarzen, Juden, Hispaniern sowie anderen Minderheiten, sondern stellt jeden unter Anklage, der Homosexuelle als Gruppe kritisiert und Zugehörigen zu jener Minderheit "Seelenqualen" bereitet.» (S. 57f)

Aber das ist noch längst nicht alles; in einer Anhörung vor dem US-Kongreß hat die ADL beträchtlich weitergehende Forderungen erhoben: «Die ADL hätte gern», berichtet Pike, «daß bundesgesetzliche Definitionen des Begriffs "Vorurteile" (Anm.: deren öffentliche Äußerung künftig strafbar sein soll!) sich nach dem Standpunkt der ADL richten; das Vollstreckungspersonal sollte bei der Abfassung von Berichten über strafrechtliche Ermittlungen die Auslegung von Vorurteilen der ADL überlassen; das Vollstreckungspersonal sollte sich der von der ADL geleiteten Ausbildung zur Förderung der Empfindungsfähigkeit unterziehen, so daß sie den Auslegungen von Vorurteilen seitens der ADL folgen können. Ermittlungsbeamten sollte gestattet werden, vor der Verhandlung zu bestimmen, ob der Beschuldigte von Vorurteilen motiviert wird. Dies würde die örtliche Polizei, unterstützt durch die ADL, zu einer Art vorläufiger Jury machen, unterstützt durch die Richtlinien der ADL, die ihre Meinung zu Angelegenheiten erteilt, die sonst Psychologen zugewiesen werden.» (S. 59)

Obwohl Pike offenbar von der Unterdrückung der Verehrung des seligen Anderl von Rinn und von der Bibelfälschung in 2 Sam 12, 31 nichts weiß, sieht er doch ganz klar, was das eigentliche, versteckte Ziel der ADL und damit des B'nai B'rith ist: die strafrechtliche Unterdrückung jenes «Vorurteils», unter dem die Juden viele Jahrhunderte hindurch weitaus am meisten zu leiden hatten und das der Synagoge *Satans* auch aus anderen nur zu begreiflichen Gründen äußerst zuwider ist. «Jeder, der Juden "heftige Qualen" bereitet, indem er ihre Vorväter der "Kreuzigung Gottes" beschuldigt, könnte strafrechtlich verfolgt werden. ... Viele befürchten, daß das, was diese Leute in Wirklichkeit wollen, ein Gesetz ist, mit dem die historische Behauptung der Christen, die Juden hätten hinter der Kreuzigung Christi gestanden und die Juden müßten ihn jetzt als Retter anerkennen, um der Verdammnis zu entgehen, für immer zum Schweigen gebracht werden soll. Wenn erst einmal eine breite Anti-Haß-Gesetzgebung, die jede Kritik an "identifizierbaren Gruppen" verbietet, unter Dach und Fach ist, dann wird es nur noch eine geringfügige Angelegenheit sein, die Menschheit und besonders den amerikanischen Kongreß davon zu überzeugen, daß diese elementare "Gruppenverleumdung" verboten werden sollte.» (S. 58f)

Und dann wird es sich nicht mehr bloß darum handeln, Jesusfilme zu verbieten, weil sie zeigen, wie die Juden Christus ans Kreuz brachten. Dann wird auch und vor allem das heilige Buch der Christen, das an so vielen Stellen diese historische Wahrheit bezeugt, der staatlichen Zensur verfallen. Man wird darin vieles ändern, manches ganz streichen müssen. Die katholisch-liberal-freimaurerische Hierarchie hat ihre Willfährigkeit gegenüber solchen Attacken bereits genugsam unter Beweis gestellt, so daß mit Märtyrern aus ihren Reihen kaum zu rechnen ist. Man wird sie wohl ähnlich wie im Fall des Anderl von Rinn alsbald davon überzeugen können, daß alles nur eine antike Legende ist, jedenfalls soweit es die jüdische Beteiligung daran betrifft. Wie sagte doch Bischof Stecher in seiner Ansprache vom 2. Juli in der «renovierten» Kirche von Rinn-Judenstein? «Richten wir unseren Blick auf den Stein, dessen Name um die Welt gegangen ist (Anm.: gemeint ist der "Judenstein", auf dem Andreas Oxner in Kreuzesform ausgespannt getötet und über dem später die Kirche errichtet wurde). ... Es wird immer ein unheimlicher Stein gewesen sein, und so ist es auch verständlich, daß sich in einer Zeit, in der Vieles unkritisch überliefert wurde, eine unheimliche, blutige Sage um diesen Stein gerankt hat wie wilder Wein, aus den Wurzeln von Vorurteilen, Mißtrauen und Ängsten. Und eine schlichte und gutgemeinte Volksfrömmigkeit hat das alles eingewoben und eingesponnen, und eine kirchliche Obrigkeit, die ebenfalls in bedauerlicher Weise ein Kind ihrer Zeit war, hat das alles abgesegnet, und es hat auch in der großen Kirche lange, ungebührlich lange gebraucht, bis man angefangen hat, über die Wurzeln dieses wilden Weins nachzudenken, und das Unhaltbare und das Unrechte einzusehen.» Der wendige Bischof sollte sich das Manuskript seiner Ansprache sorgfältig aufheben; er wird es vielleicht in ein paar Jahren, nur um ein paar Kleinigkeiten verändert, noch einmal gut brauchen können ...

«Katholische» Kampagne für Zions One World

In jüngerer Zeit wird die weitgehend zum Logeninstrument verkommene offizielle katholische Kirche auch wieder verstärkt in die politische One-World-Strategie, also die auf Hochtouren laufenden Bestrebungen zur baldigen offenen Etablierung der geheimen und deshalb noch nicht voll handlungsfähigen Schatten-Weltregierung, eingespannt. Im Oktober 1988 hielt der Vorsitzende des (s.o.) ohnehin mit dem freimaurerischen Club of Rome in enger Tuchfühlung stehenden, ja sich stellenweise sogar personell mit ihm überlappenden Päpstlichen Rats «Justitia et Pax», Kardinal Roger Etchegarey, vor der Deutschen Bischofskonferenz in Bonn einen Vortrag, dessen Wortlaut dann am 20. Oktober 1988 in der DT nachzulesen war. Unter anderem sagte der Kardinal folgendes: «Die Kirche läßt sich in ihrem friedenstiftenden Tun immerfort leiten von der ursprünglichen und konstanten Idee der Einheit der Menschheitsfamilie mit ihren unausweichlichen Konsequenzen im Ethischen wie auch im Bereich des Rechts. Daher entfaltet der Heilige Stuhl selbst eine intensive und vielfältige Tätigkeit in den internationalen Organisationen, die zuwenig bekannt ist. Daher versucht der Heilige Stuhl, die multilateralen Beziehungen gegenüber den bilateralen stärker zu betonen. Daher fordern die Päpste selbst ... einen höheren Grad internationaler Organisation für die Menschheit und eine Weltautorität, die mit umfassenderen rechtlichen und politischen Mitteln ausgestattet ist.»

Wie man sofort sieht, zitiert der Kardinal zuletzt fast wörtlich das zweite Vatikanische Konzil mit seiner in GS 82 (s.o.) erhobenen Forderung nach einer Weltregierung. Es war vorauszusehen, daß dieser Text, der wegen seiner rein politischen Aussage von der neomodernistischen Nachkonzilstheologie nicht weiter beachtet wurde, irgendwann wieder aus der Schublade hervorgezogen werden würde, um dann erst so recht seine Wirkung zu entfalten. Wie um diese Wirkung noch zu verstärken, brachte die DT in ihrer Ausgabe vom 4. Februar 1989 im Rahmen ihrer ständigen Rubrik «Botschaft des Konzils», die fast zwei Jahre lang (in jeder

Samstagsausgabe ein numerierter Abschnitt) ausschließlich der schon besprochenen Pastoralkonstitution «Gaudium et spes» vorbehalten war, nun auch die berüchtigte Nummer 82 im Wortlaut, und zwar mit diesem bemerkenswerten Vorspann: «Was nützt es, wenn die Verschiedenheit der Musikinstrumente geeignet wäre, eine herrliche Symphonie zu ermöglichen, was nützt es, wenn jeder Spieler meisterhaft sein Instrument beherrschte, wenn sogar eine geniale Partitur auf dem Dirigentenpult läge, aber der Dirigent fehlen würde? So nimmt der Konzilstext im Hinblick auf die Vielfalt der Völker wieder jenes Wort auf, das schon Papst Benedikt XV. im Ersten Weltkrieg gewagt hat, als er von einer "von allen anerkannten öffentlichen Weltautorität" sprach. Wenn ein solches Ziel auch noch fern ist, müssen doch die einzelnen Völker darauf zusteuern. Eine Weltautorität kann, diese Hoffnung brachten die Konzilsväter zum Ausdruck, Einheit und damit Frieden schaffen. Bei allem realistischen Blick auf die Zerstrittenheit der gegenwärtigen Menschheit bekennt sich das Konzil damit tapfer zum Ideal der Menschheitsfamilie.» Nun, besonders tapfer war dieses Bekenntnis keineswegs, da es in der freimaurerisch gesteuerten veröffentlichten Meinung allenthalben auf freudige Zustimmung stieß. Daß das angebliche «Ideal» der «einen Menschheitsfamilie» nicht das christliche, sondern das der Synagoge Satans ist, haben wir bereits gesehen. Entgegen der Meinung des hoffnungsfrohen Schreibers des Vorspanns, der sich permanent hinter einem nicht ausgewiesenen Kürzel versteckte, ist das ersehnte Ziel gar nicht mehr fern, so daß er wohl bald aus seinen Träumen unsanft erwachen dürfte.

Wo übrigens Papst Benedikt XV. jemals die Terminologie von GS 82 vorweggenommen haben soll, ist unerfindlich. Das zweite Vatikanum beruft sich in GS 82 mit keinem Wort auf ihn, auch nicht in den Anmerkungen. Da der Verfasser die Quelle nicht nennt, aus der er schöpft, handelt es sich wohl um eine «Ente»; ob die absichtlich aufgetischt wurde oder nicht, sei dahingestellt. Das einzige, worauf man verweisen könnte, ist Benedikts XV. Vorschlag in seiner Friedensmahnung «Dès le début» vom 1. August 1917 an die Regierungen der kriegsführenden Länder zur «Einsetzung eines Schiedsgerichtes mit seiner erhabenen friedensstiftenden Tätigkeit nach zu vereinbarenden Normen und festzulegenden Sicherungs- und Strafmaßnahmen gegenüber dem Staat, der sich weigern sollte, die internationalen Fragen dem Schiedsgericht zu unterbreiten oder seine Beschlüsse anzunehmen» (Zit. n. Amand Reuter [Hrsg.], Summa Pontificia. Lehren und Weisungen der Päpste durch zwei Jahrtausende. Eine Dokumentation, Abensberg 1978, S. 612). Damit hat Benedikt XV. lediglich ein Ad hoc Instrument zur friedlichen Beilegung des ersten Weltkriegs, den er leider nicht als von der zionistischen Weltfreimaurerei angezettelt (Vgl. dazu Band 2!) erkannte, empfohlen, keineswegs aber eine die «Menschheitsfamilie» ständig beherrschende «anerkannte öffentliche Weltautorität», die vom Konzil und der DT groteskerweise als innerweltlich beseligendes Endziel der Weltpolitik und Weltgeschichte anvisiert wird.

Der «katholischen» DT lag Ende 1989 oder Anfang 1990 eine Spendenwerbung für das «Schulhilfswerk für Afrika e.V. (SHA)» bei. Wer sich zufälligerweise der Mühe unterzog, den kleingedruckten Text auf der der beigefügten Zahlkarte vorsorglich angehefteten Spendenbestätigung fürs Finanzamt zu studieren, konnte dort folgendes lesen: «Das Schulhilfswerk für Afrika e.V. ... ist nach dem letzten ihm zugestellten Freistellungsbescheid des Finanzamtes Marburg/Lahn vom 9. Februar 1987 ... wegen Förderung der internationalen Gesinnung, der Toleranz auf allen Gebieten der Kultur und des Völkerverständigungsgedankens als gemeinnützigen Zwecken dienend anerkannt und ... von der Körperschaftssteuer befreit.» Da dürfen die Katholiken also für die «Förderung der internationalen *Gesinnung*» und der freimaurerischen Haupttugend «auf allen Gebieten der Kultur» ins Portemonnaie greifen. Seit neuestem übrigens auch in der Fastenzeit! Die alljährliche Fastenaktion des Bischöflichen Hilfswerks «Misereor» stand nämlich 1989 gleichfalls völlig im Zeichen der Einen Welt. Im Pfarrblättchen der Augsburger Pfarrei St. Moritz vom 5. März 1989 (wie zweifellos in zahlreichen ähnlichen Organen) wurde brav ein Text aus der Illustrierten «Misereor '89» abgedruckt, in dem es unter dem Titel «Die Idee der einen Welt» u.a. hieß: «Es bedurfte in der Geschichte der Menschen eines langen Prozesses, um die Idee einer gleichberechtigten Menschheitsgesellschaft hervorzubringen. In Europa war es vor allem (???) der Philosoph Immanuel Kant, der im 18. Jahrhundert die Grundforderung der bürgerlichen Gesellschaft nach einer Weltzivilisation zum Ausdruck gebracht hat. Für ihn war der Weltstaat, der allen Menschen die gleichen Rechte und die gleichen Lebensvoraussetzungen garantiert, eine Forderung der Vernunft, eine Forderung, die mit dem menschlichen Wesen gesetzt sei und keinesfalls ruhen könne, bis sie dieses Ziel erreicht habe. Aber wie soll sie aussehen, die Weltzivilisation, die der Idee der Humanität entspräche, und wie ist sie zu erreichen? Die "eine Welt", die ohne Zweifel im Entstehen ist, ist von der Idee der einen gleichberechtigten Menschheitsgesellschaft in Wirklichkeit weit entfernt. ... Was Solidarität in der Einen Welt heute bedeutet und beinhaltet, mag sich erschließen, wenn wir über Information und Diskussion, Meditation und Gebet fastend uns dem Anspruch Jesu Christi aussetzen ...», womit die offenbar illuminierten Verfasser dieses suggestiven Texts ganz zum Schluß noch unvermittelt die fromme Kurve kratzen, um nach soviel Logenhumanität wenigstens pro forma den Anschluß an Christus nicht zu verlieren, dessen Erwähnung hier gleichwohl völlig fehl am Platz ist.

Sämtliche großen und kleinen Plakate sowie die offiziellen Sammeltütchen von «Misereor '89», die in allen katholischen Kirchen der Bundesrepublik verteilt wurden, zeigten ein und dasselbe suggestive Motiv: vor der vom Mond aus fotografierten Erdkugel brechen eine schwarze und eine weiße Hand von links und rechts kommend eine frische Semmel in zwei annähernd gleiche Teile. Darunter stand geschrieben: «Solidarisch in der einen Welt». Es bereitet der CoM-Freimaurerei offensichtlich keinerlei Schwierigkeiten mehr, ihre programmatischen Schlüsselwörter öffentlich an allen katholischen Kirchen der Bundesrepublik Deutschland anzuschlagen, ohne daß irgendjemandem darüber noch irgendetwas einfällt. Die braven Katholiken haben 1989 genauso eifrig gespendet wie immer - für die Eine Welt! Auf der Rückseite der Spendentütchen fand sich ein passend ausgewähltes «Gedicht» von Josef Reding, in dem es u.a. heißt:

> «in der schöpfungsgeschichte
> ist mit keinem wort von der
> dritten welt
> oder klassen
> oder rassen
> die rede.
> aber die rede ist
> von der einzigen welt
> für eine einzige menschheit.
> allen menschen
> gehört diese einzige,
> allen menschen gehört
> diese erste
> welt.»

Solchermaßen nicht bloß intellektuell, sondern auch emotional bestens gerüstet konnten die deutschen Katholiken dann am 3. März auf der ersten Seite des OR ein großes Foto des Kardinals Casaroli als UN-Redner betrachten und einen Artikel mit der Überschrift «Religionsfreiheit in jedem politischen System. Kardinalstaatssekretär Casaroli vor den Vereinten Nationen in Genf» lesen. Aus seiner langatmigen «zweiten Intervention in Genf, vor den Teilnehmern der UN-Abrüstungskonferenz», wurde in diesem Beitrag neben nur wenigen anderen Sätzen keineswegs von ungefähr ausgerechnet die folgende Passage zusammenhängend zitiert: «Die Abrüstung könne jedoch nur in Friedenszeiten geschehen. Zur Schaffung und Bewahrung des Friedens bedürfe es der Gerechtigkeit. Eine universale Gerechtigkeit wiederum erfordere eine weltweit angenommene und anerkannte übergeordnete Autorität, die auch die Mittel habe, die eigenen Entscheidungen geltend zu machen und durchzuführen.» Auch der Freimaurer Casaroli hält sich also an die in GS gefundene, das Gemeinte vorsichtig umschreibende Formel. Aber es lohnt sich, diese zentralen Sätze seiner Rede vom 21. Februar 89 im Rahmen ihres Kontexts zur Kenntnis zu nehmen. Der OR hat den vollständigen und exakten Wortlaut der ziemlich ausgedehnten Ansprache nämlich am 14. April nachgeliefert (S. 7-9), damit nur niemand sie übersehen könnte, wie es scheint.

Im Zusammenhang hatte der Kardinal also seinen Logenbrüdern von der UNO sein Anliegen folgendermaßen erläutert (S. 8): «Der Traum von einer vollständigen und universalen Abrüstung und von einer Welt ohne Waffen steigt von Zeit zu Zeit im Geist der Menschen auf mit der Verführungskraft schöner Dinge, vielleicht allzu schön, um Wirklichkeit werden zu können. Im Dienst des Friedens stehend, braucht die Abrüstung auch selbst den Frieden, wenn sie durchgeführt und aufrechterhalten werden soll. Soll andererseits der Friede verwirklicht und erhalten werden, braucht es Gerechtigkeit. Universale Gerechtigkeit würde ihrerseits wiederum eine Autorität über den Parteien erfordern, die allgemein anerkannt und angenommen wird und auch die Mittel besitzt, den eigenen Entscheidungen Achtung zu verschaffen. In der Weissagung des alten Jesaja, die auch im Bereich des Palastes der Vereinten Nationen in New York ein Echo gefunden hat, heißt es:

"Dann schmieden sie Pflugscharen aus ihren Schwertern und Winzermesser aus ihren Lanzen. Man zieht nicht mehr das Schwert, Volk gegen Volk, und übt nicht mehr für den Krieg." Gleichsam als Voraussetzung für einen derart glücklichen Wandel heißt es aber auch: "Er spricht Recht im Streit der Völker, er weist viele Nationen zurecht" (Jes 2, 4). Er, wer ist das heute? - Ohne diese Perspektive aufzugeben, bei der nicht ein Traum, sondern die Erfordernisse der politischen Logik und vor allem jene der Moral auf das sozusagen Unlogische einer Wirklichkeit treffen, die egoistischen Antrieben von entscheidendem Übergewicht unterliegt - z.B. übertriebenem Nationalismus oder der Rivalität zwischen Rassen, Ideologien und Interessen -, muß man doch zugleich diese Wirklichkeit beachten, um in einem möglichen Maß und Zeitraum einiges daran zu verbessern.»

Den zuletzt zitierten Satz aus Casarolis Rede muß man sich auf der Zunge zergehen lassen. Der Weltstaat ist also ein Erfordernis der politischen Logik und sogar der Moral, und Casaroli will diese «Perspektive» ganz und gar nicht aufgeben. Vielmehr soll man jetzt schon, «in einem möglichen Maß und Zeitraum», alles tun, um den «Erfordernissen der politischen Logik» wenigstens einigermaßen zu genügen. In genau derselben Manier wie die CoM-Freimaurer bedient sich der Freimaurer Casaroli der Bibel: er unterschiebt der Prophetie des Isaias einen rein innerweltlichen Sinn. Entlarvend ist seine - aus Klugheitsgründen unbeantwortete - Frage danach, wer «heute» der «Er» sei, dem Isaias die zukünftige Weltherrschaft zuschreibt. Ein gläubiger Katholik könnte so gar nicht fragen, denn Isaias selber gibt ja im Vers vorher direkt an, wer der «Er» von Vers 4 ist; Vers 3 lautet nämlich: «Denn von Zion kommt die Weisung *des Herrn*, aus Jerusalem *sein Wort*.» Es ist also eindeutig Gott der Herr selbst, der im unmittelbar anschließenden Vers 4 «Recht spricht im Streit der Völker» und «viele Nationen zurechtweist». Und obendrein charakterisiert die katholische Advents-Liturgie seit alters her den Text Is 2, 2-5 als eine *messianische Weissagung*, die sich im ersten Kommen Christi bereits prinzipiell erfüllt hat, bei seiner zweiten Ankunft aber ihre Vollendung finden wird.

Allerdings hatte sich der glühende Zionist und ehemalige israelische Premierminister David Ben Gurion in einem am 6. Januar 1962 im amerikanischen Magazin «Look» erschienenen Artikel gleichfalls auf die von Casaroli zitierte Jesajastelle bezogen und für das Jahr 1987 unter anderem folgendes prophezeit: «In Jerusalem werden die Vereinten Nationen - wirklich Vereinte Nationen - einen Schrein des Propheten erbauen, der der föderierten Union aller Kontinente dienen wird: dies wird der Sitz des Obersten Gerichtshofes der Menschheit sein, um alle Kontroversen unter den föderierten Kontinenten beizulegen, wie von Jesaja prophezeit ist.» (Zit. n. Griffin 1986, S. 219) Diese Jesaja-Auslegung ist keine eigenständige Leistung Ben Gurions, sondern spiegelt lediglich die jahrhundertealte rabbinische Interpretation von Jes 2, 2-5 wider. «Dafür liefern die *Rabbinischen Gelehrten des Mittelalters* und der beginnenden Neuzeit einwandfreie Beweise. Einer der bedeutendsten ist *Isaac Abravanel*, ein spanisch-jüdischer Staatsmann und Philosoph, der von 1437-1508 lebte und umfangreiche Bibelkommentare schrieb. *Auf ihn kann man sich getrost berufen*, denn das *Jüdische Lexikon* hebt rühmend hervor, daß sich seine Bibelerklärungen durch ihren Wirklichkeitssinn auszeichnen. Was er also schreibt, entspricht der Wirklichkeit: ... "*Alle Völker werden zu dem Berg des Herrn und zu dem Gotte Jacobs kommen und den Israeliten unterworfen werden.*" (Kommentar zu Jesaias fol. 4 col. 2).» (Fleischhauer 1935, S. 98)

«In seinem Werk "La Littérature des Pauvres dans la Bible" Paris 1892 hat *Isidore Loeb* mit großer Sorgfalt die wichtigsten Aussprüche der Bibel über den Messianismus und die Wiederaufrichtung des jüdischen Volkes gesammelt. Loeb war französischer Rabbiner und seit 1869 Sekretär der Alliance Israélite Universelle. Im Kapitel über die Weissagungen des Propheten Jesaias schreibt er S. 218: "Man kann mit Sicherheit nicht behaupten, ob Jesaias an das Erscheinen eines persönlichen Messias denkt oder nicht. ... Sicher aber ist, daß, mit oder ohne Messias-König, die *Juden den Mittelpunkt der Menschheit bilden* werden, um den sich die Nichtjuden nach ihrer Bekehrung zu (dem jüdischen) Gott reihen werden. Die Völker werden sich vereinigen, um dem Volke Gottes zu huldigen. *Aller Reichtum der Völker wird auf das jüdische Volk übergehen*; sie werden hinter dem jüdischen Volke wie Gefangene in Fesseln einhergehen und sich ihnen zu Füßen werfen. "Die Könige werden deine Pfleger und ihre Frauen werden Ammen deiner Kinder sein; sie werden aufs Angesicht vor dir zur Erde sich beugen und lecken deiner Füße Staub" (49, 23). Gott wird mit dem jüdischen Volke einen ewigen Bund schließen, wie er es mit David getan hat, und wie David *werden die Juden den Völkern befehlen.*"» (Fleischhauer 1935, S. 106) Kardinal Casaroli hat sich mit seiner unmißverständlichen Anspielung auf diese zionistische Auslegung von Isaias 2, 4 und Parallelstellen als ein wahrhafter *Illuminat* und *Wissender* erwiesen. Übrigens ist jedem aufrichtigen Leser der Hl. Schrift klar, daß von irgendeiner innerweltlichen öffentlich anerkannten Weltautorität in Isaias 2 überhaupt keine Rede ist, sondern nur in der Apokalypse; dort aber ist es der *Antichrist*, der sich diese Autorität anmaßt und erzwingt. Casaroli kann also auch von daher ganz genau wissen, in wessen Diensten er mit seinen weltmachtszionistischen Machenschaften steht.

Eine weitere Meldung kam aus Mainz, wo Rotarierbischof Lehmann seinem lebhaften Bedauern darüber, daß noch keine öffentliche Weltregierung existiert, Ausdruck gab, ganz wie man es in den Logen von ihm erwartet. «Kritik an der Wirtschaftspolitik der Industrieländer», so hieß es in der DT vom 12. August 1989, «hat der Vorsitzende der Deutschen Bischofskonferenz, Bischof Karl Lehmann, geäußert. Auf dem Weg zu einer neuen Weltwirtschaftsordnung gebe es von seiten der Industrieländer "merkwürdige Inkonsequenzen", sagte Lehmann am Donnerstag in einem Gespräch mit der Katholischen Nachrichtenagentur (KNA) in Mainz. ... Zwar existierten schon "eine ganze Menge regulierender Maßnahmen", doch würden nach Angaben von Fachleuten "die Spielregeln zum Teil nicht eingehalten", sagte Lehmann. ... Der Bischof sprach sich dafür aus, Fälle aufzudecken, in denen geltende Richtlinien nicht eingehalten würden. Es sei zu fragen, ob in solchen Fällen künftig auch Sanktionen möglich wären. "Aber wir haben eben keine Weltregierung oder eine UNO mit entsprechenden Vollmachten", sagte Lehmann.»

Ein Ende der jüngsten Kampagne freimaurerischer Bischöfe und Kardinäle, die eine Weltregierung ins Gespräch zu bringen, gesellschaftsfähig zu machen und als unausweichlich hinzustellen, ist noch nicht abzusehen.

Die «katholischen» Laien

In den Diensten der Rothschildgruppe, gemeinsam mit dem Rockefellerclan die treibende Kraft der freimaurerisch-zionistischen Weltregierungsbestrebungen, steht in der Bundesrepublik die «Deutsche Bank». Nach übereinstimmender Auffassung der Beobachter ist die Deutsche Bank mit Sitz in Frankfurt, dem Ausgangspunkt des Rothschildimperiums (vgl. dazu Band 1!), nichts anderes als die mit einem nichtssagenden Namen versehene deutsche Filiale des internationalen Rothschild-Banken-Konsortiums. Nachdem Erzbischof Paul Marcinkus als Chef der Vatikanbank wegen seiner für die Bank ruinösen Spekulationen, in die bekanntlich die italienische Top-Loge (vgl. Stimpfle 1988, S. 333f) P-2 tief verstrickt war, der Marcinkus (s.o.) selber angehörte, höchst unliebsames Aufsehen erregt hatte, mußte er schließlich 1989 seinen Posten räumen. Statt nun, wie man die zu Recht entrüsteten Katholiken eilfertig glauben machte, den Saustall gründlich auszumisten, hat man bei der Neuordnung der Leitungsstrukturen der Vatikanbank ausgerechnet der Deutschen Bank und damit der Rothschild-Dynastie gestattet, ihren Fuß (erneut) in die Tür zu setzen.

Guido Horst berichtete in der DT vom 22. Juni 1989 aus dem Vatikan: «Mit der Ernennung eines Aufsichtsrats von fünf Personen, der in Zukunft über die Arbeit des "Instituts für die Religiösen Werke" (IOR) wachen wird, hat der Vatikan einen wichtigen Schritt in der Umgestaltung der sogenannten Vatikanbank IOR vollzogen. Der vatikanische Pressesaal gab die Ernennung der fünf Aufsichtsratsmitglieder, die ausschließlich Laien sind und als Fachleute für Bank- und Geldgeschäfte gelten, am Dienstag bekannt. ... Zu den fünf neuen Aufsichtsratsmitgliedern gehört der Deutsche Theodor Pietzecker. Der gebürtige Hamburger ist seit 1967 Mitglied der Geschäftsleitung der Deutschen Bank in Essen und berät die Deutsche Bischofskonferenz in finanziellen Fragen.» Man mag einwenden, das könne auch purer Zufall sein, aber es erscheint doch außerordentlich unwahrscheinlich, daß die freimaurerisch durchsetzte Kurie (laut OR vom 28. Juli 89 [S. 3] ist übrigens der Freimaurer Casaroli einer der fünf Kardinäle, die den Laien-Aufsichtsrat überwachen sollen) völlig absichtslos ausgerechnet einen Rothschild-Verbindungsmann in den Aufsichtsrat des IOR beruft. Pietzecker, der also auch auf die Deutsche Bischofskonferenz Einfluß ausübt, wurde natürlich von den Medien als «Katholik» bezeichnet. Das mag er durchaus sein, aber was besagt das schon, wenn sogar katholische Kardinäle hohe Stufen in der Satanshierarchie innehaben? Da ist ja auch noch der «Katholik» Hermann Josef Abs, der in seinen alten Tagen den Vatikan gleichfalls in Finanzangelegenheiten «berät» und seine Interessen bei der Internationalen Atomenergiebehörde zumindest Anfang der siebziger Jahre «vertreten» hat (vgl. Eustace Mullins/Roland Bohlinger, Die Bankierverschwörung ... 3. erg. u. korr. Aufl. Struckum o.J. [1985?], S. 262). Abs ist als ehemaliger Vorstandschef und nachmaliger Ehrenpräsident der Deutschen Bank sowie ehemaliger Aufsichtsratsvorsitzender der größten deutschen Industriegiganten wie BASF, Daimler-Benz, Hoesch, Krupp, Lufthansa, RWE und Siemens, auch ehemaliger Bilderberger und ehemaliges Präsidiumsmitglied des Bonner CFR-Ablegers «Deutsche Gesellschaft für auswärtige Politik e.V.» sowie natürlich - immer noch - *Hochgradfreimaurer* (vgl. «Mehr Licht!» vom 15.8.1987, S. 7f), außerdem langjähriger «Deutscher Statthalter (heute: Ehrenstatthalter) des Ritterordens vom Hl. Grabe zu Jerusalem»! Welcher Art die «Beratungs»tätigkeit solcher «katholischer Laien» im Vatikan sein wird, kann man sich kaum düster genug ausmalen.

Nehmen wir nun eine deutsche Vorzeige-«Katholikin» näher ins Visier, die sich bis ins Zentralkomitee der Deutschen Katholiken vorgearbeitet hat und dort verbal dasselbe vertritt, was sie in der politischen Praxis als Familienministerin in die Tat umsetzte: sittliche Zulässigkeit bzw. staatliche Förderung der Empfängnisverhütung und Frühabtreibung, die davon untrennbar ist, Notwendigkeit bzw. staatliche Forcierung der Schul-Sexualaufklärung. An diesen permissiven und dem katholischen Lehramt frontal widersprechenden Vorstellungen hält Rita Süssmuth, von der hier die Rede ist, auch als Bundestagspräsidentin fest, wie sie am 14. Juli 1989 in einer skandalösen Festrede in München indirekt unter Beweis stellte. Daß Frau Süssmuth so unentwegt die Geschäfte der Geheimen Oberen (vgl. dazu Band 2: «Die moralische Verwüstung») betreibt, ist natürlich wieder einmal kein Zufall. Frau Süssmuth ist nämlich ebenso wie ihre Mitstreiterin, die baden-württembergische Familienministerin Barbara Schäfer, Mitglied der weitgehend im Geheimen operierenden internationalen Frauenvereinigung «Sorores Optimae» («Beste Schwestern»!). Wie die «Politischen Hintergrundinformationen» (PHI) vom 10. Januar 1989 (S. 6) weiter berichten, handelt es sich bei den «Sorores Optimae» und dem parallelen «Zonta-Club» um «zwei Frauen-Organisationen, die zwar bestreiten, Freimaurer zu sein, sich jedoch in der ganzen praktischen Tätigkeit und im organisatorischen Aufbau wie Freimaurerlogen verhalten. Zum internationalen Vorstand des Zonta-Clubs gehört beispielsweise die britische Premierministerin Margaret Thatcher. Vorsitzende des deutschen Zonta-Clubs ist Luise Sachse, Personal-Chefin beim internationalen Elektro-Konzern Osram. Weitere berühmte Mitglieder des deutschen Zonta-Clubs sind beispielsweise Marion Gräfin Dönhoff, Mitherausgeberin der Zeitschrift "Die Zeit" und Julia Dingswort-Nusseck, Präsidentin der niedersächsischen Landeszentralbank. ... Internationale Vorsitzende der Sorores Optimae ist Prinzessin Juliane der Niederlande. "Nur-Hausfrauen" und "Nur-Mütter" werden Sie in beiden Clubs nicht finden, es sei denn, es handelt sich um Frauen berühmter Männer. Wie bei den Freimaurern kann man bei diesen beiden Clubs seine Mitgliedschaft nicht beantragen, sondern muß sich anwerben lassen. Dafür haben aber, neben Frauen berühmter Männer, nur Selbständige und Frauen in wirtschaftlichen oder politischen Führungspositionen eine Chance. Genau wie die Odd-Fellow-Loge, Lions und Rotarier haben die beiden vorgenannten freimaurerischen Frauenclubs Sitz und beratende Stimme bei der UNO.» In einem Artikel von Christa Barth in der «Süddeutschen Zeitung» vom 22.

August 1989 anläßlich des «70. Geburtstags» des «Zonta-Weltclubs» wurde ohne weiteres eingeräumt, der 1919 gegründete Club habe seinen Sitz in Chicago und sei «ein Pendant zu Rotary oder Lions, wo Frauen bisher nur als "Anhängsel" des Ehemannes geduldet waren». Und weiter: «Zonta besitzt beratenden Status in mehreren UNO-Organisationen oder dem Europarat. Die finnische Zontianerin Helvi Linnea Sipilä, elf Jahre Stellvertretende UNO-Generalsekretärin, organisierte 1975 das Internationale Jahr der Frau. ... Von Dschihan Sadat über Indira Gandhi bis zur bayerischen Staatsministerin der Justiz, Mathilde Berghofer-Weichner, oder der österreichischen Bundesministerin für Unterricht und Kunst, Hilde Hawliczek (Anm.: die inzwischen mit Brachialgewalt gegen den Widerstand sogar der offiziellen katholischen Kirche den berüchtigten «Medien-Koffer» zur schulischen «Sexualkunde» durchgedrückt hat!) - lang ist die Liste der Frauen an wichtigen Schalthebeln (!!), die für Zonta wirken (!!) oder gewirkt haben ...»

Rita Süssmuths Logen-Beziehungen reichen also über die internationale Vorsitzende der Sorores Optimae, Prinzessin Juliane, und deren Mann Prinz Bernhard, den jahrelangen Vorsitzenden der Bilderberger, bis hinein in die obersten Etagen der Satanshierarchie. Wie man an diesem Beispiel sieht, ist die feministische Unterwanderung der Kirche mitnichten ein spontanes, vielmehr ein planmäßig gesteuertes Unternehmen. Auch Barbara Schäfer läßt sich gerne als «Katholikin» herumreichen. Übrigens sind Damen-Logen schon fast so alt wie die Freimaurerei selbst. «Die Freimaurerei erkannte sehr früh», stellt Ploncard d'Assac fest, «daß die Neugier der Frauen schlimmer sein kann als die der Polizei und organisierte sogenannte Adoptionslogen, "in denen die Damen die Kelle, den Hammer und das Winkelmaß handhaben konnten ganz wie die Männer" (B. Fay).» (Ploncard d'Assac 1989, S. 54f) Es waren und sind sogar neben den Logenbrüdern Teilhard de Chardin und Rudolf Steiner vor allem Frauen, die den spiritualistischen Logen ihre New-Age-Ideologie zusammenbrauen halfen: Helena Petrowna Blavatsky, die Begründerin der Theosophie, ihre Nachfolgerin Annie Bresant, ihre geistige Schülerin Alice Bailey, deren Schriften von immensem Einfluß auf die Ausgestaltung der okkultistisch-satanistischen New-Age-Ideologie waren und sind, sowie Marilyn Ferguson, neben Capra derzeit bekannteste Vertreterin des New Age (vgl. dazu Cumbey 1987 passim).

Die Liturgie der Loge

Teilhardismus, freimaurerischer Hominismus und Eine-Welt-Ideologie haben im Gefolge des zweiten Vatikanischen Konzils in Gestalt der nachkonziliaren *Liturgiereform* auch ihren Einzug in die katholische Liturgie gehalten und den ehemaligen *Gottes*dienst ein ganzes Stück weit dem hoministischen, den *Menschen* vergötzenden Logenritual angeglichen. Vor allem im Hinblick auf die mit Berufung auf den «Geist» des Konzils - und insoweit nicht einmal zu Unrecht! - geänderte Zelebrationsrichtung bei der hl. Messe hat der Soziologe Helmut Kuhn (Die Kirche im Zeitalter der Kulturrevolution, Graz - Wien - Köln 1985, zit. n. «Der Fels» 16

[1985] 121) festgestellt: «Die in Frankreich als Kind der großen Revolution entstandene und von den angelsächsischen Ländern übernommene Soziologie ist die Religion der zu sich selbst befreiten bürgerlichen Gesellschaft, die alles, Glück und Freiheit, von sich selbst und von der ihr im Fortschritt nachfolgenden Menschheitsgeschichte erwartet. Der Sozialismus aber ist nichts mehr und nichts weniger als eine Variation der gleichen post-revolutionären Glaubensbewegung. Der Mensch reicht dem Bruder Mitmenschen beide Hände, und zusammen bilden sie den geschlossenen Kreis der heiligen Humanität. ... Wer als Augenmensch unser Land durchwandert und in die Kirchen blickt, dem muß eine symbolische Veränderung auffallen. Der Altar ist aus der Tiefe des östlichen Chorraumes in die Mitte der Kirche und in die wärmende Nachbarschaft der Sitzreihen der Gläubigen gerückt. Aus dem Opfertisch ist ein Mahl-Tisch geworden. Das Zurücktreten der Opfermesse gegenüber der Erinnerungsfeier des Herrenmahls hat sich zur räumlichen Einrichtung befestigt. Unsere Kreis-Symbolik macht den Sinn der Veränderung sinnfällig. So war es zuvor: Der Priester vor der Gemeinde, beide dem Osten zugewandt - dem Sonnenaufgang, dem Gottesaufgang zugewendet. Das ist der große Gott-Menschheits-Kreis. Und nur wenn der Priester, im Auftrag Gottes, zu der ihm anvertrauten Schar spricht, blickt er zu ihr. So bildet sich der kleinere, abhängige, aber mit dem Leben der weltweiten Kirche pulsierende Kreis, die Gemeinde. Anders heutzutage: Der Priester in seiner gewöhnlichen Haltung ist der Gemeinde zugekehrt, in der Hoffnung, daß Gott mit der sakramentalen Feier in diesen durch die Agape geschlossenen Kreis eintreten möge.»

Der keineswegs als «konservativ» oder dem Neomodernismus abhold einzustufende Louis Bouyer hatte bereits ein paar Jahre früher mit noch schärferen Worten die in der Liturgiereform vollzogene Umfunktionierung der Messe zu einer hoministischen Kultveranstaltung angeprangert: «Mehr und mehr ist ... die Liturgie zu einem Ausdruck der Teilnehmer geworden, so wie sie sind, und nicht so, wie Gott sie haben möchte: verwandelt durch den liturgischen Vorgang in den Sohn hinein. Vergißt man das, so wird der Gottesdienst zu einer simplen Konsekration der Menschheit, so wie sie ist, unkritisch und vor allem unverwandelt. Eine Art Kult des Menschen ist unbewußt an die Stelle des Kultes Gottes getreten; selbst wenn noch Worte der Schrift benutzt werden, sind sie so verdünnt, daß sie nur noch rein-menschliche Ideale ausdrücken. Christus selbst erscheint nur noch als Ideal des Menschen, und zwar als ein solches, wie wir es natürlicherweise fassen und realisieren können. Kurz: Jede Sicht der Erbsünde, der Notwendigkeit einer Erlösung und göttlichen Gnade ist verloren. Nicht Gott wird mehr Mensch, um diesen zu verwandeln, Gott scheint Mensch zu werden, um dadurch erst wirklich Gott zu sein, gleich als sei die bestehende Menschheit das, was wir als letzte und höchste Norm hinzunehmen hätten. Es ist die letzte Folge dessen, was man "Öffnung zur Welt" genannt und somit gänzlich verkehrt verstanden hat.» (Louis Bouyer, Das Handwerk des Theologen. Gespräche mit Georges Daix, Einsiedeln 1980, S. 49)

Auch die Liturgiereform - im wesentlichen ein Produkt des Freimaurers Annibale Bugnini (s.o.) - hat also, aufs Ganze gesehen, die Wünsche der CoM-Illuminaten weitgehend erfüllt, die von ihrem geplanten Menschenkult in der «Stadt des Menschen» bereits 1940 schrieben: «Colleges und Universitäten haben sogar, fast spontan, in ihren Gottesdiensten und Andachtsübungen ein provisorisches Modell für eine unsektiererische Liturgie entwickelt - eigentlich passend für eine neue Religion außerhalb der Buchstabenzäune jedes einzelnen Bekenntnisses, die die spirituelle Substanz von allen umfaßt.» (CoM S. 85) Eigentlich passend für eine *neue* Religion, nämlich die des Menschen oder der Demokratie, das kann und muß man leider auch von der reformierten Meßliturgie sagen. Br. Bugninis neues Meßbuch von 1969 enthält unter den Votivmessen ein früher unbekanntes Meßformular «Für den Fortschritt der Völker». Im Tagesgebet dieser Messe wird die in ihrem zweiten Teil theologisch irrige und aus der Heiligen Schrift absolut nicht zu begründende Behauptung aufgestellt: «Allmächtiger Gott, Du hast die vielen Völker durch gemeinsamen Ursprung miteinander verbunden und willst, daß sie eine Menschheitsfamilie bilden.» Am Schluß des Gebets heißt es: «Laß uns alle Trennung nach Rasse, Volk und Stand überwinden, damit in der menschlichen Gesellschaft Recht und Gerechtigkeit herrschen.» Wie oben schon gezeigt wurde, will Gott weder die Überwindung aller völkisch-nationalen Trennungen noch eine «Menschheitsfamilie», die die Erbauer des Turms von Babel schon einmal beschworen haben, mit dem Resultat, daß Gott ihren Bau zerstörte, bevor er vollendet war, und sie in die ganze Welt zerstreute. Sammeln will Gott lediglich die *Auserwählten* «aus allen Stämmen und Sprachen, aus allen Nationen und Völkern» (Offb 5, 9), aber nicht zu der «einen Menschheitsfamilie», sondern zur einen wahren Kirche, die im himmlischen Jerusalem, nicht in der irdischen «Stadt des Menschen», triumphieren soll. Recht besehen stellt das zitierte Gebet aus der offiziellen Messe «Für den Fortschritt der Völker» (schon dieser Titel ist unsinnig) eine Gotteslästerung dar, denn es erfrecht sich, von Gott etwas zu erbitten, was klar erkennbar seinem Willen entgegengesetzt ist.

Freimaurerisch-zionistische Ideen zum Ausdruck bringende Formulierungen aus GS (s.o.) wurden sogar reihenweise für die Fürbitten des gleichfalls erneuerten Römischen Breviers adaptiert. Ich übersetze wörtlich aus der lateinischen und damit maßgeblichen Ausgabe von «Liturgia Horarum», dem neuen kirchlichen Stundengebet, das alle Priester und Ordensleute zu verrichten verpflichtet sind: «Unser Erlöser, mache deine Kirche zu einem lebendigen Sakrament der Einheit des Menschengeschlechts und zu einem wirksameren Heilsmysterium für alle Völker» (Sonntag d. I. Woche, II. Vesper). - «Laß uns die irdische Stadt immer mit dir erbauen, damit nicht etwa vergebens arbeiten, die sie erbauen» (Donnerstag d. I. Woche, Vesper). Das klingt sehr fromm. Aber anders als die Erbauer der Stadt des Menschen weiß die Hl. Schrift nichts von einer zu erbauenden *irdischen* Stadt: «Denn wir haben hier keine bleibende Stadt, sondern suchen die zukünftige» (Hebr 13, 14)! In der I. Vesper des Sonntags der III. Woche wird gebetet: «Laß alle die Welt ihrer hervorragenden Würde gleichförmiger machen, damit sie unter deiner Leitung großherzig den dringenderen Forderungen unserer Zeit entsprechen.» Wie wir gesehen haben, ist z.B. für Kardinal Casaroli das vordringlichste «Erfordernis» unserer Zeit (bzw. ihrer «politischen Logik») die eine Weltregierung. Aber nicht nur für ihn, sondern auch für das Konzil überhaupt, das ja in GS, dem die seltsame zeitgebundene Fürbittenformulierung nahezu wortgetreu entnommen ist, dieselbe «dringliche Forderung» «unserer Zeit» ausgemacht hat. Ganz auf freimaurerischem Niveau liegt genauso die folgende Bitte aus der II. Vesper desselben Sonntags: «Allen, die die Gerechtigkeit lieben und üben, gewähre, daß sie ohne Verstellung in wahrem Frieden beim Aufbau der Welt zusammenarbeiten.» Auch das ist exakt die Sprache von GS, nicht anders als dieses Fürbittanliegen (Dienstag d. III. Woche, Laudes): «Mach unsere heutige Arbeit solchermaßen fruchtbar für unsere Brüder, daß wir mit ihnen und für sie eine irdische Stadt bauen, die dir gefällt.» Wie man sieht, hat das entscheidende Anliegen der illuminierten Autoren von CoM widerspruchslos Eingang in das katholische Stundengebet gefunden. Lassen wir es bei dieser längst nicht vollständigen «Blütenlese» bewenden!

Neben diesem Werk von «Wissenden» gibt es inzwischen zahllose pseudoliturgische Erzeugnisse unwissender Logenwerkzeuge innerhalb des degenerierten katholischen Klerus zu beklagen. Solche - ungeachtet aller Dementis durchaus auf der Linie des von Kardinal Suenens 1970 beschworenen Konzils*geists* liegenden - liturgischen Auswüchse liefern naturgemäß besonders krasse Beispiele für das ungehemmte Eindringen des puren Teilhardismus und Hominismus in das Gebetsleben der Kirche. Ich möchte hier nur zwei selbstgebastelte «Glaubensbekenntnisse» neomodernistischer Priester aus Holland anführen, die im Rahmen eines längeren Artikels der Una Voce-Korrespondenz 2 (1972) 14-18 dokumentiert wurden. Das erste «Credo» hat seinen Platz in einem von Kaplan J. Douven aus Geleen verfaßten «Taufritus» von 1971; es lautet folgendermaßen:

«Ich glaube, daß da eine Welt Wirklichkeit werden kann, in der es für alle Menschen gut zu leben ist, und daß es auch meine Aufgabe ist, eine solche Welt zu schaffen.
Ich glaube, daß es für jeden Menschen Liebe, Gerechtigkeit, Vergebung und Frieden geben kann.
Ich glaube, daß die Freude das Leid überwinden wird, die Liebe stärker ist als Haß, daß nicht der Tod das letzte Wort hat, sondern das Leben.
Dies alles glaube ich durch Jesus von Nazareth; Er hat mich sehen lassen, daß solch eine Welt, solch ein Leben möglich ist. Und daß es der Mühe wert ist, sich für eine solche Welt einzusetzen.
Ich will mein Leben dann auch auf ihn hin orientieren, ich will leben in seinem Geist, weil ich glaube, daß ich dann anderen am meisten zum Helle diene und daß damit dem Glück anderer und meinem eigenen am besten gedient ist.
Aus diesem Glauben will ich leben, und ich hoffe, daß ich damit auch diesem Kind am meisten zum Heil bin.»

Da ist wohl nichts enthalten, was Logenbrüder aller Einweihungsstufen nicht auch unterschreiben könnten. Das andere «Credo» wurde in einer Pfarrei in Venlo am Missionssonntag 1972 während einer Messe mit dem Titel «Arbeit an der Welt» gebetet:

«Ich glaube an einen Gott, den Vater, Schöpfer von allem, was existiert.
Ich glaube an den Sohn, Jesus von Nazareth, den Menschen, der alles getan hat, was menschlich möglich ist, um aus dieser Welt zu machen: - einen Garten von Frieden und Freiheit, in dem Menschen einander nicht länger zerfleischen, in dem keine Rede mehr ist vom Recht des Stärksten, in dem Egoismus und Eigeninteresse weichen der Liebe und Sorge füreinander, in der Menschen einander sehen als Brüder und Schwestern.
Ich glaube an seine uneigennützige Liebe und Treue zu den Menschen; an seinen Mut, alles abzubrechen, was vermorscht und unbrauchbar ist.
Ich glaube an seine Entschlossenheit und Kampfeslust, an seine Überzeugungskraft und Gewaltlosigkeit.
Ich glaube an seinen Geist, der trotz 2000 Jahren Mißlingens nicht tot ist, sondern uns auch jetzt noch inspirieren kann zum Arbeiten an der Rettung von Mensch und Welt.
Ich glaube an die Gruppe von Menschen, die Jesus um sich versammelt hat, um fortzusetzen, was er begonnen hat, die Gruppe, die wir Kirche nennen.»

«Das Gesetz des Glaubens bestimmt auch das Gesetz des Betens», so lautet eine uralte und ohne weiteres einleuchtende Regel in der katholischen Kirche. Umgekehrt macht das Gesetz des Betens - gerade auch in den hier soeben angeführten Fällen - natürlich deutlich, wie es um das Gesetz des Glaubens bestellt ist ... Außer einem inbrünstigen Glauben an «den Menschen» wird man in diesen Texten beim besten Willen nichts Religiöses finden. Bei solchen Priestern und der ihnen hinterhertrottenden Herde hat die Synagoge Satans ihr Ziel bereits vollauf erreicht.

Daß die Hochgradfreimaurerei ganz *unmittelbar* an der Unterwühlung des katholischen Glaubensvollzugs beteiligt ist, um die Bewußtseinsbildung für die Eine Welt des Antichristen noch rascher voranzutreiben, läßt sich nicht bloß im Fall Bugninis einwandfrei nachweisen. Wolfgang Waldstein (Hirtensorge und Liturgiereform. Eine Dokumentation, Schaan/Lichtenstein 1977, S. 58ff) vermißte seinerzeit das Kreuz-Symbol auf dem neuen deutschen Missale und den neuen deutschen Lektionaren und wurde daraufhin mit Recht mißtrauisch: «Die Tatsache des Fehlens des Kreuzes lenkt naturgemäß die Aufmerksamkeit auf die Bedeutung jener Symbole, die an seine Stelle gesetzt wurden. Es gibt ja viele christliche Symbole, die das Geheimnis der Erlösung ausdrücken. Ist nun vielleicht das Kreuz durch ein solches ersetzt worden? - Am auffallendsten ist das sogenannte "Mattenmuster" auf dem neuen Meßbuch. Es kommt tatsächlich in altchristlichen Darstellungen vor, aber dann immer in Verbindung mit einem spezifisch christlichen Symbol. Wie mir nun hervorragende Fachleute für Symbolkunde und Kunsthistoriker versichert haben, und zwar inzwischen vier unabhängig voneinander und ohne zu wissen, wo das Symbol verwendet wird, handelt es sich bei diesem Symbol für sich allein um ein altes heidnisches "Diesseitssymbol" "der tausendfach Leben schenkenden Mutter Erde". Wenn man das einmal weiß, kann man nicht umhin, bei "Frucht der Erde und der menschlichen Arbeit" (Anm.: Zitat aus den neuen "Opferungsgebeten") daran zu denken. - Der "Zauberknoten" auf den deutschsprachigen Lektionaren bedeutet in der allgemeinen Symbolik die "Vermählung" von Ideen oder Institutionen. Es kann nun kaum bezweifelt werden, daß diese Symbole nicht nur rein zufällig in einem so markanten Augenblick auf den neuen liturgischen Büchern an die Stelle des Kreuzes getreten sind. Es sollte mit diesen Symbolen offenbar etwas ausgesagt werden. Es erhebt sich also die Frage, was damit ausgesagt werden sollte.»

Waldstein stellt dann fest, daß die Freimaurerei nach eigenem Bekunden Symbolen große Bedeutung beilegt und ihnen sogar magische Kraft zuerkennt. Er fährt fort: «Es ist nun weiter eine Tatsache, daß die oben genannten Symbole *auch* eine freimaurerische Bedeutung haben. Das Mattenmuster symbolisiert im freimaurerischen Sinne "die irdische Ordnung und Harmonie, die 'neue Erde'" einer "freimaurerisch-humanitär geeinten Menschheit der Zukunft". Es ist daher "Zeichen einer Heilserwartung, die der christlich-jenseitigen diametral entgegensteht". Es annulliert gleichzeitig "das christliche Kreuz", wie in einem der Gutachten, das ich eingeholt habe, ausgeführt wird. Der Gutachter erwähnt noch, daß "die Zahl 4, Quadrat und Rechteck zugleich Symbole für 'Loge' darstellen". - Der Zauberknoten auf den Lektionaren würde freimaurerisch bedeuten: "Vereinigung freimaurerischer oder freimaurerisch gesteuerter Institutionen, und zwar von *vier*. Denkbar, daß es sich um die *Ökumene* zwischen Christentum, Islam, Judaismus und Buddhismus handeln könnte, und zwar auf dem Hauptnenner des freimaurerischen Unitarismus." - Nun kommt noch etwas sehr Auffallendes dazu: Nach den mir vorliegenden Gutachten hat das Symbol auf den neuen lateinischen Lektionaren (Dreieck mit 2 Flammen nach oben und vier Strahlen nach unten) überhaupt nur eine freimaurerische Bedeutung. Ein Gutachter schreibt: "Dreieck kann trinitarisch-christlich und unitarisch-freimaurerisch gedeutet werden. Die drei Seiten bzw. Ecken symbolisieren die drei 'Tugenden' des freimaurerischen ABAW (= Allmächtiger Baumeister aller Welten). Daß es sich hier einwandfrei um das freimaurerische Symbol handelt, geht aus den 2 'Flammen' hervor, die dies deutlich machen sollen. Das freimaurerische Symbol 'Dreieck' bedeutet nämlich auch 'Feuer', das christlich gebrauchte *nicht*. - Die 4 Strahlen sind Ausstrahlungen des ABAW (ähnlich den gnostischen Emanationen)." Auch dieses "Symbol ... wäre für die freimaurerische Ökumene geeignet". - Ob die Symbole nun tatsächlich mit den aus ihrer freimaurerischen Deutung sich ergebenden Absichten auf die neuen lateinischen Bücher gesetzt wurden oder nicht, ist gar nicht entscheidend. Im Hinblick auf die heutige Gesamtsituation genügt es, daß sie eine solche Deutung keinesfalls ausschließen lassen. Daher wird auch niemand beweisen können, es sei den Verantwortlichen, wer immer sie seien, ein derartiger Zusammenhang unmöglich zuzusinnen.»

Die deutschen Lektionare haben inzwischen aufgrund der Revision der «Einheitsübersetzung» eine Neugestaltung erfahren; die neue Titelsymbolik, ein seltsam verschachteltes Kreuz, ist auch jetzt nichts weniger als eindeutig christlich. Fazit: Die Geheimen Oberen haben es nach dem Konzil fertiggebracht, ihr Programm, die Schaffung der Welteinheitsreligion, verschlüsselt, aber offen sichtbar auf die liturgischen Bücher der katholischen Kirche zu drucken, ohne daß die zuständigen Oberhirten dagegen Einspruch erhoben oder wenigstens nach Waldsteins Aufdekkung und lautstarker Anprangerung dieses Skandals für Abhilfe gesorgt hätten! Der Salzburger Erzbischof und österreichische Primas Dr. Karl Berg, den Waldstein in ausführlichen Briefen u.a. auf die freimaurerische Symbolik der liturgischen Bücher hingewiesen hatte, ging in seinen distanzierten und abwiegelnden Antwortschreiben mit keiner Silbe auf dieses Thema ein!

Es ist übrigens nicht so, als ob das vor allem im B'nai B'rith organisierte weltmachtszionistische Judentum sich nicht auch selber an der Zerstörung der katholischen Liturgie beteiligt hätte. Als der jüdische Friedensnobelpreisträger (Man sollte übrigens wissen, daß immer ein Vertreter des Nobelpreiskomitees in der Schatten-Weltregierung vertreten ist, um zu erfahren, wen die geheimen Oberen für diese Ehrung auserkoren haben; 1984 z.b. gehörte John C. Sanness, der Direktor des Nobel-Preis-Komitees persönlich, der Trilateral Commission an!) und Vorsitzende des «Rates der "Holocaust-Gedenkstätte" in den USA» *Elie Wiesel* kürzlich in einem «Stern»-Interview (Nr. 40/1989) gefragt wurde: «Ist es nicht der Papst, der mehr für die Versöhnung von Juden und Katholiken getan hat als alle seine Vorgänger?», antwortete er: «O nein, dieses Lob gebührt Johannes XXIII.. Er war eine herausragende Persönlichkeit, die nicht nur in die christliche, sondern auch in die jüdische Geschichte als Wohltäter unseres Volkes eingehen wird.» Man darf annehmen, daß Johannes XXIII., wäre er nicht so früh verstorben, ebenso wie Kardinal König die B'nai B'rith-Goldmedaille bekommen hätte. Leider wurde Wiesel nicht konkret. Ganz gewiß dachte er aber an das von Johannes XXIII. einberufene Konzil, das der Sache des antichristlichen Weltmachtszionismus unschätzbare Dienste geleistet hat. Und vielleicht dachte er auch daran, daß es Johannes XXIII. war, der den Anfang damit machte, die jüdische Religion als etwas heute noch Gottgewolltes hinzustellen. Im traditionellen *Weihegebet* an Christus den König, dessen lateinischer Original-Wortlaut seinerzeit in Rom anläßlich der Einführung des Christkönigsfests 1925 erstellt, in alle möglichen Sprachen übersetzt und in alle Diözesangebetbücher aufgenommen worden war, weil er zur Festliturgie gehörte, stand ursprünglich ein Passus folgenden Wortlauts: «Sei du der König aller, die im Dunkel des Heidentums oder des Islams befangen sind. Entreiße sie der Finsternis und führe sie zum Lichte deines Reiches. Blicke endlich voll Erbarmen auf die Kinder des Volkes, das so lange das auserwählte war. Das Blut, das einst auf sie herabgerufen wurde, möge jetzt als Quell der Erlösung und des Lebens auch auf sie überströmen.» Diesen ganzen Abschnitt, in dem also u.a. ausdrücklich festgehalten wurde, daß die Juden seit ihrer Verwerfung des wahren Messias Jesus Christus *nicht mehr das auserwählte Volk sind*, befahl Johannes XXIII. zu tilgen. Spätere Auflagen der gleichen Diözesangesangbücher etc., in denen früher das unverkürzte Gebet gestanden hatte, trugen dieser Anordnung Rechnung und strichen gehorsam die anstößigen Sätze weg, wodurch auf den entsprechenden Seiten eine nur schlecht zu kaschierende Textlücke entstand.

Dieser Sieg der zionistischen Geheimen Oberen wurde unter Paul VI. vervollständigt. Im traditionellen tridentinischen Meßbuch wurde die achte der «Großen Fürbitten» der Karfreitagsliturgie «für die Bekehrung der Juden» verrichtet und hatte folgenden Wortlaut: «Laßt uns auch beten für die ungläubigen Juden: Gott, unser

Herr, möge den Schleier von ihren Herzen wegnehmen, auf daß auch sie unsern Herrn Jesus Christus erkennen. ... Allmächtiger ewiger Gott, du schließest sogar die ungläubigen Juden von deiner Erbarmung nicht aus, erhöre unsre Gebete, die wir ob der Verblendung jenes Volkes vor dich bringen: mögen sie das Licht deiner Wahrheit, das Christus ist, erkennen und ihrer Finsternis entrissen werden. Durch ihn, unseren Herrn Jesus Christus ...» Wer zweifelt daran, daß dieser Gebetstext ein gewaltiger Dorn im Auge der zionistischen Konstrukteure einer einzigen künftigen Weltreligion war, zu deren zentralen Dogmen die «Auserwähltheit» des jüdischen Volkes zählen wird? Im Rahmen seiner Revision des tridentinischen Missales von 1962 ließ Papst Johannes XXIII. diesen Text nahezu unangetastet; was indessen gestrichen wurde, war das im ursprünglichen Text zweimal auf die Juden bezogene Wort «ungläubig» - eine kleine aber bezeichnende Geste! Es war nun leider, wenn man den Jesuiten Rahner und Vorgrimler (a.a.O. S. 351) folgt, nicht etwa Tugend, sondern bloße taktische Rücksicht, die Johannes XXIII. im Jahr 1962 noch auf eine weitergehende Abänderung der Karfreitagsfürbitten verzichten ließ: «Tatsache ist, daß bis zu diesem Konzil der unmenschliche und unchristliche Antisemitismus auch aus vielen Bestandteilen der katholischen Liturgie, Katechese und Predigt immer neue Nahrung erhielt. Johannes XXIII. war entschlossen, dem ein Ende zu machen, was jedoch mit nur administrativen Maßnahmen (Säuberung der liturgischen Bücher) angesichts der Hartnäckigkeit unterschwelliger Komplexe und Aggressionstriebe nicht möglich war.»

Davon, daß die zuletzt eingeschobene, plump psychologisierende Unterstellung der beiden Theologen nur ihre blamable Ahnungslosigkeit (oder etwa Komplizenschaft mit dem One-World-Zionismus?) bezeugt, sei hier abgesehen. Papst Paul VI., ein nicht geringerer Wohltäter des «jüdischen Volkes», den Elie Wiesel aber im oben angeführten Interview zu nennen vergaß, sorgte jedenfalls für die Vollstreckung dessen, was seinem Vorgänger zu tun nicht mehr vergönnt gewesen war. Im von ihm verantworteten Übergangsmeßbuch von 1965 fand sich eine gänzlich neue Formulierung der achten Großen Fürbitte des Karfreitags, mit der nun nicht mehr «für *die Bekehrung* der Juden», sondern nur noch «für die Juden» gebetet wurde und die man nur mit dem ursprünglichen Text zu vergleichen braucht, um die erheblichen Abschwächungen zu erkennen: «Lasset uns auch beten für die Juden. Unser Gott und Herr lasse über sie leuchten sein Angesicht, damit auch sie erkennen den Erlöser aller Menschen, unseren Herrn Jesus Christus. ... Allmächtiger ewiger Gott, dem Abraham und seiner Nachkommenschaft hast du deine Verheißungen gegeben; erhöre in Güte die Bitten deiner Kirche; und jenes Volk, das du in alter Zeit angenommen als eigen, laß gelangen zur Fülle des Heils: Durch unsern Herrn ...» Wie man unschwer feststellt, fehlt in diesem neuen Text jede Andeutung der Verblendung und des Unglaubens der Juden. Aber das war den Söhnen des Bundes immer noch nicht genug. Paul VI. brachte die von seinem Vorgänger unter Anwendung der Salamitaktik begonnene und von ihm im selben Stil fortgeführte Perversion der ehemaligen Karfreitagsfürbitte für die ungläubigen Juden 1969 zum (vorläufigen) Abschluß: er akzeptierte den nochmals neugefaßten Text seines Liturgiereformers, des erleuchteten Logenbruders Bugnini, der seitdem in der erneuerten Karfreitagsliturgie vorgeschrieben ist; dort wird - nunmehr an sechster Stelle - folgendes Gebet verrichtet: «Laßt uns auch beten für die Juden, zu denen Gott, unser Herr, zuerst gesprochen hat: Er bewahre sie in der Treue zu seinem Bund und in der Liebe zu seinem Namen, damit sie das Ziel erreichen, zu dem sein Ratschluß sie führen will.» Was Bugnini sich bei diesem letzten Satzteil gedacht haben mag, wissen wir nicht; vielleicht hatte er das «große Ziel» der geheimen Oberen vor Augen ... Vom katholischen Glauben her beinhaltet der Text einen radikalen Widerspruch und eine Häresie. Da der alte Bund seit dem Kreuzestod Christi und dem gleichzeitigen Zerreißen des Tempelvorhangs nicht mehr existiert, kann Gott die Juden, die den Neuen Bund ablehnen, unmöglich in der Treue zum Alten, aufgehobenen Bund erhalten! Ebensowenig können sie in ihrem ungültigen «Alten Bund» jemals das Ziel erlangen, zu dem er sie nicht anders als alle Menschen der Erde führen will, das aber nur im *Neuen Bund* überhaupt erreichbar ist: die Rechtfertigung im Blut Jesu Christi und die ewige Seligkeit aufgrund der je-persönlichen Aneignung der Verdienste Christi in der und durch die neutestamentliche Kirche. Diese unverrückbaren Wahrheiten haben Paul VI. nicht davon abhalten können, den skandalösen und blasphemischen Text zu approbieren und damit fortzuführen, was sein Vorgänger begonnen hatte: eine schleichende Judaisierung des katholischen Glaubens, der katholischen Liturgie und damit der katholischen Kirche überhaupt.

Daß gerade auch der reformierte Meßritus als solcher dem Haß der Synagoge Satans gegen den dreifaltigen Gott in wahrhaft bestürzender Weise nachgibt, hat Gabriel Petöcz kürzlich («Das Zeichen Mariens» Nr. 4/August 1989, S. 7283) ausgezeichnet herausgestellt: «Was sollen wir von einer Liturgie halten, aus der vor allem das zentrale Glaubensgheimnis von der Allerheiligsten Dreifaltigkeit systematisch ausgemerzt wurde, und zwar in Wort und Geste, wie es ein einfacher Vergleich mit der traditionellen Römischen Liturgie klar zeigt? ... Opfergebete, in denen sich der Priester nicht allein an den Vater, sondern an die Allerheiligste Dreifaltigkeit wendet mit der Bitte um Annahme des Opfers, fehlen gänzlich; bisher waren es zwei (Opferung und Schluß der Messe). Die kleine Doxologie an die Allerheiligste Dreifaltigkeit, das "Gloria Patri", ist aus den Meßgebeten verschwunden; bisher an drei Stellen (Stufengebet, Introitus, Lavabo). Der trinitarische Schluß der Meßgebete (Kirchengebet, Stillgebet, Schlußgebet, Embolismus und Kommuniongebete) entfiel bis auf eine Ausnahme: er blieb nur beim Kirchengebet (Tagesgebet) erhalten. Die große Doxologie, das "Gloria", wurde im Gebrauch stark eingeschränkt - es entfällt nahezu an allen Heiligenfesten und an bedeutenden Marienfeiertagen ... Der im lateinischen Text noch enthaltene trinitarische Schluß, richtig übersetzt mit "Jesus Christus, mit dem Heiligen Geiste, in der Herrlichkeit Gottes des Vaters", ging im deutschen Text durch Abänderung in "... zur Ehre Gottes des Vaters" verloren. Das Credo der Messe, das klar die Gottheit des Vaters und des Sohnes und des Heiligen Geistes verkündet, wurde im Gebrauch ebenfalls stark eingeschränkt. Es ist nur mehr für Sonntage und Hochfeste vorgesehen ...

Die Präfation von der Allerheiligsten Dreifaltigkeit wurde im traditionellen Ritus an allen Sonntagen des Jahres, ausgenommen einige Sonntage mit Eigenpräfationen gebetet. Im neuen Ordo ist diese Präfation nur mehr einmal im Jahr, am Fest selbst, vorgesehen. Im neuen Gebet- und Gesangbuch für den deutschen Sprachraum, "Gotteslob", findet sich keine einzige Andacht zur Allerheiligsten Dreifaltigkeit und im einzigen Lied, das unter der Bezeichnung "Dreifaltigkeit" aufscheint, im Lied Nr. 830 "Herr, ich glaube, Herr, ich hoffe ..." im Österreichanhang, wurde in Strophe 3 ausgerechnet die einzige klare trinitarische Aussage "Einen Gott in drei Personen, welche in dem Lichte wohnen, gleich in Wesen, Macht und Stärke" durch Textänderung *eliminiert*. ... Das Zeichen des hl. Kreuzes, das ja stets im Namen des Vaters und des Sohnes und des Heiligen Geistes ausgeführt wird, auch wenn diese Worte nicht ausgesprochen werden, fehlt in der neuen Liturgie fast vollständig: statt 33 Kreuzzeichen des Priesters in den Opfer- und Kommuniongebeten der hl. Messe nur mehr eines - kein Kreuz mehr auf den Deckeln der (deutschen) Meßbücher und Lektionare - kein Kreuzbild am Beginn des Kanons - kaum mehr ein Kreuz auf Meßkleidern und Stolen - kein Kreuz über dem "Volksaltar", höchstens liegend, klein und unscheinbar. Ein Beispiel aus den Sakramenten: die 3 Kreuzzeichen bei der Taufspendung entfielen gänzlich. ... Es darf nicht versäumt werden, darauf hinzuweisen, daß es sich bei der angeführten Eigenart der neuen Liturgie keineswegs um einen protestantisierenden Zug handelt, wie dies gewöhnlich für liturgische Neuerungen heute pauschal angenommen wird, sondern viel eher um eine judaisierende Tendenz.» Dem ist eigentlich nichts mehr hinzuzufügen.

Ein Papst für das «Neue Zeitalter»

In der bisherigen Darstellung des fast vollständigen Siegs der Synagoge Satans über die katholische Kirche wurde die Amtsführung des gegenwärtigen Papstes völlig ausgeklammert. Indessen führt kein Weg daran vorbei, auch und gerade *seine* Worte und Taten als oberster Hirt und Lehrer der Gläubigen vor dem Hintergrund der geheimen antichristlichen Machtergreifung zu betrachten. Die Frage ist ja zumindest für Katholiken unausweichlich: Wo steht im heutigen Entscheidungskampf zwischen der wahren Kirche Jesu Christi und der satanischen Gegenkirche Johannes Paul II.? Sucht er den verderblichen, geradewegs in den todbringenden Strudel der antichristlichen «Diktatur und Religion der Humanität» führenden Kurs des «Schiffleins Petri» zu korrigieren, das Steuer wieder herumzuwerfen? Sieht er dem drohenden Untergang des von einer meuternden und zum Feind übergelaufenen (und darin von der Mehrzahl der ahnungslosen Passagiere noch bestärkten) Mannschaft navigierten Schiffs in hilfloser Ohnmacht entgegen? Oder ist er gar selber für das scharenweise Überlaufen von Gläubigen, Priestern und Bischöfen ins Lager des Gegners verantwortlich, feuert unablässig dazu an, ja hat diesen Schritt persönlich längst vollzogen? Alle drei Deutungen werden ja zur Zeit von verschiedenen Seiten vertreten. Eine schlichte Zurkenntnisnahme der teils öffentlich bekannten, teils geheimen, aber im folgenden ans Licht gebrachten Fakten - natürlich unter Voraussetzung alles in den drei Bänden dieser Reihe bisher

Festgestellten - wird klar erweisen, daß nur die dritte Deutung dem Wirken des Papstes wirklich gerecht zu werden vermag. Wenden wir uns also nun den Tatsachen zu.

Eine - auf den ersten Blick zweifellos befremdliche - Tatsache ist es zum Beispiel, daß der nach eigener Auffassung katholische Autor Günther Schiwy im offiziell als katholisch geltenden Münchener Kösel-Verlag vor nicht allzu langer Zeit ein Buch (s.o.) publiziert hat, in dem er die These aufstellt und zu untermauern versucht, aufgrund wichtiger Aussagen in der Enzyklika Papst Johannes Pauls II. «Dominum et vivificantem» seien (katholisches) Christentum und New-Age-Spiritualität als miteinander vereinbar zu betrachten. Wörtlich schreibt Schiwy (1987, S. 22): «Auch in der offiziellen katholischen Kirche ist der Geist des "Neuen Zeitalters" zu spüren, wie die Enzyklika des Papstes Johannes Paul II. "Über den Heiligen Geist im Leben der Kirche und der Welt" vom 18. Mai 1986 zeigt ...» Zitiert wird dann aus dem genannten päpstlichen Rundschreiben jene Stelle, an der von der «Hoffnung» die Rede ist, im Heiligen Geist «das Geheimnis der Liebe und die Kraft zu einer "Neuen Schöpfung" (vgl. Röm 8, 22; Gal 6, 15) zu finden: Ja, es geht genau um denjenigen, *der das Leben schenkt*. Zu einer solchen Sendung, nämlich den Heiligen Geist zu verkünden, weiß sich die Kirche berufen, während sie sich zusammen mit der Menschheitsfamilie dem *Ende des zweiten Jahrtausends nach Christus* nähert.» Die Hervorhebungen in diesem Zitat stammen von Schiwy und markieren jene Textteile, die ihm eine besondere Nähe zur New-Age-Ideologie zum Ausdruck zu bringen scheinen.

Tatsächlich ist das Ende des zweiten Jahrtausends nach Christus für die Kirche kein besonderes Datum: sie begeht die Geburt Christi schon alljährlich zu Weihnachten mit größter Feierlichkeit, der sie auch zum 2000sten Geburtstag Christi nichts Wesentliches mehr hinzufügen könnte. Aber für die Vertreter der freimaurerisch-okkulten New-Age-Bewegung ist die Periode des Christentums genau nach zweitausend Jahren an ihrem Ende angelangt, weil nunmehr die Periode des «Wassermanns» anbricht. Zugleich reden die New-Age-Anhänger von einem «Geist des Neuen Zeitalters», der sich nun breitzumachen beginne. Ausgesprochen seltsam wirkt es also schon, wenn Johannes Paul II. just in einem solchen geistigen Umfeld statt des *dreifaltigen Gottes für alle Erdenzeit* den «Heiligen Geist» für den Beginn des dritten Jahrtausends verkündet. Ein besonderes Zeitalter des Heiligen Geistes haben schon andere im Lauf der Kirchengeschichte anzukündigen versucht, was ihnen aber, wie dem Abt Joachim von Fiore und den «Spiritualen», nur eine Verurteilung durch das oberste kirchliche Lehramt eintrug, weil ihre These mit dem katholischen Glauben nicht zu vereinbaren war. Nach katholischer Lehre hat nämlich die Zeit des Heiligen Geistes mit dem Pfingstgeschehen in Jerusalem am zehnten Tag nach der Himmelfahrt Christi begonnen, und sie wird ohne eine etwa noch ausstehende Steigerung bis zum Ende der Welt dauern. Irgendeine zusätzliche zeitliche Zäsur zu setzen, ab der nochmals ein besonderes Zeitalter des Heiligen Geistes beginnen würde, widéspricht also der göttlichen Offenbarung und damit auch dem katholischen Glauben. Aber es paßt heute genau in die nicht ohne diabolische Einflüsse zu erklärende New-Age-Ideologie. Vergessen wir überdies nicht, daß auch die CoM-Illuminaten für ihre kommende «Stadt des Menschen» den «Heiligen Geist» zu vereinnahmen suchen. Ganz abwegig ist Schiwys den Papst kompromittierende These also nicht, zumal bei Johannes Paul II. auch noch im selben Zusammenhang von der ganzen «Menschheitsfamilie» gesprochen wird, die gleicherweise den von den Geheimen Oberen gesteuerten New-Age-Ideologen als künftiges Einheitsideal vorschwebt.

An anderer Stelle (S. 43) führt Schiwy folgende Aussagen aus der Enzyklika ins Feld: «Die Menschwerdung des Gottessohnes bedeutet nicht nur die Aufnahme der menschlichen Natur in die Einheit mit Gott, sondern gewissermaßen *alles dessen, was "Fleisch" ist:* der ganzen Menschheit, der ganzen sichtbaren und materiellen Welt. Die Menschwerdung hat also auch ihre kosmische Bedeutung und Dimension. Indem der "Erstgeborene der ganzen Schöpfung" (Kol 1, 15) in diesem individuellen Menschen Christus Fleisch annimmt, vereinigt er sich gleichsam mit der ganzen Wirklichkeit des Menschen, der auch "Fleisch" ist (vgl. zum Beispiel Gen 9, 11; Dtn 5, 26; Ijob 34, 15; Jes 40, 6; 52, 10; Ps 145, 21; Lk 3, 6; Petr 1, 24), und dadurch mit allem "Fleisch", mit der ganzen Schöpfung.» Ähnliche Worte haben wir oben von Teilhard de Chardin gehört, an dessen Logenmitgliedschaft nochmals erinnert sei. Man muß sich angesichts dieser päpstlichen These jedoch fragen, welche Art von Vereinigung zwischen Gott und der ganzen Schöpfung denn da stattgefunden haben soll. Die Schöpfung als Natur kann mit Gott, der unendlich hoch über aller geschaffenen Natur steht, nur vereinigt werden, wenn Gott ihr zuvor die *übernatürliche* heiligmachende Gnade eingießt. Dieser Gnadeneingießung sind aber, weil die heiligmachende Gnade zugleich die persönliche übernatürliche Gottesliebe bzw. die andauernde Befähigung zu dieser Liebe darstellt, nur geschaffene *Personen* fähig, Engel und Menschen. Die unvernünftige Schöpfung kann darum gar nicht mit Gott vereinigt werden, auch nicht durch seine Menschwerdung.

Aber selbst die «Menschheit» wird nach katholischem Glauben keineswegs durch Gottes Menschwerdung, sondern erst durch die vom menschgewordenen Gottessohn gewirkte *Erlösung am Kreuz* mit Gott vereinigt. Und selbst das geschieht nicht automatisch; vielmehr muß sich jeder Mensch erst noch *persönlich mit Gott vereinigen*, der ihm die Erlösungsgnade und damit die Vereinigung mit sich nur anbietet, ihm aber die *freie Entscheidung* läßt, das Angebot anzunehmen oder auszuschlagen. Wer sich nicht dem mystischen Leib Christi, seiner allein wahren katholischen Kirche, eingliedert, indem er glaubt und sich taufen läßt sowie einen christlichen Lebenswandel bis zum Tod führt, der schlägt Gottes Angebot aus. Er wird in Ewigkeit nicht mit Gott vereinigt werden, sondern in der ewigen unabänderlichen Trennung von Gott die Qualen der Hölle erleiden. Das alles lehrt der katholische Glaube, den alle Päpste vor Johannes Paul II. mit ihrer ganzen gottgegebenen Autorität und Vollmacht vertreten und eingeschärft haben. Aber Johannes Paul II. lehrt - in faktischer Übereinstimmung mit der freimaurerischen New-Age-Ideologie - die automatische und totale Vereinigung der ganzen Menschheit mit «Gott» (unter dem die Jünger des Neuen Zeitalters genauso wie die Logenbrüder alles mögliche verstehen!) und *mit sich selbst*. Dabei kann jedoch auch diese schon vom zweiten Vatikanum (s.o.) beschworene «Einheit der Menschheitsfamilie» immer nur eine rein *natürliche* sein, während auf der ungleich wichtigeren *übernatürlichen* Ebene eine absolut unüberwindliche Kluft gähnt, die die ganze Menschheit durchzieht. Nicht in dem Sinn, daß kein Mensch diese Kluft von der einen oder anderen Seite aus überwinden könnte, solange er noch lebt, wohl aber in dem Sinn, daß jene, die am Ende ihres irdischen Lebens auf der einen Seite stehen, das ewige Leben, die auf der anderen Seite dann jedoch die ewige Strafe erhalten werden. Und da die Ewigkeit niemals endet, wird im Jenseits niemals eine «Einheit der Menschheitsfamilie» existieren. Und weil Gott die Zahl der Geretteten wie der Verworfenen jetzt schon kennt, existiert diese Einheit auch jetzt nicht, hat sie seit Anbeginn der Welt niemals existiert.

Diese klare katholische Wahrheit hat Kardinal John Henry Newman wunderbar in einer seiner berühmten Predigten entfaltet: «So sehr alle Menschen einander ähnlich sehen, und so unmöglich wir sagen könnten, wie es mit einem jeden in Gottes Augen bestellt ist: es gibt zwei verschiedene und nur diese beiden Menschenklassen. Sie sind in ihren Grundrichtungen, sowohl was ihren inneren Zustand wie ihr äußeres Los betrifft, so weit voneinander verschieden wie Licht und Finsternis. Das gilt selbst von denen, die noch im Fleisch wandeln, weit mehr noch von denen, die bereits in die unsichtbare Welt hinübergegangen sind. Wahrlich, kein Gedanke kann so überwältigen wie der, daß alle, die leben und je gelebt haben, für ein endloses Heil oder Unheil bestimmt sind. Der Gedanke ist fast zu gewaltig, als daß wir ihn fassen könnten. Es übersteigt gewiß unsere Vorstellungskraft, daß alle, die nun als Bekannte, Freunde, Kameraden, Nachbarn zusammenleben, die einander nahestehen und sich vertraut sind, die in steter Wechselwirkung von Geist zu Geist, von Wille zu Wille, von Tat zu Tat in einem allgemeinen Austausch begriffen sind - bei all dem durch einen abgrundtiefen, unsichtbaren Gegensatz voneinander getrennt sind, der sie in zwei Gruppen scheidet - durch einen Abgrund, der gottlob noch überbrückbar ist, solange wir hienieden leben, bis wir in die jenseitige Welt eintreten, durch einen wirklichen Abgrund jedoch, so daß ein jeder, den wir sehen, vor Gottes untrüglichem Auge entweder auf dieser oder jener Seite steht und in dem Augenblick, da er durch Gottes Ratschluß plötzlich von diesem Schauplatz abgerufen wird, sich allsogleich in dem Zustand des Segens oder der Qual findet. Gerade dies sagt unser Herr vom Gerichtstag: "Von zweien, die da auf dem Felde sind, wird der eine aufgenommen, der andere bleibt zurück; von zwei Frauen, die an der Mühle mahlen, wird die eine aufgenommen, die andere bleibt zurück" (Mt 24, 40f.).» (Kardinal John Henry Newman, Christliches Reifen. Texte zu religiöser Lebensgestaltung. Gesammelt, eingeleitet und übersetzt von Otto Karrer, 2. Aufl. Einsiedeln - Köln 1954, S. 28f)

Eine automatische oder eine allgemeine Vereinigung der Menschen mit Gott und untereinander gibt es also nicht und kann es auch nach der Menschwerdung Christi nicht geben, selbst wenn Johannes Paul II. sie behauptet. Man muß Schiwy wohl oder übel zugestehen, daß aus den von ihm angeführten Sätzen der Enzyklika tatsächlich der «Geist des Neuen Zeitalters» spricht, der allerdings mit dem «Heiligen Geist» in keiner Weise verwechselt werden darf. «Abschließend», sagt Schiwy (1987, S. 43), «unterstreicht Papst Johannes Paul II., was die ganze Enzyklika durchzieht: Die Kirche erwartet ein neues Zeitalter, das Zeitalter des Geistes, in dem in besonderer Weise diese intensive Einheit Gottes mit der Natur das Bewußtsein der Menschen ergreift zur Rettung beider: "All dies vollzieht sich durch das Wirken des Heiligen Geistes und gehört darum auch zum Inhalt des zukünftigen großen Jubiläums. Die Kirche kann sich darauf in keiner anderen Weise als *im Heiligen Geist* vorbereiten. Was "in der Fülle der Zeit" (zur Zeit der Menschwerdung des Sohnes Gottes in Jesus Christus, vgl. Mk 1, 15) durch das Wirken des Heiligen Geistes geschah, kann heute nur durch sein Wirken im Gedächtnis der Kirche neu erwachen. Durch sein Wirken kann all dies Gegenwart werden in der neuen Phase der Geschichte des Menschen auf dieser Erde: im Jahr 2000 nach Christi Geburt."»

In wirklich auffälliger Weise wird hier erneut die New-Age-Jahreszahl 2000 beschworen und behauptet, genau mit ihr beginne - im Heiligen Geist - eine «neue Phase» der Geschichte «des Menschen» auf der Erde. Der katholische Glaube bietet überhaupt keine Grundlage für diese Behauptung. Ihm geht es auch nicht um die Geschichte «des» Menschen, sondern um das ewige Heil *jeder einzelnen Menschenseele*. Die Geschichte «des» Menschen ist völlig belanglos; was vor Gott zählt und was jeden einzelnen Menschen elementar angeht, das ist seine eigene, von ihm persönlich zu verantwortende Lebensgeschichte, die ein für allemal das Fundament legt für eine ewige Seligkeit im Himmel oder eine ewige Qual in der Hölle. Diese individuelle Lebensgeschichte beginnt mit der individuellen Geburt jedes einzelnen Menschenkinds wieder «*neu*» und *einzigartig*, während eine «neue Phase» in der Geschichte «des» Menschen auf übernatürlicher Ebene - die allein hier interessieren kann, denn für anderes ist der Papst gar nicht zuständig - nicht mehr zu erwarten steht, es sei denn, man betrachtete (und das nun freilich zu Recht) das allgemeine Ende der irdischen Menschheitsgeschichte und den allgemeinen Beginn der Ewigkeit am Jüngsten Tag als die «neue Phase». Wann *sie* beginnen wird, hat Gott uns indessen nicht geoffenbart, vielmehr bekräftigt, kein Mensch und kein Engel kenne den Tag und die Stunde. Was Johannes Paul II. also als «neue Phase» der Menschheitsgeschichte für das Jahr 2000 erwartet, mag mit den Erwartungen der New-Age-Jünger harmonieren, läßt sich aber aus dem katholischen Glauben weder begründen noch mit ihm vereinbaren.

Etwas Neueres als die Erlösung durch Jesus Christus und die Zeit des *Neuen Bundes*, die mit dem Weltgericht enden wird, kann es gar nicht mehr geben. Großartig hat Rudolf Graber, damals Theologe, später Bischof von Regensburg, im Jahr 1941, zur Zeit, als in den Augen der Nationalsozialisten mit ihrem «Dritten Reich» etwas angeblich ganz Neues seinen Anfang genommen hatte, herausgestellt, daß die «Neuheit des Christentums» nicht mehr zu überbieten ist, weder außer- noch innerchristlich. Auch Grabers Überlegungen gingen von der mit Christus gekommenen «Fülle der Zeit» aus: «Und nun ist Fülle der Zeit, und weil es darüber hinaus nichts Größeres und Vollkommeneres geben kann, darum ist mit Christus die letzte Zeit angebrochen, mag sie nach außen hin noch Jahrtausende zählen. Von innen, von Gott her gesehen, sind die Zeiten abgeschlossen, sie können nichts wesentlich Neues mehr bringen, das für die Heilsgeschichte von Bedeutung ist, sie können höchstens Christus ausstrahlen und die Quellen des Heils bis in die fernsten Winkel der Erde fließen lassen, aber das alles ist nichts Neues mehr, sondern nur Entfaltung jener Zeitenfülle, die eingeleitet wird mit dem ersten Kommen des Herrn in der Niedrigkeit und beschlossen wird mit seinem zweiten Kommen in Macht und Herrlichkeit auf den Wolken des Himmels (Matth 26, 64); zwischen beiden aber liegt nur "eine kleine Weile" (Joh 16, 16), während der nur törichte Jungfrauen weggehen, um Öl für die Lampen zu kaufen (Matth 25, 70). So ist also mit Christus die Endzeit gekommen ..., von der Joel und später Petrus sagen, daß der Geist ausgegossen wird über alles Fleisch (2, 28; Apg 2, 16ff). Und dessen sind sich auch die Apostel bewußt: "Wir, die wir die Vollendung der Zeiten erleben", heißt es im 1. Korintherbrief (10, 11) und im Hebräerbrief ist die Rede von den "letzten Tagen" (1, 2), in denen Gott gesprochen hat durch seinen Sohn, der "in der Endzeit erschien" (9, 26; 1 Petr 1, 20).» (Rudolf Graber, Siehe, ich mache alles neu. Lesungen über die Neuheit des Christentums, Würzburg 1941, S. 90f)

In der *neuen Zeit* leben wir also schon längst, und mit der Proklamation des «New Age» durch seine verblendeten Anhänger dokumentiert der Teufel erneut, daß er Gott nur nachzuäffen vermag. Das Jahr 2000, von dem niemand mit Sicherheit wissen kann, ob es überhaupt noch anbrechen und verfließen wird, ist jedenfalls für uns Katholiken ein ganz gewöhnliches Jahr, das wir, wie jedes andere auch, mit Werken zur Verherrlichung Gottes und zu unserer eigenen Heiligung ausfüllen sollen. Wenn Papst Johannes Paul II. an einer dritten Stelle seiner Enzyklika erneut vom «großen Jubiläum des Jahres 2000» spricht, das «eine Botschaft der Befreiung durch das Wirken des Geistes enthalte», so ist das für Katholiken nicht nachvollziehbar, wird aber zu Recht von Schiwy als New-Age-konforme Aussage zitiert (1987, S. 107). Ersparen wir uns die Wiedergabe weiterer New-Age-verdächtiger Stellen aus Johannes Pauls II. Rundschreiben von 1986, die Schiwy unglückseligerweise zum objektiv absurden Resümee seines Buchs verleitet haben: «Der Geist des Neuen Zeitalters ist der Geist Gottes. Das läßt uns hoffen und fordert uns auf, an der "sanften Verschwörung" mitzuwirken.» (S. 109)

Ökumene über alles

Nicht bloß zur von der spiritualistischen Freimaurerei im Dienst der Geheimen Oberen, ja des Satans selbst zusammengebrauten New-Age-Ideologie existieren verblüffende Parallelen in den öffentlichen Äußerungen des Papstes, die übrigens auch seit dem Erscheinen von Schiwys Buch nie dementiert wurden. Am von derselben Logenabteilung eingefädelten und durchgezogenen Prozeß des *innerchristlichen* Ökumenismus, dessen größte Leistung die Gründung und die Machenschaften des Genfer Ökumenischen Rates der Kirchen (ÖRK) waren und sind (s.o.), ist Johannes Paul II. gleichfalls mit großem Engagement beteiligt. In seinem

Pontifikat nimmt der innerchristliche Ökumenismus einen so breiten Raum ein, daß hier nur auf ein paar besonders interessante Aspekte aufmerksam gemacht werden kann.

Die ökumenische *Mönchsgemeinschaft von Taizé*, die durch die von ihr veranstalteten internationalen ökumenischen Jugendtreffen einen nicht zu unterschätzenden Einfluß auf junge Katholiken und Christen anderer Konfessionen ausübt, wurde bekanntlich von *Roger Schutz* gegründet, der auch bis heute ihr Prior ist. Schutz wurde zu wiederholten Malen von Paul VI. und Johannes Paul II. in Privataudienz empfangen. Als führender Kopf der ganzen Bewegung vertritt er erklärtermaßen einen *Ökumenismus ohne Wahrheit*: die Christen aller Konfessionen sollen sich seiner Meinung nach - und er exerziert das in Taizé vor - zusammenfinden, ohne sich um die fortbestehenden Glaubensunterschiede zu kümmern; die kann man ausklammern, wenn man nur die Liebe übt. Die Nähe dieser Position zur freimaurerischen «Toleranz»idee springt in die Augen. Es liegt auch auf der Hand, daß Schutz für die geplante Welteinheitsreligion des «Humanismus» wertvolle Vorarbeit leistet, weil er Mitmenschlichkeit dogmatischen Streitigkeiten überordnet, die unteilbare Offenbarungswahrheit Gottes also zugunsten der Humanität an den Rand drängt. Was Wunder, daß die freimaurerische UNESCO, deren erklärtes Ziel - wir erinnern uns - die «Erziehung» der Menschen aller Nationen zur *weltweiten Einheit* ist, Roger Schutz in Anbetracht seiner unzweifelhaften Verdienste für die antichristliche, endzeitliche Einheitswelt und -religion (zusätzlich zum Friedensnobelpreis, den er schon früher erhielt!) mit ihrem international beachteten Friedenspreis 1988 auszeichnete! Ende 1989, anläßlich des 12. europäischen Jugendtreffens (Breslau), des ersten Taizé-Treffens im nunmehr angeblich vom Kommunismus befreiten Ostblock, schickte sogar UNO-Generalsekretär Javier Perez de Cuellar eine Grußadresse, «würdigte» darin «das Bemühen der Taizé-Gemeinschaft und bezeichnete deren Tun als auch "eine große Hilfe" für die Arbeit der UNO» (OR vom 12. 1. 90, S. 1), was man ihm gerne abnimmt! Bereits am 2. Juli 1985 hatte Roger Schutz demselben UN-Generalsekretär Perez de Cuellar «im Namen von Kindern und Jugendlichen einen Aufruf zur weltweiten Abrüstung und zur Schaffung einer Weltautorität» überreicht (Borowski 1985, S. 217)! Das alles hat den Papst aber nicht gehindert, vielmehr ermuntert, weiterhin mit Roger Schutz und seiner Bewegung lebhaften Kontakt zu pflegen. So meldete der OR vom 13. Januar 1989:

«Johannes Paul II. hat das Wirken der ökumenischen Gemeinschaft von Taizé für Versöhnung und Frieden unter den Völkern gewürdigt. In einem Telegramm an die Teilnehmer des 11. europäischen Taizé-Jugendtreffens in Paris ermutigte der Papst diese, in ihrem Einsatz für die Armen und ihrem Gebet mit Pfarrgemeinden und kirchlichen Bewegungen fortzufahren. Zu dem internationalen Treffen hatten sich 30 000 junge Menschen - darunter 8500 aus Osteuropa - vom 30. Dezember bis 4. Januar in der französischen Hauptstadt versammelt. ... 350 Pfarrgemeinden aller Konfessionen in und um Paris nahmen die Gäste, unter ihnen 7000 deutschsprachige Jugendliche, auf und teilten mit ihnen ihren Alltag als Christen in Frankreich. Zweimal am Tag versammelten sich die Teilnehmer in Notre Dame und in drei weiteren Kirchen im Stadtzentrum zum Gebet. Der Prior der Gemeinschaft von Taizé, Frère Roger Schütz (sic!), berichtete, daß an einem gleichartigen asiatischen Treffen in Madras/Indien vom 27. bis 31. Dezember 10 000 Jugendliche teilgenommen hätten.»

Die darauffolgende Nummer des OR vom 20. Januar 1989 brachte auf der Titelseite ein großes Foto Johannes Pauls II. mit Roger Schutz und anderen Mitgliedern der Mönchsgemeinschaft von Taizé. Offenbar von der mehrfachen päpstlichen Belobigung für die Aktivitäten von Schutz ermuntert, druckte die DT vom 8. August 89 eine großangelegte Lobpreisung Taizés aus der Feder von Theodor Herr ab. Darin hieß es unter anderem: «Von Anfang an arbeitet die Communauté (Gemeinschaft) für die Versöhnung der in Konfessionen aufgespaltenen Christen, wobei die Versöhnung unter den Christen nicht das Ziel an sich ist (!). Es geht vielmehr um die Versöhnung aller Menschen (!!), letztlich um die Kirche als Ort der Versöhnung für alle.» Mit anderen Worten, es geht um die Welteinheits«kirche» des Antichristen. Die katholische Kirche kann jedoch niemals Ort der «Versöhnung für alle» sein; ihr kann auf Dauer nur angehören, wer sich wahrhaft mit Gott und Christus versöhnt hat. Aber es geht in Taizé nicht einmal bloß um die Welteinheitsreligion, sondern auch um den Einen Weltstaat: «Die Kirche soll Ferment der Versöhnung sein, um so der Welt den ersehnten Frieden zu bringen ... Die Gemeinschaft der Brüder von Taizé versteht sich als ein Gleichnis, als Widerschein der endgültigen neuen Gemeinschaft in Christus, als Sauerteig. ... Taizé zeigt einen Weg, der unmittelbar zu den Menschen führt und der von den Menschen ausgeht. Eine friedlichere, gerechtere und versöhnte Welt ist schon jetzt möglich. Das ist die Botschaft von Taizé.» Schöne neue Welt! Und Taizé erfreut sich der ungeschmälerten, immer wieder öffentlich bekundeten Wertschätzung des Papstes. Er ließ es sich nicht nehmen, auch an das 12. europäische Jugendtreffen des Roger Schutz (vgl. OR v. 12. 1. 90, S. 1) eine aufmunternde Grußbotschaft zu richten.

Zu dieser Art von päpstlichem Ökumenismus paßt das folgende: Im Frühjahr 1989 hat Johannes Paul II. mehrere afrikanische Länder besucht; in der sambesischen Hauptstadt Lusaka wurde dabei eine ökumenische Begegnung mit Vertretern anderer christlicher Denominationen organisiert. Im Verlauf seiner Ansprache während dieser Begegnung sagte der Papst: «Wenn wir heute auch noch nicht in allen Fragen übereinstimmen können, so können und müssen wir doch alle Formen von Konkurrenzgeist und Rivalität vermeiden.» (OR vom 9. Juni 89, S. 11) Anders formuliert heißt das: die katholische Kirche betrachtet es als gleichgültig, ob jemand vom Heidentum zu irgendeiner Form des Protestantismus oder zur allein wahren und allein seligmachenden Kirche findet. Die Protestanten sollen getrost neben den Katholiken missionieren; sie dabei als Konkurrenten oder Rivalen zu betrachten, wäre bereits «unchristlich»! Wenn aber die Wahrheit die Irrtümer nicht mehr als ihre Rivalen betrachtet, sondern sich damit bescheidet, *gleichberechtigt* neben ihnen zu existieren, gibt sie sich selber *als Wahrheit* auf. Aus dem Mund eines Papstes hätte man eine Aussage wie die hier zitierte am wenigsten erwartet. Dem von den Logen unermüdlich vorangetriebenen Synkretismus leistet sie jedenfalls massiven Vorschub.

Mit mehrmonatiger Verspätung veröffentlichte der OR in seiner Ausgabe vom 8. September 89 (S. 10f) die Botschaft Johannes Pauls II. an Kardinal Carlo Maria Martini von Mailand, die dieser in seiner Eigenschaft als Vorsitzender des Rats der Europäischen Bischofskonferenzen im Mai 1989 auftragsgemäß vor der Europäischen Ökumenischen Versammlung (EÖV) für Gerechtigkeit, Frieden und Bewahrung der Schöpfung in Basel verlesen hatte. Daß diese Versammlung auf eine freimaurerische Initiative zurückgeht, haben wir oben schon gesehen. In der Botschaft des Papstes hieß es: «Der Rat der Europäischen Bischofskonferenzen (CCEE) und die Konferenz Europäischer Kirchen (KEK), die in Basel zu einer großen ökumenischen Versammlung zusammengekommen sind, wollen in einem spezifisch christlichen Engagement ihre Überlegungen den Themen des Friedens und der Gerechtigkeit und deren Förderung widmen. Ihre Arbeiten entfalten sich wie von der Vorsehung bestimmt in der Pfingstwoche, die an das Herabkommen des Heiligen Geistes auf die entstehende Kirche erinnert (!!!), an ihre Gründung als Kirche und ihre Sendung. Hierin sehe ich ein Zeichen für die Bedeutung dieser Versammlung. Sie vereinigt erstmals Christen Europas, die aus allen Himmelsrichtungen ... unter der Anregung dessen zusammengekommen sind, der gesandt wurde, um uns "in die ganze Wahrheit (zu) führen" (Joh 13, 16) und um uns "die Tiefen Gottes" (1 Kor 2, 10) zu offenbaren. Er allein kann in der Tat am Anfang eines solchen Schrittes stehen, er allein kann zugleich Quelle und Garant seines Erfolges sein. ... Darum kann die Versammlung von Basel nur im Gebet die gemeinsamen Bemühungen, die sich daraus entwickeln werden, ausreifen lassen.» Diese künftigen «gemeinsamen Bemühungen» waren bzw. sind die für 1990 geplante «Weltversammlung der Christen für Gerechtigkeit etc.» in Seoul sowie das vom CFR-Mitglied und Trilateralen C.Fr.v. Weizsäcker bereits ins Auge gefaßte *Weltkonzil der Religionen für den Frieden!* Statt vor diesen freimaurerisch geförderten synkretistischen Treffen zu warnen, fördert der Papst sie also. Er erweckt zudem durch die merkwürdige Zitation der beiden aus ihrem Zusammenhang gerissenen Schriftstellen den Eindruck, der «Heilige Geist» müsse in Basel (und Seoul ...) Katholiken wie Protestanten gleichermaßen erst noch «in die Wahrheit» einführen, was völlig absurd erscheint, da den Aposteln und durch sie den Katholiken ja schon längst die «ganze Wahrheit» geoffenbart *ist*.

Nach einer Meldung im «pur-magazin» (Nr. 13/1989, S. 8) hat sich der «Wissende» von Weizsäcker 1989 mit freimaurerischer Hochherzigkeit entschlossen, «der 1990 in Seoul geplanten Weltversammlung für Frieden, Gerechtigkeit und Bewahrung der Schöpfung 55 000 Mark» zu spendieren. «Das Geld stammt aus Dotierungen des Templeton-Preises und des Theodor-Heuß-Preises, die von Weizsäcker vor kurzem (Anm.: von seinen "Brüdern" - vielleicht genau zu diesem Zweck?) erhalten hatte. Er will damit andere Sponsoren zur Unterstützung des Konziliaren Prozesses bewegen. Die Versammlung in Seoul kostet nach Angaben des Weltkirchenrates rund 2,2 Millionen Mark. Bisher ist etwa die Hälfte des Betrages abgesichert.» Am fehlenden *Geld* wird also dieses freimaurerische «Konzil» keinesfalls scheitern. Auch nicht am Vatikan, obwohl die DT vom 27. 1. 90 eine zunächst irritierende Nachricht verbreitete: «Die katholische Kirche wird sich nicht als Mitveranstalter an der für März unter dem Thema "Gerechtigkeit, Frieden und Bewahrung der Schöpfung" geplanten ökumenischen Weltversammlung in Seoul beteiligen.» Wie gerüchteweise zu erfahren war, soll angeblich Kardinal Ratzinger als Präfekt der Glaubenskongregation ein halbherziges Veto gegen die katholische Teilnahme an der Veranstaltung eingelegt haben. Den Bedenken des Kardinals trug man nun, gerade noch rechtzeitig, durch einen billigen diplomatischen Trick Rechnung, der alle Seiten zufriedenstellt.

Wie aus der DT weiter hervorging, erläuterte die Kongregation für die Einheit der Christen in einem Schreiben an alle Bischofskonferenzen der Welt, «eine Einladung des Ökumenischen Weltrates der Kirchen (ÖRK) habe der Vatikan ablehnen müssen, da die katholische Kirche ansonsten als einzige Kirche "direkte Verantwortung" für die Versammlung übernommen hätte ... Keine der dem Weltkirchenrat angeschlossenen Kirchen sei als Mitveranstalter ausgewiesen, da diese "Mitgliedskirchen nicht direkt verantwortlich für die Arbeit des Weltrates sind" ... Die katholische Kirche habe sich ... jedoch an den Vorbereitungen für die Weltversammlung beteiligt, seit 1988 sogar mit einem hauptamtlichen vatikanischen Mitarbeiter im Büro des Weltkirchenrates in Genf, der sein Gehalt vom Heiligen Stuhl erhält. In zahlreichen Ländern hätten die katholischen Ortskirchen in nationalen oder regionalen Programmen über "Gerechtigkeit, Frieden und Bewahrung der Schöpfung" mitgearbeitet. Besonders in Europa hätte sich die katholische Kirche in Zusammenarbeit mit orthodoxen, anglikanischen und protestantischen Kirchen als "Mitverantwortliche" für die Vorbereitung und Veranstaltung der Baseler Versammlung beteiligt. Im Gegensatz zu Seoul hätten jedoch bei der Baseler Versammlung die beteiligten Kirchen direkte Verantwortung übernommen. Für die Weltversammlung in Seoul werde der Vatikan jedoch zwanzig Experten mit Beobachterstatus entsenden, die in den zwanzig Arbeitsgruppen mitwirken sollten.» Unmittelbar nach der Veröffentlichung dieses Schreibens beeilte sich auch schon der katholische Vertreter beim ÖRK, Bischof Scheele, gleichfalls zu betonen, «es gebe keinen "Rückzug" der Katholischen Kirche aus dem "konziliaren Prozeß" ... Die Katholische Kirche beteilige sich an der Weltversammlung in Seoul mit einer zwanzigköpfigen Delegation und arbeite "intensiv" an der Vorbereitung der Weltversammlung mit.» (DT vom 30. 1. 90) Rom wirkt also bis zum Schluß kräftig mit, will sich aber rein formal der Verantwortung für das selber mit-beratene Schlußdokument entziehen! Wie heißt es doch im Evangelium aus dem Mund Christi? «Es sei euer Jawort ein Ja, euer Nein ein Nein. Was darüber hinausgeht, ist vom Bösen» (Mt 5, 37)!

Und was hat die «*Europäische* Ökumenische Versammlung etc. etc.» unter gleichberechtigter und nach eigener Aussage auch *verantwortlicher* Mitwirkung hochrangiger katholischer Delegierter im Mai in Basel beschlossen? Man lese und staune! Der Protestant Lothar Gassmann berichtet darüber (SAKA-Informationen 14 [1989] 184f) kurzgefaßt folgendes: «Durch das "Schlußdokument" der EÖV zieht sich wie ein roter Faden die Auffassung, daß sämtliche Probleme und Krisen in der Welt *durch Trennungen* verursacht sind, etwa durch Trennungen zwischen Armen und Reichen, zwischen Männern und Frauen, zwischen Mensch und Natur, zwischen den einzelnen Völkern, Ideologien, Kirchen und Religionen. Trennungen schaffen Haß, Krieg, Ungerechtigkeit und Zerstörung. Entsprechend wird die "Therapie" in der *Vereinigung des bisher Getrennten* gesehen (siehe vor allem Nr. 45 des "Schlußdokuments"). Diese Einheit wird auf politischem, wirtschaftlichem und religiösem Gebiet erstrebt. Politisch-wirtschaftlich vertritt man die *Schaffung oder Stärkung internationaler Ordnungen und Institutionen*, so etwa einer Weltfriedensordnung, einer Weltökologieordnung, eines neuen Weltwirtschaftssystems, eines internationalen Gerichtshofes usw. (Nr. 10-13.84). Als Organisation, auf die man sich dabei stützen kann, bietet sich die UNO an: "Die internationale Struktur der Vereinten Nationen sollte wirksamer gestaltet werden" (Nr. 83). Eine wichtige Teiletappe auf dem Weg zur Welteinheit ist die *Einigung Europas*. Die für 1992 vorgesehene Öffnung der inneren Grenzen in Westeuropa darf nach Vorstellung der EÖV jedoch "nicht zu einem 'westeuropäischen Bollwerk'" führen, das sich "gegenüber den anderen Teilen der Welt zunehmend abschottet" (Nr. 62). Mit den "anderen Teilen der Welt" sind in erster Linie die kommunistischen Ostblockstaaten gemeint. Vielmehr sollen mit «Anhängern anderer Weltanschauungen und Glaubensformen und über den entzweienden Graben in Europa hinweg" Dialoge geführt werden. Ein Prozeß soll in Gang kommen, "bei dem die Grenzen allmählich ihren trennenden Charakter verlieren" (Nr. 60). In großer Euphorie rief der Parlamentarier *David Steel*, Vorsitzender der britischen Liberal Party, vor der EÖV dazu auf, daß man beginnen solle, "die Sowjetunion als zuverlässigen Partner im Weltgeschehen zu betrachten.".»

Da wurde also bis in die Details hinein der Plan der Geheimen Oberen von den in Basel zusammengekommenen «Christen» abgesegnet. Um was für «Christen» es sich dabei zum großen Teil gehandelt haben dürfte, wird am Beispiel des erwähnten *David Steel* deutlich, der ganz im Sinne der Trilateral Commission wie der Rockefellers und Rothschilds überhaupt dafür eintrat, Gorbatschows heuchlerische «Reformpolitik» zu honorieren. Als Vorsitzender der urfreimaurerischen britischen «Liberalen Partei» gehört er selbstverständlich einer Hochgradloge an! Aber noch einmal zurück zum Baseler «Schlußdokument». Wie Gassmann weiter referiert, sollen nicht bloß die Ideologien «aufeinander zurücken, sondern auch die *Religionen*, und durch die Versammlungen in Basel, Seoul usw. wird dieses Zusammenrücken beschleunigt. ... Jetzt wird, wie schon angeklungen, der Dialog mit "Anhängern anderer Weltanschauungen und Glaubensformen" sowie sogar eine "positive Einstellung" ihnen gegenüber verlangt (Nr. 60 und 67). In der "Botschaft" der EÖV heißt es: "So wie die Krise nationale Grenzen überschreitet, muß auch unsere Gemeinschaft sie überschreiten. Sie muß offen sein für die Freundschaft und Zusammenarbeit mit allen, die Frieden in Gerechtigkeit suchen, gleichgültig welcher Religion oder Überzeugung."» Mit Riesenschritten geht es also auf die Eine Welt und die Eine Religion zu. Die beteiligten katholischen Bischöfe Europas haben dem Schlußdokument zugestimmt. Und von Johannes Paul II. war nicht das leiseste Wörtchen einer Kritik am Ergebnis der EÖV zu vernehmen. Er wird zweifellos in diesem Jahr 1990 nach Seoul eine ähnlich ermunternde Grußbotschaft senden wie 1989 nach Basel. Seinen «Segen» haben die «Christen» aller Konfessionen schon jetzt.

Das «Ereignis von Assisi»

Der Ökumenismus Johannes Pauls II. geht aber weit über das Anliegen hinaus, die gespaltene Christenheit wieder zu vereinigen, er umfaßt alle großen Religionen der Erde. Nachdem es schon in den Jahren zuvor auf verschiedenen Auslandsreisen des Papstes zu einer Reihe fragwürdiger Begegnungen mit Vertretern anderer Religionen gekommen war, kündigte er im Januar 1986 für den Oktober desselben Jahres ein großes Gebetstreffen der Weltreligionen für den Frieden in der Stadt des hl. Franziskus an. Wie ja genugsam bekannt ist, fand das Treffen auch plangemäß am 27. Oktober 1986 statt. Das «welthistorische Ereignis» (so der OR vom 31. Oktober und vom 7. November 89) wurde weltweit vom Fernsehen übertragen, die internationale Presse ging ausführlich darauf ein, überall waren hinterher große Fotos zu sehen, die den Papst auf gleicher Ebene und in einer Reihe mit protestantischen, orthodoxen, anglikanischen, jüdischen, islamischen, buddhistischen, hinduistischen und noch verschiedenen anderen «Religionsführern» zeigten. Mehr als alles, was am 27. Oktober 1986 sonst noch geredet und getan wurde, sprach diese ja vollbewußt gewählte Symbolik aus, um was es in Wirklichkeit ging: erstmals waren die Logen am jahrhundertelang erträumten, aber lange Zeit schier für unerreichbar gehaltenen Ziel angelangt. Die wahre Kirche Christi und einzige wahre Religion überhaupt, vertreten durch ihr sichtbares Oberhaupt, den höchsten irdischen Stellvertreter Christi und damit Gottes, stellte sich und damit die von ihm verkörperte katholische Kirche in eine Reihe und auf eine Stufe mit allen anderen irrigen und heidnischen Religionen.

Auch die Worte des Papstes, der mehrere längere Ansprachen hielt, weil er als «Gastgeber» fungierte, taten nichts, um dieser klaren symbolischen Aussage entgegenzuwirken, im Gegenteil: er schrieb dem Gebet aller anwesenden Religionsdiener prinzipiell die gleiche Kraft zu, von dem «einen» Gott den Weltfrieden zu erbitten. Damit wertete er alle nichtchristlichen Religionen und alle christlichen Sekten zu gleichrangigen «Heilswegen» bzw. «Wegen zu Gott» auf, denn alle anwesenden Religionsführer sollten ausdrücklich «gemäß ihrer jeweiligen religiösen Tradition» zu «Gott» um Frieden beten, was eine sinnlose Aufforderung von seiten des Papstes gewesen wäre, wenn er nicht davon ausgegangen wäre, daß alle sich «gemäß ihren religiösen Traditionen» genauso wie die Katholiken gemäß *ihrer* religiösen Tradition mit Gott im Gebet vereinigen und von ihm in wirksamer Weise das Heil erbitten können. Daß diese unzweifelhaft zum Ausdruck gebrachte These des Papstes den klaren Worten der Heiligen Schrift und dem unwandelbar feststehenden katholischen Glauben direkt widerspricht, ist in der Folgezeit von wenigen mutigen Theologen im In- und Ausland mit aller wünschenswerten

Genauigkeit dargelegt und nachgewiesen worden. Darauf werden wir noch zurückkommen. Hier sei nur darauf hingewiesen, daß Johannes Paul II. mit dem «Ereignis von Assisi» den innerweltlichen Frieden über die Verkündigung und Verteidigung der geoffenbarten Wahrheit gestellt hat. Der Weltfrieden war ihm offensichtlich mehr wert als die Treue zu Christus und die Liebe zu den unsterblichen Seelen jener Menschen, die er dazu aufforderte, getrost in ihrem Götzendienst bzw. (im Fall des Islam, der Juden und der irrgläubigen Christen) an sich übernatürlich *unfruchtbaren* Gottesdienst fortzufahren.

Ob es in Assisi überhaupt um den *Frieden* ging, muß aufgrund des nachweislich direkt freimaurerischen Hintergrunds der ganzen Aktion (s.u.!) bezweifelt werden. Wenn überhaupt, dann hatte Johannes Paul II. jedenfalls den innerweltlichen und nicht den geistlichen Frieden im Sinn. Das läßt sich klar seinem «Appell» für einen weltweiten Waffenstillstand am Tag von Assisi entnehmen, den er am 4. Oktober 1986 in Lyon an die Weltöffentlichkeit richtete: «Unser gemeinsames Gebet miteinander für eine friedliche Zukunft der Menschheit wird umso mehr Frucht bringen, wenn diejenigen, die heute in Kriegshandlungen verwickelt sind, sich aktiv an dieser Initiative beteiligen wollen. Ja, wenn die politischen und militärischen Führer der Nationen und Gruppierungen, die in bewaffneten Konflikten stehen, in einer bedeutungsvollen Geste die Gebete fast aller religiösen Kräfte der Welt unterstützten, würden sie erkennen, daß auch für sie die Gewalt nicht das letzte Wort in den Beziehungen zwischen (ihren Völkern und Gruppen ist) ... Könnten doch diese Personen und ihre Hintermänner, könnten doch alle Völker und die im Krieg befindlichen Gruppen den Ruf Gottes an ihr Gewissen vernehmen, sich im Hinblick auf diese Bereitschaft religiöser Menschen und in Übereinstimmung mit der Friedenssehnsucht aller Menschen denen anzuschließen, die beten, und durch ihre Beteiligung am totalen Waffenstillstand des 27. Oktober zu bezeugen, daß in ihnen der Wunsch lebendig ist, baldmöglichst zur Ehre Gottes und im Interesse des Friedens für die Menschen der Waffengewalt ein Ende zu setzen.» (OR vom 10. Oktober 1986, S. 1)

Es sei also nochmals in aller Klarheit festgehalten: Um des - selbst wenn es «zur Ehre Gottes» existiert - nur *relativen* Guts eines irdischen Friedens willen, der angesichts der erbsündigen moralischen Schwäche der Menschen ohnedies Utopie bleiben muß, hat der Papst den katholischen Glauben, die von Gott übernatürlich geoffenbarte Wahrheit, die ein *absolutes* Gut ist, aufgegeben. Zugleich hat er sich - wissentlich oder unwissentlich - in den Dienst der Geheimen Oberen gestellt. Und das auf doppelte Weise. Zum ersten hat er intensiv dazu beigetragen, der katholischen und nichtkatholischen Weltöffentlichkeit den irdischen Weltfrieden als das höchste und kostbarste Gut schlechthin vor Augen zu stellen. Eine solche Einstellung der Menschen zum Frieden (vgl. Band 2!) benötigen die Geheimen Oberen, um ihren geplanten dritten Weltkrieg unmittelbar in ein erdumspannendes «Friedensreich» einmünden zu lassen. In diesem Reich wird es - angeblich «um des lieben Friedens willen»! - nur noch *eine* Religion, die der Demokratie oder des Humanismus (beides natürlich Dinge, die man in Wirklichkeit im Reich des Antichristen vergeblich suchen wird), geben. Auch die dazu erforderliche «Vereinigung» aller Weltreligionen hat Johannes Paul II. massiv gefördert, als er in Assisi bereits eine praktische und höchst symbolträchtige Kostprobe davon lieferte, wie die künftige Einheitsreligion und ihr «Gottesdienst» aussehen könnten, wo alle (vom katholischen Standpunkt aus unüberbrückbaren und die ganze jenseitige Ewigkeit der einzelnen Menschen entscheidenden) Glaubensunterschiede belanglos geworden sind und niemand mehr auf den Gedanken kommt, geschweige denn es ausspricht, sein Glaube sei der allein wahre und der allein seligmachende. Kein Zweifel, Assisi war die *Generalprobe* für das, was sich im Anschluß an das noch ausstehende «Großreinemachen» abspielen wird. Der Götze «Friede», dann verkörpert in der Gestalt des großen Friedensbringers, des zionistischen Antichristen, wird alle Religionen faktisch und real vereinen, wie er es jetzt schon in Assisi theoretisch und symbolisch getan hat.

Nach vollbrachter Tat fackelten die Geheimen Oberen nicht lange und ließen durch ein in den Augen der manipulierbaren Öffentlichkeit unverdächtiges Mitglied ihrer Schatten-Weltregierung, den Trilateralen von Weizsäcker, sogleich nachdoppeln. «Nach Ansicht des deutschen Atomphysikers Carl Friedrich von Weizsäcker», berichtete der OR vom 7. November 86 (S. 4), «wird sich die "eher begrenzte" Reaktion der Regierungschefs auf das Friedensgebet der Weltreligionen in Assisi nur über das Wählerverhalten verbessern lassen. Das Treffen von Assisi habe zur Verbreitung der Friedensidee beigetragen und werde dies noch nachhaltiger tun, wenn das Treffen der Religionen zum Friedensgebet zu einer Dauereinrichtung werde, unterstrich der Philosoph und Friedensforscher in einem Gespräch mit Journalisten am 30. Oktober in Rom.» Seinem «Wunsch» wurde natürlich prompt entsprochen. Am 4. August 1987 fand auf dem «heiligen» Berg Hiei bei Kyoto in Japan das erste Nachfolgetreffen statt. Da der Papst aus Termingründen an der Teilnahme verhindert war, schickte er eine vatikanische Delegation unter Führung von Kurienkardinal Arinze, den wir inzwischen gut genug als «Wissenden» kennengelernt haben, nach Kyoto und richtete ein «Grußwort» von Rom aus an die Teilnehmer des Treffens. In dem bereits am 26. Juli von Johannes Paul II. verlesenen Grußwort hieß es eingangs: «In den ersten Augusttagen werden sich zahlreiche Vertreter von Weltreligionen in Hiei, Japan, zu einem Tag des Gebets für den Frieden versammeln. Dieses Treffen, veranstaltet von der Japanischen Konferenz der Vertreter der Religionen, eines Zusammenschlusses des Großteils der Vereinigungen von Gläubigen in jenem Land, möchte sich an den Zielsetzungen inspirieren, die das Treffen in Assisi im Oktober vorigen Jahres beseelten.» Der Schlußsatz lautete: «Meine Gedanken richten sich auf dieses Treffen ... und ich versichere allen, daß ich inständig zum Herrn beten werde um eine brüderlichere, solidarischere und friedlichere Welt.» (OR vom 7. August 1987, S. 1) Kein Zweifel, Johannes Paul II. stand uneingeschränkt auch hinter dieser zweiten Aktion.

Das Treffen selber verlief ganz ähnlich wie in Assisi ein Jahr zuvor. «Um 15.30 Uhr japanischer Zeit, das heißt um 8.30 Uhr mitteleuropäischer Zeit, eröffnete die große Glocke des Buddha-Tempels auf dem Berg Hiei das "Friedensgebet"; in Europa klangen zur selben Zeit die Glocken der Peterskirche in Rom, der Franziskusbasilika in Assisi und der anglikanischen Kathedrale von Canterbury mit. Dann sprachen die Vertreter des Buddhismus, des Konfuzianismus, des Shintoismus, der Sikhs, der neueren religiösen Bewegungen Japans, des Islam, des Judentums und des Christentums je ihre "Friedensgebete".» (SAKA-Informationen Nr. 9/1987, S. 9) Parallel zum japanischen interreligiösen Treff fand auch noch einer in Rom statt, der seitdem zur festen Einrichtung geworden ist. So hieß es im OR vom 11. November 1988 (S. 1):

«Führer von acht Weltreligionen haben in Rom bei einem Gebetstreffen die Welt zum Frieden aufgerufen. "Die Religion will nicht den Krieg; jeder religiöse Mensch, jeder Gläubige sei immer ein Friedenssucher", heißt es in dem gemeinsamen Appell, den die 85 Vertreter der Religionen an alle Menschen guten Willens richteten. Zu dem Gebetstreffen war man in der römischen Kirche "S. Maria in Trastevere" zusammengekommen. Die Vertreter von Christen, Muslimen, Juden, Hinduisten und Buddhisten betonten in ihrem Aufruf, daß es in ihren religiösen Traditionen keine Motive oder Aufrufe zum Haß, zu Gewalttätigkeiten oder zum Krieg gebe», womit zumindest die teilnehmenden Mohammedaner faustdick gelogen hatten! Der gleichfalls anwesende Giulio Andreotti, das Stehauf-Männchen unter den italienischen Politikern, das seine zahlreichen Comebacks augenscheinlich nur seinen weitreichenden Logenverbindungen verdankt, gab «der Hoffnung (!) Ausdruck, daß spätestens in zwei Jahren ein neues religiöses Friedenstreffen, in der in Rom im Bau befindlichen Moschee (!), stattfinden könne. Zum Abschluß der Begegnung sprach Papst Johannes Paul II. bei einer Audienz für die Vertreter der Religionen im Vatikan davon, daß zur Zeit eine "neue Sprache des Friedens und neue Wege, dem Frieden Ausdruck zu geben, gefunden werde". Dieses "neue Klima werde die verhängnisvolle Kette der Trennungen zerbrechen", dieses Erbe der Vergangenheit (!) oder diese Frucht moderner Ideologien zumindest in Frage stellen. Was die Welt brauche, sagte der Papst, seien Bauleute des Friedens. Das Treffen in Rom fand zum zweiten Mal nach dem Friedensgebet der Religionen in Assisi im Jahre 1986 statt. Zunächst hatten sich die 85 Vertreter der Religionen, unter ihnen der polnische Primas Kardinal Jozef Glemp ... in S. Maria in Trastevere versammelt. An der Begegnung nahmen 2000 Menschen im Gotteshaus und 5000 auf dem Vorplatz teil. Nach dem Treffen in der Kirche zogen sich die Vertreter der einzelnen Religionsgemeinschaften an verschiedenen Orten der Stadt zum getrennten Gebet zurück. ... Wie im Vorjahr hatte die römische Basisgemeinschaft San Egidio zu dieser Begegnung in die Ewige Stadt eingeladen.» Der Papst hat dieses Treffen ebenso gebilligt und unterstützt wie die vorherigen und das nachfolgende!

Das dritte Nachfolgetreffen wurde nämlich Anfang September 1989 aus Anlaß des 50jährigen Gedächtnisses des «Ausbruchs» des zweiten Weltkriegs abgehalten. Diesbezüglich meldete der OR vom 11. August 89 (S. 7): «Der Vorsitzende der Deutschen Bischofskonferenz, Bischof Karl Lehmann, wird Anfang September an einem internationalen Gebetstreffen in Polen teilnehmen, mit dem die römische Laiengemeinschaft S. Egidio an den Ausbruch des Zweiten Weltkrieges vor fünfzig Jahren erinnern will. Bei der Begegnung werde der Mainzer Bischof eine Meditation leiten, erklärte ein Sprecher von S. Egidio in Rom. Über 200 Delegationen der großen Religionen aus 60 Ländern werden nach Angaben der Gemeinschaft zu dem Gedenktreffen vom 1. bis 3. September erwartet. Höhepunkt der Veranstaltung werde die Übertragung einer Fernsehansprache sein, in der sich Johannes Paul II. von Rom aus an die in Warschau versammelten Teilnehmer wenden wird.»

Daß Rotarierbischof Lehmann es sich nicht nehmen ließ, sich bei dem Treffen gehörig ins Licht zu setzen, kann man begreifen: solcher Einsatz kann der freimaurerischen wie innerkirchlichen Karriere nur dienlich sein. Der OR vom 8. September 89 dokumentierte dann auf der Titelseite auch den Wortlaut der Fernsehansprache des Papstes und teilte dabei mit, daß tatsächlich nur 180 Delegationen aus rund 50 Ländern in Warschau «gebetet» hatten. Trotzdem dürfte das Warschauer Treffen, an der Zahl der Teilnehmer gemessen, das Ereignis von Assisi noch in den Schatten gestellt haben. Sicherlich am aufschlußreichsten von den vielen Sätzen der päpstlichen Ansprache sind die beiden folgenden: «Heute in Warschau vollzieht sich eine weitere Etappe dieses (Anm.: in Assisi 1986 begonnenen) bedeutsamen Weges von Menschen der Religion (Anm.: *welcher?* der Welteinheitsreligion?), die den Frieden suchen in einer Stunde heiligen Gedenkens, fünfzig Jahre nach Kriegsbeginn. Man muß diese Friedenssuche im Dialog und im Gebet fortsetzen.» Nach eigener Aussage des Papstes ist also weder Assisi noch Warschau eine *End*station, vielmehr sind beides nur «Wegetappen»; der Friede muß weiter gesucht werden, und, obwohl es schwerfallen würde, auch nur einen einzigen der vielen gegenwärtigen bewaffneten Konflikte auf der ganzen Erde zu nennen, der *Religionsstreitigkeiten* zur Ursache hätte, der Friede muß ausgerechnet im «Dialog der Religionen» gesucht werden! Wer - und sei es der Papst - so eine sinnwidrige (aber exakt dem Großen Plan entsprechende) Forderung aufstellt, scheint etwas von diesem Plan zu wissen.

Ein voller (Logen)Erfolg

Wie wurde nun das «Ereignis von Assisi» 1986 samt den Nachfolge«ereignissen» von den Katholiken aller Stände aufgenommen? Vom größeren Teil, den ohnedies bereits faktisch abgefallenen «Taufscheinkatholiken», mit wohlwollender Gleichgültigkeit; vom kleineren, progressistischen Teil mit Enthusiasmus; vom noch kleineren wirklich glaubenstreuen Teil mit Bewunderung bei vielen religiös wenig Unterrichteten, mit anfänglichem Erstaunen und leichtem Unbehagen aber nachfolgender «Unterwerfung» unter den Papst bei den Wachsameren, mit deutlicher, teils scharfer und radikaler Kritik nur von der fast verschwindend kleinen Minderheit jener, die sich wirklich *kompromißlos* am definierten Glauben der Kirche aller Zeiten orientieren. Mit anderen Worten: Das «welthistorische Ereignis» von Assisi war ein durchschlagender Erfolg für Johannes Paul II. und für die Geheimen Oberen. Illustrieren wir das an ein paar Beispielen.

Am 29. Oktober 1987 meldete die DT aus Rom: «Die zur Zeit im Vatikan tagende Bischofssynode über die Rolle der Laien in der Kirche hat das Friedensgebet der Weltreligionen in Assisi vor einem Jahr als "neue und kühne Initiative des Papstes" gewürdigt. Am ersten Jahrestag des Friedensgebetes am Dienstag bezeichnete der in diesem Turnus amtierende Präsident der Bischofssynode, Kurienkardinal Eduardo Pironio, das Friedenstreffen von Assisi als nützlich. ... Es sei die Aufgabe der Laien in der Kirche, den "Geist des Gebets, der Aktion und der Zusammenarbeit von Assisi" in die Gesellschaft zu tragen.» Und zwei Tage später stand in derselben Zeitung: «Ein Jahr nach dem Friedensgebet der Weltreligionen in Assisi haben Spitzenvertreter der christlichen Kirchen, Muslime, Juden und Buddhisten, aber auch Sikhs, Jainisten und Hindus am Mittwoch im römischen Stadtteil Trastevere wieder für den Frieden gebetet. Nicht der Papst hatte diesmal die Initiative ergriffen, sondern die römische Basisgemeinde Santo Egidio, die von Trastevere aus in Rom Sozialarbeit leistet. Der polnische Primas Kardinal Glemp begrüßte als Titular von Santa Maria in Trastevere die rund siebzig Religionsführer, Bischöfe und Professoren aus aller Welt.» Zwei Jahre später (1989) durfte dann (s.o.) dieselbe «Basisgemeinde» in der Residenzstadt desselben Kardinals Glemp, der übrigens einer der engsten Vertrauten seines Landsmanns Johannes Paul II. ist, wieder ein ganz großes Religionstreffen ausrichten; sie hatte sich dafür «qualifiziert».

Rotarierbischof Lehmann, beim 1989er Religionstreffen aktiv beteiligt, schrieb als Vorsitzender der Deutschen Bischofskonferenz das Vorwort zum (oben schon einmal zitierten) von der «Deutschen Kommission Justitia et Pax» erstellten «Arbeitsheft zum Weltfriedenstag 1988». In diesem Vorwort würdigte Lehmann natürlich das Ereignis von Assisi. In Assisi diskutierten die verschiedenen Religionsvertreter nicht, sondern beteten um den Frieden, sagt Lehmann. «Jeder tat dies auf seine Art und nach seiner religiösen Tradition. Damit wurde ein ganz neuer Weg beschritten.» Daß diese «Neuheit» des «Weges» von Assisi in seinem Widerspruch zum katholischen Glauben begründet liegt, verschweigt der ehemalige Dogmatikprofessor; als (mindestens) Mitglied der immerhin schon dritten Stufe (vgl. dazu Band 1!) der Satanshierarchie wäre ihm ein solcher Hinweis ohnedies verwehrt. Auch der inzwischen mit der B'nai B'rith-Goldmedaille geehrte (ehemalige) Wiener Kardinal König hat sich - wie es seine Pflicht als (mindestens) Logen-Sympathisant ist - wiederholt für Assisi 86 und seine Fortsetzung engagiert. Er gehörte zur handverlesenen Gruppe jener 15 Bischöfe aus aller Welt, die «auf besondere Einladung des Papstes» am Gebetstreffen von Assisi teilnahmen (OR vom 7. November 1986, S. 5). Am 18. Dezember 1987 konnte man im OR (S. 13) lesen: «Für einen intensiveren Dialog zwischen den Weltreligionen hat sich der Wiener Alterzbischof, Kardinal Dr. Franz König, ausgesprochen. In einem Vortrag im Rahmen der "Wiener Gespräche" im Wiener Rathaus wertete der Kardinal diesen Dialog als einen wichtigen Beitrag zur Völkerverständigung und zum Weltfrieden. König verwies in diesem Zusammenhang auf das Welttreffen der Religionen im Vorjahr in Assisi. Diese Begegnung habe deutlich spüren lassen, "daß es Kräfte und Mächte in der Welt des Menschen gibt, denen man bisher keine oder zu wenig Bedeutung zugemessen hat".»

In der ausschließlich dem Thema «Assisi 86» gewidmeten ersten Nummer der Tübinger Theologischen Quartalsschrift (ThQ) 1989 (S. 2-4) geht Kardinal König, der sich als ehemaliger Religionswissenschaftler in dieser Materie sehr gut auszukennen scheint, auf die historischen Hintergründe des «Ereignisses» ein: «Der Marburger Religionsphänomenologe Rudolf Otto (+ 1937) hatte nach dem Ersten Weltkrieg 1921 einen "Religiösen Menschheitsbund" ins Leben gerufen, um das Weltgewissen im Falle einer künftigen Kriegsgefahr zu mobilisieren. In den vergangenen Jahrzehnten haben verschiedene Weltkongresse ähnlicher Art versucht, zu einer "Föderation der Religionen" zu gelangen. Seit dem Vaticanum II (1962-1965) mit der kurzen, aber sehr bedeutsamen Erklärung über das Verhältnis der Kirche zu den nichtchristlichen Religionen (Nostra aetate), seit der Errichtung eines römischen Sekretariates für nichtchristliche Religionen (Mai 1964) hat - unabhängig davon - eine Weltkonferenz für den Frieden mit dem Thema "On the Foundation of a World Peace through Religion" seit dem Ende der sechziger Jahre mehrere Male zu Friedenskonferenzen dieser Art eingeladen. Die zweite Konferenz in Löwen (1974) beschloß folgenden Text: "Indem jeder von uns sich hinwendet zu Gebet und Meditationen, streben wir nach einer Bekehrung des Herzens, um den Geist des Opfers, der Demut und der Selbstbeherrschung zu erlangen, der Gerechtigkeit, Befreiung und Frieden fördert." Assisi hat einen neuen Weg eingeschlagen.» Wer diese Kongresse organisiert und beschickt hat, teilt König wohlweislich nicht mit; nach Konrad Lerichs Aufdeckung der äußerst intensiven Logentätigkeit auf dem Gebiet von Vereinsgründungen, Konferenzveranstaltungen und ähnlichem kann angesichts der Thematik dieser Kongresse an ihrem konkret freimaurerischen Charakter nicht gezweifelt werden. Die drei so schön klingenden «Tugenden» der Opferbereitschaft, Demut und Selbstbeherrschung, nach denen man in Löwen 1974 streben wollte, besagen in ihrem Zusammenhang nichts anderes, als daß jede Religion opferwillig, demütig und sich selbst beherrschend bzw. verleugnend auf ihren alleinigen Wahrheitsanspruch verzichten soll, wobei wie immer und stets der eigentliche Gegenstand dieses hinterhältigen Angriffs auf die Wahrheit die katholische Kirche ist.

Im selben Artikel macht König als positive Auswirkung von Assisi 86 den Beifall der Weltpresse geltend: «Ein Teil der Medien hat unmittelbar vor Beginn mit einer gewissen Skepsis und Zurückhaltung auf das Vorhaben reagiert. Auf der anderen Seite konnte man nachher in der Weltpresse Kommentare sehen - in Zeitungen und Zeitschriften, die sonst vom Christentum und der katholischen Kirche nichts Gutes zu berichten hatten -, die mit einer "echten Ergriffenheit" darüber informierten und einem echten Erstaunen Ausdruck verliehen.» Der mit B'nai B'rith-Spitzenleuten wie dem Europa-Direktor Ehrlich in bestem Einvernehmen stehende Kardinal kann unmöglich so naiv sein, nicht zu wissen, in wessen Händen sich die besagte Weltpresse befindet, die über Christentum und Kirche gewöhnlich nichts Gutes zu berichten hat. Aber selbst wenn er es nicht wüßte, müßte der völlig ungewohnte Applaus aus der falschen Ecke für ihn wie für jeden wachsamen Katholiken ein Alarmzeichen sein. Was wahrhaft dem katholischen Glauben entspringt und der Verherrlichung Gottes sowie dem Heil der Seelen dient, wurde von den Helfershelfern Satans noch niemals bejubelt oder «mit Ergriffenheit» zur Kenntnis genommen.

Immerhin versucht König nicht so zu tun, als sei Assisi 86 völlig kritiklos aufgenommen worden. Aber er teilt die Kritiker flugs in böswillige auf der einen und nichtinformierte auf der anderen Seite ein. Gegen die ersteren zu argumentieren ist natürlich zwecklos; die letzteren jedoch möchte der Kardinal wohlwollend über ihr Mißverständnis aufklären: «Abgesehen von absichtlichen Mißdeutungen müssen wir jene zu verstehen versuchen, die aus einer apologetischen Haltung der Kirche in der Vergangenheit nicht wahrhaben wollen, daß wir auf dem Weg sind zu einer globalen Welteinheit (!!). Das Wissen um eine immer größere Schicksalsgemeinschaft der Menschen weist hin auf die zunehmende Einheit und Gemeinschaft der Völker und Nationen. Damit kommt den Religionen eine größere Bedeutung als früher zu. An Stelle einer einseitigen Apologetik kann der Christ, der Katholik, dem Missionsauftrag Christi nur nachkommen, wenn er sich öffnet für das Gespräch und den Kontakt mit allen Menschen und deren Glauben.» Hier spricht offenbar ein Eingeweihter, der bereits genau weiß, was die schläfrige Masse noch keineswegs begriffen hat, nämlich «daß wir auf dem Wege sind zu einer globalen Welteinheit»!

Schließlich listet der Kardinal eine Reihe von Punkten auf, in denen angeblich «die zukunftsweisende Bedeutung des Treffens von Assisi» liegt: «1. Es ist Aufgabe der katholischen Kirche, Einheit und Liebe unter den Menschen zu fördern. Als Weltkirche ist es ihre Aufgabe, zu unterstützen, was den Menschen gemeinsam ist und diese Gemeinschaft fördert.» Diese Sätze bilden einen geschickt aufgebauten Sophismus, eine elegante Verdrehung der Wahrheit. Die Kirche hat die Einheit unter den Menschen keineswegs zu fördern, indem sie fördert, was allen gemeinsam ist; dann nämlich wäre sie mit der Loge identisch. Sie kann nur alle gutwilligen Menschen durch die Verkündigung des allein wahren Glaubens in den mystischen Leib Christi einfügen und in ihm einigen. Weil nicht alle gutwillig sind, kommt dabei selbstredend niemals eine «Einheit der ganzen Menschheitsfamilie» zustande; vielmehr scheiden sich am von der Kirche im Namen Gottes selbst kompromißlos aufrechterhaltenen Wahrheitsanspruch die Geister.

«2. Diese Gemeinschaft und die größer werdende Einheit kommt auch dadurch zum Ausdruck, daß alle Religionen, bei allen ihren Unterschieden, eine Antwort suchen auf die ungelosten (?) Rätsel des menschlichen Daseins, wie: "Was ist der Mensch, was ist Sinn und Ziel unseres Lebens?" Oder: "Was ist jenes letzte und unsagbare Geheimnis unserer menschlichen Existenz, aus der (sic!) wir kommen und wohin wir gehen?" (vgl. Nostra aetate 1).» Da hilft auch keine Berufung auf das Konzilsdokument über das Verhältnis der Kirche zu den nichtchristlichen Religionen, das König übrigens nur gegenüber Nicht-Informierten so zitieren kann, als sei es eine von ihm selber unabhängige Quelle - hat er doch als Konzilsvater maßgeblich an seiner Formulierung mitgewirkt! Selbst wenn es in einer Konzilserklärung steht, wird es dadurch nicht wahrer: wir alle wissen doch, daß sich die Religionen durchaus einbilden, die Sinnfrage bzw. das Problem der Herkunft und

Zukunft jedes einzelnen Menschen *bereits gelöst zu haben*! Und weil die Lösungen höchst unterschiedlich ausgefallen sind, gerade *darum* herrscht eben bis dato *keine* Einheit unter den Religionen. *Objektiv* gesehen stimmt es natürlich, daß die heidnischen und sonstigen nichtchristlichen Religionen das Problem *nicht* gelöst haben, denn eine irrige Antwort ist eben keine gültige Antwort. Umgekehrt gilt ebenso *objektiv* von der katholischen Kirche und ihrem Glauben, daß hier allein die genannten Probleme *vollständig gelöst sind*! Aus mehreren Gründen stiften also die berühmten «Menschheitsfragen» gerade *keine* Einheit zwischen den Religionen. Doch hören wir auch noch Königs drittes Argument.

«3. Angesichts einer realen Einschätzung der Situation haben alle Religionen die gemeinsame Aufgabe - die katholische Kirche wird beispielgebend vorangehen -, Religionsfreiheit, menschliche Brüderlichkeit, das gesellschaftliche Gemeinwohl zu verteidigen. Dadurch erst wird in der Welt von heute die Voraussetzung geschaffen für den Missionsauftrag Christi.» Auch das sind nichts als Lügen, die denn auch prompt mit sich selbst in Widerspruch geraten. Die irrigen Religionen haben vor Gott und von Gott schlicht *überhaupt keine* Aufgabe erhalten, weil sie nach dem Willen Gottes gar nicht dasein sollten. Wenn überhaupt eine Religion die Aufgabe hätte, die menschliche Brüderlichkeit zu fördern, dann nur die katholische! Die aber hat zuallererst den Auftrag, Gott zu verherrlichen, und erst an zweiter Stelle den, die Menschen guten Willens, die sich ihr anschließen, durch die von ihr vermittelte Heiligung «brüderlicher» zu machen. Wenn aber alle Religionen die gemeinsame Aufgabe haben, das gesellschaftliche Gemeinwohl zu verteidigen, dann kann nicht gleichzeitig durch die allreligiöse Verteidigung des Gemeinwohls eine Voraussetzung für den Missionsauftrag Christi geschaffen werden. Denn indem die katholische Kirche - in Königs Vorstellung, die traurigerweise mittlerweile schon weitgehend der Realität entspricht - allen Religionen einen *gemeinsamen* legitimen «Auftrag» zuerkennt, gibt sie diesen Religionen eben dadurch zu verstehen, daß sie auf jeden Missionierungsanspruch a priori verzichtet.

Kardinal König fährt fort: «4. In Assisi ist vor aller Welt das Religiöse, religiöser Glaube aus rationalistischer Mindereinschätzung herausgehoben worden; die gesteigerte Wertschätzung für das Religiöse in der Menschheit konnte *so* in der Weltöffentlichkeit betont werden. Solches schafft auch dem ersten Gebot des Dekalogs wie dem ersten Glaubensartikel eine neue Resonanz.» Kurz gefaßt: Hauptsache, die Leute glauben überhaupt an irgendetwas! «Das Religiöse», die freimaurerische «Verehrung» des beliebig interpretierbaren A.B.a.W., ist jedoch in Wirklichkeit durch einen Abgrund getrennt von der «Anbetung Gottes im Geist und in der Wahrheit» (Joh 4, 24), die dem Dreifaltigen allein in seiner wahren Kirche zuteil wird. Wer Gott nicht in seiner wahren Kirche anbetet und verherrlicht, raubt ihm die Ehre und sich selbst alle Hoffnung auf Rettung vor dem ewigen Untergang. Die einzige Ausnahme bilden jene, die sich nicht dreist auf «ihre religiöse Tradition» versteifen, sondern aus purer entschuldbarer *Unkenntnis* bzw. aus einem *unüberwindlichen Irrtum* bezüglich der geoffenbarten Wahrheit des Christentums ihrer religiösen Tradition treu bleiben, soweit diese nicht erkennbar gegen das natürliche Sittengesetz verstößt. Solche Menschen, die allerdings in unserem kommunikativen Zeitalter, das fast keinen Winkel der Erde mehr ausspart, sehr selten geworden sind, können die Begierdetaufe empfangen, solchermaßen unwissentlich und unsichtbar der wahren Kirche angehören und auch durch sie und in ihr gerettet werden. Für die übrigen ist all ihre falsche «Religiösität» vergebens.

Kardinal Königs Versuch, Assisi 86 und seine Fortsetzungen zu verteidigen, ist ein Fiasko. Natürlich wird er das nicht einsehen und zugeben wollen, genausowenig wie zahllose andere Vertreter der katholischen Hierarchie, deren Verblendung zu fürchtender Weise schon ähnlich weit gediehen ist. Nicht besser steht es um die große Mehrzahl der Theologen. In der Einführung zum Themenheft der ThQ, aus dem soeben Kardinal Königs Thesen besprochen wurden, schreiben die beiden «Moderatoren» der Ausgabe: «Das Treffen von Vertretern der verschiedenen Religionen mit dem Papst zum Gebet um Frieden in Assisi hat den Blick der Öffentlichkeit erneut auf einen Vorgang gelenkt, der von außerordentlicher theologischer Bedeutung ist: die Begegnung der Kirche und der Religionen. Die Erklärung der Väter des zweiten Vatikanischen Konzils über das Verhältnis der Kirche zu den nichtchristlichen Religionen hat in der Gegenwart eine andere Qualität gewonnen, als sie in früheren Zeiten gegeben war. Bezeichnenderweise beginnt das vatikanische Dokument mit den Worten "Nostra aetate" - in unserer Zeit. Die *theologische* Aufarbeitung der sich hier stellenden Fragen steckt noch sehr in den Anfängen.»

Diesen Aussagen kann man weitgehend zustimmen, wenngleich aus etwas anderer Blickrichtung als der der Autoren. Nur die letzte Behauptung ist unzutreffend. «Theologisch aufzuarbeiten» im positiven Sinn, den das Wort «aufarbeiten» gewöhnlich besitzt, gibt es in diesem Fall nichts. Aber theologisch haarklein analysiert hat das «Ereignis von Assisi» im deutschen Sprachraum schon längst der Münsteraner Missionswissenschaftler Professor Johannes Dörmann, und dem Ergebnis seiner überaus sachlichen und emotionslosen Untersuchungen ist nichts hinzuzufügen (J. Dörmann, Die eine Wahrheit und die vielen Religionen. Assisi: Anfang einer neuen Zeit, Abensberg 1988). Selbstverständlich können sich aber die Befürworter von Assisi 86 und seinen Folgen mit der vernichtenden theologischen Kritik Dörmanns nicht zufriedengeben und unternehmen darum nutzlose Versuche, seine unbestechlichen Analysen madig zu machen. Besonders hat sich hier der Jesuit Hans Waldenfels hervorgetan, der 1987 im Freiburger Herder-Verlag «Die Friedensgebete von Assisi» im Wortlaut nebst positiven Kommentaren herausgebracht hatte. Waldenfels meldete sich im Pastoralblatt für die Diözesen Aachen, Berlin, Essen, Hildesheim, Köln, Osnabrück (41 [1989] 69-79) zu Wort und bezichtigte Dörmann, dem er in der Sache nichts Stichhaltiges entgegenzusetzen hatte, eines unverantwortlichen Angriffs auf die päpstliche Autorität und - schlimmer noch - auf die des jüngsten Konzils, wechselte also vom inhaltlichen aufs formale Feld hinüber:

«Da der Papst Assisi im Lichte des Konzils verstanden wissen will ..., sich für Dörmann - wie für den zuvor zitierten Vorsitzenden (Anm.: richtig muß es heißen: Generaloberen!) der Priesterbruderschaft Pius X. (Anm.: richtig muß es heißen: St. Pius X.!) - aber im Blick auf Assisi die Frage der Rechtgläubigkeit stellt, wird Assisi "zum Testfall für die Rechtgläubigkeit des Konzils" ... . Die wiederholt gebrauchte Formel "ein Mann des Konzils" ... lobt entsprechend den Papst nicht, sondern sucht ihn ins Unrecht zu setzen ... Es widerspricht jedem katholischen Selbstverständnis, daß man dem Papst den Vorwurf macht, *als* "Mann des Konzils" zu bestimmten Entscheidungen gekommen zu sein; höchstens kann umgekehrt die Frage gestellt werden, ob bestimmte Verhaltensweisen den Intentionen des Konzils widersprechen oder doch hinter ihnen zurückbleiben. Der grundsätzlich geforderte Respekt vor den Dokumenten des Konzils wie vor der in ihnen zum Ausdruck kommenden Intention verbietet es auch dann, dem Konzil und den Päpsten des Konzils leichtfertig zu widersprechen, wenn das Konzil sich nicht mit der letzten Verbindlichkeit und in "pastoraler" Sprache an die Gesamtkirche und an die Welt gewandt hat.» (S. 73)

Es widerspricht aber für Waldenfels scheinbar *nicht* «jedem katholischen Selbstverständnis» und dem «grundsätzlich geforderten Respekt» vor den Dokumenten früherer Päpste und Konzilien, *die* mit *letzter* Verbindlichkeit gesprochen haben, «leichtfertig» folgendes zu behaupten (S, 78): «Weder die Gleich-Gültigkeit noch die Exklusivität sind also ein Weg. Die Gleich-Gültigkeit der Religionen bleibt den Menschen die christliche Botschaft von Jesus Christus und dem Menschen, wie er von ihm her ist und sein soll, schuldig. Die Exklusivität richtet Mauern um ein Kreuz auf, das auf dem Feld, außerhalb der Stadt ungeschützt in der Welt stand (vgl. Hebr 13, 12), und nimmt nicht ernst, daß in der Stunde des Todes Christi der Vorhang des Tempels zerriß (vgl. Mk 15, 38 par). ... Gott bleibt auf allen Wegen, die Menschen auch gehen und schaffen mögen, dem Menschen voraus. Niemand wird ihn auch folglich daran hindern, daß er Menschen auf den Wegen begegnet, die sie gehen.»

Die Art und Weise, in der Waldenfels hier biblische «Argumente» zusammenzukratzen sucht, ist natürlich ein Paradebeispiel dafür, wie man es auf keinen Fall machen sollte. Wer den Hebräerbrief an der angegebenen Stelle 13, 12 aufschlägt, wird finden, daß im vorhergehenden Vers 11 dem Sterben Christi außerhalb der Stadtmauern Jerusalems eine Deutung gegeben wird, die mit der von Waldenfels überhaupt nichts gemein hat. Auch sind sich die Exegeten allezeit einig gewesen, daß das Zerreißen des Vorhangs im Tempel das Ende des Alten Bunds symbolisierte, das mit dem Tod Jesu eingetreten war, nicht aber eine Rechtfertigung des Heidentums. Und was schließlich die «von Menschen geschaffenen» und begangenen «Wege» betrifft, auf denen den Menschen zu begegnen niemand Gott hindern wird, wie Waldenfels genau zu wissen glaubt, so genügt ein Hinweis auf den berühmten Psalm 1, an dessen Beginn und Ende es klar heißt: «Selig der Mann, der nicht dem Rat der Frevler folgt, *nicht auf dem Weg der Sünder geht* ... Denn der Herr kennt den Weg der Gerechten, *der Weg der Frevler aber führt in den Abgrund.*» - Auf die Kritik der Dörmannschen Analyse von seiten des Münchener

Theologen Horst Bürkle, die dieser in der als theologisch «konservativ» bzw. rechtgläubig angesehenen Vierteljahresschrift «Forum Katholische Theologie» (5 [1989] 117-127) anbringen zu müssen glaubte, lohnt es sich leider nicht einzugehen, da hier mit unendlich vielen Worten sachlich so gut wie nichts ausgesagt wird. Daß gültige theologische Argumente für Assisi 86 absolute Mangelware sind, wird durch derartige inhaltsarme, aber wortreiche Ergüsse nur noch peinlicher dokumentiert.

Hingegen haben bemerkenswerterweise bibelgläubige Protestanten verschiedener Denominationen das Treffen von Assisi kaum weniger scharf angegriffen, als es entschieden rechtgläubige Katholiken auch taten. So meint beispielsweise Lothar Gassmann (1989, S. 118f): «Man muß sich wirklich fragen: Sieht so eine Ökumene aus, die den Weltfrieden hervorbringt? Sind die Götter der heidnischen Völker wirklich mit dem Gott der Bibel identisch? Kommen diese Gebete wirklich bei Gott an? Oder gelten nicht vielmehr die Warnungen des Apostels Paulus: "Was die Heiden ihren Göttern opfern, das opfern sie den Dämonen und nicht Gott" (1. Kor. 10, 20)? Und "Zieht nicht am fremden Joch mit den Ungläubigen!" (2. Kor. 6, 14)? In Assisi ist eine *grauenhafte Übertretung des ersten Gebots* geschehen, das lautet: "Ich bin der HERR, dein Gott, der ich dich aus Ägyptenland, aus der Knechtschaft geführt habe. Du sollst keine anderen Götter neben mir haben!" (2. Mose 20, 2f.). "Aus Ägyptenland" - das heißt auch: aus den heidnischen Religionen Ägyptens heraus hat Gott sein Volk geführt (vgl. 5. Mose 6, 4ff; 2. Kön. 17, 35f.; Jes. 44; Jer. 10 u.a.)! Veranstaltungen wie der Friedensgebetstag in Assisi und - allen Verlautbarungen zufolge - auch das Friedenskonzil führen das Volk Gottes jedoch wieder in finsterstes Heidentum hinein! ... Der Dialog - und erst recht das gemeinsam veranstaltete "Gebet" - mit Heiden beinhaltet immer die Gefahr, selbst dieser Dämonie zu verfallen (vgl. 1. Kor. 10, 14-22).» Und weiter folgert Gassmann ganz richtig, daß, wer das erste Gebot übertritt (und der Papst hat es insofern übertreten, als er die Heiden ausdrücklich zum Götzendienst anstiftete), weder Frieden mit Gott noch irdischen Frieden erhalten kann, «höchstens einen kurzlebigen Scheinfrieden. Diesen Scheinfrieden wird Gott, wie wir gesehen haben, beim Kommen des Antichristen tatsächlich für eine kurze Zeit zulassen. Aber dieser Scheinfriede ist, selbst wenn er unter größter Beteiligung aller Kirchen zustande käme, nicht ein Zeichen des Segens Gottes, sondern - des *Gerichts*: des Gerichts über eine von Gott abgefallene Menschheit, der das irdische Wohl wichtiger ist als das ewige Heil.» (Ebd. S. 120)

Unbeeindruckt auch von aller protestantischen Kritik, die ihm in Form mehrerer offiziell an den Vatikan geschickter offener Briefe schon vor dem 27. Oktober 1986 zugestellt worden war und die sich im Zeitalter des Ökumenismus doch eigentlich höchster Aufmerksamkeit hätte erfreuen müssen, hat Johannes Paul II. bis heute bei jeder passenden Gelegenheit an das «Ereignis von Assisi» erinnert und sich darauf berufen. Es wäre müßig, alle diese inhaltlich gleichlautenden, nahezu stereotypen Hinweise des Papstes auf Assisi 86 im Wortlaut wiederzugeben. Deshalb seien hier nur die Anlässe genannt, bei denen solche Erinnerungen in päpstliche Ansprachen eingeflochten wurden. Einzig ein Satz aus der nur drei

Wochen nach dem «Ereignis» - am 19. November - in Bangladesch «an die Repräsentanten des religiösen und öffentlichen Lebens» gerichteten Rede Johannes Pauls II. sei hier stellvertretend für alle übrigen ähnlichen Äußerungen dokumentiert: «Es ist mein ständiges Gebet», sagte der Papst, «daß die Übereinstimmung der Geister, wie sie kürzlich bei dem Gebetstag in Assisi zum Ausdruck kam - wo die Führung der Kirchen und christlichen Gemeinschaften und der anderen Religionen der Welt zusammengekommen sind, um von Gott das Geschenk des Friedens zu erflehen -, von Tag zu Tag wachsen wird, bis alle Einzelwesen und Völker in Liebe versöhnt sind.» (OR vom 5. Dezember 1986, S. 5) Außerdem kam der Papst auf Assisi 86 bei folgenden Gelegenheiten zu sprechen: am 22. Dezember 1986 in der «traditionellen Weihnachtsansprache» an die Kardinäle, die diesmal ausschließlich der Würdigung des Tags von Assisi vorbehalten war (OR vom 2. Januar 1987, S. 1); am 16. September 1987 vor «führenden Persönlichkeiten der Weltreligionen» in Los Angeles (OR vom 16. Oktober 1987, S. 15); in seinem Grußwort an die EÖV in Basel Mitte Mai 1989 (OR vom 8. September 1989, S. 10f); in Malawi am 5. Mai 1989 vor «Vertretern anderer christlicher Konfessionen und anderer Religionen» (OR vom 16. Juni 1989, S. 15); in seiner Fernsehansprache, die nach Warschau zum interreligiösen Gebetstreffen von Anfang September 1989 übertragen wurde (OR vom 8. September 1989, S. 1f). Diese Liste kann keinen Anspruch auf Vollständigkeit erheben; dennoch macht sie bereits deutlich, daß der «Geist von Assisi» längst institutionalisiert worden ist.

Begegnungen des Papstes mit Repräsentanten anderer Religionen fehlen inzwischen auf keinem Reiseprogramm in Länder, wo es auch nur kleine Gruppen nichtchristlicher Religionsanhänger gibt. So sah der Plan für die 5. Afrikareise Johannes Pauls II. vom 28. April bis 6. Mai 1989 nicht nur in Malawi, sondern auch in Sambia eine interreligiöse Begegnung, außerdem auf Madagaskar ein «ökumenisches Gebetstreffen» mit nicht näher spezifizierten Teilnehmern vor (DT vom 22. April 1989). «Assisi» geht also ständig weiter, ist im Handumdrehen zu einer solchen Selbstverständlichkeit avanciert, daß jede Infragestellung derartiger päpstlicher Aktionen selbst von «frommen» und «konservativen» Katholiken oft genug nur noch mit einem indignierten Kopfschütteln quittiert wird. Demnächst wird die Zahl der Angehörigen fremder Religionen, die im Vatikan Privataudienz erhalten, womöglich schon die Zahl der Katholiken übertreffen, die Zutritt zum Papst haben. Am 15. September 1989 meldete der OR auf der ersten Seite: «Papst Johannes Paul II. empfing eine Gruppe japanischer Religionsführer, die in Warschau am 1. September am Weltfriedensgebetstag teilgenommen hatten. Bei der Audienz in der Päpstlichen Sommerresidenz Castel-Gandolfo rief der Papst alle religiösen Führer zum unablässigen Gebet für den Frieden auf. Zugleich sollten sie vor aller Welt Zeugnis gegenseitiger Liebe und gegenseitigen Respekts ablegen. ...» Nur zwei Wochen später stand im OR vom 29. September (S. 3) folgende Nachricht: «Johannes Paul II. hat alle Menschen zum Gebet und aktiven Einsatz für den Frieden aufgerufen. Bei der Begrüßung einer Gruppe von buddhistischen Mönchen aus Tibet und einer Gruppe von Benediktinermönchen sowie Mitgliedern des Päpstlichen Rates für den Interreligiösen Dialog nach der Generalaudienz wies der Papst auf die Bedeutung des Friedensgebetes hin.»

Der CFR-Mann und Trilaterale Carl Friedrich von Weizsäcker hat die Dummheit besessen, bereits im Jahr 1986 und noch vor dem Tag von Assisi eine recht offenherzige Bemerkung zu machen, die Bände spricht. «Wenn man einmal zum Gebet zusammengekommen ist», orakelte er damals, «so wird man ein zweites Mal zur selbstverpflichtenden Rede zusammenkommen können. Eines Tages wird dies die gemeinsame Rede aller Religionen sein.» (Gassmann 1989, S. 61) Ähnlich, nur ohne so konkreten Bezugspunkt, hatten es schon die CoM-Illuminaten formuliert: sie redeten von einer künftigen «universalen Sprache (der Demokratie) ..., die den gemeinsamen Glauben des Menschen ausdrückt» (CoM S. 45)! Nicht der Weltfriede, sondern die «Religion der Demokratie» ist also das wahre Ziel der freimaurerisch-zionistischen Drahtzieher, die im Vatikan die Puppen tanzen lassen.

Die Umgarnung der Söhne Mohammeds

Wie schon weiter oben gezeigt wurde, verfolgt die Ökumene der Religionen, die gerade von Rom aus mit unglaublichem Eifer vorangetrieben wird, auch den Zweck, den fundamentalistischen Islam unter Kontrolle zu bekommen. Nicht nur die «Ortskirchen» und die vatikanischen Würdenträger, sogar Johannes Paul II. persönlich engagiert sich vorbildlich beim allgemeinen «katholischen» Liebeswerben um die Jünger Mohammeds. Begonnen hat die Kampagne zum Abschluß der dritten Afrikareise des Papstes in Casablanca am 20. August 1985, als er der dort versammelten «muslimischen Jugend» unter anderem folgendes sagte (OR vom 4. Oktober 1985, S. 12f): «Christen und Muslims haben vieles gemeinsam als Gläubige und als Menschen. ... Wir glauben an denselben Gott, der die Welten schafft und seine Geschöpfe zur Vollendung führt. ... Von Gott vor allem möchte ich zu euch sprechen; von ihm, denn es kommt von ihm, daß wir glauben, ihr Muslime und wir Katholiken, und auch von den menschlichen Werten, die in Gott ihre Grundlage haben ... Die katholische Kirche bemüht sich seit 20 Jahren, seit dem Zweiten Vatikanischen Konzil, durch ihre Bischöfe um die Zusammenarbeit aller, die glauben. Sie hat ein Dokument über den Dialog zwischen den Religionen (Nostra aetate) veröffentlicht. Es bekräftigt, daß alle Menschen, vor allem die Menschen lebendigen Glaubens, einander achten müssen, jede Diskriminierung vermeiden, zusammenleben und der allgemeinen Brüderlichkeit dienen sollen (vgl. ebd. Nr. 5). Die Kirche erweist den gläubigen Muslimen besondere Aufmerksamkeit, die durch ihren Glauben an den einzigen Gott, ihren Sinn für das Gebet und ihre Hochachtung für ein sittliches Leben gegeben ist (vgl. ebd. Nr. 3). Sie wünscht, miteinander "für die soziale Gerechtigkeit, die sittlichen Güter, den Frieden und die Freiheit aller Menschen einzutreten" (ebd.).»

Die Ehre Gottes und das *ewige* Heil der Seelen scheint der Kirche, die Johannes Paul II. vertritt, kein Anliegen mehr zu sein. In der ganzen langatmigen Rede ist immer nur von dem «einen Gott» die Rede. An der einzigen Stelle, wo der Papst konkret auf den Unterschied zwischen islamischem und christlichem Gottesglauben zu sprechen kommt, tut er der heiligsten Dreifaltigkeit keine Erwähnung, sondern erklärt bloß: «Die Loyalität verlangt aber auch, daß wir unsere Unterschiede erkennen und respektieren. Der grundlegendste Unterschied ist eindeutig unsere Würdigung von Person und Werk des Jesus von Nazareth. Ihr wißt, daß - für die Christen (Anm.: Wieso eigentlich nur "für die Christen"? Ist der katholische Glaube etwa keine *objektive*, sondern nur eine *subjektive* - und damit überhaupt keine! - Wahrheit?) - dieser Jesus sie in eine intime Kenntnis des Geheimnisses Gottes eingeführt hat und in die Teilhabe seiner Kinder an seinen Gaben, wenn sie ihn als Herr und Erlöser anerkennen. Das sind die wichtigsten Unterschiede, die wir in Demut und Respekt anerkennen müssen, in gegenseitiger Toleranz. Hierin liegt ein Geheimnis, über das Gott uns eines Tages aufklären wird, dessen bin ich sicher.» Was Johannes Paul II. also an entscheidender Stelle den jungen Muslimen vorenthalten hat, soll Gott ihnen eines Tages entdecken. Aber wozu ist die katholische Kirche und ihr oberster Lehrer dann überhaupt noch da?

Offenbar dazu, die Muslime zu noch besseren Muslimen zu machen. Die ganze Rede enthält buchstäblich nichts, was ein Moslem nicht unterschreiben könnte; der katholische Papst hat den jungen Marokkanern eine islamische Katechese gehalten, in der lediglich der Prophet Mohammed fehlte. Wer das nicht glauben will, ist hiermit aufgefordert, die Rede selbst nachzulesen. Etwas derart Ärgerniserregendes hat wohl noch kein Papst - ausgerechnet Jugendlichen - zu sagen gewagt. Hier noch eine Kostprobe: «Christen und Muslims verstehen sich für gewöhnlich falsch, und manchmal haben wir uns in der Vergangenheit mißverstanden und uns auch in Polemiken und Kriege verloren. Ich glaube, daß Gott uns heute auffordert, unsere alten Gewohnheiten abzulegen. Wir sollten uns gegenseitig respektieren und zu guten Werken auf dem Weg Gottes anspornen. ... Ich hoffe, liebe junge Menschen, daß ihr zum Aufbau einer Welt beitragen könnt, in der Gott den ersten Platz einnimmt, um den Menschen zu helfen und sie zu retten. Auf diesem Weg seid ihr der Achtung und Mitarbeit eurer katholischen Brüder und Schwestern sicher, die ich heute abend bei euch vertrete.» Ob Johannes Paul II. an diesem Tag wirklich die Katholiken vertreten hat, darf mit Fug und Recht angezweifelt werden. Die islamische Religion kann also seiner Meinung nach Menschen «retten», geradeso wie die katholische es tut: deshalb müssen beide zusammenarbeiten, ihre Unterschiede einfach «respektieren» und die von den Christen mehrfach ausgefochtenen Verteidigungskriege gegen den gewaltsam vorrückenden türkischen Islam und seine massive Bedrohung ihrer abendländischen christlichen Kultur und ihres christlichen Glaubens als bloße «Mißverständnisse» betrachten, von denen man lieber nicht mehr spricht. Das ist ein Schlag ins Gesicht zweier Päpste, von denen der eine ein Heiliger, der andere ein Seliger ist!

Der *heilige Pius V.* führte aus Dankbarkeit für den 1571 in der Seeschlacht von Lepanto über die islamischen Türken errungenen Sieg der christlichen Streitkräfte, der angesichts der zahlenmäßigen Unterlegenheit der letzteren eine offenkundige Frucht des vom Papst angeordneten dreitägigen ununterbrochenen Rosenkranzgebets im ganzen katholischen Europa war, das *Fest Unserer Lieben Frau vom Rosenkranz* ein. Der *selige Innozenz XI.* brachte 1683 unter größten Mühen ein vereintes europäisches christliches Heer gegen die bereits bis vor die Stadtmauern Wiens vorgedrungenen islamischen Türken zusammen. Wiederum schenkte die in allen Kirchen unablässig angeflehte Mittlerin aller Gnaden dem christlichen Heer den Sieg über die übermächtigen islamischen Streitkräfte, und zum dankbaren Gedächtnis an die Errettung Europas vor der Gefahr der gewaltsamen Islamisierung stiftete der Papst das *Fest Maria Königin*. Beide Feste hat man bei der jüngsten Liturgiereform zu bloßen «gebotenen Gedächtnissen» heruntergestuft, weil die auf Annäherungskurs zu den Religionen gegangene ökumenistische Nachkonzilskirche mit ihnen im Grunde nichts mehr anzufangen weiß. Mit welchen Gedanken wird wohl der als so «marianisch» geltende Johannes Paul II. alljährlich diese beiden Marienfeste - Pardon, «-gedächtnisse» - begehen, die für ihn aus bloßen «Mißverständnissen» seiner zur Ehre der Altäre erhobenen Vorgänger und aus von ihnen angezettelten unnützen Kriegen, in die sie sich «verloren» (s.o.!) hatten, hervorgegangen sind?

Aber das ist nur die eine Seite des Skandals. Die andere, hintergründigere, kommt in den freimaurerisch klingenden Worten vom «Aufbau der Welt des 21. Jahrhunderts» zum Vorschein, die sich in der Rede mehrmals wiederholen. Johannes Paul II. will bei den jungen Mohammedanern etwas ganz Bestimmtes erreichen, dasselbe, was er im gleichen Zug bei den Katholiken erreichen will, die seine Rede später in den vielen nationalen Ausgaben des Osservatore Romano lesen werden: beide Glaubensbekenntnisse, das (objektiv wahre) katholische wie das (objektiv falsche) islamische sollen *relativiert* werden, indem (nicht etwa bloß praktische, sondern *inhaltliche!*) *Toleranz* - eine außerhalb der Meß- und Regeltechnik durchwegs freimaurerische Vokabel - gefordert und als das größere Gemeinsame beider Religionen der *Aufbau einer gerechteren und brüderlicheren Welt* beschworen wird. Islam und Christentum werden so auf sehr schlaue und nicht sofort bemerkbare Weise innerweltlich verzweckt und verlieren ihren absoluten Anspruch.

Was nun den Islam und seinen irrigen Absolutheitsanspruch betrifft, so ist er an sich und in sich kein irgendwie schützenswertes Gut. Aber statt ihn im Sinn der Logen zu relativieren, müßte ihn der Papst selbstverständlich getreu Christi Auftrag zu missionieren versuchen. Nun werden einige ganz Gescheite einzuwenden versuchen, die Mohammedaner seien leider zu fanatisch und Johannes Paul II. habe in Casablanca unmöglich weiter gehen können, ohne die Jugendlichen zu provozieren. Ich weiß nicht, ob das überhaupt stimmt, aber wenn es so gewesen wäre, hätte er eben auf seine Ansprache ganz verzichten müssen. Deren sorgfältige Formulierungen verraten jedoch, daß sie schon lange vorher genau überlegt, konzipiert und ausgefeilt worden war, gerade weil man im Vatikan die Mentalität der Muslime kennt. Es war demnach von vornherein geplant, den katholischen Glauben zu verleugnen, um im Dienst der Geheimen Oberen den Islam durch eine perfide Umgarnungstaktik auszulaugen. Daß die Geheimen Oberen damals schon durch ihre besteingeweihten Logenbrüder in der unmittelbaren Umgebung Johannes Pauls II. präsent waren und es heute erst recht sind, werde ich noch im einzelnen nachweisen (s.u.!).

Islamische Vertreter waren bei allen interreligiösen Gebetstreffen seit Assisi 86 einschließlich anwesend. Nicht genug damit und mit Arinzes alljährlichen Ramadan-Grußbotschaften fühlt sich Johannes Paul II. indessen bemüßigt, noch ein übriges zu tun. Am 29. Oktober 1988 begrüßte er überschwenglich «die Teilnehmer des muslimisch-christlichen Treffens "Glaubende gehen und arbeiten zusammen", das vom 25.-28. Oktober in Assisi stattgefunden hat ... Wenn Muslime und Christen durch ihre Begegnung, ihr Gespräch und ihre Zusammenarbeit der Welt einen Weg zu diesem Ziel zeigen können, erfüllen wir gewiß den Willen des Gottes des Friedens. Das ist einer der schönsten Namen, mit dem Sie, meine muslimischen Brüder, ihn anrufen und preisen: "Al-Salam", der Friede.» (OR vom 22. 12. 1988, S. 17) Nun sind die Moslems schon zu «Glaubensbrüdern» avanciert, die den Willen Gottes geradesogut erfüllen wie die Katholiken! Begnügen wir uns im folgenden mit der Betrachtung von nur drei weiteren einschlägigen Aktionen Johannes Pauls II. aus dem Jahr 1989. Während die Regierungen aller übrigen Länder, die überhaupt Kondolenztelegramme nach Teheran schickten, über den verstorbenen fanatischen und äußerst brutalen Ayatollah Khomeini kein gutes Wort zu sagen wußten, vielmehr im Gegenteil ihren Hoffnungen Ausdruck gaben, der Iran werde sich aus seiner internationalen Isolierung, in die er durch die radikal-islamische Politik Khomeinis geraten sei, nunmehr befreien können, hielt es der Papst für angezeigt, die angebliche Trauer des ganzen iranischen Volks (von dem Khomeini Tausende Personen hingerichtet und viele Hunderttausende im «heiligen Krieg» verheizt hatte) öffentlich «mitzuempfinden». Das war aus der Sicht des Vatikans bzw. der dortigen Drahtzieher insofern nur logisch, als man erst kurz zuvor das Wohlwollen der radikalen Muslime in aller Welt durch die paradoxe Unterstützung ihrer Position in der Rushdi-Affäre (s.o.) zu erkaufen gesucht hatte.

Während also die übrige freimaurerisch-zionistische Weltpresse Khomeini als illiberalen Buhmann hinstellte, der die Rede- und Pressefreiheit sogar über die Grenzen des Iran hinaus bedroht hatte, setzten die in den Großen Plan eingeweihten Hintermänner im Vatikan (deren Existenz, wie schon gesagt, beweisbar ist und weiter unten noch bewiesen werden wird) auf eine scheinbar gegenteilige Taktik: das Oberhaupt der katholischen Kirche sollte die fundamentalistischen schiitischen Muslime durch sein ihnen übermitteltes Beileid zum Heimgang ihres religiösen Idols zu vereinnahmen suchen. Und so stand es dann im OR vom 9. Juni 1989 (S. 6): «Anläßlich des Todes des Imam Ruhollah Mussawi Khomeini sandte Papst Johannes Paul II. von Helsinki aus, wo er sich zum Pastoralbesuch aufhält, ein Beileidstelegramm an den Präsidenten der Islamischen Republik Iran, Hojatoleslam Seyyed-Ali Khamenei, mit folgendem Wortlaut: Aus Helsinki, wo ich mich zum Pastoralbesuch der katholischen Gemeinschaft in Finnland aufhalte, möchte ich Eure Exzellenz meiner persönlichen Anteilnahme und meines Gebetes anläßlich des Todes des Imam Ruhollah Mussawi Khomeini versichern. Ich teile den Schmerz der iranischen Nation und spreche Ihnen herzliche Wünsche für das Wohlergehen Ihres Volkes aus. - Auch Kardinalstaatssekretär Agostino Casaroli sandte ein Beileidstelegramm an den iranischen Staatspräsidenten.»

Um diese beiden Telegramme in ihrer Bedeutung angemessen würdigen zu können, muß man wissen, daß Khomeini nebenbei auch ein grimmiger Christenverfolger war und christliche Kinder zur Teilnahme am islamischen Religionsunterricht zwang, während jede Form christlichen Unterrichts absolut verboten war. Viele Christen wurden verhaftet, gefoltert und sogar umgebracht, weil sie sich weigerten, zum Islam überzutreten. Es gibt denn auch Katholiken, und mir sind einige davon persönlich bekannt, die - obwohl nicht allzu fromm - in schwerstwiegender Weise Ärgernis am päpstlichen Beileid für Khomeini genommen haben, und das sicherlich nicht zu Unrecht. - Die subtile Vereinnahmungsstrategie wurde nichtsdestoweniger im September 1989 durch einen ungewöhnlichen Appell des Papstes fortgesetzt. In der DT vom 14. 9. 89 war zu lesen: «Papst Johannes Paul II. hat die Christen zu Toleranz und Respekt gegenüber Muslims aufgerufen. Christen sollten sich in ihrem Verhältnis zu Muslims treu gegenüber Gott und als "wahre Friedensstifter" verhalten, sagte der Papst vor Teilnehmern eines Seminars über das Zusammenleben von Christen und Muslimen. Das Seminar wurde vom Päpstlichen Institut für arabische Studien veranstaltet. Gegenseitige Vorurteile von Christen und Muslimen müßten überwunden werden, forderte der Papst.» Und so weiter und so weiter ... Ersparen wir es uns, die restlichen in dieser Nachricht zitierten Sätze des päpstlichen Aufrufs wiederzugeben; man hat sie schon zig- und hundertfach mit unwesentlichen Variationen aus dem Mund des derzeitigen römischen Oberhirten vernommen. Ein nicht genannt sein wollender Missionar «aus dem Busch in Nord-Nigeria» setzte kürzlich in einem Leserbrief («Der Fels» 21 [1990] 63) einen jähen Kontrapunkt zu den unwahrhaftigen Friedens- und Dialog-Schalmeienklängen aus dem Vatikan, indem er schrieb: «Einen "Dialog" zwischen Christentum und Islam gibt es nicht, wenigstens nicht mit dem Islam, wie ihn Millionen Menschen leben: wir haben es da nicht mit einem Buch zu tun, sondern mit lebendigen Menschen, fanatisch, intolerant, zum Sterben bereit, um den Islam mit allen Mitteln auszubreiten; furchterregend und undemokratisch sind sie in ihrem eigenen Land, aber sie fordern und beanspruchen Rechte in den Ländern, wo sie hinkommen, die berühmten Menschenrechte. Der Islam hat keine Berührungspunkte mit dem Christentum, der Islam ist der Tod des Christentums. Wer das Gegenteil behauptet, ist noch nicht aus seinem Haus herausgekommen.»

Den bisherigen Höhepunkt erreichte die Kampagne zur gegenseitigen Annäherung von katholischer Kirche und Islam zwei Wochen später am 26. September, als der Vatikan «die erste Botschaft eines Papstes in der Geschichte der Kirche an alle Muslims in der Welt» (DT vom 28. 9. 1989) veröffentlichte, deren vorgeblicher Anlaß die Libanonkrise war. «Liebe Gläubige des Islam», hieß es u.a. in dieser «historischen» Botschaft, «euer Gebet und euer Handeln dürfen bei der Solidaritätsbewegung, die die Rettung des Libanon fordert, nicht fehlen. Ihr wißt, daß ihr immer auf die Mitarbeit der Christen zählen könnt. ... Gestattet mir, daß ich hier einen Rat des Apostels Paulus aufgreife: "Alle, die zum Glauben an Gott gekommen sind, sollen sich nach Kräften bemühen, das Gute zu tun" (vgl. Brief an Titus 3, 8). Möge Gott uns, Muslime und Christen, Seite an Seite am Krankenlager unserer an Leib und Seele verwundeten libanesischen Brüder finden! Möge Er die Anstrengungen aller jener segnen, die es inmitten von soviel Gewalt und Verzweiflung fertiggebracht haben, in Geist und Wahrheit Anbeter Gottes zu sein!»

Die Muslime sind also zum «Glauben an Gott» gekommen, und zwar in dem Sinn, in dem der heilige Paulus das an den Bischof Titus schreibt. Daß sie nicht an Christus und an den Heiligen Geist glauben wollen, scheint für den Papst bedeutungslos zu sein, obwohl der hl. Paulus zweifellos genau diesen *übernatürlichen Glauben* an Christus und die heiligste Dreifaltigkeit gemeint hat. Denn zum bloßen «Glauben an Gott» waren auch schon die Juden gekommen, denen er selber entstammte! Sein ganzer ungeheurer Missionseifer wäre sinnlos gewesen, wenn er nicht genau gewußt hätte, daß der bloße Monotheismus nach der Ankunft Christi niemanden mehr zu retten vermag, der sich gegen die Annahme des christlichen Dreifaltigkeitsglaubens wehrt. Johannes Paul II. dagegen sieht das nicht so eng. Er läßt es mit voller Absicht in der Schwebe, wer denn nun die «Anbeter Gottes in Geist und Wahrheit» sind, macht also den Moslems wahrheitswidrig Hoffnungen, zu den wahren Gottesverehrern zu zählen.

Ein vierter Einsatz des Papstes persönlich zur Förderung der christlich-islamischen «Ökumene» aus dem Jahr 1989 soll aber nicht unerwähnt bleiben. Im Dezember 89 meldete die DT (9. 12.; vgl. fast gleichlautend OR v. 26. 1. 90) aus Rom: «Christen und Muslime müssen nach den Worten von Johannes Paul II. der heutigen Jugend religiöse Werte vermitteln. Wenn es zwischen Christen und Muslims auch Unterschiede gebe, so stimmten beide Religionen darin überein, daß der Weg zu wahrer Menschlichkeit darin liege, "den göttlichen Willen in unser persönliches und soziales Leben hineinzutragen". Das erklärte Papst Johannes Paul II. am Donnerstag bei einer Audienz für muslimische und christliche Teilnehmer einer Tagung zum Thema: "Religiöse Erziehung in der modernen Welt". Die vom Päpstlichen Rat für den Interreligiösen Dialog und der jordanischen "Al al-Bait Foundation of Amman" organisierte Konferenz findet derzeit in Rom statt. ... Religiöse Erziehung habe die Aufgabe, sagte der Papst, Respekt und Offenheit gegenüber den anderen zu lehren.» Tatsächlich? Bisher war man als Katholik eigentlich immer davon ausgegangen, die katholische (es gibt keine «allgemein-religiöse»!) Erziehung müsse den katholischen Glauben und die katholische Sittenlehre vermitteln. Freimaurerische Leerformeln wie «Respekt» und «Offenheit» gegenüber jedermann galten der Kirche aller Zeiten noch niemals als Erziehungsideale. Sogar im Mainzer Karneval wurde einmal sehr treffend angemerkt, wer nach allen Seiten hin offen sei, könne unmöglich noch ganz dicht sein ... Natürlich wollen die päpstlichen Ausführungen ersichtlicherweise auch gar nicht der Ausbreitung und Festigung des katholischen Glaubens, sondern vielmehr dem «edlen» Zweck dienen, den «Frieden auf Erden» zu fördern, indem man die islamischen Fundamentalisten allmählich in die sich abzeichnende Einheitsfront der «Weltreligionen für den Frieden» einbindet und sie ideologisch auf die «Religion der Humanität» einschwört. Wo es um das «hohe Gut» des Friedens geht, darf ein Papst ruhig einmal fünf gerade sein lassen. So scheinen es auch die braven romtreuen Katholiken zu sehen, die alles lammfromm und mit Eselsgeduld über sich ergehen lassen. Wer schläft, sündigt nicht?

Der Ton macht die Musik

In fast jedem längeren Text Johannes Pauls II., von einigen vor einem rein katholischen Zuhörerkreis gehaltenen Predigten und Katechesen abgesehen, begegnen dem aufmerksamen Hörer oder Leser Formulierungen und Gedanken, die er mühelos in freimaurerischen Publikationen wiederfinden kann - nicht etwa belanglose Kleinigkeiten, sondern zentrale Aussagen, und auch nicht etwa nur hier und da einmal, sondern mit so konstanter und konzentrierter Häufigkeit, daß der Zufall als Ursache der peinlichen Parallelen von selbst ausscheidet. Dabei muß es sich noch nicht einmal um die «Religionsfreiheit» oder die «Einigung Europas» handeln, zwei freimaurerische Projekte, für die der Papst so unablässig wirbt, daß es müßig wäre, irgendwelche Belege dafür zu zitieren.

Schon in seiner wichtigen programmatischen Antritts-Enzyklika «Redemptor Hominis - Der Erlöser des Menschen» (RH) von 1979 (Zit. n. Johannes Paul II., Redemptor Hominis, hrsg. v. Sekretariat der Deutschen Bischofskonferenz, Bonn 1979) drückt sich Papst Johannes Paul II. an vielen Stellen sehr merkwürdig aus. So unterläßt er es beispielsweise fast gänzlich, auf den letzten und tiefsten Sinn des menschlichen Daseins, die Verherrlichung Gottes, hinzuweisen, und spricht so gut wie nur von der Erlösung des Menschen, als sei *sie* das Letzte und Tiefste im Plan Gottes mit den Geschöpfen. Im Grunde genommen findet bereits hier eine fundamentale *hoministische Umdeutung* des katholischen Glaubens in seiner Gesamtheit statt. Auffallend ist die häufige (schon im Titel anzutreffende), aber in der theologischen Sprache bisher völlig ungebräuchliche Verwendung des Singulars *«des Menschen»*, die ja in «The City of *Man*» gleichfalls, und hier sehr betont, vorliegt. In RH Nr. 12 etwa wird gesagt, Jesus sei «in der Geschichte des (?) Menschen stets anwesend». Merkwürdig hoministisch klingen aber vor allem folgende Aussagen der Enzyklika: «Der Mensch in der vollen Wahrheit seiner Existenz ... dieser Mensch ist der erste Weg, den die Kirche bei der Erfüllung ihres Auftrags beschreiten muß: er ist der *erste und grundlegende Weg der Kirche*, ein Weg, der von Christus selbst vorgezeichnet ist ...» (Nr. 14; dasselbe wird in kürzerer Formulierung nochmals in Nr. 21 und Nr. 22 gesagt). Man sollte eigentlich meinen, der «erste und grundlegende» Weg, den Christus seiner Kirche vorgezeichnet habe, sei *Er selbst*, denn. «*Ich bin der Weg,* die Wahrheit und das Leben. Niemand kommt zum Vater außer durch mich» (Joh 14, 6)! Aber der Papst will es anders. Er plädiert für den blanken *Humanismus* als «ersten und grundlegenden *Weg»* der Kirche.

Dem in der Konzilskonstitution *Gaudium et spes* permanent spürbaren unterschwelligen *Indifferentismus* kommt der Papst stellenweise sehr nahe, so etwa, wenn es in RH Nr. 6 heißt: «Die echte ökumenische Arbeit besagt Öffnung, Annäherung, Bereitschaft zum Dialog, *gemeinsame Suche nach der Wahrheit* im vollen biblischen und christlichen Sinn.» Diese Rede von der «gemeinsamen» *Suche* nach der vollen Wahrheit kann richtig interpretiert werden, wenn man sie uneigentlich auffaßt: Ein Missionar oder Katechet, der einen Andersgläubigen dem wahren Glauben zuführen will, kann das durchaus nach der Methode des Sokrates tun: sich selbst und dem anderen klare Fragen stellen und sie richtig beantworten. Er vollzieht dann gleichsam gedanklich die Suche des Andersgläubigen nach der vollen Wahrheit mit, obwohl er das Ergebnis dieser Suche bereits kennt und besitzt. Ähnlich fragt ja Jesus die Abgesandten der Pharisäer: «Zeigt mir einen Denar. Wessen Bild und Inschrift hat er?» (Lk 20, 24), um gemeinsam mit ihnen die Lösung des Steuerproblems zu «finden». Gleichwohl ist es ganz unangebracht, überhaupt von einer «gemeinsamen Suche» nach der vollen Wahrheit zu sprechen, wenn - wie hier - vom Kontext her eine indifferentistische Fehldeutung keineswegs ausgeschlossen werden kann.

Ähnliches gilt für die päpstliche Empfehlung jener Bemühungen, «die auf eine Annäherung mit den Vertretern der nichtchristlichen Religionen abzielen und im Dialog, in Kontakten, im gemeinschaftlichen Gebet und in der Suche nach den Schätzen der menschlichen Spiritualität, die - wie wir wissen - auch bei den Mitgliedern dieser Religionen anzutreffen sind, ihren konkreten Ausdruck finden». Alle nur denkbaren «Schätze» der wahren Spiritualität sind im Christentum bereits vorhanden, während es sich im Heidentum in aller Regel um eine bloß natürliche und mit schweren Irrtümern vermischte «Spiritualität» handelt. Eine solche Aufforderung zum spirituellen Synkretismus dient unbestreitbar der Auflösung der katholischen Kirche hinein in die universale «Religion des Geistes», die man in der «Stadt des Menschen» als einzige noch dulden wird! Nicht zustimmen können wird man als Katholik auch der bald darauf (Nr. 12) folgenden Behauptung: «Die Mission ist niemals Zerstörung, sondern Aufnahme vorhandener Werte und Neuaufbau, wenn auch in der Praxis diesem hohen Ideal nicht immer voll entsprochen worden ist.» Ihm konnte auch gar nicht entsprochen werden, weil es ein vollkommen irriges Ideal ist. Oft sind doch nicht nur (bloß natürliche!) Werte, sondern auch (natürliche *und* übernatürlich relevante) *Unwerte* vorhanden, die auf jeden Fall zerstört werden müssen, um für den katholischen Glauben und die göttliche Gnade überhaupt Raum zu schaffen. Man denke nur an den hl. Bonifatius, der die riesige Donar-Eiche bei Geismar eigenhändig fällte, aus ihrem Holz allerdings eine Kirche errichtete, oder gar an die Verbrennung der Zauberbücher in der Stadt Ephesus auf Veranlassung des hl. Paulus (Apg 19, 19)! Und muß nicht das Licht des katholischen Glaubens naturnotwendig die finsteren Schatten der heidnischen Irrtümer zerstreuen?

Auch eine teilhardistisch anmutende These hat Johannes Paul II. schon in seiner ersten Enzyklika aufgestellt: «Die Kirche, die aus einem eschatologischen Glauben lebt, betrachtet diese Besorgnis des Menschen um seine Menschlichkeit, um die Zukunft der Menschen auf Erden und damit auch um die Richtung von Entwicklung und Fortschritt als ein wesentliches Element ihrer Sendung, das hiervon nicht getrennt werden darf.» (RH Nr. 15) Dieser Satz kann, zumal vor dem Hintergrund von GS, nur den innerweltlichen Fortschritt meinen, der aber *als solcher* kein Gegenstand der Sorge der Kirche sein kann. Wäre es wenigstens bei dieser Enzyklika geblieben. Aber das ganze Pontifikat Johannes Pauls II. steht - von Jahr zu Jahr deutlicher und erschreckender - im Zeichen einer religionsvermischenden

Ökumene und des freimaurerischen Universal-Humanismus. Nur als besonders frappierendes Beispiel dafür sei im folgenden eine längere Passage aus dem Gründonnerstagsschreiben 1985 des Papstes an die Priester (Johannes Paul II., Schreiben an alle Priester der Kirche zum Gründonnerstag 1985, hrsg. v. Sekretariat der Deutschen Bischofskonferenz, Bonn 1985) zitiert. Der Text wirkt trotz (oder gerade wegen) der Verwendung der Worte «Christus» und «Gott» oder auch «Gnade» durch und durch freimaurerisch und zeigt starke Anklänge an CoM. Der Abschnitt stammt aus Nr. 7; die Auslassung ändert den Textcharakter nicht; alle Hervorhebungen sind original.

«Folge Christus nach, das will vor allem besagen, bemühe dich darum, *dich selbst auf möglichst tiefe und überzeugende Weise zu finden*. Trachte danach, *dich als Menschen zu finden*. Christus ist nämlich derjenige, der - wie das Konzil lehrt - "*dem Menschen den Menschen selbst voll kundmacht* und ihm seine höchste Berufung erschließt" (GS 22). Darum folge Christus nach! Das besagt, bemühe dich, jene Berufung zu finden, in der sich der *Mensch* und seine *Würde* verwirklichen. Nur im Lichte Christi und des Evangeliums können wir voll begreifen, was es heißt, daß der Mensch *als Bild und Gleichnis Gottes* geschaffen ist. Nur indem wir ihm nachfolgen, können wir dieses ewige Bild im *konkreten Leben mit Inhalt* füllen. Dieser Inhalt ist vielgestaltig; es gibt viele Berufungen und Lebensaufgaben, denen gegenüber die Jugendlichen ihren *eigenen Weg* bestimmen müssen. Dennoch gilt es, auf jedem dieser Wege eine Grundberufung zu verwirklichen: nämlich Mensch zu sein! und dies als Christ! Mensch zu sein nach dem Maß der Gnade Christi (vgl. Eph 4, 7). ... Die heutige Bedrohung der menschlichen Existenz in weiten Gesellschaftsbereichen, ja in der ganzen Menschheit, *verursacht zu Recht Unruhe unter vielen Jugendlichen*. Wir müssen ihnen in dieser Besorgnis helfen, ihre Berufung zu entdecken. Gleichzeitig müssen wir sie unterstützen und bestärken *in ihrem Wunsch, die Welt zu verändern*, sie *menschlicher* und *brüderlicher* zu machen. Hierbei geht es nicht nur um Worte; es handelt sich um die ganze Wirklichkeit jenes "Weges", den Christus uns zu einer so verwandelten Welt zeigt. Diese Welt heißt im Evangelium das Reich Gottes. *Das Reich Gottes* ist zugleich auch das wahre "Reich des Menschen": die neue Welt, in der sich die wahre "*königliche Würde des Menschen*" verwirklicht.»

Eine faktische Umkehrung des bekannten Wortes Christi also, die man so formulieren könnte: «Macht zuerst die irdische Welt menschlicher und brüderlicher, und das Reich Gottes wird euch hinzugegeben werden»! Man vergleiche mit dem zitierten päpstlichen Text *sorgfältig* das folgende Freimaurer-Zitat: «Der Zweck des Freimaurerbundes ist, in allen confessionellen Trennungen eine auserlesene Gemeinde Derer zu bilden, welche auf Grund des ursprünglichen dogmenlosen, nur auf die Lehre Jesu begründeten Christenthums das von Jesu verkündete Reich Gottes auf Erden ausbauen, in der von Jesu gelehrten und vorgelebten Gotteskindschaft ein hohes, im Lichte göttlichen Lebens verklärtes Menschenthum weiter vorleben und zur Erscheinung bringen sollte.» (Br. Friedrich Holtschmidt, in: ders. u.a., Stern von Bethlehem. Ursprung, Wesen und Ziel der Freimaurerei, Hünstetten/Taunus 1981 [unveränderter Nachdruck von 1899], S. 198) Hier wie bei

Johannes Paul II. scheint sich das Jenseits im Diesseits aufzulösen; Gottesverehrung verwandelt sich unter der Hand in bloßen «Menschheitsdienst».

Das angesprochene *Gottesreich auf Erden* ist übrigens letztlich kein freimaurerisches, sondern ein jüdisches Programm. Das behauptete jedenfalls Zionistenführer Herzls enger Mitarbeiter Dr. Gaster auf dem Baseler Zionistenkongreß 1899: «Wir verfolgen das Ideal unverzagt durch die Jahrtausende ... und wir nennen das Gottesreich auf Erden das Ideal des jüdischen Volkes ...» (Zit. n. Ritter 1938, S. 26) Das gleiche erklärte der französische Oberrabbiner Julius Weill in seinem Buch «Le Judaisme», in dem er wörtlich schrieb: «Das Reich Gottes ist von dieser Welt, wenn Israel seine Rolle erfüllen wird oder wenn es sich durch eigene Disziplin auf der Höhe erhält und wenn es darauf bedacht sein wird, um aus allen Kräften mitzuhelfen in dem, was in der Welt vorgeht im Sinne des prophetischen Programms.» (Zit. n. Fleischhauer 1935, S. 188)

Aber nun zurück zu Johannes Paul II. Noch etwas an seinen zuletzt zitierten Ausführungen ist bemerkenswert. «Das Reich Gottes», sagt er nämlich (s.o.) in seinem Gründonnerstagsschreiben von 1985, «ist zugleich ... die neue Welt, in der sich die wahre "*königliche Würde des Menschen*" verwirklicht.» Die Hervorhebung stammt, wie schon gesagt, vom Papst selber. Die «Königswürde des Menschen» liegt ihm so sehr am Herzen, daß er unter dem seltsam antiquiert klingenden Titel «Von der Königswürde des Menschen» sogar ein Buch herausgebracht hat, das vor einigen Jahren auch in deutscher Übersetzung erhältlich war, jetzt aber vergriffen ist. Schon in der Antritts-Enzyklika RH (Nr. 21) stellte Johannes Paul II. besonders heraus, «daß wir in uns und in den anderen die besondere Würde unserer Berufung entdecken, die man "Königswürde" nennen könnte. ... Unsere Teilnahme an der königlichen Sendung Christi - an seinem "Königsamt" - ist eng verbunden mit jedem Bereich der christlichen und zugleich menschlichen Moral.»

Auf den ersten Blick ist die Rede von der königlichen Würde «des Menschen» theologisch korrekt und unangreifbar. Aber hält sie auch einem tiefergehenden zweiten Blick stand? Wenn die königliche Würde ausdrücklich auf die katholischen Christen beschränkt würde, was aber leider nicht geschieht, da undifferenziert von der «Königswürde *des Menschen*» gesprochen wird, könnte man sich immerhin auf die Hl. Schrift berufen. Dort nennt der hl. Petrus die Christen nämlich ein «auserwähltes Geschlecht, eine königliche Priesterschaft» (1 Petr 2, 9); ähnlich sagt der hl. Johannes in der Einleitung zur Geheimen Offenbarung (1, 6), Christus habe «uns zu einem Königreich gemacht, zu Priestern für seinen Gott und Vater», und später heißt es von den Auserwählten (Offb 5, 10), sie würden «als Könige herrschen auf Erden», was sich allerdings schon auf die ewige Seligkeit bezieht. Tatsächlich kommt die «königliche Würde» ja auch *bleibend* nur jenen zu, die nicht bloß zur Zahl der Getauften und Gläubigen, sondern auch zu der der Auserwählten gehören. Die königliche Würde als Teilhabe am Königtum Christi (wie sie auch der Papst versteht!) kann man also nicht einfach als Königswürde «des Menschen» bzw. «jedes Menschen», sondern definitiv nur als solche der Heiligen im Himmel thematisieren. Indem Johannes Paul II. diesen Unterschied nicht macht, der durch die göttliche Offenbarung zwingend vorgegeben ist, wird klar, daß seine «Königswürde» auf einem anderen Fundament ruht als auf dem katholischen Dogma. Und wenn man sich nach einem anderen Fundament für die Rede von der menschlichen Königswürde umsieht, läßt sich beim besten Willen kein anderes finden als das der freimaurerischen Ideologie. Selbstverständlich besitzen die Jünger der «Königlichen Kunst», als die sich die Logenbrüder ja ausdrücklich verstehen, auch königliche Würde, und da die maurerischen Prinzipien erklärtermaßen allgemein-menschliche Grundsätze sind, kommt prinzipiell jedem Menschen diese «königliche Würde» zu. Nach K. Lerich (1937, S. 28) erhält der Inhaber des feierlich, «in seinem vollen Ritual» gepflogenen 13. Grades der Roten Maurerei den Titel «Meister des Königlichen Gewölbes», nach R. Prantner (1989, S. 18) obendrein derjenige des 32. Grades den Titel «Meister des Königlichen Geheimnisses».

Noch mehr suspekt wird die wiederholte und betonte päpstliche Rede von der Königswürde *des* Menschen demjenigen, der weiß, daß den «Höhepunkt des Weishauptschen Aufbaus» des Illuminatenordens ausgerechnet der «Grad des Magiers oder des "Königsmenschen"» bildet. «Von diesem Grad, schreibt Weishaupt: "Aber aus (den) Händen gebe ich diesen Grad nicht: er ist der Schlüssel zur alten sowohl als zur neuen Geschichte, zur Religion, und zu jeder Staatsverfassung in der Welt". Es handelt sich tatsächlich um das Gegenprinzip, um das satanische Prinzip des Königsmenschen, um die fortwährende Erneuerung der Erbsünde.» (Ploncard d'Assac 1989, S. 96) Nicht vergessen darf man auch, daß der Antichrist sich, wenn die «Protokolle der Weisen von Zion» (vgl. dazu Band 2!) recht behalten, als «König» der vereinten Menschheit auf den Thron des erdumspannenden Weltreichs setzen wird (vgl. zur Beek [Hrsg.] 1919, S. 52, 57 und öfter).

Am 11. Juli 1989 berichtete die DT von dem Empfang der Besatzung eines britischen Untersee-Boots durch Johannes Paul II. Bei dieser Gelegenheit sagte der Papst laut DT unter anderem, «zu den Friedensverhandlungen müsse ein "Geist von Brüderlichkeit innerhalb der ganzen Menschheitsfamilie" hinzukommen sowie der "Respekt vor der jeder menschlichen Person eigenen Göttlichkeit"». Was die Freimaurer im allgemeinen und die CoM-Illuminaten im besonderen über die «Göttlichkeit *des* Menschen» zu behaupten pflegen, wurde schon im ersten Band dieser Reihe gezeigt. Zwar ließe sich auch die Rede von der «Göttlichkeit» *der Auserwählten* im Sinne von gnadenhafter Teilhabe an der göttlichen Natur aus der Hl. Schrift begründen, obwohl die Kirche sie mit gutem Grund kaum aufgegriffen hat. Im 81. Psalm heißt es: «Ich habe gesagt: Ihr seid Götter, ihr alle seid Söhne des Höchsten.» Jesus hat diesen Psalmvers in einem Streitgespräch mit den Juden zitiert und interpretiert, als er ihnen vorhielt: «Heißt es nicht in eurem Gesetz: Ich habe gesagt: Ihr seid Götter? Wenn er jene Menschen Götter genannt hat, an die das Wort Gottes ergangen ist, und wenn die Schrift nicht aufgehoben werden kann, dürft ihr dann von dem, den der Vater geheiligt und in die Welt gesandt hat, sagen: Du lästerst Gott - weil ich gesagt habe: Ich bin Gottes Sohn?» (Joh 10, 34ff) Der Herr selbst hat also einen klaren Unterschied zwischen der «Göttlichkeit» der

Menschen - und zwar bemerkenswerterweise nur der Gläubigen des Alten Bundes - und seiner eigenen gemacht. Jene ist nur eine uneigentliche, seine eigene jedoch diejenige des Vaters selber.

Es ist angesichts dessen höchst verfänglich, mit Johannes Paul II. ohne erklärenden Zusatz die «Göttlichkeit jeder menschlichen Person» zu behaupten. Ob damit mehr als die bloße natürliche Gottebenbildlichkeit *aller* Menschen (vgl. Gen 1, 26f) gemeint ist oder nicht, wird nämlich absolut nicht klar. Die Logenbrüder verwenden genau dieselbe Formulierung und verstehen darunter, daß der wahrhaft «aufgeklärte» Mensch sich an die Stelle Gottes (den es gar nicht gebe) setzen könne, dürfe und müsse. Wie kann ein Papst gegenüber religiös wahrscheinlich ausgesprochen wenig gebildeten Seesoldaten also undifferenziert eine so zwiespältige Formulierung verwenden? Wollte er damit womöglich gar nicht den unmittelbaren Addressaten seiner Ansprache, sondern einem dafür empfänglicheren Personenkreis von Eingeweihten ein Signal übermitteln?

Auffallen mußte jedem glaubenstreuen Katholiken ein Satz in der «Botschaft Johannes Pauls II. an die Völker Nordeuropas», die der OR vom 9. Juni 89 auf der Titelseite dokumentierte. «Die katholische Kirche ihrerseits», hieß es da, «hat die ganzheitliche Entwicklung der Völker zu einem hauptsächlichen Ziel ihres Dienstes in aller Welt gemacht.» *Kann denn überhaupt* die Kirche irgendetwas plötzlich zu ihrem Ziel «machen»? Ist ihr das Ziel nicht von ihrem Gründer, dem Gottmenschen Jesus Christus, vorgegeben worden, und lautet nicht dieses Ziel «Verherrlichung Gottes» und «Rettung der unsterblichen Seelen»? Gott geht es nicht um abstrakte Völker, sondern um jede einzelne menschliche Person, und da wiederum keineswegs um deren abstrakte, undefinierte «ganzheitliche Entwicklung», sondern um ihre Heiligung und übernatürliche Vollendung zu seiner Ehre und zu ihrem ewigen Heil. Dieses *Hauptziel* der Kirche (hat sie denn überhaupt noch *Nebenziele*??) bleibt durch alle Zeiten bis zum Jüngsten Tag unverrückbar bestehen und neben ihm hat kein anderes «Hauptziel» wie etwa «die ganzheitliche Entwicklung der Völker» Platz. Es sei denn, damit hätte der Papst das wahre Ziel der Kirche lediglich umschreiben wollen. Aber warum dann die Rede von «einem» «Hauptziel» statt von *dem Ziel*? Und wozu dann so eine blasse, nach Logen-Jargon klingende Phrase?

Gegenüber dem neuen indischen Botschafter im Vatikan erklärte der Papst im Januar 1990 (DT vom 16. 1. 90), er hoffe, «daß der in der indischen Kultur verwurzelte religiöse Gedanke eine verstärkte Zusammenarbeit zwischen dem Land und dem Heiligen Stuhl bei der Förderung des Weltfriedens, der internationalen Entwicklung und Abrüstung unterstützen werde. "Indiens größter Beitrag für die Welt kann sein, ihr eine spirituelle Vision des Menschen anzubieten".» Musik in den Ohren der Logenbrüder, denen es erstens nur um den Menschen und zweitens um die «Vision» von ihm und seiner künftigen «Stadt» geht. Hat denn die Kirche nicht selber die allein gültige «spirituelle Vision» vom Menschen? Im Rahmen einer päpstlichen Ansprache vor der Vollversammlung des Päpstlichen Rates für die Kultur am 12. Januar 1990 fielen die folgenden Worte: «Der Mensch kann heute unbeständig erscheinen, manchmal von seiner Vergangenheit belastet, beunruhigt wegen seiner Zukunft. Aber es ist auch wahr, daß ein neuer Mensch mit neuer Gestalt sich auf der Weltbühne abzeichnet. Seine Hoffnung besteht zutiefst darin, sich in seiner Freiheit zu festigen, verantwortlich voranzuschreiten und sich für Solidarität einzusetzen.» Und dieser säkulare, autonome, brüderliche «neue» Mensch schwebt dem Papst, woran der Kontext seiner Rede keinen Zweifel aufkommen läßt, als Ideal vor Augen. Sollte das alles (und es ist nur eine winzige Auswahl!) bloß «Zufall» sein?

Die Wissenschaften vom Menschen

Eine reichlich undurchsichtige Sache ist die Beziehung des «polnischen Papstes» zum mittlerweile weltbekannten polnischen Gewerkschaftsführer Lech Walesa einerseits und zum B'nai B'rith-geehrten Wiener Kardinal König andererseits. Die auf den ersten Blick nicht sichtbare Beziehung zwischen König und Walesa ergibt sich über eine sehr obskure «kirchliche» Einrichtung mit dem für eine katholische weit weniger als für eine Logengründung passenden Namen «Institut für die Wissenschaften vom Menschen». Nach einem Bericht in der Wiener Kirchenzeitung vom 11. Dezember 1988 wurde das Institut «auf Anstoß von Papst Johannes Paul II. vom Krakauer Prälaten Univ.-Prof. Dr. Józef Tischner» gegründet, und zwar im Jahr 1982, wie aus anderen Quellen zu erfahren ist. Im OR vom 10. Februar 1989 wird mit beträchtlicher Verspätung über dasselbe Wiener Kolloquium des Instituts berichtet, das auch Anlaß für den Beitrag in der Wiener Kirchenzeitung war, und dabei mitgeteilt, Tischner sei «einer der Mitbegründer des "Instituts für die Wissenschaften vom Menschen" und Vordenker der polnischen "Solidarnisc"-Bewegung». Das Tischner-Institut erfreut den polnischen Papst alljährlich durch ein Kolloquium in der Sommerresidenz Castel-Gandolfo, an der, wie eine Nachprüfung in verschiedenen Jahrgängen des OR ergibt, großenteils immer die gleichen Personen teilnehmen, darunter Kardinal König und der Illuminat Carl Friedrich von Weizsäcker!

Kardinal König hat, nebenbei bemerkt, offenbar in aller Stille auch ein eigenes Institut gegründet. Wichtige Informationen darüber enthält eine 1989 im OR vom 11. August abgedruckte päpstliche Ansprache «an die Mitglieder der Vereinigung NOVA SPES»; deshalb seien die interessantesten Abschnitte der schon Ende Mai 89 gehaltenen Ansprache Johannes Pauls II. an dieses Gremium hier einfach im Wortlaut wiedergegeben: «Ich freue mich sehr, erneut mit Ihnen, Vertreter von Kultur und Wissenschaft, Mitglieder der Vereinigung NOVA SPES, zusammenzutreffen. Sie baten um diese Audienz im Verlauf Ihres Kolloquiums über das Thema: Die allumfassende Entwicklung der menschlichen Person und der Gesellschaft als Verwirklichung der menschlichen Werte. Ich grüße herzlich Herrn Kardinal Franz König, Alterzbischof von Wien, Gründer und Präsident von NOVA SPES, der für diese Stiftung seinen Erfahrungsschatz und sein Wissen einsetzt. ...

Auch diesmal wieder, wie schon anläßlich früherer Zusammenkünfte, spreche ich Ihnen meine Achtung und Freude aus für die Tätigkeit und die kulturellen Interessen, die Sie seit der Gründung von NOVA SPES im Jahre 1977 in den Dienst der Gesellschaft stellen. Als Grundlinie von NOVA SPES, als Grundanliegen tritt der qualitative Aspekt des menschlichen Fortschritts in enger Verbindung mit Religion, Wissenschaft, Kommunikation und Wirtschaft auch bei Ihrem derzeitigen Kolloquium deutlich und konkret hervor.» Nun, hervortritt vor allem die durchaus als rein innerweltlich-humanistisch-liberal, mit einem, in unserem Zusammenhang leider schon fast überstrapazierten, Wort, als *freimaurerisch* zu betrachtende Ausrichtung der «Stiftung», die also 1989 keineswegs zum ersten Mal eine Privataudienz bei Johannes Paul II. erhielt.

Im Dezember 1989 tagte NOVA SPES übrigens erneut in Rom. Aus der im OR vom 26. Januar 1990 auf S. 11f dokumentierten «Ansprache Johannes Pauls II. an die Teilnehmer der IV. Tagung der Nobel-Preisträger, veranstaltet von der Internationalen Stiftung "Nova Spes"», lasse ich hier nur zwei vielsagende Sätze folgen: «Ihre Diskussionen in den letzten Tagen haben die zahlreichen Aspekte des für das Symposium gewählten Themas: "Mensch, Umwelt und Entwicklung - für eine Gesamtsicht", untersucht. ... Was am Ende von uns allen gefordert wird, ist ein wachsendes Bewußtsein von der Einheit der Menschheitsfamilie, in der der Mensch in seiner besonderen Kultur solide verwurzelt bleibt und doch zur Überwindung der Grenzen fähig ist, die Geographie, Ideologie, Rasse und Religion auferlegen.» Mit anderen Worten: nach päpstlicher Auffassung wird «von uns allen gefordert», uns der kommenden One World zu öffnen ... Übrigens ging auch Kardinal König auf dieser Tagung aus sich heraus. Jedenfalls berichtete «Der schwarze Brief» vom 14. Dezember 1989 folgendes: «Auf dem 4. Nobelpreisträger-Treffen der Stiftung "Nova Spes" in Rom hat sich der Wiener Kardinal Franz König für einen "neuen Kosmopolitismus" ausgesprochen. "Damit soll keinem Welt-Staat das Wort geredet werden, der durch seine Dimension und die Konzentration der Machtmittel den Keim zu grauenvoller Zerstörung der menschlichen Würde in sich bergen würde. Wohl aber geht es darum, einem neuen weltweiten Bewußtsein Bahn zu brechen und gleichzeitig auch mitzuarbeiten, damit eine internationale Ordnung entsteht, die den Gegebenheiten entspricht."» Dem anschließenden Kommentar des Schwarzen Briefs ist wohl nichts hinzuzufügen: «"Nova Spes" ist einem ganzheitlichen Bild vom Menschen verpflichtet, der seine Kräfte in ein harmonisches Verhältnis gebracht habe. Dies ist zugleich die präzise Kurzformel der New-Age-Ideologie. Warum der engagierte Freimaurer-Freund König dem Welt-Staat so bösartige Tendenzen unterstellt, läßt sich nur mit seinem hohen Wissen um diese Pläne erklären. Wo aber ist der Unterschied zwischen "One World" und "Internationale Ordnung"?»

Aber wieder zurück zum scheinbar ähnlich konzipierten «Institut für die Wissenschaften vom Menschen». Es tritt nicht bloß in Castel Gandolfo, sondern auch anderswo ganz nach Bedarf in Erscheinung, so auch in Wien, wo das Tagungsthema Ende November 1988 lautete: «Juden und Christen in einer pluralistischen Welt»; «unter den hochrangigen Teilnehmern aus aller Welt befanden sich Wissenschaftler verschiedener Disziplinen sowie Repräsentanten der christlichen Kirchen und jüdischen Organisationen», folglich mit an Sicherheit grenzender Wahrscheinlichkeit auch solche des allgegenwärtigen B'nai B'rith. «Im Eröffnungsvortrag der Konferenz hob Kardinal Dr. Franz König die Bedeutung einer Besinnung auf das gemeinsame geistige Erbe von Christen und Juden hervor und wertete sie als ein "neues Zeichen der Hoffnung". (Anm.: Das könnte ein Signal an "Wissende" gewesen sein, denn Kardinal Königs Gründung NOVA SPES heißt übersetzt nichts anderes als - "Neue Hoffnung"!) Gleichzeitig brach der Kardinal eine Lanze für respektvolle Toleranz zwischen den verschiedenen Religionen und Weltanschauungen, die - wie er betonte - nichts mit einem "Relativismus als Zeichen religiöser Indifferenz" zu tun habe.» (OR vom 10. Februar 1989, S. 6) Was der OR nicht für erwähnenswert hielt, hatte die Wiener Kirchenzeitung sogar mit einem großen Foto dokumentiert: «Beim Empfang der Tagungsteilnehmer im Wiener Erzbischöflichen Palais - Generalvikar Trpin vertrat dabei den in Rom weilenden "Hausherrn" - überreichte der ehemalige Erzbischof von Canterbury (Anm.: wie alle Inhaber dieses Postens hochgradig der Logenmitgliedschaft verdächtig; vgl. Stimpfle 1988, S. 345 und Virebeau 1978, S. 57!), Lord Cogan, Kardinal Dr. Franz König die "Interfaith-Medaille" für Frieden durch Dialog.»

Da hat also Kardinal König allem Anschein nach Ende November 1988 gleich zwei Medaillen erhalten: nicht bloß die B'nai B'rith-Goldmedaille, sondern auch die «Interfaith»-Medaille, von der nicht klar zu sein scheint, *wer* hinter ihrer Vergabe steckt. Der Name dieser Medaille jedenfalls ist - für jeden, der Englisch versteht - unübertrefflich prägnant, leider aber auch unübersetzbar; die wenig elegante Wiedergabe mit «Inter-Glaubens-Medaille» läßt immerhin erkennen, um was es sich handelte. König wurde damit für seine Bemühungen um «Frieden durch Dialog» *der verschiedenen Glaubensbekenntnisse bzw. Religionen* ausgezeichnet. Und das wohlgemerkt vor den versammelten Tagungsteilnehmern des «Instituts für die Wissenschaften vom Menschen», auf das damit erneut ein seltsames Licht fällt. Das wäre erst recht dann der Fall, wenn die von der Wiener Kirchenzeitung als «Interfaith-Medaille» spezifizierte Auszeichnung mit der «B'nai B'rith-Goldmedaille» des früher zitierten Kathpress-Berichts identisch wäre, was ich aufgrund der ausgesprochen dürftigen Informationslage nicht ausschließen kann.

Wo aber bleibt bislang Lech Walesa? Nun, die Angelegenheit ist wirklich sehr verwickelt. Der OR vom 28. April 1989 brachte auf der Titelseite ein großes Foto einer Begegnung Johannes Pauls II. mit Walesa mit dem folgenden erläuternden Text: «Johannes Paul II. hat den Präsidenten der polnischen Gewerkschaft "Solidarnosc", Lech Walesa, am 20. April in Privataudienz empfangen. ... Vor seinem Besuch im Vatikan erläuterte der Friedensnobelpreisträger in der Aula der Katholischen Universität vor versammelten Studenten und Lehrern den Zweck seines Italienaufenthaltes. "Wir wollen uns Europa auf politischer, wirtschaftlicher und gesellschaftlicher Ebene wieder anschließen, und ich bin mit einer Abordnung der Gewerkschaft gekommen, um zu lernen und Unterstützung und Solidarität zu finden", sagte Walesa. Bei dieser Gelegenheit dankte er auch den Ärzten der "Gemelli"-Klinik dafür, daß sie dem Papst nach dem Attentat von 1981 das Leben gerettet haben: "Durch Ihre Rettung des Papstes haben Sie Solidarnosc gerettet. Eines Tages wird die Geschichte es erweisen, wie wichtig der Beitrag dieses bedeutenden Polen und hervorragenden Menschen für die Festigung der Ideale von Solidarnosc gewesen ist. Ich kann mir meinen Kampf und die Existenz von Solidarnosc ohne den Papst nicht vorstellen."» Wer die Strategie der Schatten-Weltregierung kennt (vgl. dazu Band 2!), weiß, warum in Polen die Gewerkschaft «Solidarität» Erfolg haben konnte. und wer obendrein weiß, daß z.B. 1984 der Direktor des Nobel-Preis-Komitees, John C. Sanness (s.o.!), Mitglied der Trilateral Commission war, kann sich auch ausrechnen, wieso Lech Walesa heute Träger des Friedensnobelpreises ist.

Aber das erklärt immer noch nicht die behauptete Verbindung zwischen Lech Walesa und Kardinal König. Nun, ob da eine *direkte* Verbindung besteht, ist ziemlich belanglos. Tatsachen sind aber folgende: Nach Walesas eigener Aussage verdankt die «Solidarnosc» dem ehemaligen Krakauer Kardinal Wojtyla und jetzigen Papst Johannes Paul II. ihre Existenz. Der mit Johannes Paul II. bestens bekannte Prälat Tischner, ebenfalls in Krakau zu Hause, gilt als «Solidarnosc-Vordenker». Die 1892 gegründete Krakauer B'nai B'rith-Loge hieß im Jahr 1913 noch «Solidaritas» (Hecht 1914, S. 17), dürfte aber inzwischen längst den entsprechenden polnischen Namen «Solidarnosc» angenommen haben. In der Allgemeinen Jüdischen Wochenzeitung vom 18. Januar 1990 (S. 5) schrieb Zeev Barth: «In Polen mit seinen nur noch 10 000 Juden spielten Juden wie Bronislaw Geremek und Adam Michnik eine führende Rolle in der "Solidarnosc". Auch ein Großteil der Redakteure der "Gazeta Wyborcza", des Organs der "Solidarnosc", sind Juden. Die Verbindung zwischen Kirche und Juden war im kommunistischen Polen besonders gut erkennbar. Die mit der "Solidarnosc" verbundenen Juden sind von der Kirche ermuntert worden, ihre jüdische Religion und Kultur zu praktizieren.» Tatsachen sind weiterhin: Mindestens ein Mitglied von Tischners Institut, nämlich Kardinal König, unterhält lebhafte Beziehungen zu B'nai B'rith; Tischner selbst veranstaltete Ende November 1988 eine Tagung mit jüdisch-christlicher Thematik in Wien, zu der höchstwahrscheinlich Vertreter von B'nai B'rith geladen waren, und in deren Rahmen höchstwahrscheinlich Kardinal König am 27. November die B'nai B'rith-Goldmedaille erhielt. Woraus summa summarum gefolgert werden kann, daß sowohl Walesa als auch Kardinal König in irgendeiner Weise von B'nai B'rith und seinen Helfershelfern beeinflußt sind bzw. mit ihnen in ständiger Verbindung stehen, *wobei diese Verbindung teilweise über die Person Johannes Pauls II. läuft*, der die Idee für die Gründung des Tischner-Instituts hatte und alljährlich an seinen Tagungen teilnimmt (s.u.). Halten wir zur Person Tischners nur noch fest, daß er laut OR vom 10. Februar 89 auf der Wiener Konferenz ein «vielbeachtetes Referat» hielt, in dem er betonte, es sollte «nach den Erfahrungen des Holocausts ein zentrales Anliegen des christlich-jüdischen Dialogs sein, in gemeinsamer Anstrengung den Menschen zu einem Glauben zu erziehen, der jeglichen totalitären Ansprüchen widersteht»! Zu dieser entlarvenden These ließe sich vieles sagen, aber für den Leser, der meinen Darlegungen bis hierher gefolgt ist, erübrigt sich zweifellos jeder Kommentar.

Am 11. August 1989 berichtete der OR (S. 3): «Mit dem Verhältnis von Bürger und Staat einerseits, Gesellschaft und Staat andererseits, setzt sich die diesjährige Sommertagung des Wiener "Instituts für die Wissenschaften vom Menschen" in der päpstlichen Sommerresidenz Castel Gandolfo auseinander. Die Tagung mit dem englischen Titel "Europe and the Civil Society" (Anm.: "Europa und die bürgerliche Gesellschaft") findet vom 10. bis 12. August statt. Papst Johannes Paul II. wird - wie bei den früheren Sommertagungen - persönlich anwesend sein. ... Trotz des Europa-Titels wird bewußt auch über die Grenzen Europas hinausgeblickt: der Islamwissenschaftler Bernard Lewis von der Princeton-Universität geht der komplexen Frage des Verhältnisses von Religion, Staat und Gesellschaft im Islam nach, Tu Wei Ming von der Havard-Universität behandelt den Fragenkreis "Konfuzianischer Humanismus und Demokratie". Weitere Teilnehmer sind u.a. der britisch-deutsche Sozialwissenschaftler Ralf Dahrendorf, der heute in Chicago lehrende polnische Philosoph Leszek Kolakowski, der Münsteraner katholische Theologe Johann Baptist Metz, Kurienkardinal Paul Poupard, der Münchener Philosoph Robert Spaemann, der britische Verleger Lord Weidenfeld sowie der deutsche Physiker und Friedensforscher Carl Friedrich von Weizsäcker. ...»

Die Themen der Referate wie auch das Thema der Tagung überhaupt sprechen für sich; es sind just jene Probleme, die zu erforschen die CoM-Illuminaten sich seinerzeit auch schon vorgenommen hatten: das Verhältnis der verschiedenen Religionen (hier des Islam und des Konfuzianismus) zur künftigen Welt-Gesellschaft und Welt-Demokratie bzw. zur Weltreligion des Humanismus. Auch die Tagungsteilnehmer hatte Tischner sehr passend zusammengesucht (wenn man von Robert Spaemann absieht, der in diesem Kreis etwas verloren wirkt): den passionierten Befreiungstheologen und Rahner-Adepten J.B. Metz, den freidenkerischen «Philosophen» Kolakowski, der vom freimaurerisch-liberalen Standpunkt aus den zionistischen real existierenden Sozialismus kritisiert und damit die Menschheit verdummt, den auch als Kolumnist für die große logengesteuerte Presse tätigen Professor Dahrendorf, der es naturgemäß nicht an die große Glocke hängt, daß er zumindest 1985 am topgeheimen Bilderbergertreffen von New York teilgenommen hat (vgl. CODE Nr. 10/1987, S. 26), schließlich das Mitglied des CFR und der Trilateral Commission von Weizsäcker. Und in trauter Runde mit diesen Herren hat sich 1989 wie auch schon in den voraufgegangenen Jahren für drei ganze Tage Papst Johannes Paul II. befunden.

Die Welt vor neuen Aufgaben

Die «One World», das Ziel der Geheimen Oberen, wurde und wird nicht bloß vom zweiten Vatikanischen Konzil, von den Päpsten Johannes XXIII. und Paul VI., von den Kardinälen Etchegarey, Casaroli und König, von Bischof Lehmann und anderen Hierarchen, sondern auch von Johannes Paul II. immer wieder herbeigeredet, herbeigewünscht, gefordert. Er tut das nicht so plump wie seine Untergebenen, liebt vielmehr Umschreibungen und vage Andeutungen. So erklärte er beispielsweise im Juni 89 beim ökumenischen Gebetstreffen in Thingvellir auf Island - eine an CoM gemahnende Formel - : «Es ist wahr, daß die Welt vor neuen Aufgaben steht.» (OR vom 28. Juli 1989, S. 10f) Was damit gemeint war, hatte er kurz zuvor in seinem Schreiben an den Generalsekretär der Vereinten Nationen vom 15. Mai 1989 verdeutlicht (OR vom 28. Juli 89, S. 15): «Dieses Jahr zeichnet sich als 25. Jahr seit der Errichtung der Ständigen Vertretung des Heiligen Stuhls bei den Vereinten Nationen aus. Mit diesem Schreiben an Sie, Herr Generalsekretär, möchte ich nicht nur an dieses wichtige Ereignis erinnern, sondern auch erneut die Bedeutung bekräftigen, die der Heilige Stuhl und die katholische Kirche der Organisation der Vereinten Nationen beimessen. Im Jahr 1964 beschloß mein Vorgänger Paul VI., eine Ad-hoc-Vertretung bei den Vereinten Nationen zu errichten. Er tat dies im Lichte neuer Ausrichtungen, die sich in der Kirche abzeichneten, und als Antwort auf die Wertschätzung, die die internationale Staatengemeinschaft (in der Kirche genießt) ... Er beabsichtigte, durch die Entsendung eines Beobachters zu Ihrer Organisation das Interesse des Heiligen Stuhls an allen Initiativen zu zeigen, die sich zum Ziel setzen, das menschliche, gesellschaftliche, kulturelle und politische (!) Wachstum der Völkergemeinschaft zu fördern. Er wünschte ebenso, den Beitrag der Kirche innerhalb der Überlegungen der Vereinten Nationen für Dinge von Weltbedeutung wirksamer zu machen. ... Die Überzeugungen Papst Pauls VI. sollten bald durch das zweite Vatikanische Konzil bestätigt werden, das die ganze Kirche dazu aufforderte, beim Aufbau der internationalen Staatengemeinschaft mitzuarbeiten: "Kraft ihrer göttlichen Sendung verkündet die Kirche allen Menschen das Evangelium und spendet ihnen die Schätze der Gnade. Dadurch leistet sie überall einen wichtigen Beitrag zur Festigung des Friedens und zur Schaffung einer soliden Grundlage der brüderlichen Gemeinschaft unter den Menschen und Völkern" (Gaudium et spes, 89). Das gleiche Konzil bekräftigte auch: "Darum muß die Kirche in der Völkergemeinschaft präsent sein, um die Zusammenarbeit unter den Menschen zu fördern und anzuregen" (ebd., 89).» - Wie schon einmal gesagt, es war schon 1965 klar, daß spätere auf Logenkurs gebrachte Päpste und Bischöfe freudig auf die freimaurerisch inspirierte Konstitution GS zurückgreifen würden, um ihre eigene Befürwortung des Welteinheitsstaats «theologisch» zu legitimieren. Johannes Paul II. tut das noch ein wenig verhalten, indem er sich den entscheidenden Text GS 82 für eine spätere Gelegenheit aufhebt; an den dürfen jedoch inzwischen schon hier und da seine Freimaurer-Kardinäle und -Bischöfe «erinnern».

Bestandteil der in den letzten Jahren beängstigend anwachsenden vatikanischen Papierflut war 1989 ein «Apostolisches Schreiben» zum fünfzigsten Jahrestag des Kriegsbeginns, das - Zufall oder Berechnung - 13 Nummern zählte. Unter Nr. 13 heißt es in diesem Dokument (DT vom 29. August 1989): «Während Europa zur Zeit dabei ist, eine neue Gestalt anzunehmen, während in gewissen Ländern seines mittleren und östlichen Teils positive Entwicklungen stattfinden und die Verantwortlichen der Nationen zur Lösung der großen Probleme der Menschheit immer mehr zusammenarbeiten, ruft Gott seine Kirche dazu auf, ihren eigenen *Beitrag zum Kommen einer brüderlicheren Welt* zu leisten.» Das ist doch wirklich stark, nicht wahr? Die Hervorhebung im Text stammt vom Papst selber (falls nicht von der Redaktion der DT). Woher er so genau weiß, daß ausgerechnet *Gott* die Kirche «heute» aufruft, ihren «Beitrag» zur *schönen neuen Welt* des Antichristen zu leisten, teilt er leider seinen Schäflein nicht mit, so daß diesbezüglich Skepsis angebracht erscheint. Schließlich ist es nach katholischem Glauben nicht Aufgabe eines Papstes, neue göttliche Offenbarungen in Empfang zu nehmen und zu proklamieren, sondern die biblische Offenbarung authentisch auszulegen, in der man indes ebenso wie in der authentischen Lehre aller früheren Päpste und Konzilien einen «Aufruf» Gottes zum «Beitrag» zu einer immanenten «brüderlicheren Welt» vergebens suchen wird.

Immer wo im Neuen Testament von «Brüdern» (die Wortbildungen «Brüderlichkeit» und «brüderlich» sind ihm fast völlig fremd) die Rede ist, sind es die Kinder der Kirche, die zur Brüderlichkeit innerhalb des mystischen Leibes Christi ermahnt werden. Für die «Welt» außerhalb der Kirche gilt, was gar nicht oft genug ins Gedächtnis zurückgerufen werden kann: «Laßt euch nicht zusammen mit den Ungläubigen in ein fremdes Joch spannen! Denn was haben Gerechtigkeit und Gesetzlosigkeit miteinander zu tun, und was für eine Gemeinschaft besteht zwischen Licht und Finsternis? Wie ist ferner Christus mit Belial in Einklang zu bringen, oder welchen Anteil hat der Gläubige mit dem Ungläubigen? Wie paßt der Tempel Gottes zu den Götzen? Wir sind ja der Tempel des lebendigen Gottes ...» (2 Kor 6, 14ff) Auf die heutige Situation angewendet heißt das doch nichts anderes als: Was haben die Katholiken mit der von den Ungläubigen und erklärten Feinden Gottes veranstalteten Einigung der Welt, was die wahren Anbeter Gottes mit einer «brüderlicheren Welt» ohne Gott und ohne Christus zu schaffen? *Wahrhaft* brüderlich wäre die Welt nur dann, wenn alle ihre Bewohner Christus nachfolgten und als gläubige Kinder der von ihm gestifteten Kirche nach wahrer, aus der Gottesliebe fließender Nächstenliebe strebten. Wie unendlich weit ist aber die Jahr um Jahr tiefer in der Gottlosigkeit versinkende Welt, die schnurstracks dem Antichristen und damit dem Satan in die Arme läuft, von diesem Ideal entfernt, von dem wir außerdem unfehlbar wissen, daß es infolge der Nachstellungen des Teufels und der menschlichen Schwäche und Bosheit niemals Realität werden wird! Wenn darum wirklich eine «brüderlichere Welt» im Kommen ist, wie Johannes Paul II. so zuversichtlich behauptet, dann kann es sich dabei nur um eine Pseudo-Brüderlichkeit handeln, zu der die wahre Kirche einen irgendwie gearteten «Beitrag» weder leisten kann noch darf.

Das alles könnte der Papst aus einer nüchternen Zurkenntnisnahme des wahren Zustands der modernen Welt heraus in Verbindung mit einfachen theologischen Erwägungen *wissen*, selbst wenn er sich über das konkrete Ausmaß der freimaurerisch-zionistischen Verschwörung im Unklaren wäre. Statt dessen zieht er es vor, sich mit Logenbrüdern aller Grade förmlich zu umgeben, wie wir schon sahen und noch sehen werden. Seine von dieser Art von «Brüdern» beeinflußten Reden und Botschaften sind darum nicht bloß theologisch wertlos, sondern sogar außerordentlich schädlich. Oder gilt das etwa nicht für Thesen wie die folgende, die der Papst während der Generalaudienz vom 20. September unter das gläubige Volk brachte

(OR vom 29. 9. 89, S. 2): «Von Christus zu den Aposteln, zur Kirche, zur gesamten Welt: unter dem Wirken des Heiligen Geistes kann und muß sich der weltweite Einigungsprozeß in der Wahrheit und Liebe entfalten»? Wenn die Bibel keinen weltweiten Einigungsprozeß kennt, sondern nur die *Scheidung der Geister* an Christus und seiner Kirche, dann kann auch dieser Satz nur grundfalsch und verhängnisvoll für alle jene sein, die ihn als Wort des Papstes naiv-gläubig aufnehmen. Johannes Paul II. freilich läßt sich in seinem skandalösen Engagement für die Eine Welt durch nichts beirren; gerade in jüngster Zeit hat auch er seine Kampagne erheblich verstärkt. «Johannes Paul II. hat zum Aufbau einer neuen internationalen Gesellschaftsordnung aufgerufen, die den Frieden sichere, die Gerechtigkeit fördere und die Menschenwürde respektiere», meldete die DT am 28. September 89. «Die "Einheit der menschlichen Rasse" fordere eine solche Gesellschaftsordnung, erklärte Johannes Paul II. dieser Tage in der Päpstlichen Sommerresidenz Castel Gandolfo bei einer Audienz für eine Gruppe britischer Parlamentarier. Die Förderung einer "wohltätigen Zusammenarbeit unter den Völkern" ist nach den Worten des Papstes eine dringende (!) Aufgabe in einer Welt, die immer stärker die gegenseitige Abhängigkeit unter den Nationen spüre. Innerhalb der internationalen Völkergemeinschaft habe der Heilige Stuhl unentwegt die Verwirklichung einer solchen Zusammenarbeit unterstützt.» Das kann in der Tat jeder bestätigen, der die Politik des «Heiligen Stuhls» seit der Mitte der sechziger Jahre auch nur halbwegs verfolgt hat!

Der Papst und die Satanshierarchie

Wenn nun der Papst beständig solche Forderungen erhebt, die den Geheimen Oberen direkt in die Hände spielen, tut er das dann bloß aus zufälliger Übereinstimmung seiner Ideen mit denen der Loge bzw. der Schatten-Weltregierung, oder ist er am Ende sogar in den wahren Charakter der kommenden Einen Welt eingeweiht? Auch an dieser schwerwiegenden Frage können wir uns nicht einfach vorbeidrücken. Den Papst als einen «Wissenden» im Vollsinn bezeichnen hieße auch, ihm unredliche, ja boshafte Motive und fortwährende schwerste Heuchelei unterstellen. Ihn als jemanden einstufen, der nur ein «Freimaurer ohne Schurz» ist, könnte zwar nicht die Schwere seiner theologischen Irrtümer mildern, aber wenigstens seine menschliche Integrität bestehen lassen; man könnte dann sagen: er will zweifellos nur das Beste, aber auf völlig falschen Wegen und mit völlig falschen Mitteln. - Ich persönlich vermag aufgrund der mir zugänglichen Informationen die Frage in dieser Form nicht eindeutig zu entscheiden. Es existieren auf der einen Seite unanfechtbare Hinweise darauf, daß Johannes Paul II. viel mehr weiß, als er in der Öffentlichkeit zu erkennen gibt. Andererseits fällt es außerordentlich schwer, ihn als einen vollendeten Schauspieler und Heuchler zu betrachten, der *vollbewußt* daran mitarbeitet, die Welt und die Kirche der Diktatur des Antichristen auszuliefern.

Aber warum auch solche Extreme aufstellen? Gibt es nicht auch unter den Logenbrüdern bis hinein in die Gremien der Schatten-Weltregierung Personen, die zwar durchaus tief eingeweiht in die konkreten weltpolitischen Schachzüge sind, denen man aber mit Erfolg weisgemacht hat, das alles sei zum wirklichen Nutzen und Fortschritt der ganzen Menschheit nun einmal erforderlich, ja im Interesse des künftigen Überlebens der Menschheit sogar unausweichlich? Warum sollte Johannes Paul II. nicht einer von jenen Verblendeten sein, die tatsächlich nur «das Beste» (so wie sie es verstehen) für die Menschheit wollen und zur Beförderung der guten Sache auch einmal fünf gerade sein lassen, also dem - allerdings für sie als Träger geheimen Wissens unentbehrlichen - Grundsatz huldigen, der Zweck heilige die Mittel? Das widerspräche zwar krass der katholischen Lehre, wäre aber beileibe nicht der einzige theologische Irrtum Johannes Pauls II. Mir persönlich erscheint die hier vorgeschlagene Lösung des Problems als die wahrscheinlichste, jedenfalls so lange, als keine dem widersprechenden Informationen auftauchen. Solche zusätzlichen Informationen könnten allerdings das Bild des Papstes nur noch trüben, nicht aber aufhellen. Denn daß er tief in die Machenschaften der freimaurerisch-zionistischen Welteroberer verstrickt ist, steht bereits unumstößlich fest und läßt sich lückenlos nachweisen.

«Anfang Mai 1977», berichtet J. Ploncard d'Assac (1989, S. 233), «sprach Kardinal Suenens als Präsident einer "Sammlung der Kirchen" in Genf folgenden eigenartigen Satz aus: "Ich erwarte kein Vatikanum III, *ich hoffe auf ein Jerusalem II*" und kündigte seine Reise nach Jerusalem "mit Freunden aus verschiedenen Konfessionen" an (La Libre Belgique, 3. 5. 1977).» Der - wir erinnern uns - Freimaurer-Kardinal Suenens erwartet also ein kommendes «Konzil» in Jerusalem, der geplanten Welthauptstadt (vgl. dazu Band 2!). Was aber sagte Johannes Paul II. bei der Generalaudienz vom 15. September 1982 anläßlich des Todes des libanesischen Präsidenten Gemayel (OR vom 24. September 1982, S. 3)? «Höhepunkt dieses mühsamen Friedensweges zur Versöhnung und zur Begegnung zwischen verschiedenen Völkern scheint mir als leuchtender Richtungsweiser, der zum gegenseitigen Verstehen und zur Liebe einlädt, die Heilige Stadt Jerusalem zu sein, die Stadt Gottes, die er zum Gegenstand seines Wohlgefallens gemacht und wo er die großen Mysterien seiner Liebe zum Menschen geoffenbart hat. Jerusalem kann auch die Stadt des Menschen (!!!) werden, in der die Anhänger der drei monotheistischen Religionen - des Christentums, des Judentums und des Islams - in voller Freiheit und Gleichheit mit denen der anderern Religionsgemeinschaften zusammenleben unter der anerkannten Garantie, daß diese Stadt das geheiligte Erbe aller ist, wo sie das vornehmste Tun des Menschen vollziehen können: die Anbetung des einen Gottes, die Meditation und die Werke der Brüderlichkeit.»

Ich fordere jeden meiner Leser auf, diesen Text noch einmal und, falls nötig, ein drittes Mal zu lesen. Ausgerechnet das von den Zionisten 1948 okkupierte Jerusalem soll also *symbolisch* «die Stadt des Menschen» werden! Allein der Ausdruck «die Stadt des Menschen» ist so ungebräuchlich und ungewöhnlich, daß ich an keinen Zufall glauben kann, umso weniger, als hier in einem langen Satz genau das zusammengefaßt wird, was auch die illuminierten Verfasser von «The City of

Man» über die Rolle der Religion in der von ihnen erstrebten «Stadt des Menschen» ausführten und was kein Freimaurer salbungsvoller formulieren könnte. Allem Anschein nach hat hier der Papst das Schlüsselwort «Stadt des Menschen» gebraucht, um sich in unauffälliger Weise als Eingeweihter zu erkennen zu geben.

Tatsächlich existieren fast auf allen Ebenen der Satanshierarchie, namentlich aber auf ihren obersten Stufen, rege Kontakte zu Johannes Paul II., von denen allerdings nur dann und wann etwas in die Öffentlichkeit dringt. N. Homuth behauptet ohne Quellenangabe, Johannes Paul II. sei Träger des Rotary-Ordens «Paul Harris Fellow» (Homuth o.J. S. 45), was ich nicht nachprüfen kann. Dafür stand aber in der DT vom 28. Februar 1989 folgende Nachricht: «Papst Johannes Paul II. hat sich besorgt über die in vielen Teilen der Welt herrschende Gewalttätigkeit geäußert. Bei einer Audienz für rund fünfhundert Teilnehmer eines in Rom stattfindenden Kongresses von "Rotary International", der Dachorganisation der Clubs, würdigte der Papst am Samstag den Einsatz von Rotary für Frieden und für gegenseitiges Verständnis zwischen den Menschen aller Rassen und Religionen. Besonders hervorzuheben seien dabei die Anstrengungen für eine positive Entwicklung in den Ost-West-Beziehungen und innerhalb Europas. Johannes Paul II. hob das "edle Ideal" des Dienstes der Rotary Clubs hervor, das alle in Politik, Wirtschaft und Gesellschaft Verantwortlichen zur Verantwortung für die Schwächsten einlade.» Wie aus dem im OR vom 14. April 89 (S. 12) nachgelieferten vollständigen Wortlaut der am 25. 2. 89 gehaltenen Rede hervorgeht, hatte der Papst in klarer Fehlinterpretation einer schon vom zweiten Vatikanum verbalhornten alttestamentlichen Prophetie vor den Rotariern auch behauptet, «mit den Propheten und dem Apostel Paulus» *erwarte die Kirche* «den Tag, der Gott allein bekannt ist, jenen Tag, an dem "alle Völker den Namen des Herrn anrufen und ihm einmütig dienen" (Zef 3, 9). Diese Worte aus der Konzilserklärung "Nostra aetate" erinnern spontan an den "Tag von Assisi", an den Sie ebenfalls haben erinnern wollen. Auch deswegen gelten den edlen Vorsätzen, die Sie ausgesprochen haben, nämlich Werkzeuge und Boten des Friedens und der Solidarität unter den Menschen und Völkern zu sein, meine herzlichen Glückwünsche und mein Apostolischer Segen.» Wenn der Papst bereits dazu übergeht, die Mitglieder der Dollar-Pyramide bzw. der Satanshierarchie samt ihren «edlen Vorsätzen» mit seinem «Apostolischen Segen» zu übergießen, sollten Katholiken endlich erkennen, was die Stunde geschlagen hat.

Vor einiger Zeit zeigte sich der römische Korrespondent der DT, Guido Horst, sehr besorgt über die zunehmenden Kontakte und gemeinsamen Aktionen von Katholiken und Kommunisten. Ihm zufolge «sind die Zeiten vorbei, in denen noch im Vatikan frostig dreinblickende Prälaten den sowjetischen Außenminister Gromyko zu einem knappen, formellen Gespräch mit dem Papst geleiteten. Heute bereiten sowjetische Politiker - wie zuletzt Ende August Jurij Karlow - in gelöster Atmosphäre mit Mitarbeitern des Papstes einen Besuch Gorbatschows in Rom für den November vor - und schicken rührende Telegramme an die erkrankte Ordensgründerin Mutter Teresa.» (DT vom 16. 9. 1989) Der von Horst, der sich auch im Vatikan «wesentlich mehr Scharfblick und die Gabe der Unterscheidung der Geister» wünschen würde, mit Argwohn betrachteten Annäherung zwischen Moskau und dem Vatikan haftet indes nichts Zufälliges an. Irgendwann mußte das römische Oberhaupt der Katholiken, das sich so eifrig für die Eine Menschheit einsetzt, ja in Kontakt mit jenen gebracht werden, die das System repräsentieren, nach dem die geeinte Menschheit regiert werden soll (vgl. Band 2!).

Eingeleitet hatte den raschen, ja überraschenden Klimawechsel in den Beziehungen zwischen Gorbatschow und Johannes Paul II. eine sowjetische Pressekampagne, die von naiven Katholiken mit freudigem Erstaunen zur Kenntnis genommen wurde. So druckte das «konservative» Organ «Stimme des Glaubens» (15. Mai 1989, S. 3) eine längere Meldung des Schweizer Informationsdienstes «Glaube in der 2. Welt» ab, in der es unter anderem hieß: «Am 27. Januar 1989 erschien in der Pravda ein ganzseitiger Artikel unter dem Titel "Die Gärten des Vatikans - Begegnung mit Johannes Paul II." Ein Bild des Papstes mit drei freundlich lächelnden sowjetischen Besuchern fehlte nicht. ... Hier ... berichten der Vorsitzende des Sowjetischen Komitees zur Verteidigung des Friedens und weitere Spitzenvertreter dieser Organisation geradezu in schwärmerischen Tönen von diesem Papst und von ihren Eindrücken im Vatikan. Der Bericht bringt Biographisches, Historisches, Anekdotisches. Die Gespräche drehen sich um Friedenssicherung; der Papst wird als beispielhaft in seinem Friedensbemühen hingestellt. ... "Nur bescheidene, gebildete Menschen können im Vatikan mit Erfolg rechnen - Karol Wojtyla ist das beste Beispiel dafür", heißt es im Ton freundlichster Sympathiewerbung für den Papst. Sicher hat die Pravda erstmals in ihrer Geschichte so freundlich und so ausführlich über den Vatikan berichtet. Das ist bemerkenswert, und man erinnert sich, daß zuvor bereits eine, allerdings ideologisch nicht so maßgebliche Zeitschrift ("Echo planety") sogar ihre Titelgeschichte dem Papst gewidmet und ihn ebenfalls mit größter Freundlichkeit bedacht hatte. Spekulationen darüber, ob der für November geplante Besuch Gorbatschows in Rom auch intensive Verhandlungen über die Aufnahme diplomatischer Beziehungen zwischen dem Vatikan und Moskau mit sich bringen könnte, sind unter solchen Umständen vielleicht doch schon vertretbar.»

Später konnte man dann im August in der DT (29. 8. 89) lesen, Gorbatschow habe «dem Vatikan einen Ausbau der wechselseitigen Beziehungen angeboten» und den Papst «schriftlich über die Bereitschaft der Sowjetunion zu einer "weiteren Entwicklung der sowjetisch-vatikanischen Kontakte" informiert. ... In einem Schreiben an Johannes Paul II., das Juri E. Karlow, ein persönlicher Vertreter des sowjetischen Außenministers Schewardnadse, ... dem Papst in dessen Sommerresidenz Castel Gandolfo überreicht habe, bekunde Gorbatschow ausdrücklich die Bereitschaft der Sowjetunion zu einer Zusammenarbeit bei dem Bemühen um Lösungen für die dringendsten Weltfragen, bei dem Aufbau von Frieden und Gerechtigkeit und bei einer Bewahrung der gesellschaftlichen Grundwerte. ... Mit seinem Schreiben habe Gorbatschow ... ein Schreiben des Papstes beantwortet.» Im November fand dann unter - natürlich! - starker internationaler Beachtung das «historische», weil erstmalige Zusammentreffen eines sowjetischen Parteichefs mit einem Papst statt. In erster Linie dürfte diese Zusammenkunft aus Sicht der Geheimen Oberen den Zweck verfolgt haben, Gorbatschows Image im Westen und damit die Kreditwürdigkeit des bankrotten Sowjetsystems in den Augen der westlichen Völker noch weiter zu verbessern. Außerdem konnte sich Gorbatschow besonders publikumswirksam als der große Friedens- und Menschenrechtsgarant profilieren, was der psychologischen Vorbereitung des dritten Weltkriegs (siehe Band 2!) sehr zustatten kommt. Was vielleicht noch darüber hinaus mit Johannes Paul II. bezüglich des weiteren Vorgehens im Sinne des Großen Plans vereinbart wurde, gelangte naturgemäß nicht an die Öffentlichkeit. Die Sowjets bedankten sich für die päpstliche Mitwirkung durch einen weiteren «kirchenfreundlichen» Zeitungsartikel, ein «politisches Porträt» des Papstes in der «Komsomolskaja Prawda», dem Organ des kommunistischen Jugendverbands der UdSSR, in dem alles in den rosigsten Tönen gemalt wurde. Wie KNA (DT vom 23. 11. 89) meldete, hieß es wörtlich in dem Artikel: «"... die Kommunisten und die Katholiken suchen heute nicht mehr das Trennende, sondern das Verbindende". Der Vatikan rufe nicht mehr zu "Kreuzzügen gegen den Kommunismus auf (!!), und wir qualifizieren die Religion nicht mehr als Opium ab". Zum ersten Mal träfen sich im Vatikan die "Führer des größten und des kleinsten Staates", schreibt die Zeitung. Trotz der ideologischen Gegensätze vereine die beiden Männer (Anm.: Gorbatschow und Johannes Paul II.) ein gemeinsames Ziel, "die Verteidigung des Friedens". Und das sei "das wichtigste" ...» So ist es offenbar tatsächlich, Gott sei's geklagt!

Der «Dialog» mit dem zionistischen Bolschewismus, mit dem man auf einmal zahlreiche Gemeinsamkeiten entdeckt, findet aber auch schon seit Jahren auf allen übrigen Ebenen statt. So wurde in der DT vom 14. September 1989 eine recht bemerkenswerte Veranstaltung angekündigt: «Eine internationale Europa-Tagung wird im Oktober unter Leitung des französischen Kurienkardinals Paul Poupard und des Vizepräsidenten des sowjetischen Komitees für Sicherheit und Zusammenarbeit in Europa, Jewgenij Silin, in Straßburg Klingenthal stattfinden. Bei der Tagung, die vom 18. bis 21. Oktober stattfindet, solle vor allem die Rolle von Zivilisation und Kultur beim Aufbau eines gemeinsamen Europas erörtert werden, teilte der Päpstliche Rat für den Dialog mit den Nichtglaubenden am Montag im Vatikan mit. Poupard ist Präsident des Päpstlichen Rates. Mit der Veranstaltung sollen die marxistisch-katholischen Begegnungen von 1984 in Laibach und 1986 in Budapest fortgesetzt werden. Die Straßburger Tagung wird sich mit den Themen "Europäischer Humanismus", "Gemeinsame Werte", "Europäische Gesellschaft" und "Das gemeinsame europäische Gebäude" beschäftigen.» Am 24. Oktober 89 wurde dann in derselben Zeitung über das Tagungsergebnis berichtet. «Das Kolloquium, zu dem neben dem Sekretariat Poupards das sowjetische Komitee für Sicherheit und Zusammenarbeit in Europa eingeladen hatte, habe in einer bisher nicht gekannten "Offenheit und Freiheit des Ausdrucks" stattgefunden, heißt es im Abschlußkommunique. Im Gegensatz zum vorangegangenen Treffen in Budapest vor drei Jahren, wo die gegenseitigen Positionen noch sehr entfernt gewesen seien, wurden die Beziehungen in Klingenthal als "herzlich" in dem Maße bezeichnet, wie die gegenseitige Wertschätzung und die Bande der Freundschaft gewachsen seien, so formulierte Poupard in dem Kommunique.» Das zionistische Illuminatentum in seiner bolschewistischen Erscheinungsform, die demnächst die «City of

Man» nachhaltig prägen soll, erfreut sich heute schon der ausdrücklichen «Wertschätzung» der römischen Kurie. Was wollen die Geheimen Oberen noch mehr?

Zweifellos fand die Tagung von Klingenthal ebenso wie die beiden vorhergehenden mit ausdrücklicher Billigung des Papstes statt, der Kardinal Poupard auffallend oft in Privataudienz empfängt. Wie man sieht, macht sich Poupard nicht bloß innerhalb des freimaurerisch-zionistisch beeinflußten «Instituts für die Wissenschaften vom Menschen» nützlich; er diskutiert auch mit den Illuminaten-Marxisten über «gemeinsame Werte» und «europäischen Humanismus»! Selbst Gorbatschows wieder ausgegrabene Parole vom «gemeinsamen europäischen Haus», die (vgl. dazu Band 2!) auf eine CoM-Vorlage zurückgeht, wird begierig aufgegriffen, übrigens nicht bloß vom Päpstlichen Rat, dem Poupard vorsteht, sondern auch von anderen seiner bischöflichen Kollegen. Ein längerer KNA-Artikel in der DT vom 29. August 89 begann mit folgenden Sätzen: «Zum Eintreten für den Bau eines "gemeinsamen Hauses Europa" vom Atlantik bis zum Ural haben hohe Vertreter der Kirche und des Staates aus Anlaß der 750-Jahr-Feier des Frankfurter Kaiserdoms aufgerufen. Der Mailänder Kardinal, Carlo Maria Martini, der Bischof von Limburg, Franz Kamphaus und der hessische Ministerpräsident Wallmann plädierten bei einem Festakt am Samstag abend in der Paulskirche für ein Europa, das seine Fenster der Vielfalt der Völker und Kulturen weit öffne und allen nationalistischen Tendenzen eine klare Absage erteile.» Vom Atlantik bis zum Ural soll es reichen, das «gemeinsame Haus», die kommunistischen Ostblockstaaten also miteinbegriffen. Kardinal Martinis Vorstellungen reichen allerdings noch weiter, wie er auf dem 7. Symposion der europäischen Bischöfe (12.-17. Oktober 89) deutlich machte. «Schließlich», so sagte er, «werden alle Europäer daran denken müssen, daß Europa, das lange Zeit von den Reichtümern der anderen Kontinente gelebt hat, eine hohe politische und soziale Verantwortung auf unserem Planeten hat, der auf dem Weg zur Einheit ist.» Es gibt offenbar mehr illuminierte Kirchenfürsten, als sich die braven Katholiken träumen lassen.

Nachdem seine Kardinäle und Bischöfe verschiedentlich auf solche und ähnliche Weise die Bahn freigemacht hatten, konnte der Papst dann die traditionelle Weihnachtsansprache an die Kardinäle und das übrige Kurienpersonal vom 22. Dezember 1989 dem «europäischen Haus» widmen. «Man» höre, so begann er vorsichtig, «von einem "gemeinsamen Haus Europa" sprechen. Der Ausdruck hat seine Wahrheit, reich an reizvollen Anstößen. ... Die Völker Europas, wie übrigens viele andere in der Welt, fühlen sich gerufen, sich zu vereinigen, um miteinander besser zu leben. Dieser unser "alter Kontinent", der den anderen so viel gegeben hat, ist daran, die eigene Berufung neu zu entdecken: verschiedene Kulturtraditionen zusammenzubringen, um einen Humanismus ins Leben zu rufen, in dem die Achtung der Rechte, die Solidarität, die Kreativität es jedem Menschen gestatten, seine edelsten Bestrebungen zu verwirklichen. Wir dürfen nicht vergessen, daß dieses große Unternehmen, welches die Europäer zu vollbringen sich verpflichtet haben, Inspiration empfangen hat aus dem Evangelium des fleischgewordenen Wortes, dessen Geburtsfest wir in wenigen Tagen feiern.» (OR vom 5. Januar 1990, S. 9) Mit letzterem ist gemeint, daß Europas Grenzen sich in der Geschichte meist mit den Grenzen der Ausbreitung des Evangeliums deckten (ebd.). Daß jedoch eine «multikulturelle Gesellschaft» und ein «europäischer Humanismus», wie sie der Papst deutlich umreißt, in Europa entstehen sollen, ist dem Evangelium mitnichten zu entnehmen, geradesowenig wie die These, die Europäer seien «gerufen, ihr gemeinsames Haus zu bauen» (ebd.)! Gleichwohl rief der Papst anschließend auch «in seiner traditionellen Neujahrsansprache an das am Heiligen Stuhl akkreditierte Diplomatische Corps ... dazu auf, die Steine der niedergerissenen Mauern zu sammeln und vereint ein gemeinsames rechtsstaatliches Haus Europa aufzubauen» (DT vom 16. Januar 90). *Das Haus Europa* und *die Stadt des Menschen*, beide maßgeblichen CoM-Stichwörter stehen also weit oben auf dem Programm Johannes Pauls II. Die Illuminaten haben erreicht, daß die katholische Hierarchie bis hinauf zum Papst ihnen bereitwillig den Steigbügel hält, damit sie sich möglichst mühelos in den Sattel ihres kommunistischen Weltstaats schwingen können.

Der Papst und die «Söhne des Bundes»

Schon relativ kurz nach Antritt seines Pontifikats, nämlich im Jahr 1980, ließ Johannes Paul II. eine vielbeachtete und seitdem im christlich-jüdischen «Dialog» immer wieder zitierte Äußerung fallen, die wohl als programmatisch zu gelten hat. Bei seinem ersten Deutschlandbesuch hatte der Papst in Mainz «vor offiziellen jüdischen Zuhörern» im Hinblick auf das «ökumenische» Gespräch mit den Juden erklärt: «Die erste Dimension dieses Dialogs, nämlich die Begegnung zwischen dem Gottesvolk des von Gott nie gekündigten (vgl. Röm 11, 29) Alten Bundes und dem des Neuen Bundes, ist zugleich ein Dialog innerhalb unserer Kirche, gleichsam zwischen dem ersten und zweiten Teil ihrer Bibel.» (Zit. n. Lohfink 1989, S. 11) Wie Lohfink dazu richtig feststellt, handelte es sich um eine «zwar beiläufige, aber sicher wohlüberlegte Bemerkung» (S. 16). Daß der Alte Bund seit der Einsetzung des Opfers des Neuen Bundes im Abendmahlssaal nicht mehr existiert, also von Christus aufgekündigt wurde, galt nicht erst dem hl. Thomas von Aquin und der ganzen seitherigen Kirche als bare Selbstverständlichkeit, so daß bis heute noch der eucharistische Hymnus des größten Kirchenlehrers gesungen wird, in dem es heißt: «Et antiquum documentum novo cedat ritui - und der Alte Bund weicht dem Neuen Ritus»! Aber das katholische Dogma spielt offenbar für den Papst keine Rolle mehr, sobald es darum geht, den «Söhnen des Bundes» zu Willen zu sein.

Die geheimen Beziehungen Johannes Pauls II. erstrecken sich tatsächlich keineswegs bloß auf den illuminierten Bolschewismus, sondern sogar auf die nächsthöhere Ebene, die der «Söhne des Bundes». Das hat gewissermaßen schon Tradition, denn wie von J. Ploncard d'Assac (1989, S. 229) zu erfahren ist, hatte bereits Paul VI. die Ordensleitung (!) von B'nai B'rith im Dezember 1976 öffentlich empfangen, um den christlich-jüdischen Dialog zu fördern. Im OR vom 30. März 1984 konnte man dann die folgende bemerkenswerte Mitteilung lesen, die um ihrer

Bedeutung willen vollständig zitiert sei: «Das Zusammentreffen von Katholiken und Juden muß nach den Worten des Papstes heute eine "Begegnung zwischen Brüdern" sein. Sie müsse - wie Johannes Paul II. am 22. März vor Persönlichkeiten der internationalen jüdischen Antidiffamierungsliga Bnai Brith ausführte - ein "Dialog zwischen dem ersten und dem zweiten Teil der Bibel" sein. "Denn wie die beiden Teile der Bibel verschieden und doch aufeinander bezogen sind, so auch das jüdische Volk und die katholische Kirche", fügte der Papst hinzu. Johannes Paul II. ging auf die besondere Zielsetzung von Bnai Brith, den Kampf gegen alte und neue Formen des Antisemitismus, ein und betonte, daß die Kirche Ideologien und Praktiken dieser Art schon lange vor dem Konzil verurteilt und deren Widerspruch zum christlichen Bekenntnis und zur Würde des Menschen dargelegt habe. Er wies dazu auf eine Äußerung des Heiligen Offiziums (heute Kongregation für die Glaubenslehre) aus dem Jahr 1928 und eine öffentliche Ansprache Pius' XI. vom September 1938 hin. Der Papst würdigte die engen Beziehungen von Bnai Brith zu der vor zehn Jahren von Paul VI. eingerichteten Kommission für religiöse Beziehungen zum Judentum (!) und bezeichnete den Besuch der Delegation als einen "Beweis für die ständige Weiterentwicklung und Vertiefung dieser Beziehungen". Die geistige Nähe von Judentum und Christentum müsse vor allem in tiefem Respekt vor der Identität des jeweils anderen zum Ausdruck kommen.»

Nun, die Beziehungen zu B'nai B'rith haben sich tatsächlich in der Folgezeit ganz außerordentlich weiterentwickelt und vertieft. Am interreligiösen Gebetstreffen von Assisi 1986 nahm nach offizieller Aufstellung im OR vom 7. November 1986 (S. 5) von jüdischer Seite außer dem römischen Oberrabbiner nebst Begleitung auch (und zwar an erster Stelle, also vor dem Oberrabbiner, separat erwähnt) ein gewisser Joseph Lichten, seines Zeichens Leiter des römischen Büros der B'nai B'rith Anti-Defamation League, teil! Wie hätten auch die geheimen Initiatoren dieses «welthistorischen Ereignisses» dabei fehlen dürfen?! Noch nicht ein Jahr später tauchten die Herren vom B'nai B'rith indessen erneut im Vatikan auf. «Die durch verschiedene Anlässe entstandenen Spannungen zwischen dem Weltjudentum und der katholischen Kirche sind ausgeräumt», war im OR vom 11. September 1987 auf der ersten Seite zu lesen. «Dies geschah durch ein Gespräch Papst Johannes Pauls II., Kardinalstaatssekretär Casarolis, und durch eine siebenstündige Arbeitssitzung der Kommission des Heiligen Stuhls für die religiösen Beziehungen mit den Juden und des internationalen jüdischen Komitees für interreligiöse Gespräche. Diesem jüdischen Komitee gehören der jüdische Weltkongreß, der Synagogen Rat von Amerika, das amerikanisch-jüdische Komitee B'nai B'rith International und das israelisch-jüdische Komitee für Gespräche zwischen den Religionen an. Die Spannungen waren vor allem durch den Besuch des österreichischen Bundespräsidenten, Dr. Kurt Waldheim, entstanden», gegen den das von B'nai B'rith gelenkte zionistische Judentum und seine Helfershelfer ungeachtet seiner der UNO so treu geleisteten Dienste einen internationalen Verleumdungs-Feldzug organisiert hatten, der aber dank der Standfestigkeit des - in die Hintergründe nicht eingeweihten - österreichischen Wählervolks nicht den gewünschten Erfolg brachte. Nun wollte man wenigstens dem Vatikan die Leviten lesen, der es gewagt hatte, den überall - trotz seiner Logenverbindungen und seines langjährigen

237

UNO-Generalsekretariats - als direkt mitschuldig an der Ermordung von Juden im Dritten Reich verschrieenen Waldheim offiziell zu empfangen.

Da B'nai B'rith nach alter Freimaurermanier gerade auch die übrigen jüdischen Organisationen längst personell unterwandert hat, darf man vermuten, daß die jüdische Delegation, an der auch offiziell höchste Vertreter der internationalen Führung von B'nai B'rith beteiligt waren, überwiegend von den «Söhnen des Bundes» beeinflußt oder gar beherrscht war. Mit Casaroli als eingeschriebenem Freimaurer werden die Kontakte ohnehin recht lebhaft sein, da er der wichtigste Kurienkardinal ist; mit der päpstlichen Kommission «für die religiösen Beziehungen mit den Juden» bestehen nach den Worten Johannes Pauls II. selber ja schon seit den Tagen seines Vorgängers Paul VI. sehr gute Beziehungen, und so war das Bemerkenswerteste an dem «jüdisch-katholischen Dialog» im Vatikan wohl die Teilnahme des Papstes persönlich. Noch weitaus bemerkenswerter ist allerdings, was Anfang 1989 aus *unbedingt zuverlässiger*, aber selbstredend vertraulicher vatikanischer Quelle verlautete: Johannes Paul II., so hieß es damals, treffe sich in der letzten Zeit etwa alle vier Wochen insgeheim für rund zwei Stunden mit einer Abordnung von B'nai B'rith und erhalte bei diesen Gelegenheiten seine Anweisungen. Für die Zuverlässigkeit dieser Nachricht, die *kein Gerücht* ist, kann ich mich verbürgen. Es bedarf keiner Erwähnung, daß *diese* streng geheimgehaltenen Konferenzen von Johannes Paul II. mit den Todfeinden der Kirche im OR wie auch in der DT und sämtlichen anderen nationalen oder internationalen katholischen Organen mit keiner Silbe auch nur angedeutet werden.

Auf Anweisung der jüdischen Logenbrüder dürfte der Papst gehandelt haben, als er in der Nr. 5 seines schon erwähnten «Apostolischen Schreibens zum fünfzigsten Jahrestag des Kriegsbeginns» (DT vom 29. August 1989) mit markigen Worten den «Holocaust» geißelte: «Unter all diesen unmenschlichen Maßnahmen gibt es aber eine, die für immer eine Schande für die Menschheit bleiben wird: *die organisierte Barbarei, die gegen das jüdische Volk gewütet hat*. Für die "Endlösung" bestimmt, die von einer irrsinnigen Ideologie ausgedacht worden war, sind die Juden kaum zu beschreibenden Entbehrungen und Grausamkeiten unterworfen worden. Zuerst verfolgt durch unterdrückende oder diskriminierende Maßnahmen, endeten sie schließlich zu Millionen in den Vernichtungslagern. Die Juden in Polen haben mehr als andere diese Kalvarienstunde erlebt: Die Bilder von der Belagerung des Ghettos in Warschau wie auch das, was man über die Lager von Auschwitz, Majdanek oder Treblinka gehört hat, übersteigen an Entsetzen das menschliche Fassungsvermögen. ...»

Das alles kann und soll überhaupt nicht bestritten werden (vgl. dazu Band 2!). Aber wenn schon die himmelschreienden Verbrechen, die während des Kriegs begangen wurden, angeprangert werden, dann doch bitte in den richtigen Relationen. Wohl geht der Papst in derselben Nummer seines Schreibens mit ganz wenigen dürftigen Worten auf die Tatsache ein, daß die Juden längst nicht die einzigen Opfer des Naziterrors waren, aber von den ungeheuerlichen Grausamkeiten Lenins und Stalins, der roten Zaren also, ist - man höre und staune - mit keiner Silbe die

Rede. Man hat überhaupt noch nie vernommen, daß Johannes Paul II. für *diese* Opfer so bewegte Worte gefunden hätte. Dabei gibt heutzutage sogar die sowjetische Geschichtsforschung zu, daß unter Stalins Herrschaft mindestens dreißig (nach westlichen Schätzungen sogar vierzig und mehr) Millionen Menschen ums Leben gekommen sind. Warum also verschweigt der Papst diese - auch während des Kriegs weiterwütenden -, die nazistische Judenvernichtung zahlenmäßig in den Schatten stellenden bolschewistischen Greuel? Bleiben die etwa nicht «für immer eine Schande der Menschheit»?

Nun, wir haben inzwischen begriffen, warum sogar aus päpstlicher Feder die roten Verbrechen gegenüber den braunen Schandtaten verblassen müssen: weil die ersteren im Interesse der Geheimen Oberen begangen wurden. Die aber benötigen den Kommunismus noch dringend, um die ganze Welt zu erobern und zu versklaven, so daß sie es sich einfach nicht leisten (und dem Papst nicht gestatten?) können, eigenhändig das Image des Marxismus-Leninismus und selbst des Stalinismus zu beschädigen. Außerdem gibt es da noch die berühmt-berüchtigte Auffassung des Talmud (siehe dazu Band 2!), derzufolge nur die Juden *Menschen im Vollsinn*, alle anderen Völker aber, verglichen damit, nur «Vieh» sind, um das es nicht gar so schade ist. Diesem extrem rassistischen Prinzip, das einem völlig ins Irdische, Materielle verkehrten Verständnis der biblischen Auserwählung Israels entstammt, hat also in versteckter (ihm selbst nicht bewußter?) Form auch Johannes Paul II. gehuldigt. Zudem kommt die immer neue Bekundung des *Entsetzens* und *Abscheus* angesichts des «Holocaust» ja einer ständig erneuerten Immunisierung aller Machenschaften der «Söhne des Bundes» gleich, die sie auch dringend benötigen. Hier den Papst mit seiner weltweit anerkannten «moralischen Autorität» einzuschalten lohnt sich ganz besonders.

Der Papst und die Geheimen Oberen

Aber B'nai B'rith ist noch nicht die höchste Instanz der Satanshierarchie, zu der Johannes Paul II. Verbindungen unterhält. George Bush war schon vor seiner Vizepräsidentschaft unter Ronald Reagan Mitglied des CFR sowohl als auch der Trilateral Commission; er wurde Reagan wider Willen als «zweiter Mann» aufgenötigt, um den Nicht-Freimaurer Reagan zu kontrollieren und im Weißen Haus insgeheim die Richtlinien der Reaganschen Politik in Übereinstimmung mit den Geheimen Oberen festzulegen. Aber offiziell galt Bush eben immer nur als der «zweite Mann», dem man lächerlicherweise totale «Loyalität» gegenüber Reagan nachsagte, obwohl es sich gerade umgekehrt verhielt; die gesamte Weltpresse spielte wie stets das unwahrhaftige Spiel mit und ließ Bush verglichen mit Reagan links liegen. Und dennoch, trotz Bushs angeblicher «Farblosigkeit», wie es immer hieß, hat Johannes Paul II. den *Vizepräsidenten* der USA mehrmals empfangen. Was dabei jeweils beredet wurde, war nicht zu erfahren, sogar Bushs eigene Frau blieb vor der Tür. Jedenfalls stand es so im OR vom 2. Juni 1985 (S. 3): «Zu einer

40 Minuten dauernden Unterredung, die in herzlicher Atmosphäre verlief, hat Papst Johannes Paul II. am 24. Juni den Vizepräsidenten der Vereinigten Staaten von Amerika, George Bush empfangen. Im Anschluß an diese Privataudienz begrüßte der Papst Frau Barbara Bush und die Begleitung des Vizepräsidenten ... Johannes Paul II. hatte George Bush zuletzt am 15. Februar vergangenen Jahres im Vatikan empfangen», was aber offenbar auch nicht das erste Mal gewesen war.

Am 27. Mai 1989 konnte der Papst Bush als nunmehrigen Präsidenten der USA im Vatikan begrüßen. Das Grußwort an Bush strotzte nur so von Anspielungen auf die One World und Amerikas (relative) Führungsrolle bei deren Etablierung: «Ihre Mission als Volk, das Gutes tut und sich dafür einsetzt, anderen zu helfen, hat Horizonte von der Ausdehnung Ihrer Nation und weit darüber hinaus, - so weit die Menschheit sich erstreckt. Heute wird die Interdependenz (!) der Menschheit durch Weltereignisse bestätigt und erkannt. Die moralische und soziale Haltung weltweiter Solidarität muß eine Antwort auf diese Interdependenz sein. ... In der Tat, die Stunde der Internationalen Dependenz (!!) hat geschlagen. Was auf dem Spiel steht, ist das Gemeinwohl der Menschheit. ... Auf Grund seiner Geschichte, seiner Ressourcen, seiner Kreativität - aber vor allem auf Grund seiner moralischen Prinzipien und geistigen Werte, für die die Gründungsväter eintraten (Anm.: 30 von 36 Unterzeichnern der amerikanischen Unabhängigkeitserklärung waren Freimaurer, wie Anfang 1989 in einer Südwestfunksendung von einem Freimaurer selber eingeräumt wurde!) - hat Amerika wirklich die Möglichkeit zu einer wirksamen Antwort auf die Herausforderungen der Gegenwart: Gerechtigkeit für all seine Bürger, friedliche Beziehungen über seine Grenzen hinaus, internationale Solidarität und insbesondere eine weltweite Solidarität im Hinblick auf das Leben, im Hinblick auf jeden Menschen. ... Herr Präsident, Gott möge Amerika segnen und es stark machen in der Verteidigung menschlicher Würde und in seinem Dienst an der Menschheit.» Was für einen seltsamen «Dienst an der Menschheit» mag der Papst bei diesen Worten wohl im Auge gehabt haben?

Laut OR vom 10. November 1989 empfing Johannes Paul II. am 23. Oktober 89 in Privataudienz «den Direktor des Weltwährungsfonds, Dr. Michel Camdessus», und damit den Inhaber einer Position, die nur für «Wissende» überhaupt erreichbar ist. Der IWF ist nachweislich neben der Weltbank das Hauptinstrument der Schatten-Weltregierung für internationale Finanz- und Wirtschaftsmanipulationen übelster Sorte (vgl. dazu Band 2!) und entsendet natürlich regelmäßig Vertreter in ihre geheimen Gremien. So nahm am Bilderberger-Treffen von 1985 in New York (CODE Nr. 10/1987, S. 26) der Niederländer H. Onno Ruding vom IWF teil. Aber nicht bloß zu einzelnen Vertretern der Bilderberger und der Trilateralen Kommission wie C.Fr.v. Weizsäcker oder George Bush, deren Mitgliedschaft in der Schatten-Weltregierung ihm ja eventuell unbekannt sein könnte, hält Johannes Paul II. beständigen Kontakt; vielmehr empfing er bereits am 18. April 1983 sogar die gesamte etwa zweihundertköpfige Trilaterale Kommission in öffentlicher Audienz und ließ sich mit den Damen und Herren zusammen fotografieren. Der OR verschwieg schamhaft das Ereignis, aber die französische «Documentation Catholique» war weniger prüde und brachte nicht bloß ein Foto, sondern auch den vollständigen Wortlaut der Ansprache des Papstes an die Mitglieder dieses zweitmächtigsten Gremiums der Schatten-Weltregierung, in dem zionistische Juden wie Henry Kissinger eine maßgebliche Rolle spielen. Aus dieser Ansprache (zit. n. Le Roux 1988, S. 79; dort auch das Foto) seien die folgenden Sätze (Einleitung und Schluß) wiedergegeben: «Mit Freude begegne ich den Mitgliedern der Trilateralen Kommission ... Ich möchte Sie also inständig bitten, mit gutem Willen Ihre Anstrengungen und Ihre Forschungen fortzusetzen, ohne die moralische Dimension der internationalen Beziehungen jemals zu vernachlässigen oder zu überschreiten, und alles im Dienst an der menschlichen Person zu tun ... Und daß Gott, der Schöpfer der menschlichen Person und der Herr des Lebens Ihren Beitrag zur Humanität wirkungsvoll mache und den Frieden in Ihre eigenen Herzen senke.» Zumindest daß er es mit Logenbrüdern, also bloßen Humanitätsaposteln zu tun hatte, wußte der Papst offenbar ganz genau; darum vermied er es, wie Le Roux feststellt, auch nur ein einziges Mal in der ganzen Ansprache Jesus Christus zu erwähnen. Daß er über die Weltvereinigungsbestrebungen des Gremiums gar nicht unterrichtet gewesen sein sollte, ist nach allem bisher Festgestellten ausgeschlossen.

Und das umso mehr, als mittlerweile auch Beziehungen zum CFR zu existieren scheinen. Jedenfalls meldete die DT vom 22. Juni 1989 folgendes: «Die Verschuldung der Dritten Welt ist nach Ansicht Papst Johannes Pauls II. eine andauernde "schwere Bedrohung für den Frieden und den Fortschritt der Menschheitsfamilie". Bei einer Audienz für die Vorstandsmitglieder der New Yorker Chase Manhattan Bank rief der Papst am Montag zu einer immer größeren "menschlichen Solidarität" und zu gegenseitigem Respekt auf. ...» Wie es scheint, hat an diesem Tag zum ersten Mal auch David Rockefeller persönlich dem Papst seine «Aufwartung» gemacht. Denn da die Nachricht von «den Vorstandsmitgliedern» ganz allgemein spricht, war aller Wahrscheinlichkeit nach der gesamte Vorstand anwesend, dem Rockefeller als Vorsitzender angehört! Nicht nur Rockefeller als einer der «Geheimen Oberen» persönlich, sondern auch die meisten, wenn nicht alle Vorstandsmitglieder dieser weltweit mächtigsten Bank (vgl. dazu auch Band 1!), der *Chase Manhattan*, dürften dem CFR angehören. «1971 berichtete Chase Manhattan über ein Vermögen in Höhe von 36 Milliarden Dollar», teilt R. Bohlinger (Mullins/Bohlinger o.J. S. 224f) mit. «Die New York Times meinte jedoch, daß das nicht alles sei: "... ein großer Teil ihres (der Chase Manhattan Bank) Geschäftes wird über die Tochtergesellschaften in Übersee abgewickelt und erscheint deshalb nicht im Geschäftsbericht." Auch die Times hob die riesige Macht der Chase Manhattan hervor und bemerkte, daß "die Chase 28 eigene Zweigstellen im Ausland hat, aber auch, was noch wesentlicher ist, über ein weltumspannendes Netz von 50 000 Korrespondenzbanken verfügt". Fünfzigtausend Korrespondenzbanken in aller Welt! Wenn jede von ihnen nur 10 Millionen Dollar "wert" wäre, dann würde das der Chase Manhattan ein weltweites Potential von fünfhundert Milliarden Dollar einräumen!»

Wieso sich die Besitzer bzw. Verwalter dieses gigantisch(st)en Finanzimperiums ausgerechnet in den Vatikan verirren, ist eine ebenso heikle Frage wie die, was wohl den Chef des IWF, den amerikanischen (Vize)Präsidenten und Top-Insider Bush, die Trilateral Commission und den B'nai B'rith um (Privat)Audienzen bei Johannes Paul II. nachsuchen ließ. Man muß ja auch bedenken, daß so eine Audienz nicht ohne vorausgehende Sondierungen und Verhandlungen zustandekommt. Wer mag da alle diese brisanten Kontakte angebahnt und geknüpft haben? Und wer hat wohl dafür gesorgt, daß bei der USA-Reise des Papstes im Herbst 1987 die Telefonnummer der in New Orleans eingerichteten zentralen Auskunftsstelle rein zufälligerweise «666. Pope» (666. Papst) lautete (vgl. SAKA-Informationen 13 [1988] 36 nach Le Monde v. 10. 9. 1987)??

Es gibt wohl nach allem Gesagten keine Zweifel mehr daran, daß Johannes Paul II. - aus welchen Gründen auch immer - wissentlich und willentlich mitten im Lager der Gegenkirche steht und einen Großteil der Kirche mit täglich wachsendem Erfolg ins feindliche Lager hinüberzieht. Fragen könnte man höchstens noch nach der Rolle, die dem Papst in der von ihm selber so unermüdlich vorbereiteten Welteinheitsreligion zugedacht ist. Es ist gewiß, daß der Satan in seinem Reich nicht bloß den Antichristen als weltlichen Herrscher, sondern auch ein «geistliches» Oberhaupt seiner ihn im Symbol der Zahl 666 anbetenden Synagoge einsetzen wird. Allem Anschein nach beabsichtigt er in seiner abgrundtiefen Bosheit und in seinem grenzenlosen Neid und Haß auf Christus und seine Kirche, genau denjenigen zum sichtbaren Oberhaupt seiner antichristlichen Gegenkirche zu machen, der von aller Welt für den Stellvertreter Christi gehalten wird. Das wäre ein exakte Parallele zur Tatsache, daß er für die Herbeiführung seiner endzeitlichen sichtbaren Weltherrschaft ausgerechnet Angehörige jenes Volks mißbraucht, das sich immer noch für das auserwählte hält.

Anders herum gesagt: Es ist just der katholische Papst, der die weltweite Integrationsfigur für die Vereinigung aller großen Religionen der Erde zur einen «Religion der Demokratie», «Religion der Humanität», «Religion der Freiheit», «Religion des Geistes» - alles so zu lesen in CoM - abgeben soll. Aus keinem anderen Grund wurde Rom in den letzten Jahren zum weltweiten Mekka des innerchristlichen wie erst recht des interreligiösen Ökumenismus. Kein anderer Religionsführer der Erde hält auch nur halbwegs so viele ökumenische Ansprachen wie der Papst. Keine andere Religion besitzt auch nur halbwegs so zahlreiche Organisationen wie die römische Kurie, die sich tagein tagaus dem interreligiösen und sogar dem Dialog mit den «Nichtglaubenden» widmen. Was aber das wichtigste ist: Kein anderer Religionsführer kann es an internationaler und interreligiöser Bekanntheit, Beliebtheit oder moralischer Autorität und quantitativem Rückhalt auch nur annähernd mit dem katholischen Oberhaupt aufnehmen, das mehr als 700 Millionen Menschen geschlossen zu vertreten beanspruchen darf. Um deshalb den Übergang vom derzeitigen Stadium (noch) voneinander getrennter Religionen zu der *einen* Weltreligion möglichst bruchlos zu vollziehen, gibt es kein probateres Mittel als dasjenige, dessen sich die Geheimen Oberen zur Zeit mit Fleiß bedienen: den Papst als künftigen Führer der profanen Menschheitsreligion des Hominismus «aufzubauen», wie man im Show-Geschäft zu sagen pflegt.

Hier liegt der *Schlüssel* zu den schon fast nicht mehr zu zählenden unausgesetzten *Papstreisen*, die sogar viele Länder der Erde zu wiederholten Malen berührt haben. Sie dienen ebenso wie der große, weltweit im Fernsehen übertragene Religionstreff von Assisi 86, wo sich der Papst schon von seiner rein weißen Kleidung her so wirkungsvoll in Szene setzte, längst nur noch diesem Ziel (falls sie überhaupt jemals einem anderen dienen sollten). In nahezu jedem Land, das der Papst besucht, stehen spätestens seit 1986 regelmäßig «ökumenische Begegnungen» auf dem Programm, in deren Rahmen sich Johannes Paul II. den Führern wie den Anhängern anderer Konfessionen und vor allem Religionen im schönsten Licht präsentieren kann. Man soll ihn weltweit, über die Grenzen der einzelnen Religionen und Nationen hinweg, persönlich kennen und schätzen lernen, damit er nachher widerstandslos als Oberhaupt der *einen* Weltreligion inthronisiert werden kann. Ob noch Johannes Paul II. selbst diesen Thron besteigen wird, steht natürlich ganz in Gottes Hand, aber B'nai B'rith und die Hintermänner vom CFR dürften im Vatikan längst alle Weichen für die garantierte Wahl eines «geeigneten» Nachfolgers gestellt haben.

In der geheimen «Unterweisung» für die Mitglieder der «Hohen Venta», die sich im Vatikanarchiv befinden (vgl. dazu Band 2!), heißt es: «Kein Papst wird jemals den geheimen Bünden entgegenkommen, also müssen die geheimen Bünde den ersten Schritt auf die Kirche zu machen und dabei das Ziel im Auge behalten, sie und den Papst zu überwältigen. ... Bilden wir uns nicht etwa ein, den Papst für unsere Sache zu gewinnen, mit unseren Grundsätzen ohne weiteres bekehrend und weiterhin belehrend wirken zu können. Das wäre ein lächerlicher Traum. Welchen Gang die Ereignisse auch nehmen werden, mögen zum Beispiel die Kardinäle und Prälaten entweder aus eigener Überzeugung oder durch List sich einen Teil unserer Geheimnisse zu eigen machen, so ist das in keiner Weise ein Grund, ihre Erhebung auf den Stuhl Petri zu wünschen. Das würde uns vernichten. Nur persönlicher Ehrgeiz würde sie zum Abfall vom Glauben bewogen haben; zwangsläufig würden sie sich schließlich genötigt sehen, uns zu opfern. Was sie fordern, was wir zu erreichen suchen müssen, und worauf wir, gleich wie die Juden auf den Messias, warten, das ist ein Papst, wie wir ihn brauchen.» (Zit. n. de Poncins 1929 [1989], S. 270) Was war aber mit dem «Papst, wie wir ihn brauchen», näherhin gemeint? Von der unter Papst Pius IX. bekanntgewordenen Strategie der Freimaurerei gegen die katholische Kirche, die von den Illuminaten-Logen der italienischen «Haute Vente» oder «Hohen Venta» ausgearbeitet worden war (s.o.), sagt R. Prantner (1989, S. 28) zusammenfassend: sie «tendiert ... auf die *Heranbildung* liberaler Priester, liberaler Bischöfe, liberaler Kardinäle und "eines liberalen Papstes"». Was die Logen glühend ersehnten, war also ein *liberaler Papst* als *unwissendes*, aber gleichwohl wertvolles Werkzeug des Weltmachtszionismus. Damit hätten sie sich schon begnügt. Indessen waren die Illuminaten zu pessimistisch gewesen. Sie haben mittlerweile weit mehr bekommen, als sie selber jemals erhofften: nicht nur einen Papst nach ihren Bedürfnissen, nicht nur einen liberalen, aber ahnungslosen Papst, sondern sogar einen Papst, der sich - o Wunder - wirklich und tatsächlich ihre Grundsätze angeeignet hat, der ihnen zu Willen ist und sie keineswegs «fallen läßt», obwohl sie ihn ein gutes Stück weit in ihre Geheimnisse eingeweiht haben, einen Papst mithin, der ihre Pläne weitaus zügiger voranbringt, als sie es sich erträumt hätten.

Der Ex-Kanonikus Roca freilich, ein zur Freimaurerei übergelaufener katholischer Priester (+ 1893), war der Sache schon erheblich näher gekommen, hatte er doch zu seiner Zeit als «Wissender» prophezeit: «Die neue Kirche, die vielleicht nichts mehr von der scholastischen Lehre und von der Urform der früheren Kirche bewahren wird können, wird nichtsdestoweniger von Rom die Weihe und die kanonische Jurisdiktion empfangen.» (Zit. n. Rudolf Graber, Athanasius und die Kirche unserer Zeit, 9. Aufl. Abensberg 1979, S. 36) Er sollte Recht behalten.

Papsttreue um jeden Preis?

Intern war es - wie soeben gezeigt - schon immer das Traumziel der Hochgradfreimaurerei, eines ihrer Mitglieder, einen «Wissenden» also, auf den Papstthron zu befördern. Infolge der streng hierarchischen Struktur der katholischen Kirche hätte, wer den Papst hätte, auch die Kirche. Diese Kalkulation ist tatsächlich aufgegangen, wie wir uns allmählich nicht mehr länger verhehlen können. Das - auf beiden Seiten! - durchwegs für undenkbar Gehaltene ist eingetroffen. Zwar nicht restlos, denn Christus hat seiner Kirche verheißen, daß die Pforten der Hölle sie nicht überwältigen werden. Aber die Zahl derjenigen Katholiken, die auf den diabolischen Betrug hereinfallen, ist Legion.

Teuflisch raffiniert ist das anhaltende Betrugsmanöver ohne Zweifel. Eine abgefeimte Doppelstrategie sorgt dafür, daß der freimaurerisch gelenkte Papst *beide* Lager innerhalb der Kirche hinter sich herzieht. Satan und seine Synagoge wollen das *katholische*, von Gott eingesetzte Papsttum vernichten, das ist klar. Aber das heißt nicht, daß eine *Papst-Attrappe* ihnen nicht Dienste leisten könnte, die mit Gold gar nicht aufzuwiegen sind. Zumal eine solche Papstfigur, die in scheinbar schizophrener, tatsächlich aber von den Hintermännern sorgsam kalkulierter Weise einerseits an der *überlieferten Morallehre* eisern festhält, anderseits jedoch auf dem viel wichtigeren, weil grundlegenderen *dogmatischen Feld* horrende Irrtümer propagiert und die allgemeine Weltreligion der Humanität anbahnt. Daß dem so ist, wissen wir aus Freimaurermund. Im Februar 1981 fand eine vom französischen Grand Orient veranstaltete «Internationale Tagung des Laizismus» in Paris statt. Auf diesem Kongreß «bekräftigte Hervé Hasquin, Präsident der Philosophischen Fakultät von Brüssel: "Der Laizismus muß antiklerikal sein", und er machte diese seltsame Bemerkung: "Man hat in den sechziger und zu Beginn der siebziger Jahre ein wenig in ganz Europa eine Demobilisierung des Laizismus erlebt und die Kirche hat diese reichlich außergewöhnliche Großtat vollbracht, die Laizisten, die Alt-Laizisten zu beschuldigen, sie kämpften gegen eine Kirche, die ihr Aussehen geändert, die auf eine ganze Reihe von Dogmen, auf eine gewisse Zahl von Geboten verzichtet hat, an denen sich der laizistische Kampf des 19. und 20. Jahrhunderts im wesentlichen entzündet hatte. Glücklicherweise ist Johannes Paul II. gekommen, und wenn es ihn nicht gegeben hätte, hätten wir ihn erfunden" ...» (Jacques Ploncard d'Assac, Lettres politiques Nr. 78 [Januar 1983], S. 5) Tatsächlich beherrscht Johannes Paul II. seine Rolle perfekt. Nicht nur vertritt er neben einer häretischen Dogmatik eine katholische Moral, nein, noch weitaus subtiler in seinem Doppelspiel bringt er es auch fertig, heute vor den Angehörigen eines Missionsordens zur eifrigen Ausbreitung des unverkürzten katholischen Glaubens aufzurufen, morgen dagegen vor irgendeinem liberalen Auditorium die Überwindung der religiösen Unterschiede auf der Welt als dringendes Erfordernis des Weltfriedens und der Einheit der Menschheitsfamilie hinzustellen. Er antwortet auf ein und dieselbe Frage Ja und Nein zugleich. Das hat natürlich Methode und soll seine rechtgläubigen Kritiker gegenüber den rechtgläubigen Naivlingen ins Hintertreffen bringen, da die letzteren natürlich immer auf irgendeinen päpstlichen Ausspruch verweisen können, der die beanstandete Sache doch ganz richtig und katholisch darstellt. Aber nicht bloß von diesem perfiden Doppelspiel ist hier zu reden, sondern von einer noch weit umfassenderen Doppelstrategie.

Diese Doppelstrategie sieht folgendermaßen aus: Der Neo-Modernismus bzw. seine theologischen Vorreiter bekämpfen das von Christus eingesetzte unfehlbare Papsttum offen. Aber sie unterstützen ebenso offen den Ökumenismus und Synkretismus Johannes Pauls II., der ihnen sogar noch zu schleppend vorankommt. Auch ohne zu wissen, wem sie damit tatsächlich dienen, verrichten alle aufklärerisch inspirierten Theologen, die den «Petrus-Dienst» auf eine bloße Repräsentationsfunktion für eine ökumenistisch «geeinte» Christenheit (oder gar «Menschheit») zurückschrauben möchten, beste Logenarbeit. Gleiches gilt von der großen Mehrheit der Moraltheologen, die bekanntlich dem Papst - jedem Papst! - dreist das Recht absprechen, für die unwandelbare Gültigkeit der göttlichen Gebote und gegen den libertinistischen Zeitgeist bzw. die freimaurerisch-humanistisch gesteuerte Pansexualisierung einzutreten. Deshalb stellen ihnen die freimaurerisch-zionistisch kontrollierten Massenmedien auch bei jeder Gelegenheit bereitwilligst Zeitungsspalten und Sendezeiten zur Verfügung. Hinterlistig weil bewußt wahrheitswidrig klassifiziert gleichzeitig der geschlossene Chor der Kirchenjournalisten sogar immer wieder Johannes Paul II. als hoffnungslos «konservativen», «intoleranten» Kirchenfürsten, sobald er sich wieder einmal ablehnend zur Priesterweihe der Frau, zur Aufhebung des Zölibats oder zur Empfängnisverhütung äußert. Und das umso freudiger, als ja auf diese Weise zwei Fliegen mit *einer* Klappe geschlagen werden. Wieso das?

Nun, jeder progressistisch-modernistische Angriff auf das katholische Papsttum, zumal, wenn der Papst wegen seines angeblichen «Konservatismus» kritisiert wird, löst sofort unter den noch gläubigen, «konservativen» Katholiken eine Welle der Solidarität mit dem «Heiligen Vater» aus. Und zwar eine solche Solidarität, die es für notwendig hält, *jetzt* «umso treuer» zum Papst «zu stehen» und jede Kritik an seinen ökumenistisch-synkretistischen Reden und Praktiken wenigstens vorläufig zu unterlassen, um ihn nicht noch weiter zu schwächen. Genau hier greift nun aber die diabolische Doppelstrategie: jeder Angriff von neomodernistischer oder gar atheistisch-antikirchlicher (und dann in der Regel *direkt* freimaurerisch-zionistischer) Seite sorgt dafür, daß die noch rechtgläubigen Katholiken, von denen die Synagoge Satans ansonsten den härtesten Widerstand gegen ihre zerstörerischen Pläne zu gewärtigen hätte, wieder eine von Johannes Paul II. servierte dicke Kröte schlucken. Und solche Kröten schluckt man nicht ein ums andere Mal, ohne sich den Magen daran zu verderben. Anders gesagt: Indem sie aus lauter gutgemeinter Papsttreue einen - zumindest taktischen - *Kompromiß* nach dem anderen eingehen, büßen die glaubenstreuen Katholiken fortschreitend ihre innere, moralische Widerstandsfähigkeit gegen die freimaurerischen Parolen ein, die ihnen vom «Heiligen Vater» ständig vorgesetzt werden. Schleichend, aber unaufhaltsam, vergleichbar dem AIDS-Virus, zerstört die falsche Papsttreue das geistliche Immunsystem der noch gläubigen Katholiken und damit auch das letzte Bollwerk gegen die maurerische Wühlarbeit, die in ein offenes «Schleifen der (Rest)Bastionen» übergehen wird, sobald die «nützlichen Idioten» ihren Zweck erfüllt haben. Noch einmal anders formuliert: Der Papst sorgt mittels der soeben beschriebenen Methode dafür, daß tatsächlich (so gut wie) *alle* Katholiken den Marsch in die Gegenkirche des Antichristen auch tatsächlich mitvollziehen. Indem er die zu rasch vorpreschenden Neomodernisten scheinbar zügelt (und dafür - wiederum scheinbar - Hiebe einstecken muß), erreicht er, daß die zögernden Rechtgläubigen den Anschluß nicht verlieren, nicht zurückbleiben (weil sie ja vermeintlich gezwungen sind, ihn zu verteidigen und ihm gerade jetzt treu zu bleiben).

An Beispielen für solch trauriges *nützliches Idiotentum* herrscht kein Mangel. Am 13. Januar 1988 wurde von einer Gruppe von zehn Priestern in Baden in der Schweiz eine «Erklärung» abgegeben, in der es u.a. hieß: «Wir stehen in Treue und Gehorsam zum Hl. Vater, Papst Johannes Paul II., als dem gültig gewählten Nachfolger des hl. Apostels Petrus ... Wir lehnen deshalb entschieden jene unkirchliche Haltung ab - von welcher Seite auch immer sie kommen mag -, die fortwährend die Worte und Handlungen des Hl. Vaters kritisiert.» (Zit. n. «Der Fels» 19 [1988] 90) Natürlich wurde Johannes Paul II. zu dieser Zeit - wie ja ständig - von modernistischer Seite wegen seiner Morallehre und seinen Bischofsernennungen unter Beschuß genommen. Gleichzeitig wollte die massive Kritik glaubenstreuer Katholiken an dem (vordergründig!) von ihm initiierten und durchgeführten Gebetstreffen der Weltreligionen in Assisi vom Oktober 1986 immer noch nicht verstummen. Beides - «von welcher Seite es auch kommen mag» - lehnt die Badener Erklärung «entschieden ab», obwohl das eine gänzlich unberechtigt, das andere jedoch nur allzu berechtigt ist. Neomodernisten werden sich durch den Vorwurf der «Unkirchlichkeit» nicht im geringsten beeindrucken lassen und in ihrer Hetze gegen das kirchliche Lehramt, sofern es die traditionelle, unveränderliche Morallehre vorträgt, fortfahren. Glaubenstreue Katholiken dagegen lassen sich weit eher durch den Vorwurf angeblicher «Unkirchlichkeit» ihrer Kritik einschüchtern. Also ein Punktgewinn für die Logen.

1989 hat die «Kölner Erklärung» von 163 großenteils schon lange notorisch extrem-modernistischen bzw. offen häretischen Theolog(inn)en über die Grenzen der Bundesrepublik hinaus Furore gemacht. Die Leserbriefspalten der katholischen DT quollen daraufhin wochenlang fast über von gutgemeinten uneingeschränkten Treue- und Solidaritätsadressen an Johannes Paul II. Erneut scharte sich alles um den «Heiligen Vater», zur klammheimlichen Wonne der Wissenden. Der Skandal von Assisi, der ja bis heute unausgesetzt fortdauert und immer ärgere Dimensionen annimmt, schien völlig vergessen, «unbedingte Papsttreue» lautete die Parole. Im Rundbrief des (als rechtgläubig geltenden) «Kreises katholischer Priester» vom 22. Februar 1989 wurde - immer auf die Person Johannes Pauls II. bezogen - lamentiert (S. 10): «Es besteht kein Zweifel, daß in der Gegenwartsstunde die Medien im allgemeinen vom Papst ein schlechtes Bild zeichnen. In vielen Fernsehsendungen, Radioberichten, Artikeln der Illustrierten, Artikeln der Tagespresse wird das Bild des Papstes Johannes Pauls II. verzeichnet. Die Technik ist immer dieselbe: Es werden Halb-Nachrichten gebracht, Aussprüche vom Papst werden aus dem Zusammenhang gerissen und damit überzogen oder unterbewertet. Ein Dauerbrenner ist die Empfängnisverhütung und die Abtreibung. Man lobt seine Menschlichkeit und verabscheut, daß er nicht genügend tolerant ist und den Trend der progressiven Theologen nicht mitmacht. (?) - Die Medien sind sich ihrer Macht bewußt. Sie wissen, daß sie Millionen von Menschen manipulieren können. Wenn wir heute eine ständige Papstschelte haben, so ist nicht zuletzt daran diese Manipulation schuld. - Man kann es auch anders ausdrücken: Das Reich der Finsternis kämpft gegen das Reich des Lichtes. ... Es scheint, daß der Kampf auf der ganzen Linie ausgebrochen ist. Der Papst wird verdeckt und offen in nicht wenigen Kirchenzeitungen angegriffen. In den Leserbriefspalten kann sich das Mißbehagen austoben. ... So wird die Kritik am Papst über die Hintertür von Leserbriefen verstärkt. Doch wen hat er dann noch als Anwalt? Und was für ein Papstbild bleibt uns dann noch?» Offenbar nur das Bild des armen, alleingelassenen «Heiligen Vaters», mit dem man sich ohne wenn und aber in dieser Stunde höchster Not solidarisieren muß. Wieder ein Plus für die Hintermänner mit Schurz, Kelle und Davidsstern!

«Die Treue aller Katholiken zum Papst», so stand es in der DT vom 24. Juni 1989, «hält der Apostolische Nuntius in Bonn, Erzbischof Joseph Uhac, für unbedingt notwendig. Wer dies verneine oder in Frage stelle, "sollte sich selbst einmal kritisch fragen, ob er sich noch katholisch nennen kann", sagte Uhac ... in einem Interview ... (von KNA) in Bonn. Die Kritik an der Amtsführung des Papstes gehe nur von einem begrenzten Personenkreis aus, während die große Mehrheit der Gläubigen hinter Johannes Paul II. stehe, sagte Uhac. ... Uhac hob ausdrücklich die Notwendigkeit der Pastoralreisen Johannes Pauls II. hervor, dessen seelsorgerischer Einsatz von unschätzbarem Wert sei. Die unmittelbaren Begegnungen des Papstes mit den Katholiken und mit Angehörigen anderer Religionen, mit politischen Autoritäten, mit Armen und mit Kranken gewännen einen "menschlichen und christlichen, sozialen, aber auch - im besten Sinne des Wortes - politischen Wert". Insgesamt leiste Johannes Paul II. einen "bedeutsamen Beitrag für den so dringend notwendigen und ersehnten friedlichen Zusammenhalt der Völker", was sich auch darin zeige, daß führende Politiker fast aller Nationen den persönlichen Kontakt zum Papst suchten.» So ist das also! Alles, was der Papst tut, ist goldrichtig, und nur seine Kritiker sind nicht mehr katholisch. Für die von links mag das durchaus zutreffen, aber die anderen? Die Art von Nibelungentreue, die Uhac von ihnen verlangt, steht in direktem Widerspruch zur *Treue zu Christus* und zum *überlieferten katholischen Glauben*. Leider wollen viele gutwillige Katholiken das immer noch nicht begreifen.

«Der schwarze Brief» vom 9. März 1989 beispielsweise klagte anläßlich der Kölner Affäre: «In diesem Zusammenhang muß die Frage gestellt werden, wo eigentlich Bewegungen und Vereinigungen geblieben sind, die sich im Zeichen von Treue und Liebe zu Kirche und Papst versammelt haben? Das Schweigen der glaubenstreuen Gruppen ist bedrückend.» Oder vielleicht doch ein Indiz dafür, daß sie es einfach nicht mehr fertigbringen, *diesen* Papst noch zu verteidigen? Das wäre zu schön, um wahr zu sein. Die «Katholische Pfadfinderschaft Europas» (KPE), die gleichfalls als rechtgläubig gilt, hat da jedenfalls noch keinerlei Hemmungen. In der im März 1989 erschienenen Nr. 26 ihrer Quartalszeitschrift «Pfadfinder Mariens» prangte auf der Titelseite ein suggestives Foto eines liebenswürdigen Johannes Pauls II. mit einigen schüchtern lächelnden Pfadfindern und eine fette Überschrift «Machen wir den Mund auf für den Heiligen Vater!». Am Ende des umfangreichen, fünfspaltigen Artikels stellte der Verfasser die Frage: «Was sollen wir tun in der gegenwärtigen Krisensituation der Kirche?» Und das war seine Antwort: «1. Es gilt in der Wertschätzung dieses Papstes sich nicht erschüttern zu lassen. Es geht im letzten gar nicht um den Papst, im Grunde wollen seine Kritiker eine andere Kirche.» Sehr wahr! Aber wenn es gar nicht um den Papst, sondern um die Kirche geht, warum darf man sich dann ausgerechnet in der Wertschätzung *dieses* Papstes nicht erschüttern lassen? Hat nicht gerade *dieser* Papst durch seine Reden und Taten bis zum Überdruß bewiesen, daß *er selber* eine *ganz andere Kirche will*? Aber von Assisi und den vielen anderweitigen ärgerniserregenden und glaubenswidrigen Reden und Taten Johannes Pauls II. ist in dem ganzen Artikel mit keinem einzigen Wort die Rede. Übrigens auch nicht im Schwarzen Brief und auch nicht im zitierten Rundbrief des «Kreises katholischer Priester», geschweige denn in der genannten Badener Erklärung. So funktioniert die diabolische *Schweigespirale*. Die manipulierte Kritik von links induziert auf der rechten Seite regelmäßig eine blinde (um nicht zu sagen blindwütige!) «Papsttreue», die jede noch so notwendige und berechtigte Kritik von rechts abwürgt, jede Gegenwehr im Keim erstickt. Und das Schönste daran ist, daß die «Papsttreuen» sich ihren Maulkorb sogar eigenhändig umhängen. Und daß sie dadurch selber so zuverlässig manipuliert werden. Um nochmals an das Vorwort des 1. Bands anzuknüpfen: wie die Klugheit eine Kardinaltugend ist, so kann die Dummheit eine schwere Sünde sein.

Erhebt eure Häupter!

Die Vorhut des Antichristen marschiert also. Und keiner will zur Nachhut gehören, alles, was Beine hat, marschiert mit: die Parteipolitiker aller Couleur, die Staatsmänner aller Länder, das brave Partei- und Wählervolk, die Massenmedien, die Kirchenzeitungen, die Kapläne und Pfarrer, die Mönche und Nonnen, die Theologen und Theologinnen, die Bischöfe und Kardinäle, der Papst und die Papsttreuen ... Und es ist keine Rettung in Sicht, alles scheint verloren. Was kann den Endsieg der Synagoge Satans noch aufhalten? Ist er nicht in der Heiligen Schrift als unabwendbar prophezeit? Hat es da überhaupt noch einen Sinn, sich der unaufhaltsamen Entwicklung entgegenstemmen zu wollen?

Der protestantische Pastor Friedrich Malessa, inzwischen verstorben, hat bereits 1961, als sich unter Johannes XXIII. für tiefblickende Geister allmählich abzeichnete, daß die Vorbereitungen für das Kommen des Antichristen auf Hochtouren zu laufen anfingen, eine Antwort auf diese Fragen gegeben, wie sie kein Katholik treffender geben könnte. «1. Wir können die Ökumene nicht aufhalten. Das prophetische Wort sagt uns eindeutig, daß sie kommt. - Man darf das prophetische Wort nicht als eine etwaige Warnung ansehen, die rückgängig gemacht werden kann, sondern als Wirklichkeit. Es kommt! Daran ist nichts zu ändern. 2. Und doch sollen wir "Aufhaltende" sein, zwar nicht für das Endgeschehen, jedoch für die Entscheidung der einzelnen im Endgeschehen. Das Aufhaltewesen hat keinen kollektiven, sondern einen individuellen (persönlichen) Charakter. ... Damit ist der Auftrag der Gläubigen in dieser Zeit aufgewiesen. Wir nennen ihn nochmals. Die Gläubigen haben nicht das Endweltgeschehen aufzuhalten, sondern "einige", die von der Verstrickung der Geschehnisse ernstlich bedroht sind. ... Die Gläubigen haben sie in der verfänglichen Entwicklungszeit zu warnen. ... Freilich ist das eine schwierige Aufgabe. Sie ist keine "Massenware", die hohe Begeisterung gibt. Sie wird von der Masse als Irrwahn bezeichnet. Da entsteht im wahrsten Sinne des Wortes das "Schwimmen gegen den Strom".» (Zit. n. SAKA-Informationen 14 [1989] 128f)

Der Antichrist und mit ihm Satans Weltherrschaft steht vor der Tür. Aber sein blasphemisches Treiben wird nicht von langer Dauer sein. Beim Psalmisten heißt es prophetisch: «Warum toben die Völker, warum machen die Nationen vergebliche Pläne? Die Könige der Erde stehen auf, die Großen haben sich verbündet gegen den Herrn und seinen Gesalbten. ... Doch er, der im Himmel thront, lacht, der Herr verspottet sie» (Ps 2, 1-4). Das ganze 18. Kapitel der Geheimen Offenbarung beschreibt den Untergang der «Stadt des Menschen», der Hure Babylon. «Und (der Engel) rief mit gewaltiger Stimme: Gefallen, gefallen ist Babylon, die Große! Zur Wohnung von Daemonen ist sie geworden, zur Behausung aller unreinen Geister und zum Schlupfwinkel aller unreinen und abscheulichen Vögel. ... Freu dich über ihren Untergang, du Himmel - und auch ihr, Heilige, Apostel und Propheten, freut euch! Denn Gott hat euch an ihr gerächt. ... Danach hörte ich etwas wie den lauten Ruf einer großen Schar im Himmel: Alleluja! Das Heil und die Herrlichkeit und die Macht ist bei unserem Gott. Seine Urteile sind wahr und gerecht. Er hat die große Hure gerichtet, die mit ihrer Unzucht die Erde verdorben hat. Er hat Rache genommen für das Blut seiner Knechte, das an ihren Händen klebte. Noch einmal riefen sie: Alleluja! Der Rauch der Stadt steigt auf in alle Ewigkeit. Und die vierundzwanzig Ältesten und die vier Lebewesen fielen nieder vor Gott, der auf dem Thron sitzt, beteten ihn an und riefen: Amen, Alleluja!» (Offb 18, 2.20; 19, 1-4)

---

letzte * das letzte * das letzte * das letzte * das letzte * das letzte * das letzte * das

---

Erst nach Redaktionsschluß sind mir zwei außerordentlich aufschlußreiche Texte vor Augen gekommen, die ich unbedingt hier noch dokumentieren möchte.

1) In der «Welt» vom 18. Mai 1990 schrieb Friedrich Meichsner anläßlich des 70. Geburtstags von Johannes Paul II. unter der Überschrift «Ein charismatischer Papst mit politischer Wirkung» u.a.:

«In einer Zeit, von der so viele behaupten, daß sie keine charismatischen Persönlichkeiten mehr hervorzubringen vermöge, wirkt dieser Papst aus Polen auf so manche wie der einzige noch verbleibende "Führer" der Menschheit. (!) Sicher ist, daß kein anderer Zeitgenosse und vielleicht auch keine andere Gestalt der Geschichte ohne jeden Zwang so viele Menschenmassen bewegt hat wie er. (!) In Mondovision werden seit zwölf Jahren mit immer kürzeren Abständen (!) Bilder ausgestrahlt, wie die weißgekleidete Gestalt die Erde eines nahen oder fernen Landes küßt, wie sie in der jubelnden unübersehbaren Menge badet, Kinder auf den Arm nimmt, Hände drückt und, mit dem Kopfschmuck eines Indianerhäuptlings oder eines Negerfürsten, mit einem Cowboyhut oder einer Eskimo-Pelzmütze bedeckt, in die Kamera lächelt. In den Intervallen zwischen den Reisen sorgen immer neue Initiativen - seien es außerordentliche Heilige Jahre, marianische Jahre oder Bischofssynoden - auch "daheim" in Rom dafür, daß Papst und Kirche im Brennpunkt bleiben.»

2) Über den Innsbrucker Bischof Reinhold Stecher, der 1989 «erfolgreich» den von den Feinden der Kirche sogenannten «Anderl-Kult» in Rinn/Judenstein beendete, konnte man in der DT vom 31. Mai 1990 folgende Meldung lesen:

«Bischof Reinhold Stecher von Innsbruck ist von der jüdischen Organisation "B'nai B'rith" Wien und der Israelitischen Kultusgemeinde für Tirol und Vorarlberg "für seine Verdienste um die interkonfessionelle Verständigung" mit der Ehrenmedaille ausgezeichnet worden. Mit der Ehrung solle die Wertschätzung für den Einsatz Stechers gegen jede Form von Antisemitismus zum Ausdruck gebracht werden, teilte "B'nai B'rith" in Wien mit. Die Auszeichnung soll Stecher am 14. Juni in Innsbruck überreicht werden. ...»

Nachwort

Wer sich nach beendeter Lektüre dieses Buchs bzw. dieser kleinen Reihe befriedigt in seinen Sessel zurücklehnt, sich nunmehr für genügend informiert hält, froh ist, die höchst unangenehmen Tatsachen wieder vergessen, die drohenden Zukunftsaussichten verdrängen zu können, wer sich wieder wie zuvor täglich von seiner Zeitung und vom Fernsehen «berichten» läßt, was in der Welt vor sich geht, wer sich von den gefilterten Harmlosigkeiten, die ihm da unter die Nase gerieben werden, erneut einschläfern läßt, dem ist beim besten Willen nicht zu helfen.

Die Lektüre dieses Buchs sollte, ja müßte ein für allemal aufgerüttelt, wachsam und kritisch gemacht haben. Wer nach ein paar Wochen enttäuscht feststellt, daß die Welt immer noch ihren gewohnten Gang geht, der ist schon wieder auf die Medienmanipulation hereingefallen. Täuschen wir uns nicht, machen wir uns nichts vor: jeden Tag, den Gott ihnen noch schenkt, nutzen die Angehörigen der Satanshierarchie, emsig wie die Ameisen, dazu, ihre widergöttlichen und menschenverachtenden Pläne voranzutreiben. Da müssen wir umgekehrt jeden Tag, den Gott *uns* noch erleben läßt, nicht weniger eifrig dazu benutzen, *unsere* Vorbereitungen für das Kommende zu treffen. Diese unsere Vorbereitung muß nach Christi Weisung aus zwei Dingen bestehen: «Wachet und betet!» (Mt 26, 41)

Wachen, das heißt heute vor allem, sich so viel als möglich dem einschläfernden Einfluß der gottlosen, im Dienst der Satanshierarchie stehenden Medien entziehen. Statt alle möglichen «Informationen» und «Kommentare» einfach zu schlucken, selbst zusehen und selber denken, selber beurteilen - vom Standpunkt des überlieferten, ungeschmälerten katholischen Glaubens aus und im Licht der Endzeitprophezeiungen der Heiligen Schrift. Wachen heißt auch, die hl. Messe dort mitfeiern, die Sakramente dort empfangen, die Predigt dort anhören, wo *kompromißlos glaubenstreue* Bischöfe und Priester zelebrieren, Sakramente spenden und den katholischen Glauben verkündigen! Es ist übrigens leicht herauszufinden, wo das geschieht: in aller Regel dort, wohin die außer- und innerkirchlichen Medien am meisten Gift und Galle speien. Wachen heißt auch, gute katholische Bücher lesen, die wenigen guten katholischen Zeitschriften abonnieren und studieren, die sich bemühen, wirklich zu informieren. Wachen heißt schließlich: sich gefaßt machen auf das Kommen des Antichristen, auf die Zeit der Verfolgung, *auf das Martyrium*!

Und da heißt es *beten*, unablässig beten um die Glaubensgnade, um Mut und Standfestigkeit, um Festigung der Hoffnung auf den Himmel, um Vermehrung der göttlichen Liebe. Um die Gabe der Unterscheidung der Geister für sich und andere, um die Rettung und Heiligung der Seelen, die sich nun noch retten und heiligen lassen wollen. «Der Frevler soll weiter Frevel begehen, der Beschmutzte soll sich weiter beschmutzen, der Gerechte soll weiter Gerechtigkeit üben, der Heilige soll sich weiter heiligen. Siehe, ich komme bald, und mein Lohn mit mir, um einem jeden zu vergelten, wie sein Werk ist» (Offb 22,11f)!

Literatur-Verzeichnis

Agar, Herbert/Aydelotte, Frank u.a. (Hrsg.): The City of Man. A Declaration on World Democracy, 3. Aufl. New York 1941
Amsee, Andreas: Die Judenfrage, Luzern 1939
Bea, Augustin: Die Kirche und die Menschheit, Freiburg - Basel - Wien 1967
Beek, Gottfried zur (Hrsg.): Die Geheimnisse der Weisen von Zion, 3. Aufl. Charlottenburg 1919
Benson, Robert Hugh: Der Herr der Welt, Freiburg - Basel - Wien 1960
Beßmer, Julius SJ: Philosophie und Theologie des Modernismus, Freiburg im Breisgau 1912
Biehl, Peter/Baudler, Georg: Erfahrung - Symbol - Glaube. Grundfragen des Religionsunterrichts, Frankfurt am Main 1980
Blackwood, Peter: Die Netzwerke der Insider. Ein Nachschlagewerk über die Arbeit, die Pläne und die Ziele der Internationalisten, Leonberg 1986
Bonono, Jacques: Hammer, Sichel und Kreuz. Die Befreiungstheologie am Werk. Eine Neunländerfahrt für das «Figaro-Magazin», Stuttgart 1989
Borowski, Wolfgang: Kommt Luzifer an die Macht?, Aglasterhausen 1985
Bouyer, Louis: Das Handwerk des Theologen. Gespräche mit Georges Daix, Einsiedeln 1980
Bouyer, Louis: Der Verfall des Katholizismus, München 1970
Camman, Robert: Les véritables maîtres du monde, Villefranche-de-Lauragais (im Selbstverlag) 1985
Cumbey, Constance: Die sanfte Verführung, 6. Aufl. Asslar 1987
Dorn, Luitpold A.: Der Papst und die Kurie. Wie eine Weltkirche regiert wird, Freiburg - Basel - Wien 1989
Drexel, Albert: Ein neuer Prophet? Teilhard de Chardin. Analyse einer Ideologie, 2. erw. Aufl. Stein am Rhein 1971
Fleischhauer, Ulrich: Die echten Protokolle der Weisen von Zion. Sachverständigengutachten, erstattet im Auftrag des Richteramtes V in Bern, Erfurt 1935
Fricke, Karl R.M.: Saten und die Satanisten, Teil 2, Graz 1985
Gassmann, Lothar (Hrsg.): Ein Konzil für den Frieden?, Asslar 1989
Graber, Rudolf: Athanasius und die Kirche unserer Zeit, 9. Aufl. Abensberg 1979
Graber, Rudolf: Siehe, ich mache alles neu. Lesungen über die Neuheit des Christentums, Würzburg 1941
Griffin, Des: Wer regiert die Welt?, Leonberg 1986
Hamer, Jerôme/Congar, Yves (Hrsg.): Die Konzilserklärung über die Religionsfreiheit, Paderborn 1967
Hecht, Alexander: Der Bund B'nai B'rith und seine Bedeutung für das österreichische Judentum, Wien 1914 (Reprint Bremen 1985)
Holtschmidt, Friedrich u.a. (Hrsg.): Stern von Bethlehem. Ursprung, Wesen und Ziel der Freimaurerei, Hünstetten/Taunus 1981 (Reprint von 1899)
Homuth, Norbert: Dokumente der Unterwanderung. Christen unter falscher Flagge, Nürnberg (im Selbstverlag) o.J. (1985 oder später)

Homuth, Norbert: Vorsicht Ökumene! Christen im Strudel der Antichristlichen Endzeitkirche, 3. Aufl. Nürnberg (im Selbstverlag) 1986
Johannes XXIII.: Pacem in terris. Über den Frieden unter allen Völkern in Wahrheit, Gerechtigkeit, Liebe und Freiheit, Freiburg - Basel - Wien 1963
Johannes Paul II.: Redemptor Hominis, hrsg. vom Sekretariat der Deutschen Bischofskonferenz, Bonn 1979
Johannes Paul II.: Schreiben an alle Priester der Kirche zum Gründonnerstag 1985, hrsg. vom Sekretariat der Deutschen Bischofskonferenz, Bonn 1985
Klein, Wolfgang: Teilhard de Chardin und das Zweite Vatikanische Konzil, München - Paderborn - Wien 1975
Lay, Rupert SJ: Die Ketzer. Von Roger Bacon bis Teilhard, München - Wien 1981
Lerich, Konrad: Der Tempel der Freimaurer. Der 1. bis 33. Grad. Vom Suchenden zum Wissenden, Bern 1937 (Reprint Bremen 1988)
Le Roux, Daniel: Pierre m'aimes-tu? Jean-Paul II: Pape de Tradition ou Pape de la Révolution?, Escurolles 1988
Lohfink, Norbert SJ: Der niemals gekündigte Bund. Exegetische Gedanken zum christlich-jüdischen Dialog, Freiburg - Basel - Wien 1989
Mullins, Eustace/Bohlinger, Roland: Die Bankierverschwörung. Die Machtergreifung der Hochfinanz und ihre Folgen, 3. erg. u. korr. Aufl. Struckum o.J. (1985?)
Müller, Gerhard: Überstaatliche Machtpolitik im XX. Jahrhundert. Hinter den Kulissen des Weltgeschehens, 3. erw. Aufl. Pähl 1982
Nantes, Georges de: Liber Accusationis in Paulum Sextum ... (1973), deutsche Ausgabe ohne Ort und Jahr
Newman, Kardinal John Henry: Christliches Reifen. Texte zu religiöser Lebensgestaltung. Gesammelt, eingeleitet und übersetzt von Otto Karrer, 2. Aufl. Einsiedeln - Köln 1954
Newman, John Henry: Der Antichrist nach der Lehre der Väter. Deutsch von Theodor Haecker. Mit einem Nachwort hrsg. von Werner Becker, München 1951
Penzig, Rudolf: Logengespräche über Politik und Religion, Leipzig 1923 (Reprint Bremen 1982)
Ploncard d'Assac, Jacques: Das Geheimnis der Freimaurer, Stuttgart 1989
Poncins, Léon de: Hinter den Kulissen der Revolution, Berlin 1929 (neu hrsg. v. Ekkehard Franke-Gricksch in ders., Der namenlose Krieg, Leonberg 1989, 237-288)
Prantner, Robert: Freimaurertum. Eine Punktuation als Orientierungshilfe, Wien 1989
Rahner, Karl SJ/Vorgrimler, Herbert SJ: Kleines Konzilskompendium, 4. Aufl. Basel - Freiburg - Wien 1968
Reuter, Amand (Hrsg.): Summa Pontificia. Lehren und Weisungen der Päpste durch zwei Jahrtausende. Eine Dokumentation, Abensberg 1978
Rideau, Emile: Teilhard de Chardin - ja oder nein?, München 1968
Ritter, Gaston: Das Judentum und der Schatten des Antichrist, 3. Aufl. Graz 1938
Rösler, Roland: Der Menschen Zahl oder: Das zerstörte Sodom ist euer Land! (Jes 1,7), Stein am Rhein 1989

Rynne, Xavier: Die Erneuerung der Kirche. Die vierte Sitzungsperiode des Zweiten Vatikanischen Konzils, Köln - Berlin 1967

Sacrosanctum Oecumenicum Concilium Vaticanum II, Constitutiones - Decreta - Declarationes, cura et studio Secretariae Generalis Concilii Oecumenici Vaticani II, Vatikan 1974

Schiwy, Günther: Der Geist des Neuen Zeitalters. New-Age-Spiritualität und Christentum, München 1987

Schlette, Heinz Robert: Die Religionen als Thema der Theologie. Überlegungen zu einer «Theologie der Religionen», Freiburg - Basel - Wien (Quaestiones disputatae 22) 1964

Scholl, Heinz: Berufsverbot für Manfred Adler. Gründe und Hintergründe der Verfolgung eines katholischen Priesters, Euskirchen o.J.

Six, Franz Alfred: Studien zur Geistesgeschichte der Freimaurerei, 2. Aufl. Hamburg 1942

Stimpfle, Josef: Die Katholische Kirche und die Freimaurerei, in: Ders., Im Dienst am Evangelium. 25 Jahre bischöfliche Verkündigung und Weisung. Ein Querschnitt, Donauwörth 1988

Tresmontant, Claude: Einführung in das Denken Teilhard de Chardins, Freiburg - München 1963

Vaquié, Jean: Réflexions sur les ennemis et la manoeuvre (Lecture et Tradition Nr. 126), Vouillé 1987

Virebeau, Georges: Prélats et Franc-Maçons, Paris 1978

Waldstein, Wolfgang: Hirtensorge und Liturgiereform. Eine Dokumentation, Schaan/Lichtenstein 1977

Wichtl, Friedrich: Weltfreimaurerei - Weltrevolution - Weltrepublik. Eine Untersuchung über Ursprung und Endziele des Weltkrieges, 11.-15. Tsd. München 1919

Wiltgen, Ralph M.: Der Rhein fließt in den Tiber. Eine Geschichte des Zweiten Vatikanischen Konzils, Feldkirch 1988

Zacharias, Gerhard: Satanskult und Schwarze Messe, München - Berlin 1979

Empfehlenswerte weiterführende Literatur zu einzelnen hier angesprochenen Themenbereichen:

Dörmann, Johannes: Der theologische Weg Johannes Pauls II. zum Weltgebetstag der Religionen in Assisi, Senden/Westfalen 1990 (3 Bände), ISBN 3-9802444-0-7 (Vertrieb: Pro Fide Catholica)

Melzer, Gottfried: Das selige Kind Andreas von Rinn. Ein wahrer Märtyrer der katholischen Kirche, Durach 1989 (Vertrieb: Pro Fide Catholica)

Personen-Verzeichnis

Ablondi, Alberto 150f
Abraham 13f, 16, 116, 137, 152, 155, 185
Abravanel, Isaac 174
Abs, Hermann Josef 176f
Adam 81
Adam, Nestor 57
Adler, Manfred 158-162
Agar, Herbert 19
Aggaginian 106
Allioli, Franz von 166f
Amsee, Andreas 13
Andreas von Rinn 162ff, 169
Andreotti, Giulio 201
Antoninus Pius 12
Appel, Rolf 98
Arguello, Alvaro 100
Arinze, Francis 137ff, 146, 148, 200, 214
Arroyo 100
Aydelotte, Frank 19

Bacon Roger 38
Baeck, Leo 13
Baggio, Sebastian 112
Bailey, Alice 16, 178
Bailey, Foster 16
Balthasar, Hans Urs von 112f
Baresch, Kurt 107
Barnabas 10
Barrio, Martinez 36
Barth, Christa 177
Barth, Karl 121
Barth, Zeev 226
Baudler, Georg 34f
Bea Augustin 139f
Becker, Werner 9

Beek, Gottfried zur 17, 221
Ben Gurion, David 174
Benedikt XIV. 162
Benedikt XV. 97, 171
Benson, Robert Hugh 78
Benz, Hermann 126
Berg, Karl 184
Berghofer-Weichner, Mathilde 178
Bernhard, Prinz von Lippe 121, 178
Bernick, H. 78, 82
Berteloot 97ff
Beßmer, Julius 28-32
Biehl, Peter 34
Biffi, Franco 104
Blackwood, Peter 89ff, 102, 140
Blavatsky, Helena Petrowna 178
Bloch, Georges M. 98
Bohlinger, Roland 177, 241
Bonifatius 218
Bonono, Jacques 100
Bordiot, Jacques 105
Borowski, Wolfgang 94, 102, 106, 149, 157, 193
Bouyer, Louis 50, 179
Boventer, Hermann 100f
Bovone, Alberto 104
Böckle, Franz 109, 111
Bresant, Annie 178
Breuvery, Emmanuel de 119
Brod 13
Bruckberger 105
Buber, Martin 13
Bugnini, Annibale 104f, 179f, 182, 185
Burckhardt, Carl Jacob 80

Bush, Barbara 240
Bush, George 239f, 242
Bürkle, Horst 209

Caddy, Peter 113
Cajus 12
Camdessus, Michel 240
Cameron, Paul 168
Camman, Robert 140
Capra, Fritjof 118, 178
Caprile, Giovanni 101, 104
Carducci, Giosue 43f
Carpi, Pier 80
Casaroli, Agostino 104f, 173-176, 180, 214, 227, 237f
Casey, William 91
Cassidy, Edward 150
Castro, Fidel 100
Chullikal, Anthony 103
Clausen, A.W. 16
Clémenceau 116
Cocq 18
Cogan 225
Congar, Yves 56
Cooke 109
Corecco, Eugenio 125
Corneloup, J. 98
Coston, Henri 105f
Coudenhove-Kalergi, Richard Nikolaus 91f
Crémieux, Adolphe 57
Cumbey, Constance 113, 178
Cyrill von Jerusalem 10

Dahrendorf, Ralf 227
Daix, Georges 179
Daniel 15
David 166f, 175
De Provenchères 109
De Thier 94

255

Decourtray, Albert 116
Diemer, Erwin 160
Dierickx, Michel 98
Dilthey 30
Dingswort-Nusseck, Julia 177
Diocletian 12
Dorn, Luitpold A. 139, 151
Douven, J. 181
Dönhoff, Marion 177
Döpfner, Josef 106
Dörmann, Johannes 207f
Drexel, Albert 37, 39, 46
Duarte 100
Dufay 98
Dulles, John Foster 121
Dunant, Henri 91
Dusen, Henry van 121

Ehrlich, Ernst Ludwig 107f, 159-162, 204
Elisabeth II. 90
Ellacuria, Ignace 100
Enomyia, Makibi 118
Etchegarey, Roger 170, 227

Fana, Luis Pellecer 100
Ferguson, Marilyn 118, 178
Ferrer-Benimeli, José-Antonio 99
Félice 115
Fleischhauer, Ulrich 12, 18, 159, 175, 220
Franke-Gricksch, Ekkehard 18
Franz von Sales 141
Franziskus 198
Fricke, Karl R.H. 15

Gallio 11

Gambetta 57
Gantin, Bernhard 102
Gassmann, Lothar 78, 82, 141ff, 196f, 209
Gaster 220
Gemayel 231
Geremek, Bronislaw 226
Ghandi, Indira 178
Giscard d'Estaing, Valéry 93
Glemp, Jozef 201, 203
Gorbatschow, Michail 197, 232-235
Gotheim, Georg 159
Gottardi, Allessandro 104
Graber, Rudolf 191f, 244
Grace, J. Peter 91
Grande, Rutilio 100
Griffin, Des 91, 174
Gromyko, Andrej 232
Gruber, Hermann 95ff
Guénon, R. 117

Habsburg, Otto von 91ff
Haecker, Theodor 9
Haig, Alexander 91
Hamer, Jerôme 56
Hammerskjöld, Dag 118
Harada, Daiun Sokagu 118
Hasquin, Hervé 244
Hawliczek, Hilde 178
Hecht Alexander 109, 226
Held 122
Hello, Ernst 134
Hemmerle, Klaus 124f, 143
Henne, Eugen 166f
Henrich, Franz 114
Herr, Theodor 194

Herzl, Theodor 220
Hesburgh, Theodore Martin 113f
Heuberger, Georg 149
Heuß, Theodor 195
Hildebrand, Dietrich von 35
Hippolytus 10
Hitler, Adolf 19, 164
Holtschmidt, Friedrich 219
Homuth, Norbert 91,93ff, 102, 106, 109ff, 120ff, 126, 161, 232
Horsley 53, 58
Horst, Guido 176, 232

Ignatius von Loyola 102
Innozenz XI. 212
Irenäus von Lyon 10, 62
Isaak 116, 137
Isaias 174f

Jakob 14, 116, 137
Jehuda 12
Jerez, Cesar 100
Jesaja 173ff
Jestaedt, Winfried 161f
Joachim von Fiore 188
Joel 192
Johannes 9f, 63f, 76, 144, 149, 220
Johannes der Täufer 90
Johannes XXIII. 36, 59, 79f, 83ff, 95, 184f, 227
Johannes Paul II. 57, 106, 124, 138, 187-203, 209-248, 250
Jouin, E. 97
Julian Apostata 10, 54
Juliane, Prinzessin der Niederlande 177f

Kamphaus, Franz 235
Kant, Immanuel 30, 172
Kapellari, Egon 113
Karl V. 89
Karlow, Jurij 232f
Kasper, Walter 113
Khamenei, Hojatoleslam Seyyed-Ali 214
Khomeini, Ruhollah Mussawi 214
Kirchschläger, Rudolf 108
Kissinger, Henry 93, 121, 241
Klein Wolfgang 50
Klein, Laurentius 122
Klein, Theo 161
Kolakowski, Leszek 237
König, Franz 107ff, 159, 184, 203-207, 223-226
Kruse, Martin 146
Kuhn, Helmut 178
Kuschel, Karl-Josef 110
Kübel, Johannes 29
Küng, Hans 109ff

Lafferty, Brenda 15
Lamm 161
Lang, Ossian 95
Lantoine, Albert 98
Lasalle, Hugo 118
Laszio, Ervin 102
Laval, Pierre 36
Laviana, Gaspar Garcia 100
Lay, Rupert 39, 43, 46f, 49
Le Roux, Daniel 56f, 241
Le Roy 31
Lefebvre, Marcel 157

Lehmann, Karl 112f, 126, 145f, 150, 175, 201ff, 227
Lenin 27, 238
Lennhoff, Eugen 95
Leo XIII. 57, 90
Lerich, Konrad 90, 92, 204, 221
Lessing 34
Lettmann, Reinhard 146
Levi, Virgilio 104
Levitin, Sonja 150
Lewis, Bernhard 227
Lichten, Joseph 237
Liénart, A. 106
Lilje, Hans 121
Lincoln, Abraham 26
Loeb, Isidore 175
Lohfink, Norbert 154-157
Loisy, Alfred 28f, 31f
Löser, Werner 123
Löwe, Heinrich Georg F. 12
Lubac, Henri de 37, 97
Lubich, Chiara 123ff
Lukas 11
Luther 167

Macchi, Pasquale 104
Malessa, Friedrich 249
Marc Aurel 12
Marcellinus 12
Marcinkus, Paul 104, 176
Martini, Carlo Maria 195, 235
Marx, Karl 22, 47
Masini, Eleonora 103
Mayor, Frederico 110
Mazzini 17
McNamara, Robert 16
Meichsner, Friedrich 250

Meisner, Joachim 141, 147
Metz, Johann Baptist 227
Michnik, Adam 226
Mitterand, Jacques 36f
Mohammed 54, 151, 211f
Montanier 115
Moosbrugger, B. 107
Moses 14
Mouraux, Henri 80
Muckermann, Friedrich 96f
Mulder 122
Muller, Robert 16, 118f
Mullins, Eustace 177, 241
Mussolini 19, 45
Müller, Gerhard 14, 17, 160
Müller-Romheld 121

Nagy, Töhötöm 98
Nakasone 93
Namskey, Dirk 16
Nantes, Georges de 86
Napoleon Bonaparte 89
Nero 12
Newman, John Henry 9f, 15, 54, 58, 144, 190
Niebuhr, Reinhold 109
Niemöller, Martin 121
Nikolaus von Cues 78
Noah 14, 81
Noè, Virgilio 104, 164
Nossig, Alfred 14

Obendiek, Enno 143
Oppenheimer 102
Ortega, Daniel 100
Ottaviani, Alfredo 78
Otto Rudolf 204

257

Oxner, Andreas 162f, 169

Pablo de la Porcion 36
Pahlevi, Reza 145
Paul VI. 54, 59, 84-87, 99, 102, 194f, 116, 129, 138, 151, 184ff, 193, 227f, 236ff
Paulsen 29
Paulus 9-13, 41, 47, 63f, 68ff, 82, 133, 144, 147, 149, 152f, 155ff, 209, 215f, 218, 232
Peccei, Aurelio 102f
Penzig, Rudolph 55
Perez de Cuellar, Javier 193
Petöcz, Gabriel 186
Petrus 12, 63, 138, 154, 192, 220
Pétain 36
Philippus 64
Pietzecker, Theodor 176
Pike, Ted 168f
Pilatus 77, 152
Pinkerneil 140
Pironio, Eduardo 203
Pius V. 212
Pius IX. 243
Pius X. 28f, 208
Pius XI. 97, 237
Pius XII. 80
Ploncard d'Assac, Jacques 94, 97f, 101, 104, 107, 111, 178, 221, 231, 236, 245
Plosolle, Sicard de 18
Poletti, Ugo 104
Poncins, Léon de 18, 115, 243
Potter, Philip 121f
Poupard, Paul 227, 234f

Prantner, Robert 89ff, 93f, 107, 221, 243
Prouteau, Jean-Pierre 55, 115
Rahner, Karl 51ff, 60, 151f, 155, 185
Raiser, Konrad 122
Ratzinger, Josef 196
Reagan, Ronald 91, 239
Reding, Josef 172
Reich, Seymour 161
Reichl, Kurt 95
Reuter, Amand 171
Ribakoff, Josef 168
Rideau, Emile 37, 39f, 42, 45-50
Riquet 80, 98f
Ritter, Gaston 16, 159, 220
Roca 244
Rockefeller 102, 109, 113, 120f, 123, 176, 197
Rockefeller, David 241
Rockefeller, John D. 16
Roncalli, Angelo 80
Roosevelt, Eleanor 16
Rosenzweig 13
Rossi, Opilio 124
Rothschild 120f, 123, 176, 197
Rothschild, Victor 121
Rösler, Roland 119
Ruding, H. Onno 240
Rushdi, Salman 146f
Rynne, Xavier 78, 84

Sachse, Luise 177
Sadat, Dschihan 178
Sade, Marquis de 15
Salomo 136
Sanness, John C. 184, 226
Saulus 10

Scharf, Kurt 123
Schäfer, Barbara 177f
Scheele, Paul Werner 122f, 196
Schewardnadse 233
Schiwy, Günther 106, 118, 188ff, 192
Schlette, Heinz Robert 51f
Scholl, Heinz 158ff
Schutz, Roger 193f
Sebott, Reinhold 99ff
Seibel 101
Seper, Franjo 105, 107
Siebel, Wiegand 141
Silin, Jewgenij 234
Singh, Gopal 122
Sipilä, Helvi Linnea 178
Six, Franz Alfred 54, 95, 97, 103
Sobrino, Jon 100
Sokrates 218
Spaemann, Robert 227
Stalin 238f
Stecher, Reinhold 163f, 169, 250
Steel, David 197
Steinbrink, Meier 160
Steiner, Rudolf 178
Stephanus 10
Sterzinsky, Georg 114ff
Still, H.G. 90
Stimpfle, Josef 101, 137, 176, 225
Suenens, Leo 50, 106, 181, 231
Süssmuth, Rita 177f

Taute, Reinhold 103
Teilhard de Chardin, Pierre 30, 35-50, 60, 63, 65, 97, 106, 113, 118f, 124, 178, 189

258

Teresa von Kalkutta 232
Tertullian 12
Thant, U 118f
Thatcher, Margaret 177
Thomas von Aquin 236
Timotheus 68
Tischner, Józef 223, 226f
Titus 216
Tourniac, Jean 106
Trebitsch, Arthur 159
Tresmontant, Claude 40f, 44, 46
Trpin 225
Tu Wei Ming 227
Tucci, Roberto 104
Tucker, James P. 91
Tyrell, George 32f

Uhac, Joseph 247
Utz, Arthur Fridolin 79f

Vaquié, Jean 81f, 117, 120
Veil, Simone 161
Ventura 100
Villa, Luigi 105
Villot, Jean 104, 106
Virebeau, Georges 18, 55, 95, 98f, 103, 105, 109, 115, 140, 157, 225
Visser't Hooft 121
Vocke, Harald 99f
Volk, Hermann 112
Voltaire 17, 19
Vorgrimler, Herbert 60, 98, 151f, 185

Waldenfels, Hans 207f
Waldheim, Kurt 237
Waldstein, Wolfgang 182ff
Walesa, Lech 223, 225f

Wallmann, Walter 235
Watson, Thomas 16
Weidenfeld 227
Weill, Julius 220
Weishaupt, Adam 221
Weiß, Karl 54
Weizsäcker, Carl Friedrich von 139ff, 143f, 195, 200, 211, 223, 227, 240
Werkström, Bertil 94
West, Cannon 16
Wichtl, Friedrich 18, 57f
Wiesel, Elie 184f
Wilder-Smith, A.E. 102
Willebrands, Jan 139f
Wiltgen, Ralph M. 59
Wojtyla, Karol 226, 233

Zacharias, Gerhard 44
Zanta, Léontine 39, 45
Zevi, Tullia 150
Zieglauer, Ferdinand von 103

259

Im Verlag Anton A. Schmid erschienen:

Die kommende "Diktatur der Humanität" oder die Herrschaft des Antichristen

Mag. theol. Johannes Rothkranz, 3 Bände

1. Band: Die geplante Weltdemokratie in der "City of Man"

(ca 144 Seiten und 16 Bildtafeln, kart. 14,80 DM)

1940 erschien in den USA ein kleines Buch mit hochbrisantem Inhalt. Unter dem Titel "The City of Man - die Stadt des Menschen" wurde darin der geheime Plan der Mächte hinter den Kulissen propagiert und die unausweichliche politische Vereinigung der ganzen "Weltdemokratie" bzw. "Diktatur der Humanität" unter einer einzigen Weltregierung angekündigt. Es war das erste Mal, daß der uralte Plan für die Errichtung eines totalitären Weltstaats von seinen Urhebern selber offengelegt wurde. Obwohl die Vorbereitung für den diktatorischen Weltstaat in unserem Jahrhundert auf Hochtouren laufen, oder vielmehr gerade deswegen, hat man den Plan für die "City of Man" damals rasch wieder verschwinden lassen. Der vorliegende Band jedoch stellt den Plan in seinen Einzelheiten vor, enthüllt seine Hintergründe und präsentiert seine Hintermänner. Besonders aufschlußreich ist die ausführliche Behandlung aller dreizehn Stufen der Geheimen Hierarchie der "Wissenden", die den Plan entworfen haben und im Verborgenen zielstrebig an seiner Verwirklichung arbeiten. Wer sich über die wirklichen Hintergründe der internationalen Politik und der gegenwärtigen weltpolitischen Entwicklungen informieren will, kommt an diesem im wahrsten Sinne des Wortes "enthüllenden" Werk nicht vorbei.

2. Band: Die Weltherrscher der Finsternis in Aktion

(ca 240 Seiten und 32 Bildtafeln, kart. 19,80 DM)

Aufbauend auf den im ersten Band gewonnenen Einsichten in die Struktur und Zielsetzung der geheimen Satanshierarchie zeigt dieser Band ganz konkret auf, wie weit der Plan der Geheimen Oberen schon gediehen war, als sie ihn 1940 für einen kurzen Augenblick aufdeckten, und welche ungeheueren Fortschritte die Erbauer der "City of Man" in den letzten fünfzig Jahren bis hinein in die unmittelbare Gegenwart gemacht haben. Der Leser lernt u.a. die beiden Weltkriege von einer ganz anderen Seite her kennen und erfährt, daß die gegenwärtige "Friedensbewegung" unmittelbar der Vorbereitung des längst geplanten dritten Weltkrieges dient, der endgültig alle Hindernisse für die Weltdiktatur beseitigen soll.

3. Band: **Die vereinten Religionen der Welt im antichristlichen Weltstaat**

(ca 264 Seiten und 16 Bildtafeln, kart. 19,80 DM)

Für die geheimen Oberen ist der geplante Weltstaat unabtrennbar von der ihn stützenden und tragenden totalitären Ideologie, die als "Religion der Humanität" bzw. "Religion der Demokratie" verbrämt wird. Diese Religion soll aus dem Zusammenschluß aller großen Weltreligionen hervorgehen, die dabei ihres tradtionellen Charakters weitgehend entkleidet werden. Zentrum der Bestrebungen zur Vereinigung aller Religionen zur künftigen Welteinheitsreligion des Antichristen ist die am straffsten organisierte Religion: die katholische Kirche mit ihrer einzigartigen religiösen Integrationsfigur, dem Papst. Der dritte Band weist anhand in der Öffentlichkeit großenteils unbekannter Fakten und Informationen nach, daß spätestens seit dem II. Vatikanischen Konzil im Vatikan die Geheimen Oberen regieren, die sich in ständig steigendem Maß der katholischen Kirche als ihres wichtigsten Instruments zur Durchsetzung nicht bloß der Welteinheitsreligion sondern auch der Weltdiktatur bedienen.

Die Kardinalfehler des Hans Urs von Balthasar

Mag. theol. Johannes Rothkranz mit einem Vorwort von Prof. Dr. Walter Hoeres, 532 Seiten 45.- DM, 40,- SFr, 320 ÖS, plus Versandkosten.

Ein hochwichtiger Bestandteil des "Großen Plans" der Geheimen Oberen ist die fortwährende Unterminierung des übernatürlichen Fundaments der wahren Kirche Christi, des katholischen Glaubens.
Besonders "engagiert" hat sich auf diesem Feld - wissend oder unwissentlich - der vielfach hochgejubelte Baseler Theologe Hans Urs von Balthasar. Nichtsdestoweniger hat ihn Papst Johannes Paul II. 1988 zum Kardinal erhoben. Ein Skandal erster Güte, dessen ganze Tragweite in diesem Buch schonungslos aufgedeckt wird.

Vom selben Verfasser erschienen:

Mahl- oder Opfercharakter der heiligen Messe?

Ein Klärungsversuch auf der Grundlage der Theologie des hl. Thomas von Aquin und J. A. Berrenbergs

Gegen die Herzmitte des katholischen Glaubensvollzugs und Gottesdienstes, die Darbringung des Erlösungsopfers Jesu Christi, das hl. Meßopfer also, tobt der Ansturm der Gegenkirche bereits seit den Tagen der Reformation mit besonderer Heftigkeit. Der von der modernen "katholischen" Theologie bereitwilligst übernommenen protestantisierenden bzw. sogar judaisierenden Tendenz, das Opfer der hl. Messe zu einem bloßen kultischen Mahl umzufunktionieren und das katholische Priestertum dadurch "auf kaltem Weg" abzuschaffen, stellt sich diese Arbeit in